考古人生

杨育彬回忆续录

杨育彬 著

科学出版社
北京

内 容 简 介

《考古人生》是继2017年出版的《走进考古》之后杨育彬先生又一本回忆续录。本书除少量几篇涉及乡愁童年、生活经历、农村“社教”和参加救灾活动的内容之外，大部分篇幅都是关于文物考古工作往事的回忆，包括大型遗址和墓地的考古发掘，重大学术会议的记述，考古研究课题的诠释，学术专著、考古报告、研究论文的编写，中外文化和学术交流等。以激情洋溢的文字和丰富多彩的照片勾画出个人成长的道路和所在单位发展的轨迹，反映了一个老考古人对事业的追求和执着，这也是半个多世纪以来河南考古的缩影和记录。

图书在版编目（CIP）数据

考古人生：杨育彬回忆续录 / 杨育彬著. —北京：科学出版社，2021.3

ISBN 978-7-03-068352-6

Ⅰ.①考… Ⅱ.①杨… Ⅲ.①杨育彬—回忆录 Ⅳ.①K825.81

中国版本图书馆CIP数据核字（2021）第044920号

责任编辑：郝莎莎 / 责任校对：邹慧卿

责任印制：肖 兴 / 封面设计：北京美光设计制版有限公司

科学出版社 出版

北京东黄城根北街16号

邮政编码：100717

http://www.sciencep.com

北京汇瑞嘉合文化发展有限公司 印刷

科学出版社发行 各地新华书店经销

*

2021年3月第 一 版 开本：787×1092 1/16

2021年3月第一次印刷 印张：27 1/2

字数：637 000

定价：288.00元

（如有印装质量问题，我社负责调换）

作者近照

作者简介

杨育彬，祖籍吉林长春，1937年出生于河南泌阳，1961年北京大学历史学系考古专业毕业。曾任河南省文物局副局长，河南省文物考古研究所所长，研究员，《华夏考古》主编；又是全国哲学社会科学研究考古学科规划组（学科评审组）成员，中国社会科学院古代文明研究中心专家委员会委员，国家文物局田野考古领队培训班考核委员，夏商周断代工程商前期年代学研究课题组副组长，中国考古学会理事，中国殷商文化学会理事，中国黄河文化研究会理事，中国建筑考古学术委员会委员，河南省文物考古学会副会长兼秘书长，河南省钱币学会常务理事，郑州古都学会副会长，河南大学历史文化学院教授。被评为全国文物博物馆系统先进个人，文化部优秀专家，国家有突出贡献专家，享受国务院特殊政府津贴。主持或参加过郑州商城、侯马晋都新田、新郑郑韩故城、上蔡宋墓、三门峡战国及汉唐墓地、焦枝铁路南阳段工区、平顶山应国墓地、焦作府城村商代城址、黄河小浪底水库区等多项大型遗址的考古发掘工作。出版学术专著20多部，发表考古报告、研究论文及其他专业文章200余篇。曾获得国家优秀图书奖、河南省五个一工程奖和多项河南省社会科学优秀成果奖。入选20世纪中国知名考古学家名录，其长篇学术成就传文收录在《20世纪中国知名科学家学术成就概览·考古学卷》一书中。

自 序

上小学的时候，写作文的开头往往会用“光阴似箭，日月如梭”来形容时间飞速的流逝，至今的这种感觉，似乎还没有什么变化。2017年10月，《走进考古》回忆录出版，一晃两年过去了，真可谓是时光何其速也！令人欣慰的是，这本回忆录在同学、同事、朋友和社会上，还真是有一点儿口碑，都觉得书中不少内容有一定的史料价值和可读性，可以从一个侧面作为河南文物考古事业发展历史的见证。

今天是昨天的延续，今天又是明天的开始；无数的昨天凝成为历史，今天也就有了记忆。当昨天渐行渐远的时候，记忆中的那些刻骨铭心的往事，便成了我们今天得以继承和发展的永恒主题。为留住魂牵梦萦的历史情结，为铭记可圈可点的激情岁月，于是就有了回忆录的问世。限于时间和篇幅等原因，在《走进考古》出版之后，还有许多记忆和意犹未尽的思绪。在我们河南省文物考古研究院领导的支持下，又写了这本《考古人生》的回忆续录。

这本回忆续录除少量几篇涉及乡愁童年、生活经历、农村社教、参加救灾的内容之外，大部分篇幅多是关于文物考古往事的记忆，那几十年工作的栉风沐雨，那一次次的文物调查，那一年年的田野发掘，那一篇篇的考古发掘报告和研究论文，那一部部的学术专著，还有对老师的怀念，对同学的回忆，以激情洋溢的文字和丰富多彩的照片，勾画出个人成长的经历和单位发展的轨迹。植根于中原沃土，能在文物大省河南从事文物考古工作是十分幸运的。著名作家莫言说过：“人生就是一张有去无回的单程车票，没有彩排，每场都是现场直播。”既然选择了文物考古工作，那就义无反顾，再苦再累也要坚持下去。我一直铭记在学校毕业时学子们“要为祖国健康地工作五十年”的庄严承诺，吾心归处是考古，文物考古工作已融进了自己的一生血液当中。

1921年，中国共产党诞生。也是在同一年，河南省渑池县仰韶村遗址开始发掘，掀起了中国近现代考古学的第一页。其后不久，又有河南安阳殷墟和其他遗址的考古发掘。已故的老一辈考古学家们，作为开拓者，筚路蓝缕，艰苦奋斗，为中国的考古事业献出了毕生的精力，铸就了百年考古的辉煌。他们治学严谨，实事求是，安贫乐道，不计名利，体现了一种精神，一种魅力，一种永恒的人生价值，成为后人学习的榜样。我们这一代考古人，沿着先辈们的足迹，一步一个脚印，数十年如一日，顶烈日，战严寒，风餐露宿，呕心沥血，坚持“工作第一”的信念，同样为中国的考古事业默默地作出奉献。我们更希望这种传统和精神，能够在今天的中青年考古工作者中，薪火相传，发扬光大。再过两年，我们将迎来建党一百周年，这是中国大发展两个一百年奋斗目标中的第一个一百年，是一座光耀夺目的里程碑。随着中国的中西部逐步脱贫奔小康，老百姓的日子越来越幸福。在祖国的大地上，每天都创造出经典，在经典的背后，是人们为实现中国梦而不懈的奋斗，奋斗有我，为梦发声，不负韶华，我们都是追梦人。这中间，我们文物考古工作者，同样有一份责任，有一份担当。

最近，浙江的良渚古城入选世界文化遗产名录，我国已拥有55项世界文化和自然遗产。随着中国倡导的“一带一路”造福于全人类，我们的责任就更大了。在《光明日报》上，先后读到北京大学李伯谦教授发表的《我们应该成为国际考古和遗产大国》、中国考古学会王巍理事长所写的《新中国70年考古学回顾与思考》两篇文章，很受启发。近些年来，文物保护工作和考古工作越来越国际化，我国与日本、美国、英国、德国、法国、意大利、加拿大、澳大利亚等许多国家的大学和研究机构，开展了多项合作调查、考古发掘和科学研究工作；与此同时，越来越多的中国考古队伍走出国门，到俄罗斯、蒙古、乌兹别克斯坦、伊朗、沙特阿拉伯、埃及、印度、巴基斯坦、柬埔寨、肯尼亚、洪都拉斯等国，参与考古发掘和文化遗产保护。这些都促进了中国考古学的发展，加强了我们对人类文明研究的话语权，提高了中国的国际地位和国际声誉。在这些方面，我们河南省的文物考古工作者，也有一定的作为。我们河南与日本、韩国、法国等有着很好的考古研究以及考古工地发掘的合作项目，还承担着蒙古、肯尼亚等一些国家的考古发掘与科学研究项目。我们河南省文物考古研究院，拥有一批文物考古专业的博士团队，其中还包括多位海归博士，他们在国外田野考古发掘和科学研究中，都取得了良好的成绩。

作为一位终生献给文物考古事业的老兵，我还在策划和构思，准备再撰写一本大部头的学术专著《郑州商城考古学研究》，写出来郑州商城60多年的考古发现成就、重大文物的历史科学价值、科学研究的诸多成果，使其更接近历史的真实，复原3500年前商代王都的面貌，将其全方位、深层次呈现给学术界，介绍给全社会。让今天生活在幸福中的郑州人、河南人、中国人，为自己的光辉历史感到自豪，为更加美好的未来而充满自信。

今年，是新中国成立70周年，在中国共产党的领导下，我们的国家完成了从站起来到富起来的历史大跨越，如今正大踏步地迈向强起来的社会主义新时代。就像习近平主席所说的：“中国的经济是一片大海，而不是一个小池塘。大海有风平浪静之时，也有风狂雨骤之时。狂风骤雨可以掀翻小池塘，但不能掀翻大海。”让全世界都看到中国引领前进的脚步，都听到中国人豪迈响亮的声音！

回首过去，
七十载栉风沐雨，
温馨幸福，
人们不忘初心！

放眼未来，
双百年继续奋斗，
中国梦圆，
大家牢记使命！

杨育彬

2019年10月

目　录

时光荏苒——悠悠乡愁话童年…………1

我的1953——一位初中生的日记…………11

纵观沧海——寻觅尘封的往事…………23

时事聚焦——参加固始农村“社教”工作队的回忆…………28

救灾实录——75·8驻马店大水祭…………32

学海无涯——三篇小文初学步…………37

考古辉煌——郑州商城三座青铜器窖藏坑发掘亲历记…………45

守土有责——河南文物遭受破坏现象的反思…………53

探寻江湖——激情岁月风云录…………57

他山之石（一）——三位海外学者在河南做学术报告片断…………65

他山之石（二）——几次出访的日志…………75

考古丰碑——从殷墟科学发掘60年到90年…………112

喜从天降——国际图联知识竞赛获大奖…………121

手铲释天书——与夏文化探索者对话…………124

考古记忆——《新京报》考古学家个人史访谈录…………141

扣问芳华——生命之树长绿…………147

我爱读书——《图书馆报》笔谈录…………155

奋斗有我——编纂《中原文化大典·文物典》…………161

为梦发声——编纂《河南省文物志》…………166

砥砺前行——编纂《中国地域文化通览·河南卷》……175
考古札记——晋文化和三晋文化在河南的发现与传播……192
考古摭拾——从夏商周断代工程到中华文明探源工程……200
考古断想——中国古代文明起源与发展的学术思考……209
泱泱夏都——一次载入考古学史册的学术盛会……218
考古钩沉——古老的商丘大地……227
春华秋实——参加国家文物局考古领队培训班活动纪实……236
不负韶华——永恒历史的回声……243
学者寄语——为《大众考古》题词……261
师恩重如山——永远的怀念 永远的先生……264
老同学印象——与樊锦诗交往琐记……288
峥嵘岁月——老照片里话春秋……304
不忘初心——红色旅游散记……322
心中的歌——《走进考古》回忆录的口碑……338
考古人生——2019年《河南日报》采访录……347
光耀中华——建国70年一个普通家庭的岁月回眸……351
附录 杨育彬其他活动照片……357
后记……429

时光荏苒——悠悠乡愁话童年

1931年秋，日本侵略者侵占长春，为躲避战乱，我们老杨家祖孙三代从东北南迁中原，最后落脚在河南泌阳。那时正值战争年代，整日惶惶不安，全家辗转奔波，用当时老百姓的话说那叫“跑反”“跑老日”。除了泌阳之外，我们家还到过舞阳、方城、南阳、内乡、唐河县城和一些村镇。1945年8月，日本战败投降，举家又迁到临汝县城。1946年随父亲工作调动，全家再迁到河南省会开封，结束了十年动荡的童年，真正开始定居的生活。浓浓的乡愁，一些童年记忆中的碎片深深地印在脑海之中。

在泌阳那几年，年龄太小了，只隐约记得偶尔过往汽车尾部的汽油味，以及车后圆形红玻璃的反光镜。在舞阳，全家住在邮政局大院内，几株桂花树，金秋满院香。1940年，在院内妈妈和我们兄弟姐妹四个合拍了一张照片；1942年，在舞阳县城照相馆，爷爷、奶奶、妈妈、叔叔和我们小孩子拍了一张全家福，这七八十年前的老照片，对于一个家庭来讲，真正是非常珍贵的。小时候，我对于古代建筑似乎既有与生俱来的迷恋，又好像有特殊的反应和记忆。舞阳县城内西大街，有始建于唐代的开元寺和元代创建的城隍庙，去过一次之后，就对大屋顶、粗木柱和石雕柱础有了印象。北舞渡镇有山陕会馆牌楼，有晋商的大当铺，还有一座天爷庙，木雕、壁画、大屋顶很吸引小朋友的眼球，有着朦朦胧胧却又真真切切的记忆。在孟寨镇住的时候，我父亲在邮局的同事孟宪胜先生，就是孟寨人，不知为什么让我拜他为干爹，直到中华人民共和国成立后，两家还有些来往。

1943年，全家迁到了南阳，这里位于河南省西南部南阳盆地的北侧，北部、西部为低山丘陵区，东部、南部为冲积平原，白河、潦河南北纵贯全境。四周北接南召、方城，东临社旗、唐河，南连新野，西依镇平、邓州，地当豫鄂陕三省交通之要冲，自古以来，就是豫西南的政治、经济、文化中心。夏属《禹贡》豫州之域，商代“挞彼殷武，奋发荆楚”，西周昭王“南征而不复”，都是中原王朝对江汉荆楚的战争，南阳均处在这一争战的前沿。东周时期，楚据此地，筑建宛城；秦昭王十五年（公元前292年），克宛城置南阳郡。两汉是南阳历史上的辉煌时期，西汉仍为南阳郡，汉光武刘秀乃南阳人，起兵于宛，建立东汉政权。医圣张仲景、大科学家张衡均出自南阳，并长眠于此。三国时期诸葛亮躬耕南阳……直到元明清时期，这里均为南阳府治所，宛城遗址、南阳府城址、南阳府衙等，一直保存至今。还值得一书的是，南阳还是近现代考古学大家郭宝钧先生和甲骨学泰斗董作宾先生的故乡。

南阳城内小街“老箭道”是我们居住的地方，这里现在是老城居住密集区，附近有民主街、民权街、联合街，距离南阳府衙不远，老箭道实际上是一条胡同，状如弓箭，整个小街画了一个半圆弧形。2019年五一假期，大儿子向明开车与老伴出行南阳，算是“怀旧之旅”！在老城区问“老箭道”，不是答曰不知道，就是说错方向不对路，最后总算千辛万苦找到了儿时居住的地方，但整条街的房子都改建了，除了街道名称之外，其余找不到一点点旧时的模样。站在“老箭道”的街牌旁边，这是我儿时成百次走过的地方，感到很温馨，很满足了！南阳印象很深的还是爷爷带领我们去游卧龙岗上的武侯祠，这是诸葛亮躬耕南阳的纪念地，位于县城西郊，沿着梅溪河边田间小路步行，觉得好远好远，如今早和市区连在一起了。这里坐北向南，中轴线上依次为诸葛井、仙人桥、山门、大拜殿、茅庐、小虹桥、宁远楼；两侧有躬耕亭、野云庵、伴月台、古柏亭、左右碑廊；左边另有道房院，右边有三顾堂、关张殿，还有十八罗汉塑像；祠内有历代碑刻400余通，匾额70余块。1962年，河南全省碑刻调查，我在武侯祠住了一个礼拜；

▲ 河南南阳老箭道小街

▲ 南阳卧龙岗武侯祠

▲ 武侯祠大拜殿左侧墙壁上捐资人碑刻

▲ 武侯祠大拜殿前楹联（一）

▲ 武侯祠大拜殿前楹联（二）

那时还是生活困难饿肚子的年月，印象很深的是每天早晚都吃煮红薯干的面汤。道房院住着两位道爷，一位姓田，一位姓朱。当时困难年景，百姓思动，迷信盛行，抽签算卦的甚多，卜问向哪里走动才好，老田、老朱还做点安抚工作：不宜远行，在家为好，过些日子生活就会变好了。老百姓听过之后，慢慢就安心一些了。1965年10月，去南阳进行文物普查时还到过武侯祠，其后又来过一次。2019年五一假期是第五次来武侯祠了。在大拜殿左侧墙壁上，镶嵌有一通民国二十八年（1939年）维修大拜殿的碑刻，上有捐款人的名字，其中第一人就是爷爷“杨子和捐洋三拾元”。做善事永存人间，现在碑刻还保存得很好。这次重游武侯祠我很注意大拜殿的两副楹联，一副是清代南阳郡守顾嘉衡撰写的“心在朝廷原无论先主后主，名高天下何必辨襄阳南阳”；另一副是胡耀邦同志撰写的“心在人民原无论大事小事，利归天下何必争多得少得”。前者是因为诸葛亮躬耕南阳，一说在河南南阳卧龙岗，另一说在湖北襄阳古隆中（汉时归南阳郡管辖），顾嘉衡的意思是不要争了。1996年11月20日，国务院将河南南阳武侯祠和湖北襄阳古隆中（又称诸葛亮故居）一并公布为第四批全国重点文物保护单位。这很符合顾嘉衡楹联的原意，对保护文物也大有好处。后者胡耀邦同志的楹联，则体现了一位伟大的无产阶级革命家全心全意为人民奉献的无私胸怀！

其后，日军飞机还不时轰炸南阳，我的家又搬到了内乡县城。内乡旁边有湍河，当年河水较大且又清澈见底，渔人驾船在河中间打鱼，每网下去，总有一些收获，岸上就有人观看，小孩子也在其中。河旁还有很长一段水泥修的圆弧顶河堤，滑溜溜的，小孩子有时到堤上玩。县城有菊潭公园，建于明嘉靖九年（1530年），当时称为“知园”；明万历三年（1575年）改建为“足园”；民国二十六年（1937年），宛西军阀别廷芳将其扩建为“菊潭公园”（隋开皇初年，因其县城北菊水之源，密密生长着气味芬芳的菊花，菊茎香甜可口，河中之水也甘美馨香，这里改称菊潭县）。对一个80多年前的小县城来说，菊潭公园真是老百姓难得的好去处。县城内还有内乡县衙，始建于元大德八年（1304年），明清重修。中轴线上有照壁、宣化坊、大门、仪门及大堂、二堂、三堂等主体建筑；东西轴线分别有县丞衙、主簿衙、典史衙及库房、账房、狱房等。儿时来看过，也并不太清楚。20世纪80年代我到这里搞调研，才有所了解，尤其是县衙主要建筑均有楹联、匾额，其中三堂有一副楹联很有警世作用。内容为：“得一官不荣，失一官不辱，勿说一官无用，地方全靠一官；吃百姓之饭，穿百姓之衣，莫道百姓可欺，自己也是百姓。”这是清康熙年间内乡知县高以永撰写的，深刻阐述了官与民、荣与辱、地方官与地方治安的关系。

后来，我们家又从内乡县城迁到西峡口镇居住多日，当时的西峡口镇还归内乡县管辖。西峡口的名称当与水有关，这里地处深山区，老鹳河、蛇尾河、洪河、丹水河流经全域，水力资源十分丰富。其中的“水打磨”令人难忘，那是引来激流的河水，推动安装在地下的机械，使连接地面上的磨盘转动，用以加工粮食，磨盘上方罩以大的屋顶，轰轰隆隆震人心弦。当时还有难得一见的水力发电，那也是宛西军阀别廷芳的德政，电

河南内乡县衙

灯照明虽然还不太亮，但细钨丝占满了平底圆柱形灯泡，让小孩子感到很惊奇。西峡口水运发达，陆路交通也算便利，这里成了豫鄂陕之间日用百货、农用工具、土特产和粮食的集散地。小孩子也经常到市场上转悠，每天粮价有涨有落，也不完全一样，粮行挂牌上的字虽不认识，但粮商们口中的报价我却记得很清楚。从市场上回到家，就向大人报告一下今天麦子每斤价多少，豆子每斤价几何，大米每斤价若干……20世纪80年代后期，我搞文物调查和陪同省领导参观恐龙蛋化石发掘，又到过西峡，但旧貌换新颜，再也找不到儿时住在西峡口的模样了。

其后，家又搬到西峡口西北方向较远的西坪镇，这里距陕西省界仅有10千米，真是个山清水秀的好地方。镇西和镇南的旁边有小河环绕，我们住家门前是一条大路，路边还有流通的活水沟，过沟就是大片大片的稻田，过了稻田就是一条小河，夏天曾在河里洗澡、捉鱼、摸螃蟹。捉鱼的办法是当地小朋友教我们的，用一个竹子或柳条编的大圆

▶ 内乡西坪镇街景

▶ 西坪镇南街21号院老屋

管篓，上面蒙上一层布，中间剪一圆孔，用麸子拌一点羊油涂在管篓底部，放置在浅水中，不一会小鱼闻到味道就游来，最后钻入管篓中，轻步快速端起管篓，就捉得一两条小鱼；小螃蟹多在靠近岸边的大石头下面，翻起石头就可能捉到一两只小螃蟹，其乐融融。我们初到西坪镇，正逢美好的四月天，所住的中间堂屋白天是一直开着门的，那是因为堂屋上面的横梁上有一个燕子窝，每天两只燕子进进出出，飞来飞去，所以白天不关屋门。后来不知什么时候又孵出几只小燕子，叽叽喳喳叫个不停，似乎给屋内增加不少生气和快乐，招人喜欢，妈妈说燕子冬天飞走了，春暖又回来了，要保护燕子。这种人与燕子和谐相处的画面，十分温馨。其后甚至直到现在，偶尔可以见到燕子，但不知它们住在哪里？西坪镇屋内的燕子窝又会出现在脑海里。在西坪镇第一次吃到当地种植的色如黑墨的大米。2019年五一假期之间专访西坪镇，整个镇子比较热闹、整洁，犹如一座小县城。一些街道是新建的，过去的老街也几乎全部进行了改建，只在南街21号院才见到一处老屋，能与七十多年前记忆中的西坪镇联系起来。

后来，家又搬到唐河，在县东北的源潭镇住过一段，那里的关帝庙还有一点印象，重檐歇山大屋顶的大殿，正脊上有一处高2米深棕色琉璃“摘星楼”脊刹，十分罕见。这关帝庙实际上是陕西会馆，为清代雍正九年（1731年）商业繁盛时期陕西商人所建。在县城北郊孟庄村和县南湖阳镇一住经年，见到了从种麦到收麦的全过程，认识了一些庄稼和植物，如书本上的蒲公英，南阳叫“黄黄苗”，孟庄就叫“牛娃儿屎”。在孟庄经常和小朋友们玩耍一种叫“叼老鸹”的游戏，每个小朋友先用大拇脚趾和二拇脚趾夹着一只鞋，单腿跳到10米开外处，最后把多只鞋竖起来摆好，然后再回到原地，用另一只鞋去掷砸竖好的鞋堆，砸中者即为胜者。极简单的动作，小朋友们玩得乐此不疲，十分开心。孟庄村内有几处较浅的水塘，塘内有不少游鱼，记得至少有一次小朋友们跳进塘内，连手带脚把塘水翻个底朝天，鱼呛得都漂浮上来，捉住了好多条。孟庄村西不远处有一条小河沟，河沟上有一座单孔石桥，石桥下部临水处的石缝里，经常能捉到小虾，也是十分好玩，乐在其中。现在的孟庄，已经发展成热闹的集镇了。

▲ 唐河县孟庄村

其后，家又从湖阳搬到唐河县城，我开始上小学一年级了。唐河临近湖北，还真有点南方气候，夏季的下午往往会下一阵

▲ 唐河泗洲寺塔

子雨，然后就又放晴，有时还会打雷，经常连续三天都是如此。小朋友们从实际生活中印证并体会到了“夏季雷雨三后晌”的民间谚语。唐河县城西侧有一道宽宽的唐河，中间深水激流处可以行船。有一次见两个人比赛水性，从大帆船的一侧钻入船底，再从船的另一侧游出来，其中一位居然在船底抓到一条大鱼，出水后岸上的观众齐声喝彩。还有一次父亲带我们在河道浅水处洗澡，我和哥哥、小弟在水中玩，父亲在附近为小妹洗澡。我们玩得忘乎所以，小弟被水冲倒全身没入水中，我和哥哥还不知晓，父亲见到了连忙跑来把小弟扶起，肯定是喝了一些水，还空了一阵肚子。回家后，我和哥哥挨了一顿痛打了事。县城有一处泗洲寺，现存有一座泗洲寺塔，为十一级楼阁式砖塔，始建于北宋绍圣二年（1095年），明清重修，塔内有砖砌塔心柱和盘旋梯道可登塔顶。对于高高的佛塔，我们似乎有几分敬畏，也有几分好奇，几分神秘，小朋友也不知道害怕，不顾大人警告，我和哥哥曾偷偷登上塔顶，各层还有壁龛和佛像，很是引人。2019年五一假期，又来到唐河县城，全新的街道，全新的建筑，高楼林立，像个繁华的城市。县委、县政府大楼很气派，文化馆、图书馆也有模有样，其中一道大街叫友兰路，是以唐河籍大哲学家冯友兰的名字命名的，其实还不应该忘记另一位中国考古学大家徐旭生先生也是唐河人。

1945年8月，日本侵略者无条件投降，善恶终有报。随父亲工作调动，举家迁到临汝县城，住在东关街县邮政局后院，那里是豫西流行的单面坡房子，我奶奶住的屋内墙壁上，还修了一个供奉南海观世音菩萨的佛龛，每天老人家很虔诚地上香。我在临汝师范附属小学继续上小学一年级，当时对临汝师范的学生很有印象，也很羡慕，他们穿校服，戴领章和大檐帽，绑裹腿，一副警察的模样。每学期学校都有一次春季或秋季旅行，目的地是县东北9千米之外的风穴寺。这是创建于北魏时期的一座佛教寺院，距今已有1400多年的历史了，依山而建，高低错落，寺内有唐代的七祖塔，金代的中佛殿，明代的毗卢殿和钟楼，还有一些清代建筑及一大批五代至清的碑刻。寺外有上塔林和下塔林，有百余座元明清时期的和尚墓。苍松翠柏，清泉涌动，真是个旅游的好去处。在临汝一年多时间，过着很舒心的日子，再也不用“跑反”了。学校离家不远，我们二年级小学生也被要求自带小油灯到学校上晚自习。有时下午放学早，并不急于回家，就跑

◀ 河南汝州东关街

◀ 汝州风穴寺

到学校附近的城隍庙市场去听说书。一把折扇，一块方木，说书人把《济公传》等旧小说，说得活灵活现，我们听说书的人有时也很入戏，显得如醉如痴！晚上县城里没有电灯，但大街上商店里的汽灯，也是通明通亮的。在临汝很有印象的是过节。农历五月初五是端午节，煮鸡蛋、煮大蒜、炸麻叶、包粽子、戴香囊（小朋友称之为香布袋）、门上插艾草……小朋友们最高兴。农历八月十五中秋节，大街上商店里卖月饼，就像展览一样，最大的月饼如同一个小圆桌面，上面放置多层月饼，逐层减小，犹如天坛的祈年殿。正月初一过春节，院子里和大门外，都贴上对联，挂上纱灯，放鞭炮和放花子（焰火），街上大一点的商店，制作了许多动物造型的面点和肉食，摆在店内好几天，让过往的人们参观。到处是一片红红火火，节日的喜庆气氛浓浓。十字街口和广场上，有荡秋千的和杂耍表演的，吸引不少围观者；街道上摆小摊的，卖小吃的，摸彩的，比比皆是。有时小朋友放学后，用一两分钱买一包煮熟的咸青豆，觉得很好吃。县邮政局的对面是一家饭店（当时称之为“馆子”），偶尔点些菜，可以送到家里。其实我们兄弟姐妹最喜欢吃的还是妈妈做的饭菜，尤其是油脂千层饼和酸辣鸡蛋汤，真是“味道好极了”！直到后来我们长大了，从外地上学放假回家，或在外地工作回家探亲，还是请妈妈做一次这样的饭菜。1985年，曾到临汝进行文物调研，还特地探访了一下老邮局我们家的住地，前面临街处已改为理发店了，后院住房保存尚好，奶奶住屋供奉观音菩萨的佛龛依旧。2019年春节假期，大儿子向明开车，我和老伴去了正定、西柏坡、大寨、衡水、聊城、济南、亳州，归途转道汝州，但在城内老区东关街，却找不到过去的老邮局，几乎都改建了，从另一个侧面体验到了那种沧海桑田的感觉。在东关街的街牌旁边，浓浓乡愁，思绪万千。还在风雪中探访了风穴寺，寻找上小学二年级到这里远足旅行的感觉。

1946年10月，因父亲工作调动，我家又从临汝迁到河南省会开封。先是从临汝坐大卡车到洛阳火车站（今洛阳东站），为等东去的火车就住在车站附近一家叫作天顺旅社的客栈里，天顺旅社有一进相互可通的二层楼围成的院落，后来听洛阳搞文物的同志讲，天顺旅社在50年代改建成一处妇幼保健院了。几天后，就乘坐称之为“绿钢皮”的火车（相传是比利时制造进口的），早饭后出发，车速相当慢，下午到了郑州，晚上万家灯火时才到了开封。这是我第一次见到火车和坐火车，感到很新鲜也很惊奇，火车鸣笛可谓声震天中，火车又那么长，能坐那么多人，真像一条钢铁巨龙。车到汜水车站时，买到了当地所产柿子加工的甜食，小朋友觉得很好吃。夕阳下的郑州火车站，真有些脏乱差，到开封就有点大城市的感觉了。

到了开封，过上了比较安定的日子。有一点，现有看来还有些不可思议，父亲原在东北中俄合办的中东铁路当小职员，也因此精通了俄语，后来在20世纪50年代初期中苏友好时，曾风光了一阵子。全家从东北迁到河南后，父亲又考上了邮政局的小职员，一直在内乡、南阳、唐河邮局。后来日本投降，父亲从唐河调到临汝县邮局，作了领导。再后来，又从临汝调到开封省邮政管理局。也就是说从小县邮局调到大县邮局，从小职员升任县邮局领导，从大县邮局又调到省会，一路调动、升迁，可谓顺风顺水。父亲既没有钱，也没有什么后台和其他背景，只是踏踏实实工作，清清白白做人。

开封古称大梁、汴京，历史悠久，战国时期的魏国，五代时的后梁、后晋、后汉、后周，北宋时期和金等七个王朝，先后在这里建都，号称七代京城。后被评为国家级历史文化名城和中国八大古都之一，文化底蕴丰厚。金代大诗人李汾在《汴梁杂咏》中描写开封为“琪树明霞五凤楼，夷门自古帝王州”，传颂千古。在开封最初住在刷绒街6号院，又搬到后保定巷81号院，最后搬到大坑沿街18号院。当时，我转学到开封女子师范附属小学（后又更名红专小学、实验小学，今为开封二师附属小学）三年级一班。家住刷绒街时，历史文化氛围很浓厚，附近有东华门街，可能与宋代皇宫有关；站在刷绒街西头北望龙亭，那是宋代皇宫的旧址，当时老百姓称之为金銮殿。住家西隔壁不远是河南省图书馆，内有儿童阅览室，摆了不少有插图的小朋友读物，我成了那里的常客；住家东边不远三圣庙街，有河南省博物馆，我也曾参观过好几次。1948年6月，在战火中开封第一次解放。同年10月，开封第二次和平解放。1950年8月，我从开封女师附小毕业，考入了开封二中（后改名为开封一中），在初中一年级我还过了最后一次难忘的六一儿童节。随着年龄的增长，我的童年渐行渐远，但浓浓乡愁，却留下了对童年最难忘的记忆，现在到了耄耋之年，回忆起儿时的岁月，我还是充满了温馨、激情、自豪和满足。

民国时期的河南图书馆

◀ 儿时常去的河南图书馆

◀ 儿时参观的河南博物馆

我的1953——一位初中生的日记

这已经是距今66年前的一段往事了。1953年，是祖国大规模经济建设的第一年，也是国家第一个五年计划开局之年，我已是开封二中初中三年级的学生，担任了学习委员和语文课代表。每天都在小本上写一点日记，像是记述一些流水账，诸如上课啦，写作业啦，开会啦，考试啦，听报告啦，其他课外活动啦……文字生涩，没有一点文采，看起来也很枯燥，现在读起来倒是别一番风味，反映了当时学校的一些情况，勾画出新中国成立初期，一个初中学生的思想、梦想和理想。如今60多年过去，尽管经历了许多风风雨雨和人为的自然的灾难，我们的祖国，我们的人民，我们的生活，都发生了翻天覆地的变化，可以说是梦想成真，理想实现。现在把1953年1月里的日记片断写出来，作为回忆续录的一部分与读者共享。

1月1日

今天是1953年元旦，祖国大规模经济建设的第一天，也是第一个五年计划的开始。上午团拜过后，班主任汪仲陶老师和班上团支部全体团员（董美君请假）及三位少先队员在学校体育部开了个新年谈心会。首先由焦世杰同学朗读了魏巍的朝鲜前线通讯《前进吧！祖国》，很令人感动，让我们更深刻了解到中国人民志愿军在朝鲜前线为祖国英勇作战。接着大家唱了《青年团员之歌》！大家纷纷发言，班干部王素英同学说：“人生应该怎样活着？怎样度过一生？要为祖国而学习，献身于人民，不自高自大，也不怯弱。我有一个远大的理想，争取作一个光荣的共产党员！”我在发言中表示：“永远记住，应当以青年团员的样子来锻炼自己，为祖国而学习，遇到困难不哭，毕业的时候服从祖国分配。”还有的团员在发言中讲述了苏联普通士兵马特洛索夫的英雄事迹，他是我们青年团员学习的榜样……

散会后，大家情绪还非常激动。焦世杰同学在我的日记本上写了一长段题词：“祖国，这个至亲至爱的名字，使多少人为她抛头颅、洒热血，多少人为她去尝受那大西北草原雪地里寒风的苦楚，为了她，战士们不顾一切英勇地冲上去消灭敌人。祖国，今天我们要为她的光荣和幸福，向科学进军。1953年大规模的经济建设开始了，我们要百分之百地牢固掌握科学知识，准备好明天为她服务……”让我们以此共勉。

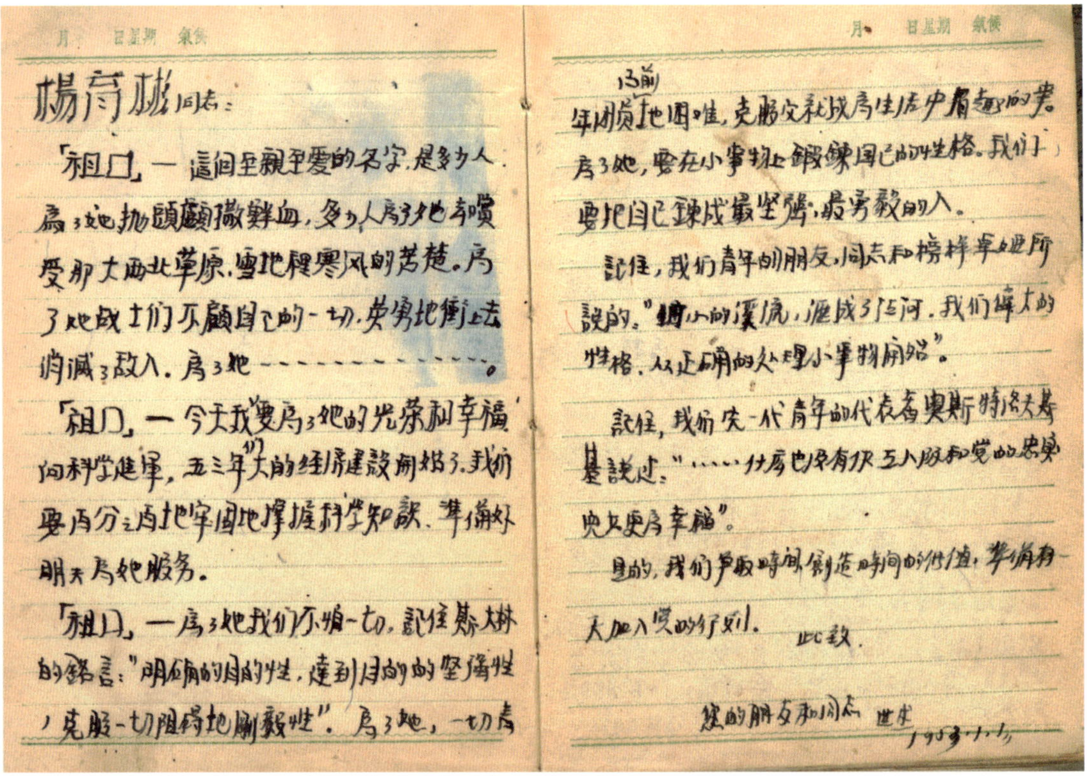
楊育彬同志：

「祖国」—這個至親至愛的名字，是多少人為了她抛頭顱撒鮮血，多少人為了她去忍受那大西北草原、雪地裡寒风的苦楚。為了她战士们不顧自己的一切，英勇地衝上去消滅了敌人。為了她——————。

「祖国」—今天我要為了她的光荣和幸福向科学進軍，五三年偉大的经济建設開始了，我们要百分之百地牢固地掌握科学知識，準備好明天為她服务。

「祖国」—為了她我们不怕一切，記住斯大林的銘言："明確的目的性，達到目的的堅強性，克服一切阻碍地剛毅性"。為了她，一切為了以前年困質地困难，克服它把成為生活中有趣的事，為了她，要在小事物上鍛鍊自己的性格。我们要把自己鍛成最坚強、最勇毅的人。

記住，我们青年的朋友、同志和榜样卓娅所說的："鋪小的溪流，滙成了江河，我们伟大的性格，从正确的处理小事物開始"。

記住，我们先一代青年的代表奥斯特洛夫斯基說过："……什么也没有比工人阶级和党的忠实更為幸福"。

最后，我们争取時間創造時间的价值，準備有天加入党的行列。

此致

您的朋友和同志 世杰

1953.1.1

▲ 焦世杰同学的题词

1月2日

今天晚上，我们秋三一班在教室内开了一个“新年座谈会”。教室课桌摆成两圈同心圆形，班主席焦润芳同学讲了迎新年的意义后，同学们开始发言。吕文道同学举手说：“我过去是不用功的，上课不注意听讲，学习成绩平平。是祖国分给我家土地，人民给了我助学金，不是要求我这样的。新的一年，我一定振作起来。”郑绍忠同学说：“过去我学习目标不明确，今年祖国大建设开始了，学习不好是不行的，要确定一个努力学习的远大目标。”焦世杰同学又朗读了魏巍所写的《前进吧！祖国》，引起大家的共鸣。王素英同学像昨天团员开会时一样，做了激情的发言……同学们情绪高涨，在张翼同学提议下，全班面对毛主席像宣誓：努力学习，向祖国汇报好成绩！班主任汪仲陶老师做了总结发言，要求每一个同学都要记住自己的诺言，努力为祖国而学习！最后在热烈的掌声中，我宣读了给志愿军的一封信。会后，脑子还十分兴奋，我一个人坐在教室里，赶写了一篇记述开会的稿子，题目是“从座谈会到宣誓会”，直到午夜十二点多才写好，准备投给校刊《二中青年》，这也是我当校刊通讯员的职责。

1月3日

今天团支部全体团员开了一次思想见面会。在日常的学习、工作、生活中，同志们之间难免有些不同意见，认识上有点儿分歧，有时候出于主客观的原因，彼此沟通交心不够。就在这次会上，我们每个团员思想见了面，谁对谁有意见都直接的、心平气和的提出来，像在多日的连阴天之后，一下子见到了阳光。

就在这个会上，大家认清了什么是同志，什么叫友谊，都觉得友谊要建立在共同的政治基础上，友谊比什么都重要，同志比什么都亲。就在这个会上，我们落下了激动的眼泪，确定了更美好的远大目标，为祖国而学习，服从祖国分配……我特别感谢张明哲和仇文亭同学对我提出的意见，要永远记住我们是青年团员！

1月4日

下雪的日子，房屋、树木、地面一片银白，不由得想起过去的一副对联：“春风传捷报，瑞雪兆丰年！”上午到教室里与柴耀同学统计全班月考成绩，总体还是可以的，但有两件事让我这个学习委员苦恼，一是有两位同学考俄语不及格，二是一位同学考地理时看了同桌的考卷。怎样帮助他们解决呢？光批评不行吧！

下午到书店街的新华书店翻了一会书，好久没到书店来了，见了什么仿佛都很新鲜，看到了心仪已久的《卓娅和舒拉的故事》，但定价是6800元（旧币，合新币0.68元），穷学生买不起。

1月5日

今天中午在班主任汪老师办公屋内，召开了团支部会议，针对当前班上的学习情况，通过了以下几项决议：①在学习上随时记住检查，我为祖国做了些什么，克服学习上的自满情绪和肤浅现象。②在课堂上争取多问，自问，自答，自给分。③答问题，答笔记，用自己的话来答。④听到铃声要迅速进入教室，上课后要安静，不准乱说话，乱玩小东西；下课后带头室内空，开展户外活动。⑤课前做好准备，包括书、本、笔等。⑥当天值日的团员，要做好组长分给的任务，协助老师组织教学。⑦保证每天完成学习计划。这是团支部的决议，我要坚决做到，以青年团员的光荣称号来保证。下午读报时间，汪老师给大家讲了班上的情况：许多同学进步了，早晚自习秩序也好多了。但仍有一些要改进的地方，如教室窗台上放杂物，班上的跳绳乱扔，今后一定要注意。

1月6日

今天该我值日，要填写教室日志，全班一天活动的好坏，都由值日生负责了，责任重大。在上午下了物理课的时候，班上出了一件事，有同学把试教老师赠给我们班的“记里鼓车”给弄掉了4个齿。不爱护公物，真可惜又可气！另外还有4位同学在上课的时候没有拿出来书。还有同学去图书馆借书，回班上迟到了。在下午读报的时候，向同学们总结了班上的情况，特别是批评了弄坏“记里鼓车”的事情，强调对公物一定要爱护！

学校的新的一期校报《二中青年》出版了，刊登了我写的稿子《从座谈会到宣誓会》，这是第三次刊登稿子了。校报有了班上的声音，大家都很高兴，我要继续努力。

1月7日

今天上午有俄文课，王希曾老师问了同学许多问题，我以自问自答自给分的方法，心中回答了这些问题之后，感到答得很好，心中很得意。

下午写作文，语文课韩老师要我们记一件真实的小故事。我写了一篇《井中的钢笔》，那是记述在今年暑假时，我和张明哲、李庆生同学到南边西南城坡开封二中农场去玩时，看到浅水井底下有一支钢笔，我们仨把一根竹竿头劈开，夹一小块石头，直指钢笔，小石头掉了，把钢笔夹了上来，三个人都很开心。

下午读报时，班生活委员仇文亭向大家报告，要求注意安全，注意冬防：防火、防电、防特、防盗，大家都表示要带头做到，至少不能让班上丢东西。

1月8日

今天上午生理卫生课上，潘士恩老师最后宣布了月考成绩，我考了个96分，比上一次进步了，班上同学大部分都有进步。这样各门功课的月考成绩都公布了，每个组的学习组长开始忙碌起来，又是写，又是算，把全组每个同学的成绩统计出来，再得出全组的平均成绩和全班的总成绩。我这个班学习委员一直参与其中，弄得头昏眼花，最终的成绩是：第一组平均89.5分，第二组平均90.7分，第三组平均90.6分，第四组平均90.1分，第五组平均89.5分，第六组平均89.6分。全班总平均90分，皆大欢喜。

课外活动时，进行年级各班音乐比赛，在三年级三个班中，我秋三一班名列第三，唱不好谁也没法。晚上看电影《宣誓》，讲述苏联人民在列宁逝世之后，在斯大林领导下完成了好几个五年计划，又打退德国法西斯的侵略。这对我们新中国也有很大的现实意义。

1月9日

为促进班上学习，提议在教室后墙上搞个“点将台”，各组组长、各门功课的课代表，都可以针对各门功课的学习内容，提出一些问题，点名让某位同学书面解答。与此同时，再次提出全班同学要结合个人情况，制订学习进步的计划，而且要在实际中作出成绩。

上午体育课测验“广播体操”，在张冠武老师和全班同学众目睽睽之下，每个人都要做几节广播体操，谢建中同学最好，动作优美，没有一个差错，被列为甲等；而老葛先生却是大错一个，小错四个，被列为丙等；吾辈也努力作操，有两个小错，列为乙等，毫无怨言。

今天我们小组值日，每人都戴上一个“值日员”红布条，仿佛增加了同学们的注意、权威和责任感，所以，今天教室的地面、桌子、凳子及玻璃窗，都搞得干干净净，大家一天都是好心情。

1月10日

今天下午，全校各班的班干部和团支部委员到开封一中听报告。是由河南省总工会王副主席做关于访问苏联见闻的报告，报告中提到苏联的自动化工厂，苏联丰收的集体农庄，苏联人民丰衣足食的幸福生活，十月革命节莫斯科红场的壮观景象，列宁格勒光荣的阿芙洛尔号巡洋舰，世界人民的伟大领袖斯大林身体非常健康……一句话，苏联的今天就是我们的明天！报告结束了，我们深受感动，一定要努力学习，才能建设好伟大的祖国！

1月11日

我在学校住宿，一大早，寒风卷着黄沙，这是沙城开封的一大特色，没洗脸就往家跑。上午写了几何课的多道作业题。下午一直在看苏联小说《钢铁是怎样炼成的》，确实被保尔·柯察金的英雄行为所感动。

1月12日

这几天国家开始实行粮食配给制，也就是粮食定量，统购统销，同学们闹不清楚，思想上有些波动。在今天的周会上，李一民校长做了国家粮食政策的讲话，解释了同学们的一些疑问，大家才算明白了。中国人口众多，解决吃饭是个大问题，自力更生，发展农业生产才是正路。

下午学校组织同学到开封工人影院看匈牙利电影《一寸土》，说的是农民们如何团结起来反对地主剥削压迫，最终取得了胜利，建立了新政权，发展农业生产。联系到我们中国的地主黄世仁之流，也是坏得很，土地改革后，农民分得了土地，提高了生产，这才为祖国大规模经济建设打下基础。

1月13日

我记日记有个莫大的缺点，光记事，很少记思想情况，这是以后要很注意的。今天该本人值日，上课时个别同学没把书摆在桌上，下午我在读报时，对此进行了批评。下午课外活动时，学校突然召集各班学习委员开会，让大家总结前一段的工作，我费了半天劲，勉强介绍了班上的情况，一点准备也没有。

1月14日

月考过去好些天了，我的学习成绩进步了一点，但仍存在着不深入的肤浅现象。期末考试快到了，这是每个学期的大考，作为班学习委员，我一定带头制订计划，认真复习功课，胜利完成本学期的任务。一个人的进步，首先由于思想上的认识，才能表现在行动上。班上一位李姓女同学，整天迷迷糊糊的，不知道为什么学习，作业有时完不成，有时作业本都忘带了，上课时思想开过小差，课间操不用心做，别人一批评她就吵，成了班干部的帮助对象，大家说我的脾气好，于是这个光荣任务就落在了我的头上。我真是用最大的耐心，课下多谈话，多沟通，多交流，少批评，帮助解决学习上包括写作业遇到的困难，稍有一点进步就加倍表扬，半个多学期下来，还真有些效果，她的学习成绩也比过去提高了。

1月15日

下午，班干部几个同学：焦润芳、王素英、王秀珍、张翼、仇文亭和我，在汪老师屋里讨论班上的情况。我在发言中觉得，自从元旦“新年谈心会”之后，班上同学之间关系有了很温暖的变化，平时偶尔有点多愁善感的焦世杰同学，脸色开朗，精神愉快，作为好朋友，我也为此很高兴，同学的愉快，也是自己的愉快；我又感到张明哲同学工作负责，对同学态度温和，大家会永远团结在一起；董耀武同学坦率真挚，思想上进步，同学友谊无间……生活在这样的班集体里，感到很幸福。

1月16日

今天天气骤然变冷，零下5度，又是狂风卷沙，一个个都成了“土地爷”，又一次显示了沙城开封的本色。中午没什么事，我又继续读《钢铁是怎样炼成的》。我知道英雄保尔·柯察金的性格：热爱生活，热爱同志，积极要求工作，对敌人仇恨，无论在什么条件下，都爱憎分明；与此同时，他又坚毅刚强，在任何困难环境下，不悲观，不失望……相比之下，我感到自己太渺小了，我一定要向保尔·柯察金学习，永远记住他的座右铭：“人类最宝贵的东西是生命，生命对于我们只有一次；一个人的生命应该这样度过，当他回首往事的时候，他不因虚度年华而悔恨，也不因过去的碌碌无为而羞耻——这样他在临死的时候就能够说：我整个的生命与精力，都献给了世界上最壮丽的事业——为人类的自由与解放而作的斗争。”

1月17日

今天学校进行时事测验，这应该是我的强项，因为每天的报纸都是自觉必读的，国内外发生的大事，好像都“成竹在胸”，但这次测验中关于“南湾水库”的问题就答错了，答题的时候，心中也有些犹豫，这表明对时事的学习，还是不深入不扎实，以后要多注意了。下午第二节课，班上团支部过团日，全班同学都参加了。这次与往日开会很严肃的发言和说教不同，大家都很轻松地表演了不少文艺节目，连平时较为严肃的王素英、张翼、张明哲同学，也露出了笑脸，说了一些很有风趣的话语。同学们兴高采烈，都很满意。可见过团日也要包含多种多样的内容。

1月18日

今天不上课，全学期快结束了，即将迎来期末考试。在这个时候，班主任汪仲陶老师要求每位同学，一方面认真复习功课，另一方面也把这学期与上学期作一些比较，进行一次总结。经过认真思考，我总结以下几点：①学习上是进步了，以月考分数为证，上学期第一次月考总平均是89.8分，第二次月考总平均是92.8分；而本学期第一次月考总平均是95分，第二次月考总平均是95.6分，实属不易。②工作上比上学期负责和深入了，还能了解班上一些情况并帮助别人。③通过多次座谈会、团的组织生活、时事学习活动等，自己在政治思想上也提高了一步。④生活上上学期与本学期均没有旷课、迟到和请假的现象发生。⑤在身体健康上比上学期也好了些，本学期没有生过病。⑥在性格上有所锻炼，过去不论大小事，一不顺气或遇到困难或受到批评就有些怯弱，甚至还掉眼泪，现在有了自信，敢于面对困难。当然上述几点是有些进步，但不能骄傲，什么时候都要想到自己是个青年团员。

1月19日

看看昨天的总结日记，我发现了自己一个很大的缺点就是“自满”，觉得思想上、工作上、学习上和生活上的表现还差不多，这种思想实际阻碍了个人的进步，祖国大规模的经济建设，要求我们要学到真本领，取得好成绩，可不能“故步自封”啊！

在今天的周会上，李一民校长批评我们秋三一班学习退步了，特别强调：“学习如逆水行舟，不进则退！”这很值得我们警惕，也给我这个班学习委员敲了警钟。

1月20日

今天体育课上全班测验投掷手榴弹，同学们一个一个依次测验，每人可投三次。轮到我了，第一次嗖的一声，手榴弹投出去了，我没有得着方法，方向也偏了一些，一测量是18米；第二次我得着门了，用力一掷是21米，我很高兴，男生超过20米就算及格了：第三次我用了全身的力气投出去，虽然高了些，但居然达到23米，又进步了。班上投得最远的两位同学，一位是王其鹏，投了38米；一位是张翼，投了41米。今后要向他们学习！

1月21日

今天下午在学校礼堂上团课，听青年团开封市委学生工作部方略部长的报告，他在我们开封二中蹲点一段时间了，经常和团员们、同学们交谈，甚至还参加过一些班上团支部的活动。方略同志主要讲学生们学习的问题，他谈了我们学习中的成绩和进步，也讲了学习上的缺陷与不足，中间夹杂了一些班级的实际例子，感到很熟悉和亲切。临近期末考试，这是大家向祖国汇报学习成绩的时候，方略同志对青年团员提出三点希望：①在不妨碍新课的原则下，有计划、有步骤、有信心温习自己的功课；②合理地支配学习时间，按时工作、按时学习、按时活动、按时休息；③模范地带动同学们，遵守考试制度和纪律。团课结束后，大家还议论纷纷。我作为一个青年团员，一定按照这三项要求，自己考出好成绩，也带动班上考出好成绩。

1月22日

今天除上课之外，在早晚自习开始复习功课，复习的是俄语，用王希曾老师教给我们的“循环记忆法”。把全学期学过的36课俄语单词抄在小卡片上，一遍又一遍看着读，然后再一遍又一遍分别看俄文背中文，再看中文背俄文，循环重复在脑海中出现，加强了记忆，还真很有效果。记单词是学外语的基础，基础打好了再记句子和语法，也是一遍又一遍循环，最后全书的课文一遍又一面熟读，融会贯通，提高了俄语水平。我对学俄语还真是有一些感情，一是王希曾老师在课堂一开始就讲述俄语的科学性、艺术性，很有些博大精深的感觉；二是苏联的幸福生活吸引着每一个人，长大了我很想去苏联看看，亲身体会一下我们的明天；三是老父亲通晓俄语，我也受些影响。

1月23日

今天早晚自习着重复习物理和生理卫生两门课，这些都不是我的强项。学校又进行时事测验，我得了个96分，成绩还不错，这是我每天都认真看报的结果。

1月24日

今天下午，学校团总支和学生会的干部，每个班的团支委和班干部，都到省总工会大礼堂听报告。还是由青年团开封市委学生工作部方略部长讲，主要内容是全市中学学习情况的分析，以及迎接期末考试的问题，内容和大前天在二中礼堂讲的差不多。可见领导很重视中学生的学习。

1月25日

今天一天都在复习功课，准备迎接期末考试的到来。可能是受到一些关于英雄小说的影响，在复习开始之前，我想起1952年5月4日青年节，面对鲜艳的团旗举起右手庄严宣誓加入了青年团；我又想起元旦座谈会的激情发言和面对毛主席像的宣誓，真是听到有一个声音在督促着自己，有一种力量在推动着自己，要努力为祖国而学习！这个星期日过得很充实。

1月26日

早晚自习都在复习功课，感到有的功课学得不够艰苦，不够踏实。我们不能忘记革命导师马克思的名言："科学的道路上是没有平坦大道可走的，只有那些不畏险要的人，才能攀登到光辉的顶点。"这也应该是我们每个青年人的座右铭。

今天学校传来一个不幸的消息，年纪不大的化学老师郅堂声因病逝世了。他平时教我们化学课非常认真，做实验课、帮学生解答问题十分耐心，大家对郅老师都十分亲近。在祖国大规模经济建设最需要他的时候，老师却离开了我们，同学们很悲痛、很伤心，我们失去了一个至亲至爱的好老师！这里也给大家一个深刻的教训，工作第一，学习第一，身体也更要第一。今后我得保证，每天上早操、课间操都要认真，下课了要出教室，课外活动时要参加体育锻炼，搞好身体。步行、站立、坐下都要挺起胸膛！

1月27日

见到《河南日报》报道：在朝鲜前线又出现了一位黄继光式的英雄陈开茂，为保证战役的胜利，他用自己的身体堵着敌人碉堡的枪眼而英勇牺牲，他是中国人民优秀的儿子，也是我们青年学习的榜样。我们要在学校的岗位上，努力学习，练好本领，将来建设祖国。

下午课外活动，我与王晋卿同学在汪老师屋里做本学期学习委员工作总结，觉得还真正是办了一些实事：召开组长和课代表会，检查学习计划落实和作业完成情况，出点将台及搞作业展览，参与组织班上的座谈会，统计月考成绩向校学生会写书面汇报，向学校《二中青年》投稿，办了几期黑板报……作为班上的学习委员，我一定要在今后的工作中，继续努力。

1月28日

今天，《河南日报》刊登在辽东宽甸上空，我空军击落美国先进的F86战斗机一架，俘获美军中校一名，让人拍手称快。在前些天美国飞机侦察被我空军击落，13人被俘，摔死了3人。美帝国主义真是欺人太甚，光想把战火扩大到中国来。我们也不是好欺侮的，总叫你美国鬼子有来无回！

1月29日

今天下午读报时间开了班委会，大家通过了我这个学习学员的工作总结，成绩不少，但缺点也很明显，大家批评说与班主任联系不够，对组长和课代表工作抓得不紧，这是今后工作中一定要克服掉的。

下午全校的晚集会上，李一民校长通过学校有线广播做了“关于中学生道德问题的报告”。报告很严肃指出：中学生是国家未来的栋梁，作为新中国的青年，要有很高的思想境界，为祖国而学习，要处处以英雄为榜样，指导自己的生活，绝不能为个人的私利，作出违反公民道德的行为，不然会受到严厉的惩罚和处分，断送了大好的一生……最后学校宣布，开除曹某某、吕某某两位同学的学籍，他们两个在学校内长期偷盗且屡教不改，已经影响到学校的安全和学习生活。这真使善良的同学们大吃一惊，原来中学生里还有小偷，一段时间内我们班丢过6支钢笔和一只口琴，原来是他们偷的，大家可真要警惕啊！

1月30日

今天，在学校黑板报上，见到中国人民志愿军空军英雄张积慧、战斗英雄李建国和在冰窟中为救朝鲜少年崔莹而牺牲的罗盛教之父亲罗迭开老人的来信，我们很受感动。他们鼓励大家要好好学习，锻炼好强健的身体，将来为建设强大的祖国出力……我一定按照他们的话来做，搞好自己的学习，并带动大家胜利地、美满地、精彩地向祖国汇报成绩，完成期末考试任务。

下午体育课测验跳绳，费了九牛二虎之力，连续跳了306个，比上次进步了。体重也增加了1磅，令人高兴！

◀ 初中教学楼前（前排左起李惠荣、作者、谢建中、富丽，后排左起：范学良、李培莲、仇文亭、吕友礼、张茂）

◀ 初中三年级读报

1月31日

全天复习各门功课。下星期就要开始期末考试了，这是初中三年级一次重要的考试，也是人生路上一座小小的里程碑。下学期我们就是三年级下期了，即将迈入高中的门槛。决不辜负国家的培养，学校和老师的教育，父母的期望，时刻准备着，要考一个好的高中，考一个好的大学，永不忘记为祖国而学习，我会努力的！

纵观沧海——寻觅尘封的往事

1958年，全国人民高举“三面红旗”，开展轰轰烈烈热火朝天的“大跃进”运动。由于违反了历史和经济发展规律，人们最终尝受到了“大跃进”的苦果，这些令人难忘的岁月，也是对我们年轻共和国和每一个中国人的考验。

1961年，我从学校毕业分配到河南参加文物考古工作之后，经历了一些政治运动，参与了许多重要的考古发掘和科学研究，获得过奖励和荣誉，也受到过挫折与批评。这和其他与此相关生活上的经历，同样都留在了记忆之中。

古人云：“民以食为天。”20世纪60年代初，全国粮食产量锐减，吃饭成了每人每天考虑的首要问题。在北京大学上学期间，男生每月粮食定量是36斤。1961年10月，我到河南省文化局文物工作队报到之后，定岗为单位试用期的见习员，每月粮食定量减为31斤，工资为每月43.5元。1962年11月，我和同来的同班同学郑杰祥、西北大学历史系考古专业毕业的曹桂岑一齐转正了，定岗为研究实习员，工资为每月53元（这个工资标准定格了二十余年），粮食定量每月27斤，因为转正成为干部，还要再为国家节约1斤，实际定量是每月26斤，每天不足9两。政策没弄好，饿肚子成了常事，真让人感触多多。

1961年10月，我刚参加工作，就让到洛阳整理墓葬资料。在火车上旅客可以凭车票不交粮票买两个平价烧饼，当做一餐饭，但洛阳下车的旅客不能买，车票至少要买到洛阳西边的新安县站。我几次到洛阳出差，没享受过这种优待。当时人们对两个饼子也是很在意的。

那几年除了每人每月26斤粮食定量之外，每月还有2两油、半斤肉，以及不要粮票的半斤点心。1962年春节前夕，同班郑杰祥同学要回老家看看，他用半斤肉票买了一长条被称为“刀头”的猪肉，我问他买这干啥？他说要回去给近年逝世的老人们上坟，依照他们信阳地区新蔡县农村的风俗，上坟时必须要用“刀头”肉，我沉默无语了。记得1959年6月，我们班在陕西华县考古实习时，他家里来电报催郑杰祥回去，那年他老家几位至亲老人都在信阳事件中因饥饿过世了。

1962年5月，我奉命到南阳进行碑刻调查，那是河南省文化局文物工作队当年的中心任务。在南阳市域内与南阳市博物馆魏仁华同志同行，从东走到西，由南转到北，走遍了南阳的村村镇镇，调查登记了庙宇、祠堂、衙署等一些地方的古代碑刻。当我们走到安皋镇北面的一个村子时，肚子饿得都走不动了，忽然魏仁华大声喊了起来：“有办

▲ 1962年南阳碑刻调查（后排左一作者，前排右一魏仁华）

法了！”真是无巧不成书，原来前面的村子是他儿时所拜干老（爹）的住家所在，进村后我们就直奔他干老家，他可能很长时间没来过了，一进门见到他干爹、干妈后，就先说一声：“我是长青（魏仁华的小名）啊！”两位老人非常热情，给我俩做了一盆饭，吃得干干净净！

1962年6月，只身去邓县调查碑刻，特别到腰店乡孙楼村的白龙庙，登记了宋宣和二年（1120年）所立的敕赐惠润庙额碑，碑两侧刻有对联：“古道斜阳观碧落，客窗细雨抚黄色。”碑文记述邓州穰县久旱不雨，当地村民祈求白龙爷赐雨，心诚则灵，尚书省宣敕赐“惠润庙”额的经过。那天下午，我徒步走到腰店公社时，公社人云食堂没饭了，你到孙楼小学看看。走到孙楼小学时，天色已晚，学校食堂也没有动静，只好饿饭一顿，早早睡觉了事。半夜听见隔壁人声嘈杂，原来是学校老师们宰了一只羊，正放在锅里煮，还听见有人说：“小点声，隔壁还住有一位调查碑刻的同志，吵醒了让不让人家吃！”我真是饥肠辘辘，但又笑不出声，当时的生活中禁不住一个饿字了得，每天都想到怎么去吃，真可谓是一幕人间的小喜剧！

1962年9月，我和刘东亚同志到叶县调查碑刻。适逢中秋佳节，中午县委食堂优待客人，每人供应一份过节的红烧肉，那真是难得的美食。县文化馆的同志邀请我俩晚上聚一聚，盛情难却，那天下午我俩走了几条街也没买到中秋月饼，说是限量供应已卖完了，只好买了2斤当时进口的散装伊拉克蜜枣，算是我俩为晚餐提供的一份菜肴。2014年10月，我与老伴在大儿子向明陪伴下，曾到阿联酋旅游，在迪拜买了一些纪念品和食品，其中就有质量上乘、包装精美的椰枣，也就是中国称之的伊拉克蜜枣，这引起了我们对半个多世纪前三年困难时期苦涩的回忆。

1963年3月，我一个人到偃师县进行农田水利工程文物调查，走过了一些水库和中州大渠、伊东大渠沿线，新发现了宫家窑遗址、南蔡庄遗址和夏后寺遗址，心情十分高兴。当最后调查完伊东大渠快走到洛阳龙门时，已经几天奔波，没吃过一顿饱饭，这次慰劳慰劳自己吧！中午在偃师李村公社食堂吃蒜汁捞面条，3两粮票一碗，但给的数量不足，一碗下肚，没什么感觉，又买一碗，仍然如此，再来一碗，最后一共吃了四碗，不敢再吃了，用去1斤2两粮票，那可是一天半的粮食定量啊！现在想想真是不可思议。

1963年4月，我单枪匹马到荥阳进行农田水利工程调查文物，在那里遇上了只有在三年困难时期才会有的一件荒唐趣事。那天早饭后，我从荥阳县城很不熟练地骑自行车去县城南马蹄坡水库调查，边问路边前行，临近中午就到了水库附近，再问路时遇见一位干部模样的人，既热情又很熟悉地带我去找水库办公室，到了水库办公室那人还和别人打招呼。中午和水库的人一起吃饭，晚饭也是如此。次日中午调查结束，饭后结账时，水库食堂要收我6顿饭的钱和粮票，其实我只吃了4顿饭，问其原因，说是陪你一起来的人还吃了两顿，我说我不认识他，他不是你们水库上的人吗？真是都误会了，那人白吃了两顿饭，水库食堂只收我4顿饭的钱和粮票了事。

衣食住行是老百姓生活中不可或缺的内容。前面说的是吃，再说说穿。那几年，每人每年的布票仅有1尺余，做什么衣服都不够，生活中遇到什么事，只好家人相互调剂凑在一起使用。当时提倡“新三年，旧三年，缝缝补补又三年”。衣服打补丁成了常态，谁也不笑话谁。由于布料缺乏，甚至把日本进口化肥的包装袋也染色做了衣裳。当时流行的顺口溜曰：“干部干部，身穿料子裤，前面是日本，后面是尿素。”1961年10月过后，天气变冷，与我一同分到河南省文化局文物工作队的同班同学郑杰祥，去南阳调查文物，当时他的棉袄正面太破了，也没有什么布来修补，无奈只好反穿棉袄去出差。后来他曾去渑池县仰韶村测绘文物分布图，在渑池县城用19元买了一件不要布票英国进口的西服上装，质量绝对上乘，也算风光一时。

1963年7月30日，我成家了。在单位举行的简单婚礼上，我与爱人孙广清接受领导和同志们的祝福。中国历史博物馆陈大章和宋曼同志，也到场祝贺。这是我俩最难忘的节日，也是人生中一个重要的拐点和里程碑。能找到一个一辈子知心知暖的伴侣，是一种极为难得的缘分。“牵子之手，与子偕老”，从此有了一个家，有了一个依靠，有了一种思念，有了一份责任。按常理，结婚要做新衣服、新被褥，这些都要布票及棉花票，自然无法筹措，于是新衣服免了，找两件干净的衣服，特别要说的是，我单位的司务长张清甫同志把一条新的化纤裤子借给了我！新被褥也免了，用的是上大学时老母亲给我大姐和我做的高粱叶子花布被褥。最后只用手中的一点布票，买了一条双人床单（当时老百姓称之为“太平洋”单子），新枕套是印花塑料布制作的。新房贴满了当时流行的彩画，也摆了大家赠送的诸如暖瓶、茶杯、镜子等许多日用品。晚上单位包场看了电影《五朵金花》。看电影回来，在新房内摆上用结婚证购买的水果糖、香烟，以及几斤熟肉、两瓶酒，算是晚上接待宾客的礼物。一句话，由于客观条件所限，婚事极为从简，但同样和和美美，幸福相伴一生！当年的新婚照片和婚礼上我单位武志远同志所写的婚礼仪程大红纸，一直保留至今，真成了见证幸福的珍贵文物。

那些年住的条件也很差。我们河南省文化局文物工作队位于郑州老城南关外工人第二新村，即今陇海北三街9号院。南关外属于郑州城乡接合部，历来就比较偏僻，后来被戏称为“第四世界”。没有自来水，单位食堂和职工用水全靠院内的一口水井，职工白天都要轮流给食堂推水。这里还经常停电，交通也很不方便，去火车站、去行政区的省文化局和省博物馆都没有公交车可通，更没有出租车了，甚至连人工三轮车也不多见。单位没有汽车，也没有公用自行车，来往客人就无法接送。1965年北京大学考古专业的李友谋同学分配到省文物工作队，以及80年代初期，日本早稻田大学的稻畑耕一郎教授参观我们单位的文物标本室和城东路郑州商城东城墙考古发掘工地，都是我骑自行车带人从行政区省文化局接过来的。

当时单位面积狭小，房子不多，文物库房占了一部分，图书资料室、照相室和编辑组占了一部分，办公室和田野地上组、田野地下组、田野调查组各占了一部分，伙房与食堂占一部分，剩下为数不多的小房间就是单身职工宿舍了。由于办公的地方也很小，于是就实行寝办合一。我当时与同班同学郑杰祥合住一间屋，面积不到10平方米，两张单人床、两个两斗桌和两个凳子占得满满的，连一个小书架子也没有，有也放不下。既是宿舍，又是上班办公的地点。

又过了几年，有些单身汉要结婚了，于是每一间小房子可以住上一家。在单位的后院又加盖了两排平房，把平房的大房间隔为4块，进总门后的一小块，又有三个门，可以住3家，中间那一家由于要隔出其他左右两家的门，所以就更小了，仅放下一张双人床、一张两斗桌和一把凳子，屋内连个转身的地方都没有。我成家后就在中间最小的房内住过3年。即使是单位领导，如从部队转业来的李庆生书记和吉思敬秘书，两人都是携家带口的，也不过是住在一间半的平房内。

我们省文物工作队负责全省地面上古代建筑、古代石窟、古代石刻的文物调查、保护、维修和科学研究；负责地面下各类遗址、墓葬、城址的调查、保护、考古发掘和科学研究。20世纪60年代出差在外的时间非常多，一年中甚至有十个月或更多时间不在单位，也属正常。定点出差如在新郑郑韩故城，长期在那里搞文物调查、钻探、考古发掘，就住在新郑县大会院内。这个大会院类似招待所，但房屋十分简陋，人员往来很多，真开起会来，热闹非常。又如去三门峡配合工厂基建工程进行考古发掘，为期好几个月，就住在所谓的教师楼里，名字很好听，那里是一座两层小楼，里面破烂不堪，类同于危房，没有一位教师来此居住。这倒很好，房子空空的，连放发掘出土文物的库房也有了。至于临时短期出差，多半是到农村，则住在脏乱差的公社招待所里，住在学校或什么单位的房子里。寒冬，住过冰冷的只放有一两张床的小客栈或农村饲养室里；炎夏，则住过寺庙大殿内的石碑或农村的打麦场上。不少时候，还要自带行李或一条单子……

到外面出差除了步行之外，当然首先要坐火车或汽车，火车票要个人去火车站或售票点去买。当时不管远近，不管省内外，能买到硬座车票就很不错了。由于年轻，从未想过买什么卧铺票。也有时候连绿皮的硬座车也没有，只买到席地而坐的闷罐车，南来北往，东去西行，见过许许多多形形色色人等，社会就是大舞台，匆匆过客都是演员，放眼望去，会有不少问题，也会有一些答案，真比在学校里长见识。

出差坐火车，票还算好买，坐长途大巴车就不太容易买票了。如去南阳出差，没有火车或汽车直达，就必须提前一天坐火车到许昌，再买第二天早上从许昌到南阳的长途汽车票，晚上住在许昌车站附近以臭虫闻名的“七一”大旅社，次日凌晨，坐长途汽车出发，下午两三点可到南阳。汽车往往在途中还会出毛病，那晚点就没时间了，曾经有过晚饭后才到南阳的记录。若是在许昌买不到第二天早上去南阳的汽车票，那就更麻烦了，只好在许昌多住一天。

在上一本《走进考古》回忆录里，我写过去上蔡发掘宋墓之行，买长途汽车票也是很不容易的。1965年11月中旬，河南省文化局文物工作队收到上蔡县文化馆的一封电报，说是在县城西南约1千米的农田里，发现了一座砖室古墓，要求派人去发掘清理。当时我刚从南阳出差回到单位，领导就又派我去上蔡调查此事。从郑州去上蔡，先是坐火车到西平，然后再转长途汽车到上蔡。早上在西平买去上蔡的长途汽车票非常难，那是因为车少人多的缘故。排了半天队说是没票了！我挤到窗口拿着省文物队的工作证和上蔡县文化馆的电报，售票员反复看了一会儿大声说：“考古挖墓的优先！”卖给了我一张票。我没有理会售票员说话的口吻，也不去管周围其他购票者异样的眼光，像遇到“大赦”一样，拿了汽车票就匆匆跑了出来。

回忆这些衣食住行尘封已久的往事，让我个人思绪万千。饿肚子没有影响全身心地投入工作，生活上的其他困难也没停下前进的脚步，“工作第一”的信念是不可更改的，那个困难的年代，真是对每个人的锻炼。终于自己修成正果，为祖国的文物事业做出了应有的贡献。中国人都体验到了今天生活的幸福，感谢共产党的领导，感谢改革开放的伟大和光荣！

时事聚焦——参加固始农村“社教”工作队的回忆

1964年元旦过后，我从山西侯马参加文化部文物局组织的晋国都城新田遗址考古发掘大会战后刚刚回到郑州，单位领导就找我谈话，说是省委要组织农村社会主义教育工作队，到过去三年困难时期遭受破坏最严重的信阳地区，进行农村社会主义教育运动的前期宣传和组织工作。我们单位抽调曹天道、吕品和我三人，参加省直文化系统分团。由河南省歌舞团书记兼团长江燕林同志带队，他是早年到过延安工作的老革命，具体地点是信阳地区固始县。

固始县位于河南省东南部边缘，地处淮河、大别山之间，县北、东、南三面分别与安徽省阜南、霍邱、金寨诸地相邻，西与淮滨、潢川、商城县毗连。春秋时期该地属楚，称寝丘，是楚庄王时贤相孙叔敖的故乡。东汉初光武帝刘秀，封大将李通为固始侯，要其效法孙叔敖，固其根本，有始有终，是为固始之名来源。南北朝时期南朝刘宋、萧齐、萧梁政权，先后占据此地，置固始县。其后历代虽有建制变动，但固始县名一直传承至今。

1964年1月10日，我们在风雪中到省军区礼堂听省委书记何伟同志的动员报告。1月14日，我们自带行李坐火车到达信阳，再转汽车去固始。固始县委王书记向我们介绍固始县的情况，客观地说固始有少量山区，有一部分丘陵地，还有一部分沿河两岸的平原地带，全县稻米产量丰富，林业、副业、渔业也较发达，是一个号称鱼米之乡的好地方。20世纪二三十年代苏区人口达25万，出了陈再道、郑位三等几位将军。历史上固始县也出过一些名人，唐代安定东南边陲、创建漳州的“开漳圣王”陈元光，清代杰出植物科学家吴其浚，清代镇压小刀会起义的上海道台吴健彰等。

这次农村社教工作队主要任务是向广大农民传达和宣传中共中央颁布的关于在农村开展社会主义教育运动的两个文件，被称为“前十条”和“后十条”。省里来的和信阳地区的干部200多人，加上固始县本地也有100多位干部参加，可谓声势浩大。

我们省直文化系统分团分在县城东面不很远的分水亭公社，在分水亭公社也开了会，公社桂书记介绍了全公社的情况。每个工作队员负责一个大队，我被分配到公社偏南部分的吴集大队。按照要求，我们必须与社员们同吃、同住、同劳动。在那里先召开大队党支委会，后开党团员会，再开各生产队社员会。在一个月的时间内，要安排好群众生产和生活，宣讲好中央的前后十条，大队生产队干部和党团员每天上午集中到大队学习，男女社员晚上集中学习，老大爷、老大娘要下午集中学习，副业组成员集中三天学习，对于病人也要登门宣传。每次宣讲“前十条”和“后十条”，都是先粗读一遍，然后再细读进行讲解，还要联系全国和全省形势，结合当地的实际，进行详细诠释和对照。还要组织当地一批有中学文化水平的年轻党团员集中学习，培养成宣传员队伍，然后帮助进行宣讲工作。

吴集大队共有16个生产队，总计1121人，包括吴集、莲花、大港、龙台子、皮闸、天堂、高沟、彦桥、瓦方、郭庄、上游、上庄、许桥、古城子和老埧16个小村子，分布在梅山中干渠东西两侧，相当分散。每天往返多个生产队，田埂小路甚为难走，过干渠时只有很窄的独木桥，令人生怯。到了雨雪天更是泥泞路滑，作为一个北方人摔跤滑倒，防不胜防，走了几天也就习惯了。社员家里房子很小，同住要给人家添很多麻烦，只好住在生产队饲养室里，每天在一个染房内吃饭，顿顿都是稠一点的大米稀饭和腌雪里红咸菜（当地称为辣菜），每天向生产队交1斤粮票4角钱。临近春节时伙食稍有过改善，吃过糖水江米实心汤圆，在大港生产队参加捕鱼时吃过一顿水煮鱼。宣讲文件之余，也参加过几次挖塘泥（当肥料）、刨坑植树等劳动，天寒地冻，相当辛苦。当时吴集大队很注意抓生产，争取当年农业丰收。整个大队麦田地上肥428亩，挑塘泥280亩，施大粪20亩，稻田施肥144亩……

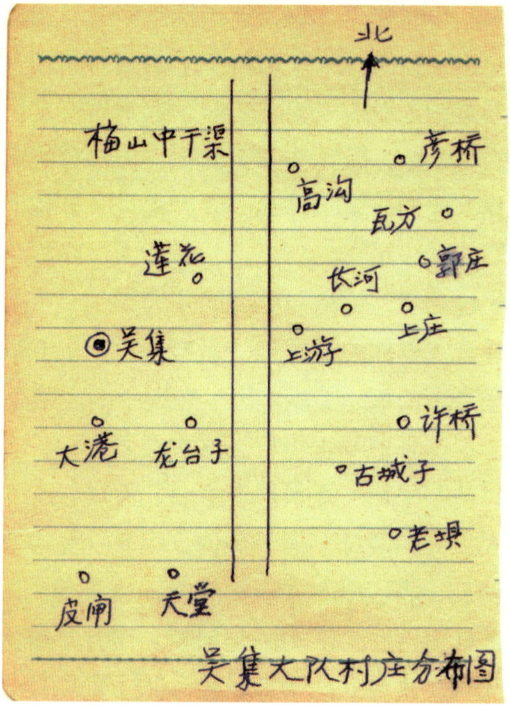

▲ 固始分水公社吴集大队村庄分布图

在一个月时间内，我们按照省委要求，把前后两个十条的中央文件，原原本本给全大队每位社员粗读、细读、解读、诠释了好几遍，对缺衣少食的困难社员给予一定的经济救助。此外，还要对大队和生产队清工分、清财务、清仓库、清账目，称之为“小四清”。我认真查对了大队张姓会计的收支账目，有一些收入如卖牛的款项不知去向，糊涂会计也讲不清弄到哪里去了。

现在看来，1964年初在河南各地开展的农村社教“小四清”，实际上是为1965—1966年全面开展农村社教“大四清”（清政治、清思想、清经济、清队伍）运动作了准备。在1965年开展农村社教“大四清”时，我被留下搞文物调查和全国重点文物保护单位的“四有”工作。而整个单位有12位同志先后到信阳县长台关公社、光山县砦河公社，参加农村社教“大四清”运动。在那里发动群众，整顿干部的思想作风和多吃多占问题，要他们退赔、改正并要深刻检讨，最后进行组织处理，好干部上，有问题未解决的下。社教队员要真正与社员们同吃、同住、同劳动，还要参加上山拾柴，修水库运石头，育红薯秧栽种，帮缺粮户发放统销粮。后来在一段时间内，还派一批专人到信阳打米厂运回稻壳，解决社员烧柴问题。由此还产生了一个流传至今的笑话。1964年10月，一位家住四川广安农村个子不高的四川大学历史系考古专业高才生，分配到河南省文化局文物工作队来，不久即入选到省直文化系统农村社教工作队，去了信阳。当时学考古的男学生，因工作中有发掘古代墓葬的内容，而且常年出差在外，所以“对象”都不好找。他们在信阳打米厂装运稻壳时，依照社会上女同志择婿的标准，大家编了一个顺口溜：“一军官，二干部，三工人，四铁路，装稻壳的属第五，四川蛮子不算数！”许多年过去了，这位装稻壳的川大学子，在考古发掘上很有建树，在科学研究上硕果累累，并且在退休的前几年，还担任过单位党政双肩挑的最高领导。此外，他还有一个儿女双全令人羡慕的美满家庭。在人生的道路上这已经很可以了。

还是书归正传吧。这次固始之行一个月时间，留下了非常深刻的印象，零距离和农村基层干部、社员群众生活、劳动、工作、学习在一起，对我是一次深刻的思想洗礼和人生观的锻炼。他们热情、坦率、宽厚、善良，表现出对共产党热爱，也表现出改善贫穷落后生活的强烈愿望。离开吴集大队时，我与大队干部、生产队干部和社员群众，可以说是依依惜别。其中上庄生产队的崔聚安是回乡知识青年，为宣讲中央文件时培养的宣传员，在社员群众中帮助做了不少工作。他在我的工作日志本子上写下了一些祝福的话语：

> 育彬同志：愿你的工作才能、修养、道德，永远照耀着你的前途，大放光芒！成为党和国家的优秀干部，人民忠实的勤务员！结谊笔迹。
>
> 固始分水公社吴集大队上庄生产小队社员崔聚安　1964年元月30号

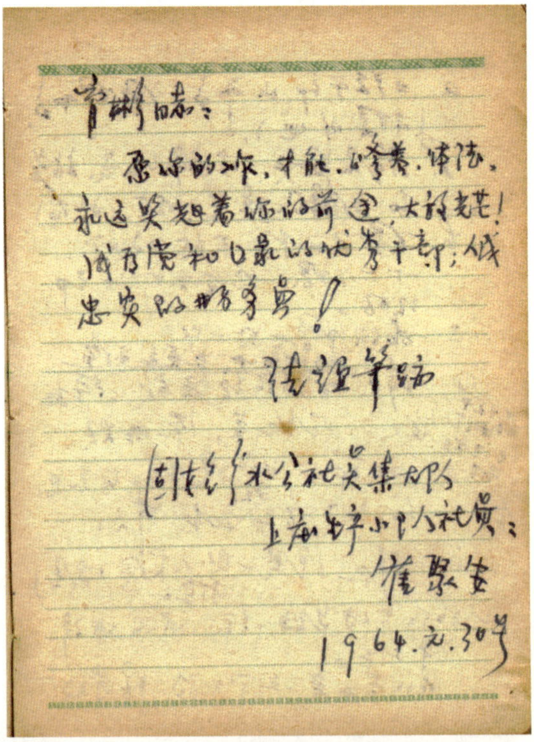

▲ 吴集大队上庄生产队崔聚安的题词

在吴集大队的一个月里，我全力以赴

投入到中央文件的宣讲工作；也尽力做到与社员群众同吃、同住、同劳动；注意做好抓生产和安排困难群众的生活；也进行一些“小四清”的工作。为此，我受到公社党委和社教工作队领导的表扬。俗话说：“金杯、银杯，不如群众的口碑！”因此，我很看重上庄生产队知青崔聚安写到我本子上的题词。这是对我一个月农村工作的认可，更是对我的期望、鼓舞与鞭策，在其后几十年的工作里，我时时记住了要成为“党和国家的优秀干部”，成为“人民忠实的勤务员”。

1964年2月上旬，在固始农村工作任务完成之后，我因家中有事，提前只身返回郑州。中间还遇到一件小事，让我难以忘怀。离开分水亭公社那天下午，又逢雨夹雪，步行到固始县委招待所住了一晚。招待所的同志非常热情，我想这可能是因为我是省里来的农村社教队员的缘故吧。晚上在风雪中，又有一位蒋集公社的农村小学教师因事也来到县招待所，他的衣服也湿透了，招待所的同志同样非常热情，先在房间里暖和一下，烤烤湿衣服，伙房炊事员还专门又为他一个人做了一顿饭。那位老师很感动，我同样也是很感动，一直铭记到今天！

救灾实录——75·8驻马店大水祭

1975年8月5—8日，当时河南以驻马店地区为中心，包括相邻的许昌、平顶山、南阳、周口等地区的相当一部分，共约29个县市，遭受特大暴雨的袭击，造成了连续多日空前的大洪水灾难。9月初，河南省委、省政府组织省直各个系统的工作队到灾区调查受灾情况，研究尽快恢复工作、恢复生产、恢复生活。笔者和省图书馆、省歌舞团的几位同志，作为省直文化系统灾区调查工作队的许昌地区工作组，到驻马店地区北面归许昌地区所管辖的漯河、郾城、叶县、临颍、舞阳、鄢陵、襄县等县市，对文化系统所属图书馆、新华书店、剧团、剧院、电影队、电影院、文化馆、文化站进行调查，对房屋、设备、图书、文物……各种受灾受损情况，进行排查登记，听取各方面意见，最后汇总向河南省文化局汇报，按不同情况下拨款项，支持恢复重建。近一个月的调查，灾区所见所闻，让人触目惊心，终生难忘。

这次特大暴雨到来之前，似乎还是有些反常的，事后有资料记载，8月初不该开花的植物开花了；板桥镇上见有鸡不入舍，猪不吃食，一条黄狗张皇失措跳上房顶，朝天狂吠，无论人们怎样追打斥骂，就是不肯下来；林庄村南坡地聚满了黑压压的乌鸦，驱不走，赶不散；泌阳一些水库泛绿，大路上蚂蚁搬家，神态栖栖遑遑。8月4日，1975年第3号台风（7503号，代号莲娜）在福建晋江登陆，恰遇澳大利亚附近南半球的空气向北半球爆发，西太平洋热带幅合线发生北跃，致使这个登陆的超强台风没有像通常那样在陆地上消失，却转化为台风低压，以罕见的强力，越江西，穿湖南，在常德附近突然转向，北渡长江直入中原腹地。8月5日，行径诡异的7503号台风，突然从中央气象台的雷达监视屏上消失。由于北半球西风带大形势的调整，7503号台风在北上途中不能转向东行，于是“在河南境内停滞少动”约20多个小时，灾祸由此引发。“停滞少动”的具体地域是在伏牛山脉与桐柏山脉之间的大弧形地带，这里有大量的三面环山的马蹄形山谷和两山夹峙的峡谷，南来的气流在这里发生剧烈的垂直运动，并在其他天气尺度系统的参与下，造成历史罕见的特大暴雨。这个最易产生特大暴雨的地区，又恰是兴建水库的最佳区域，上百个水库在这里星罗棋布。这场特大暴雨是水库设计者未曾预料的。建坝之初，思想有误，主要为防旱灾，水库重蓄水、轻防洪排水，设计时把水库排水闸门数量压到最低，需要泄洪时，闸门锈蚀打不开；特大暴雨中电讯中断，失去联系，紧急情况上级无法知晓，下级无法决断，板桥水库临溃坝前在现场拍发的几封告急求援的电报，上级无法收到；天气预报也有失误，中央气象台预报驻马店地区会降100毫米大

◀ 1975年8月洪水冲毁河南驻马店地区京广铁路

雨。人们过去笃信“百年一遇”“千年一遇”等既定的洪水标准，自信石漫滩水库可驭控五十年一遇的洪水，在五百年一遇的洪水中也能自保；板桥水库可驭控一百年一遇的洪水，在一千年一遇的洪水中也可无恙。谁也没见过“千年一遇”的洪水，所有数据都是根据人们掌握的有限史料推算而来。1975年8月，真正的大洪水来啦，从天而降的特大暴雨使人瞠目结舌；它的雨量竟相当于两千年一遇，为设计最高标准的两倍。当时台风带来的雨量太大了，远远超出人们的想象。8月5—7日，驻马店地区最大降雨量为1605.3毫米，3天相当于正常两年的雨量。在暴雨中心位于板桥水库附近的林庄村，6小时的最大雨量为830毫米，超过了当时世界最高纪录美国宾夕法尼亚州密士港的782毫米。8月8日0点30分到40分，舞钢石漫滩水库和泌阳板桥水库几乎同时溃坝决口。以板桥水库为例，设计最大库容为4.92亿立方米，最大泄洪流量为1720立方米每秒。而溃坝时已达7.012亿立方米和1.7万立方米每秒。可敬的板桥水库防汛指挥部在洪水即将溃坝之际，还在测量库容水位和洪水流量，并在大坝南头向上级发了可能是最后一封十分悲壮的电报：“板桥水库处于特别危急状态，库水位已过坝顶，即将漫过防浪墙，主副溢洪道已全部运用，要通知沿河社、队注意抢险转移！水库防汛指挥部在大坝南头，请求空军支援。”水库垮坝正值深夜，浪高10米的水墙，在宽12—15千米的平原大地上呼啸而过，在洪水奔出45千米之外，浪高还有3米。一座座村庄被吞噬，板桥镇荡然无存，沙河店镇被夷为平地，诸市镇化为乌有，遂平县城洪水没顶，京广铁路被拧成麻花，60吨重的油罐车被冲到40千米外的宿鸭湖边。据后来官方统计有1100万人受灾，1700万亩农田被淹，倒塌房屋596万间，冲走耕畜30.23万头，猪72万头，京广铁路被冲毁102千米。人员伤亡惨重。

8月8日至9月5日，中国人民解放军各大军区、铁道兵部队、北海舰队、东海舰队、河南省军区等，共派出4.26万人解放军官兵到灾区抢险救灾；8月9—22日，卫生部、解放军总后勤部、武汉军区、广州军区，河南省军区及北京、河北、山西、湖北等省市医疗卫生部门，派出了3000多名医务工作者赶赴灾区，进行医疗、治病、消毒；9月1—6日，解放军空军连续出动飞机248架次，喷洒可湿性“六六六”粉248吨，覆盖宿鸭湖以西250平方千米重灾区域，防止疫情发生；8月12日以中共中央政治局委员、国务院副总理纪登奎为团长，全国人大常委会副委员长乌兰夫为副团长的中央慰问团抵达河南……我们生活在郑州的人们，在一周多的时间内，为支援灾区食品，居民们每天都在烙饼，可谓是家家炊烟，户户忙碌……

1975年9月初，我们省直文化系统灾区调查工作队许昌地区工作组一行4人抵达灾区。虽然洪水已退去多日，但所到之处仍让人触目惊心。路旁电线上还挂着麦秸稻草，足见当时水急浪高，被冲毁的房屋，一片断壁残垣，受灾的人们，诉说那些梦魇般可怕的经历……叶县受灾很重，8月5—8日连降暴雨640毫米，属于山区的干江河上游降雨910毫米，澧河降雨1100毫米，用当地群众的话说，当时天好像漏了一样，雨水像瀑布，端个盆子在外面，霎时就接一满盆水。叶县的保安、新店、龙泉、坟台、水寨、邓李、岗河7个公社大量的土地，遭到地刮三尺的冲击，地面上的黑土全部被冲走，田畴沃野变成了令人毛骨悚然的黄色，望不到边际。县里同志回忆说，当时县委召开全县公社电话会，要求统一领导，人员统一调配，运输工具集中在县直和各公社，要保护人、畜、集体财产的安全；后来水太大了，县委通知，要保护人、畜安全；再到后来水最大时，改为只保人身的安全了。8号以后暴雨停了，但积水仍然很深，5000多灾民从农村涌向县城，住在剧院和学校里。县委指示，要让灾民住在屋里，要能吃上饭。

我们到了垮坝后的舞钢石漫滩水库，那是在8月8日0时30分垮掉的，4—8米高的浪头排山倒海倾泻而下，眼前的大坝中部有一个大大的缺口，库区已无水露出了库底，这是大自然向人们的示威，我在内心中升起难以表述的惶恐，那是一个多么可怕的夜晚。舞阳的武功高中，130多间房屋仅存地基和大门外的水泥柱；九所公社的娘娘庙只露出房顶。漯河境内的沙河，过去最大流量为3000立方米每秒，暴风雨中一下子涨到9000立方米每秒。一些县市郊区和农村，在大洪水中水深3米、5米，最深处达8米，只能用竹筏子沿着路旁电线杆划动。有的国家粮库、仓库的粮食和布匹，也被卷入洪水之中。

我们的党，我们的政府，我们的人民子弟兵，在大灾面前挺身而出，积极抗洪救灾，支援人民；我们的老百姓，在大灾面前也努力自救，互相帮助，一方有难，八方支援。解放军用冲锋舟、水陆两用汽车救助灾民，运送食品，送医送药，飞机也向被困的灾民空投来自全国各地的食品，有些地方灾民吃饭，早上是大寨的，中午是四川的，晚上是哈尔滨的……没有受灾的宝丰、郏县、禹县，也大力支援灾区，安置不少灾民，有一个6口人之家，一天接待70多位灾民吃饭；受灾的县内也有没受灾的地方，同样安置郾城、舞阳、西华的灾民。非灾区的学校，发动小学生割草，运到灾区去喂劫后余生的牲畜。我们所到县市及公社的文化部门，在洪灾中表现突出，他们编制筏子救人和运送物资，建造草庵子安置灾民。文化局、文化馆、电影院、电影队、剧团、剧院、新华书店和文化站的职工们，积极组织抗洪救灾，为保护各种设备、图书、文物的安全作出了贡献。也出现了不少先进模范人物，受到表彰。大水退后，文化系统职工积极投入灾后工作，大力支援种菜和补种庄稼，文化馆、剧团等单位举办宣传栏、宣传橱窗，书写大标语鼓舞士气。组织排演小型戏曲节目，慰问灾民。大力捐赠图书，恢复正常业务工作。

这可是1975年哪，正值“文化大革命”的末尾，距离改革开放还有好几年，困难多多。但我们毕竟是共产党领导的社会主义国家，团结人民，最终战胜灾难，渡过难关。其后，国家又经过了唐山大地震、汶川大地震、长江大水……但都挺过来了。我们要尊重自然，敬畏自然！多难兴邦啊！如今中国站起来了，中国富起来了，中国开始强起来了，谁也挡不住中国前进的脚步！惊天地、泣鬼神的75·8驻马店大洪水已经过去44年了，那一次灾区的调查，给了我极大的震撼和教育，让人终生难忘！今天的驻马店大洪水灾区，早已发生了翻天覆地的变化。当年垮坝的板桥水库于1987年元月开始复建，在1992年竣工；而石漫滩水库在1992年11月开始复建，到1998年元月竣工验收。如今，这两座大型水库不但发挥了水利设施的功能，而且还成了人民群众参观游览的景点。在这两座水库的旁边还立碑记事，以警示后人。

《板桥水库复建记事》：

板桥水库原建成于一九五二年，是中华人民共和国兴建的大型水库之一，一九五六年经扩建加固。一九七五年八月八日毁于特大洪水，三天进库水量6.97亿立方米，洪峰流量1.3万立方米每秒。约超过原设计值的一倍左右，溃坝瞬时流量高达7.81万立方米每秒，时值十年动乱，救护不力，卷走以万计人民的生命财产，为祸惨烈。一九八七年元月开始复建，历五载建成。除水害，兴水利，必须对人民负责，确保安全。树此以志不忘。

水利部淮河水利委员会　河南省水利厅　立

石漫滩水库《75·8警世碑》记事：

原石漫滩水库建于一九五一年七月，是新中国在淮河上兴建的第一座大型水库，坝型为均土质坝。一九七五年八月五日至八日，洪水漫坝，大坝溃决，下游人民生命财产损失惨重。前事不忘，后事之师。75·8洪水造成的灾难，应予记取，永志不忘。

▲ 驻马店泌阳板桥水库复建碑

学海无涯——三篇小文初学步

1961年10月，我从学校毕业后被分配到河南从事文物考古工作。平时正常的业务工作较杂也较多，先后参加过全省碑刻调查、古书和古字画登记、地上地下文物调查、古建维修、古城址和古遗址钻探、古遗址和古墓葬考古发掘、文物保护单位的“四有”工作……除了这些工作实践之外，单位还号召出成果、出人才，其中的重要标志之一是发表考古发掘报告、研究论文，甚至是出版学术专著。我们河南省文物工作队一位老领导经常在大会上讲：“你们年轻人不要荒废时间，要积极参加考古发掘，要努力进行科学研究，文章能发表，著作能出版，那就是贡献，那就是水平。”当时虽然处于三年困难时期，但大家的学习氛围很浓，晚上宿舍里灯火通明，大家有的在看书，有的在写文章，很少有十一点之前睡觉的。我迈进河南省文物工作队的大门之后，逐渐融入文物工作的角色中去。到了1964年和1965年，开始在国内或省内的学刊或报纸上，陆续发表了三篇小文，把文物工作的收获变成了铅字保存下来。我就从这三篇小文起步，开启了半个多世纪可圈可点的考古生涯。以现在的目光看，这三篇小文谈不上什么水平，但还是有一些文物、学术、历史和资料价值。在回忆往事的时候，我愿把这早期撰写的三篇小文，全文介绍给大家，与读者共享之。

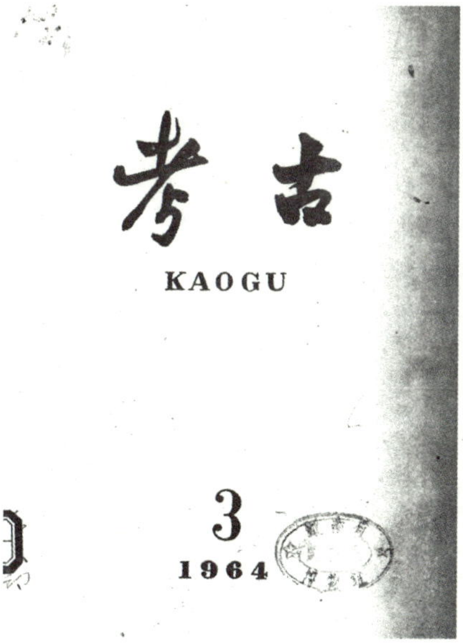

▲ 《考古》1964年3期封面

第一篇是《考古》1964年3期刊登的考古调查简讯《河南偃师仰韶及商代遗址》。

1963年3月，配合豫西农田水利工程建设，笔者第一次单枪匹马到偃师县调查古文化遗址。偃师地处河南西部稍偏北，东邻巩县，西接洛阳，北与孟津交界，南和登封、伊川毗连。四境东北有黑石关，东南为轘辕关，北据黄河天险，南有嵩岳屏障，向扼洛阳进出东方之咽喉，具有重要的战略地位。境内伊河、洛河东西横贯，土壤肥沃，物产富饶，文物古迹众多，是河南著名的文物大县。偃师新石器时代文物较多，丰富的仰韶文化、龙山文化遗存，表明在距今7000—4000年前，这里已有相当发达的史前文化。偃师是传说中的“帝喾所都”，夏属《禹贡》豫州之域。二里头遗址确立了夏代晚期文化。距今3600年的偃师商城，被确定为商汤灭夏后所建的西亳王都。约公元前11世纪，武王伐纣灭商，“回师息戎，遂名偃师”。是为偃师地名之由来。春秋属东周王室之地，战国属韩，秦属三川郡，汉魏时为王都洛阳一部分。唐属洛阳东都，留有太子李弘的恭陵，唐代著名大佛学家玄奘故里也在于此。自明洪武元年（1368年）以降，偃师建制未变。

在偃师先后走过了二龙沟水库、九龙角水库、马涧河水库、桃花店水库、中州大渠和伊东大渠沿线，新发现了宫家窑遗址、南蔡庄遗址和夏后寺遗址。其中宫家窑遗址有丰富的仰韶文化内涵。南蔡庄遗址与二里头遗址隔洛河相望，文化内涵相同。夏后寺遗址西距著名的灰嘴遗址5千米，以二里头文化为主，也有少量的东周遗存。尽管当时还认为二里头文化属商代早期文化，但距离夏代也已经不远了。新发现的这三处遗址，都相当重要。日后均被公布为偃师县（市）级文物保护单位。据这次考古调查资料所写的《河南偃师仰韶及商代遗址》小文，还被中国社会科学院考古研究所录入夏文化考古资料编目中。

《河南偃师仰韶及商代遗址》

1963年春季，我们曾到偃师县进行重点遗址调查。解放以来，我们在这里调查和发掘了几处新石器时代和商代遗址。这次调查又发现了三处比较重要的遗址。

一、宫家窑遗址

宫家窑村位于县城西南20公里，在沙河东岸的台地上。遗址在村南，南北长500米，东西宽200米。在村南大路两旁，断续有灰层暴露，厚0.2—1.4米，也看到有灰坑，深2米以上。在路西侧的断崖上，距地表深约1米处，还露出一排四个小土圹墓，骨架头向北，脸朝东，已残，似为仰身直肢葬。

文化层中夹有红烧块和不少陶片。多为泥质红陶，也有夹砂红陶。器形有尖底瓶、钵、罐和釜等，还有一片暗红地上绘两道平行黑彩的钵口沿。陶片中除素面者外，其纹饰有线纹、绳纹和弦纹。还采集

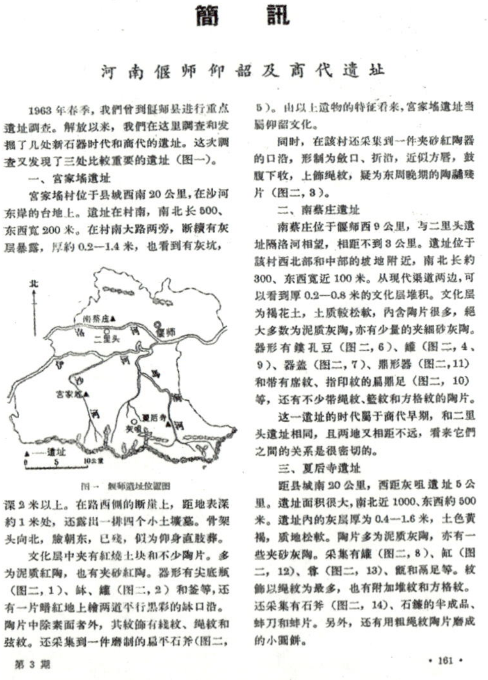
簡　訊

河南偃師仰韶及商代遺址

1963年春季，我們曾到偃師县进行重点遺址調查。解放以来，我們在这里調查和发掘了几处新石器时代和商代的遺址。这次調查又发現了三处比較重要的遺址（图一）。

一、宮家塢遺址

宮家塢村位于县城西南20公里，在沙河东岸的台地上。遺址在村南，南北长500、东西寬200米。在村南大路两旁，断續有灰層暴露，厚約0.2—1.4米，也看到有灰坑，深2米以上。在路西側的断崖上，距地表深約1米处，还露出一排四个小土壙墓。骨架头向北，臉朝东，已残，似为仰身直肢葬。

图一 偃師遺址位置图

文化層中夾有紅燒土块和不少陶片。多为泥质紅陶，也有夾砂紅陶。器形有尖底瓶（图二，1）、鉢、罐（图二，2）和釜等，还有一片暗紅地上繪两道平行黑彩的鉢口沿。陶片中除素面者外，其紋飾有綫紋、绳紋和弦紋。还采集到一件磨制的扁平石斧（图二，5）。由以上遺物的特征看来，宮家塢遺址当屬仰韶文化。

同时，在該村还采集到一件夾砂紅陶器的口沿，形制为斂口、折沿，近似方唇，鼓腹下收，上飾绳紋，疑为东周晚期的陶鬲残片（图二，3）。

二、南蔡庄遺址

南蔡庄位于偃師西9公里，与二里头遺址隔洛河相望，相距不到3公里。遺址位于該村西北部和中部的坡地附近，南北长約300、东西寬近100米。从現代渠道两边，可以看到厚0.2—0.8米的文化層堆积。文化層为褐花土，土质較松軟，內含陶片很多，絕大多数为泥质灰陶，亦有少量的夾細砂灰陶。器形有鑽孔豆（图二，6）、罐（图二，4、9）、器蓋（图二，7）、鼎形器（图二，11）和带有席紋、指印紋的扁鼎足（图二，10）等，还有不少带绳紋、籃紋和方格紋的陶片。

这一遺址的时代屬于商代早期，和二里头遺址相同，且两地又相距不远，看来它們之間的关系是很密切的。

三、夏后寺遺址

距县城南20公里，西距灰咀遺址5公里。遺址面积很大，南北近1000、东西約500米。遺址內的灰層厚为0.4—1.6米，土色黄褐，质地松軟。陶片多为泥质灰陶，亦有一些夾砂灰陶。采集有罐（图二，8）、缸（图二，12）、甕（图二，13）、甑和鬲足等。紋飾以绳紋为最多，也有附加堆紋和方格紋。还采集有石斧（图二，14）、石鐮的半成品、蚌刀和蚌片。另外，还有用粗绳紋陶片磨成的小圓餅。

第3期　· 161 ·

▲《河南偃师仰韶及商代遗址》内文（一）

到一件磨制的扁平石斧。由以上遗物的特征看来，宫家窑遗址当属仰韶文化。

与此同时，在该村还采集到一件夹砂红陶器的口沿，形制为敛口，折沿，近似方唇，鼓腹下收，疑为东周晚期的陶鬴残片。

二、南蔡庄遗址

南蔡庄位于偃师西9公里，与二里头遗址隔洛河相望，相距不到3公里。遗址位于该村西北部和中部的坡地附近，南北长约300米，东西宽近100米。从现代渠道两边可以看到厚0.2—0.8米的文化层堆积。文化层为褐花土，土质较松软，内含陶片很多，绝大多数为泥质灰陶，亦有少量的夹砂灰陶。器形有镂孔豆、罐、器盖、鼎形器和带有席纹、指印纹的扁鼎足等，还有不少带绳纹、篮纹和方格纹陶片。这一遗址的时代属商代早期，和二里头遗址相同，且两地又相距不远，看来它们之间关系是很密切的。

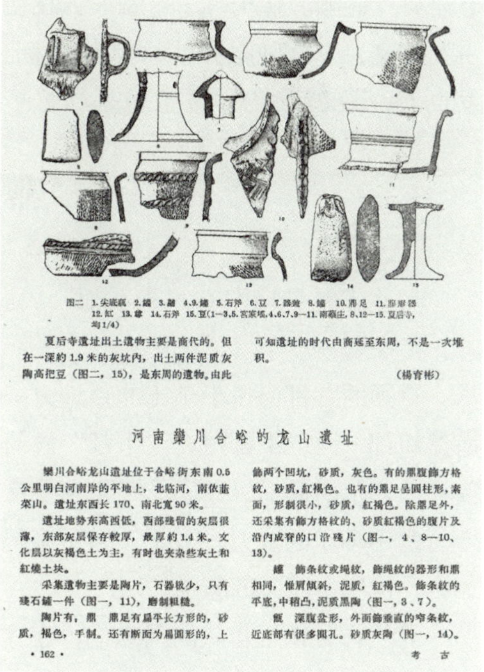

图二 1.尖底瓶 2.罐 3.罐 4、9.罐 5.石斧 6.豆 7.器盖 8.罐 10.鼎足 11.鼎形器 12.缸 13.瓮 14.石斧 15.豆（1—3、5.宫家窑，4、6、7、9—11.南蔡庄，8、12—15.夏后寺，均1/4）

夏后寺遗址出土遗物主要是商代的。但在一深約1.9米的灰坑內，出土两件泥质灰陶高把豆（图二，15），是东周的遺物。由此可知遺址的时代由商延至东周，不是一次堆积。

（楊育彬）

河南欒川合峪的龙山遺址

欒川合峪龙山遺址位于合峪街东南0.5公里明白河南岸的平地上，北臨河，南依蘆栾山。遺址东西长170、南北寬90米。

遺址地势东高西低，西部殘留的灰层很薄，东部灰層保存較厚，最厚約1.4米。文化層以灰褐色土为主，有时也夹杂些灰土和紅燒土块。

采集遺物主要是陶片，石器极少，只有殘石鏟一件（图一，11），磨制粗糙。

陶片有：鼎 鼎足有扁平长方形的，砂质，褐色，手制。还有断面为扁圓形的，上飾两个凹坑，砂质，灰色。有的鼎腹飾方格紋，砂质，紅褐色。也有的鼎足呈圓柱形，素面，形制很小，砂质，紅褐色。除鼎足外，还采集有飾方格紋的、砂质紅褐色的腹片及沿內成脊的口沿殘片（图一，4、8—10、13）。

罐 飾条紋或绳紋，飾绳紋的器形和鼎相同，惟肩傾斜，泥质，紅褐色。飾条紋的平底，中稍凸，泥质黑陶（图一，3、7）。

甑 深腹盆形，外面飾垂直的窄条紋，近底部有很多圓孔。砂质灰陶（图一，14）。

·162· 考古

▲ 《河南偃师仰韶及商代遗址》内文（二）

三、夏后寺遗址

距县城南约20公里，西距灰嘴遗址5公里。遗址面积很大，南北近1000米，东西约500米。遗址内的灰层厚为0.4—1.6米，土色黄褐，质地松软。陶片多为泥质灰陶。采集有罐、缸、尊、甑和鬲足等。纹饰以绳纹为最多，也有附加堆纹和方格纹。还采集有石斧、石镰的半成品、蚌刀和蚌片。另外，还有用粗绳纹陶片磨成的小圆饼。

夏后寺遗址出土物主要是商代的，但在一深约1.9米的灰坑内，出有两件泥质灰陶高把豆，是东周的遗物。由此可知，遗址的时代由商延至东周，不是一次堆积。

第二篇是《郑州晚报》1964年8月22日刊登的《燕下都访古》。

1963年6月，笔者与赵青云同志去河北易县燕下都古城址参观学习，易县燕下都是燕国的都城，为全国重点文物保护单位，河北省文物工作队的同行们，长年在这里进行田野调查和考古发掘，其文物保护的“四有”工作也很出色。当时我们河南省文物工作队也正在开展大遗址保护的“四有”工作，因此我们就到河北学习和取经来了。《燕下都访古》就是记述这次学习取经的经过和收获。虽然是一篇散文，但内容却涉及历史、考古和文物的保护，有一定的学术价值。而对河南大遗址保护的“四有”工作，也有一定的借鉴和推动作用。文章发表之后，反映还不错，认为文章“有知识、有内容”，文笔还算“通顺、优美”。这就很让我受宠若惊了。此外，也正是由于发表了《燕下都访古》一文，郑州晚报社就聘我为特邀通讯员。1965年6月26日，我又在《郑州晚报》上发表了一篇《河南宋瓷》，算是尽了通讯员的义务。

《“燕下都”访古》

河北省易县境内有“燕下都”故城。趁工作之便，我们河南省文物工作队几个同志，在那里参观学习了几天。

燕国的国都原设于蓟（北京地区——“上都”）；到了春秋末年，又在今天易县东南建新都——“下都”。“下都”西倚太行，南临易水，其西几十里的地方就是有名的狼牙山，东南低下，迤连于河北大平原。

两千多年的岁月过去了，留下来的只是一些遗迹和遗物，诉说着它们过去的繁荣。如今，这座古城又苏醒了。

河北省文物工作队的同志们，在这里已经过了几度寒暑。他们年复一年地跟这座古城打交道，对祖国的土地，寄予理想和喜悦，用钻探、测绘、发掘来探索“燕下都”的秘密。易水河的波涛，默数着他们劳动的日月。

“燕下都”分内城和外城，东西长八公里，南北宽四公里，西南隅向内收缩。地面上还断断续续保存一些城墙，最高的地方有七米左右。城墙垂直，穿绳、夹板痕和夯层都很清楚。西城墙保存最长，南北纵观，远方隐于绿丛深处，似无终极。如今在这个城圈里，还坐落着二十多个村子，有东贯城、西贯城、东斗城、西斗城、军营村、城角村、武阳台、练台……单单从这些村名字，就可以找出一些古城的线索。版筑夯土墙的方法，至今还在广大农村流传，我们看到了生活的源流。

他们也找到了当时的城门、河道、大路和下水道；在内城中部和北部以武阳台和老姆台为主线，包括练台、张公台和路家台一带，都发现许多遗留在地面上和埋藏在地下的大型夯土建筑遗存，其上都有大量的烧土和东周瓦片，这应该是宫室之所在。《水经注》卷十一易水篇记录了北魏时期“燕下都”宫殿区的情况。可以看出当时宫殿的豪华和规模的巨大。

我们又看了“燕下都”的文化堆积，在内城高陌村附近，发现有大量的铁渣、炉渣和烧土堆积，以及铁锛、铲、犁、锥等工具，还采集到铸造铜镜、铸造刀币的陶范；在西贯城村有大量的铜渣和骨料，这一带可能就是冶铁、冶铜、铸钱和制骨手工业作坊之所在。在内城西侧还有陶窑和灰土堆积。

内城西北角有“虚粮冢”和“九女台”，前者包括十三座土台子，后者有九座。相传古时城被敌人围困，城内粮草缺乏，而以仅有存粮铺在土台上，以迷惑敌人，鼓舞士气，最后取得胜利。这就是“虚粮冢”的由来。又云：从前有九个美丽的仙女，路过这里休息，她们倒出鞋中的积土，就成了今天的“九女台”。经过钻探，这些土台子可能就是战国时代的大封土墓，如果把这些墓葬打开，很可能发现“燕下都”更多的历史资料。

外城遗迹不多，曾发现过铜镞之类，这多半与军事防御有关。

东周时期是由奴隶社会向封建社会过渡的阶段，也是我国历史上的重大转变时期。

鄭州晚報

遊記

“燕下都”訪古

楊育彬

河北省易县境內，有“燕下都”故城。趁工作之便，我們河南文物工作队几个同志，在那里参观学习了几天。

燕国的国都，原設于蓟（北京地区——“上都”）；到了春秋末年，又在今天易县东南建新都——“下都”。“下都”西倚太行，南臨易水，其西几十里的地方就是有名的狼牙山，东面低下，遥适于河北大平原。

两千多年的岁月过去了，留下来的只是一些遺迹和遺物，訴說着它們过去的繁荣。如今，这座古城又苏醒了。

河北省文物工作队的同志們，在这里已經过了几度寒暑。他們年复一年地跟这座古城打交道，对祖国的土地，寄予理想和喜悅，用鑽探、測繪、发掘来探索“燕下都”的秘密。易水河的波濤，默数着他們劳动的日月。

“燕下都”分內城和外城，东西長八公里，南北寬四公里，西南隅向內收縮。地面上还断断續續保存一些城墙，最高的地方有七米左右。墙面垂直，穿棍、夹板痕和夯層都很清楚。西城墙保存最長，南北縱覌，远方隐于綠丛深处，似无終极。如今在这个城圈里，座落着二十多个村子，有东貫城、西貫城、东斗城、西斗城、軍营村、城角村、武阳台、炼台……单单从这些名字，就可找出一些古城的綫索。板筑夯墙的方法，至今还在广大农村流传，我們看到了生活的源流。

他們也找出了当时的城門、河道、大路和下水道；在內城中部北部，以武阳台和老姆台为主綫，包括炼台、张公台和路家台一带，都发現許多遺留在地面上和埋藏在地下的大型夯土建筑遺存，其上都有大量燒土和东周瓦片，这应該是宮室所在。《水經注》卷十一易水篇，記录了北魏时“燕下都”宮殿区的情況。可以看出当时宮殿的豪华和規模的巨大。

我們又看了“燕下都”的文化堆积，在內城高陌村附近，发現有大量的鉄渣、炉渣和燒土堆积，以及鉄斧、鏟、鑿、犁等工具，还采集到鑄銅鏃、鑄刀币的陶范；在西貫城村有大量的銅渣和骨料，这一带可能就是冶鉄、冶銅、鑄錢和制骨手工业作坊所在。在內城西側，还有陶窑和灰土堆积。

內城西北角有“虚粮冢”和“九女台”，前者包括十三座土台子，后者有九座。相传古时城被敌人围困，城內粮草缺乏，而以仅有存粮鋪在土台上，以迷惑敌人，鼓舞士气，最后取得胜利。这就是“虚粮冢”的由来。又云：从前有九个美丽的仙女，路过这里休息，她們倒出鞋中的积土，就成了今天的“九女台”。經过鑽探，这些土台子可能就是战国时代的大封土墓，如果把这些墓葬打开，很可能发現“燕下都”更多的历史資料。

外城遺迹不多，曾发現过銅鏃之类，这多半与軍事防御有关。

东周时期是由奴隶社会向封建社会过渡的阶段，也是我国历史上的重大轉变时期。从春秋到战国，列国分立，而作为防御工事的城郭也就日益增强了。随着手工业和商业的发展，城市的規模更加扩大。“燕下都”城郭形制的复原，城市布局的探索，丰富的文化遺存的发現，为研究当时的物質文化面貌，提供了重要的資料。

此外，使我們很感兴趣的，是河北省文物工作队为保护遺址設置的“起土場”。在大型文化遺址中，农业生产用土和文物保护，往往会产生一些矛盾，而这里把一些距村子較近，遺迹不多的地方划为“起土場”，便于生产队和社員用土，这是一种值得推广的好經驗。

我們也看了河北队采集发掘的文物，有各种各样的建筑材料，生活用具，生产工具。有些是完整的，有些是由碎片粘合起来的。看到这里，簡直象走进了博物館。祖国历史的長河，是如此悠久而又这样丰富多彩，每一件文物都凝結着我們祖先的汗珠和智慧，联系着我們祖国五千年光輝灿烂的文化。它不仅体現在这些光耀夺目的出土文物上，而且也体現在今天年青一代繼往开来的气魄中，这更加使人相信，祖国的历史，将在我們这一代人手中大放异彩。

周末晚会

农奴演《农奴》

八一电影制片厂最近完成了影片《农奴》的摄制工作。这是一部反映农奴解放斗爭的影片，它揭露了西藏农奴制度和农奴主的血腥罪恶。

电影《农奴》的演員，差不多全是农奴出身的藏族青年。他們对农奴制度和貴族老爷有刻骨的仇恨，对党和毛主席有无限的热爱。他們就是以这种强烈的阶級情感进入表演和角色創造的。

扮演主角强巴的藏族話剧演員旺堆，有着和强巴极为相似的命运：他很小就没有爸爸。媽媽是山南澤昭岭寺庙的农奴，他們一无所有，却負着很多很多的債。大喇嘛罗撒坚贊威胁媽媽說：“还不起債就贖着送皮鞭来——一分錢打一皮鞭！”媽媽領着旺堆逃跑了……。

有着这样命运的旺堆，当接到扮演《农奴》主角强巴的任务时，怎能不激动呢，电影开拍以后，旺堆眼睛里噴发着烈火般的憤怒，他是在体驗角色的命运呢，还是在回忆自己的历史，这，就連他自己也难分清。影片中有一場强巴和农奴主朗杰搏斗的戏。在表演中，旺堆被农奴主的皮鞭、大喇嘛的阴險、凶残所激怒，狠狠地踢了朗杰一脚，当飾朗杰的演員叫疼的时候，旺堆才清醒过来，抱歉地承认：他忘記是在演戏了。

扮演强巴童年的小演員也叫旺堆。今年才十四岁。他是在西藏民主改革后，才被政府收留和送去上学的。在这以前，他是个孤儿，不知道吃飽飯是什么滋味。在拍摄强巴挨餓、偷食供果那場戏的头一天，为了表演得真实，小旺堆独自一个人躲在草堆里，不出来吃飯，重新体会了挨餓的情景。人家問他为什么，他說：“民主改革后再也没挨过餓……”

銀海短波

在斗爭中成长的接班人

——談《青山恋》中山雀的形象塑造

柏年

山雀同知識青年徐

▶ *1964年8月22日《郑州晚报》发表《“燕下都”访古》一文*

从春秋到战国，列国分立，而作为防御工事的城郭，也就日益普遍了。随着手工业和商业的发展，城市的规模更加扩大，“燕下都”城郭形制的复原，城市布局的探索，丰富文化遗存的发现，为研究当时的物质文化面貌，提供了重要的资料。

此外，使我们很感兴趣的，是河北省文物工作队为保护遗址设置的“起土场”。在大型文化遗址中，农业生产用土和文物保护往往会产生一些矛盾，而这里把一些距村子较近，而遗迹又不多的地方划为“起土场”，便于生产队和社员用土，这是一种值得推广的好经验。

我们也看了河北省文物工作队采集和发掘的文物，有各种各样的建筑材料、生活用具和生产工具。有些是完整的，有些是由碎片粘合起来的。看到这里，简直像走进了历史博物馆。祖国历史的长河，是如此悠久而又这样丰富多彩，每一件文物都凝结着我们祖先的汗珠和智慧，联系到我们祖国五千年光辉灿烂的文化，它不仅体现在这些光耀夺目的出土文物上，而且也体现在今天年轻一代继往开来的气魄中，这更加使人相信，祖国的历史将在我们这一代人手中大放异彩。

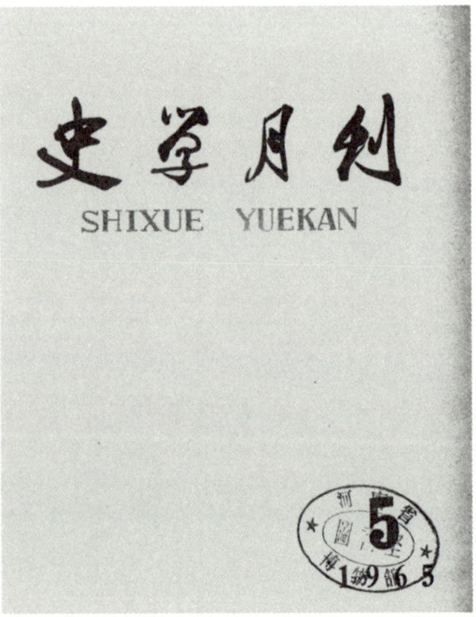

▲ 《史学月刊》1965年5期封面

第三篇是《史学月刊》1965年5期发表的一篇小论文《有关清末一次农民起义的记载》。

1962年9月全省石刻调查时，笔者独自一人去了叶县。叶县在商周时期约属畴国。春秋为楚之叶邑，是楚北上争雄及防御外敌入侵的前沿。成语“叶公好龙”的故事就源于此地，叶公名沈诸梁，乃楚国大夫，以功封于叶，称叶公，是一位很有作为的大夫。秦于今县城南北分置叶县和昆阳县，而以叶县属南阳郡，以昆阳属颍川郡。新莽时期著名的“昆阳之战”就发生在这里。五代以降，叶县境内其他建制均废，叶县之名一直保留至今。在叶县调查登记了一批清代碑刻，其中在田庄乡、任店镇、水寨乡的许多村子里，发现有一批记述修桥补路的碑刻，能为老百姓办点好事的人，终究会被历史记住的。在龚店乡卧羊山，有清代翻刻的“黄庭坚幽兰赋”石刻，共一组12通。碑文系宋代大书法家黄庭坚奉敕而书。有很高的书法和文学艺术价值。在叶县城关小学院内有1通清同治年间所立的“张公平寇略碑”，记载了捻军在叶县活动的情况，讲述了当时平顶山、落凫山采煤矿工们参加捻军起义和叶县县令张延龄镇压捻军的经过。该碑有重要的史料价值，而且对于平顶山煤矿的采矿史研究，也有一定的帮助。

《有关清末一次农民起义的记载》

一九六二年九月河南全省石刻调查中，在叶县城关小学，发现一幢石碑“张公平‘寇’略”。首座皆佚，碑身为长方形，高一百七十四公分，宽六十八公分，碑文共十五行，满行四十个字，为清末同治年间汝州许静撰书。石碑虽为地主阶级歌功颂德，极力诬蔑咒骂起义的人民，但我们可以从中看出当太平天国革命运动时期，豫南人民起义斗争的情况。

石碑原文如下（括号内为引者所加）：

道光、咸丰中洪秀全、杨秀清诸“逆”叛广西，窜两湖，窜大江南北、大河南北、山之左右，犯天津、临清，据江宁，江苏、浙江两省财富之地为狡兔窟；张乐行、龚瞎子（龚得，又名龚得树，亦即宫得）、苗霈林（叛贼）、姜台林（即姜台凌）、孙葵心诸“逆”，变安徽，纷扰山东、河南；郭秉钧、宋景诗变直隶、山东，踞扰河朔；回民变陕西，延乱甘肃；石大（达）开、蓝大顺寇西川，大张凶焰剑阁、瞿塘间。蠡虿流毒，几无完土。有“土豪”彭树

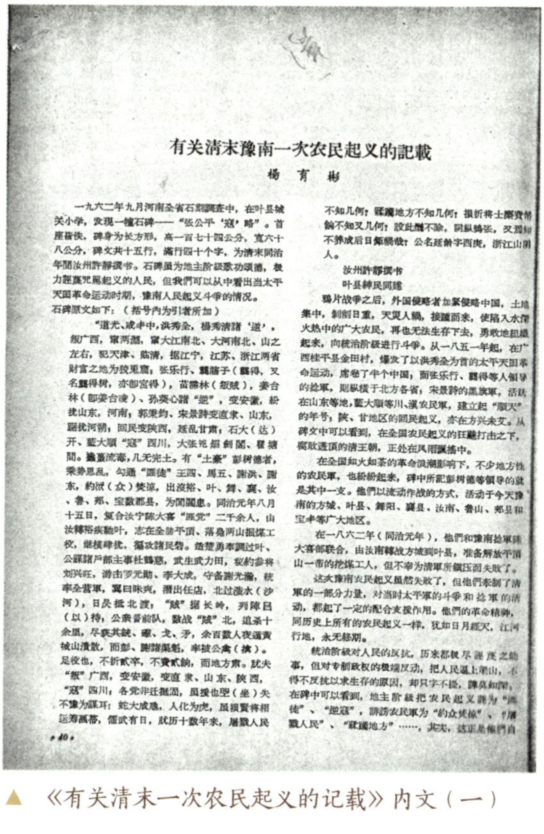

有关清末豫南一次农民起义的記載

楊 育 彬

一九六二年九月河南全省石刻調查中，在叶县城关小学，发現一幢石碑——“张公平‘寇’略”。首座皆佚，碑身为长方形，高一百七十四公分，寬六十八公分，碑文共十五行，滿行四十个字，为清末同治年間汝州許靜撰书。石碑虽为地主阶级歌功頌德，极力誣蔑咒罵起义的人民，但我們可以从中看出当太平天国革命运动时期，豫南人民起义斗爭的情况。

石碑原文如下：（括号內为引者所加）

“道光、咸丰中，洪秀全，楊秀清諸‘逆’，叛广西，竄两湖，竄大江南北、大河南北、山之左右，犯天津、临清，据江宁，江苏、浙江两省財富之地为狡兎窟；张乐行、龔瞎子（龔得，又名龔得树，亦即宫得），苗霈林（叛賊），姜台林（即姜台凌）、孙葵心諸“逆”，变安徽，紛扰山东，河南，郭秉鈞、宋景詩变直隶、山东，踞扰河朔，回民变陝西，延乱甘肃；石大（达）开、藍大順“寇”西川，大张兇焰劍閣、瞿塘間。蠡蠆流毒，几无完土。有“土豪”彭树德者，乘势思乱，勾通“匪徒”王四、馬五、謝洪、謝东，約衆（众）焚掠，出沒裕、叶、舞、襄、汝、魯、郏、宝數郡县，为閭閻患。同治元年八月十五日，复合汝宁陈大喜“匪党”二千余人，由汝轉裕疾馳叶，志在叁扰平頂、落凫两山掘煤工役，縱横肆扰，偏攻諸民砦。适楚勇奉調过叶、公課諸戶部主事杜鶴慈，武生武力田，稅約参将刘兴旺，游击罗元勛、李大成，守备謝光瀚，統率叁营軍，冒曰昧爽，潛出任店，北过滍水（沙河），日昃抵北渡；“賊”据长岭，列陣吕（以）待，公乘嚮前队，数战“賊”北，追杀十余里，尽获其鋮、纛、戈、矛，余百数人夜遁黄城山潰散，而彭、謝諸渠魁，率被公禽（擒）。是役也，不折貳卒，不費貳餉，而地方肃。默夫“叛”广西，变安徽，变直隶、山东、陝西，“寇”四川；各党非迁擬固，虽援也坐（坐）失不豫为謀耳；蛇大成患，人化为虎，虽損賢将相运筹画帶，偃武有日，然历十数年来，屠戮人民不知几何；蹂躪地方不知几何；損折將士糜費帑餉不知又几何；設此醜不除，阴纵鴟张，又焉知不养成后日鯨鵬哉；公名延齡字西庚，浙江山阴人。

汝州許靜撰书

叶县紳民同建

鴉片战爭之后，外国侵略者加紧侵略中国，土地集中，剝削日重，天災人禍，接踵而来，使陷入水深火热中的广大农民，再也无法生存下去，勇敢地組織起来，向統治阶級进行斗爭。从一八五一年起，在广西桂平县金田村，爆发了以洪秀全为首的太平天国革命运动，席卷了半个中国，而张乐行、龔得等人領導的捻軍，則縱横于北方各省，宋景詩的黑旗軍，活跃在山东等地，藍大順等川、滇农民軍，建立起“順天”的年号；陝、甘地区的回民起义，亦在方兴未艾。从碑文中可以看到，在全国农民起义的狂飚打击之下，腐敗透頂的清王朝，正处在风雨飄搖中。

在全国如火如荼的革命浪潮影响下，不少地方性的农民軍，也紛紛起来，碑中所記彭树德等領导的就是其中一支。他們以流动作战的方式，活动于今天豫南的方城、叶县、舞阳、襄县、汝南、魯山、郏县和宝丰等广大地区。

在一八六二年（同治元年），他們和豫南捻軍陈大喜部联合，由汝南轉战方城到叶县，准备解放平頂山一带的挖煤工人，但不幸为清軍所鎮压而失敗了。

这次豫南农民起义虽然失敗了，但他們牽制了清軍的一部分力量，对当时太平軍的斗爭和捻軍的活动，都起了一定的配合支援作用。他們的革命精神，同历史上所有的农民起义一样，犹如日月經天，江河行地，永无終期。

統治阶級对人民的反抗，历来都极尽誣蔑之能事，但对专制政权的极端反动，把人民逼上梁山，不得不反抗以求生存的原因，却只字不提，諱莫如深。在碑中可以看到，地主阶級把农民起义誣为“匪徒”、“逆寇”，誹謗农民軍为“約众焚掠”、“屠戮人民”、“蹂躪地方”……，其实，这正是他們自

· 40 ·

▲《有关清末一次农民起义的记载》内文（一）

己的写照，在那黑暗的年代里，哪个劊子手不是用人民的鮮血，染紅了紅纓帽上的頂子？

这幢石碑，虽然是地主阶級为自己立的“頌功”碑，但字里行間，却暴露了他們的惊慌和殘酷，也記录了这次不見于文献記載的豫南农民起义的点滴，同时也可看出，至少在一百多年以前，平顶山一带就已經采煤了，而当时农民起义的队伍里，也会有一些煤矿工人参加的。这对研究河南地方的近代史，有一定的参考价值。

启　事

本刊1964年7——12月份各期，尚存有少量册数，欲购者，請寄函开封市明倫街75号史学月刊編輯部。

史学月刊編輯部

· 41 ·

▲《有关清末一次农民起义的记载》内文（二）

德者，乘势思乱，勾通“匪徒”王四、马五、谢洪、谢东，约众焚掠，出没裕、叶、舞、襄、汝、鲁、郏、宝数郡县，为闾阎患。同治元年八月十五日，复合汝宁陈大喜匪党二千余人，由汝转裕急驰叶，志在全胁平顶、落凫两山掘煤工役，继横肆扰，遍攻诸民砦。适楚勇奉调过叶，公谋诸户部主事杜鹤慈、武生武力田，秘约参将刘兴旺、游击罗元勋、李大成、守备谢光翰，统率全营军。翼日昧爽，潜出任店，北过滍水（沙河），日昃抵北渡；贼据长岭，列阵以待；公亲督前队，数战贼北，追杀十余里，尽获其铳、砲、戈、矛，余百数人夜遁黄城山溃散，而彭、谢诸渠魁，率被公擒。足役也，不折贰卒，不费贰饷，而地方肃。眈夫叛广西、变安徽、变直隶、山东、陕西、寇四川；各党非迁挺固，虽援也坐失不豫为谋耳！蛇大成虺，人化为虎，虽赖贤将相运筹画蒂，偃武有日，眈历十数年来，屠戮人民不知几何？蹂躏地方不知几何？损折将士糜费帑饷不知又几何？设此丑不除，阴纵鸮张，又焉知不养成后日钜祸哉？公名延龄字西庚，浙江山阴人。

汝州许静撰书

叶县绅民同建

鸦片战争之后，外国侵略者加紧侵略中国，土地集中，剥削日重，天灾人祸，接踵而来，使陷入水深火热之中的广大农民，再也无法生存下去，勇敢地组织起来，向统治阶级进行斗争。从1851年起，在广西桂平县金田村，爆发了以洪秀全为首的太平天国革命运动，席卷了半个中国；而张乐行、龚得等人领导的捻军，则纵横于北方各省：宋景诗的黑旗军，活跃在山东等地；蓝大顺等川、滇农民军，建立起“顺天”的年号；陕、甘地区的回民起义，亦在方兴未艾。从碑文中可以看到在全国农民起义狂飙打击之下，腐败透顶的清王朝，正处在风雨飘摇之中。在全国如火如荼的革命浪潮影响下，不少地方性的农民军，也纷纷起来，碑中所记彭树德等领导的就是其中的一支。他们以流动作战的方式，活动于今天豫南的方城、叶县、舞阳、襄县、汝南、鲁山、郏县和宝丰等广大地区。

在1862年（清同治元年），他们和豫南捻军陈大喜部联合，由汝南转战方城到叶县，准备解放平顶山一带的挖煤工人，但不幸被清军镇压而失败了。

这次豫南农民起义虽然失败了，但他们牵制了清军的一部分力量，对当时太平军的斗争和捻军的活动，都起到了一定的配合支援作用。他们的革命精神，同历史上所有的农民起义一样，犹如日月经天，江河行地，永无终期。

这幢石碑记录了这次不见于文献记载的豫南农民起义的点滴；同时也可看出至少在一百多年以前，平顶山一带就已经采煤了，而当时农民起义的队伍里，也会有一些煤矿工人参加的。这对研究河南地方的近代史，也有一定的参考价值。

考古辉煌——郑州商城三座青铜器窖藏坑发掘亲历记

河南是华夏大地的一方沃土，远在旧石器时代，这里是古人类文化交流都要经过的十字路口；到了新石器时代，河南又成为中国古代文明起源的重要源头；夏商以降，许多中央或地方王朝在这里建都，河南长期居于全国的中枢地位。中华人民共和国成立之后，配合国家大规模经济建设，在河南各地持续开展了田野考古发掘，有许多重大的考古发现。以省会郑州为例，先是在郑州东南郊的二里岗发现了早于安阳殷墟的商代遗址，后又在市区发现了闻名中外的郑州商城，成为中国考古学发展的一个里程碑。由此，郑州商代遗址1961年被国务院公布为第一批全国重点文物保护单位；2001年郑州商城又被评为“20世纪中国100项考古大发现”。在郑州商城发现有城墙、宫殿遗址、各类手工作坊、墓葬……而其中三座青铜器窖藏坑尤为引人注目，铸就了商代考古的辉煌。

1974年9月，全国还处在“深挖洞、广积粮”的时候，在郑州杜岭土岗南段的张

▲ 郑州杜岭商代青铜器窖藏坑发掘现场

▲ 杜岭出土1号大方鼎

寨南街开挖防空洞施工中，发现了一座商代青铜器窖藏坑。这里东距郑州商城西城墙约160米，河南省博物馆（当时河南省文物工作队已与河南省博物馆合并）闻讯后，领导派我和李友谋、冯天成到现场调查并进行清理。窖藏坑约在地下6米深处，坑内东西并列两件青铜大方鼎，均为半环形双耳，斗形方腹，四个圆柱形空足。器表饰饕餮纹和乳钉纹。西边1号鼎较大，通高100厘米，口径62.5厘米，重86.4公斤。东边2号鼎稍小，通高87厘米，口径61厘米，重64.25公斤。出土时一耳残损，摆放在鼎的底部。鼎内还放置一件铜鬲，颈饰弦纹，腹饰三组双弦线人字纹。大方鼎出土时，在鼎内外的灰土中有二里岗期上层的陶片，可以确定大方鼎的时代要早于安阳殷墟出土的司母戊大方鼎。这两件大方鼎均放置在经过平整的生土地面上，由于1号鼎较高，为使两鼎的口沿平齐，1号鼎下面的生土地面就挖得低一些。说明两鼎的放置是从从容容有意布置的。窖藏坑清理结束后，遇到了一个难题，窖藏坑到底在今天地面的什么地方？根据防空洞的走向，我们绘出了草图，但却显示不出来在今天的地面何处。最后想了一个办法，用文物钻探的洛阳铲由下向上探，探杆不够长，接了两次终于打出了地面，居然是在郑州市物资回收公司家属宿舍院屋内一个大立柜的下面，让人意想不到。由下向上钻探的方法，还真是一项空前绝后的小发明。

1982年7月，在郑州向阳回族食品厂扩建工地，即距离郑州商城东南城角外侧约50余米处，工人在距地表5米深处施工时，发现了7件商代青铜器。包括饕餮纹大方鼎、饕餮纹大圆鼎、羊首罍、涡纹中柱盂、素面盘和2件牛首尊。除盘已残破外，其

◀ 郑州向阳回族食品厂商代青铜器窖藏坑发掘现场（一）

▲ 向阳回族食品厂发掘现场（二）（下层坑右一作者、左一于晓兴）

余的都很完整。该厂向文物主管部门做了汇报，省、市文物部门即派人赴现场调查。经国家文物局批准，由河南省文物研究所主持，郑州市博物馆派人协助，于7月16—24日，在青铜器出土地点进行清理发掘。笔者作为考古发掘领队负责其事，于晓兴同志也参加了发掘。

这是一座形制较大的窖藏坑，东西长1.7米，南北宽1.62米。最初发现的7件商代青铜器放置在坑的南半部，大方鼎在东，大圆鼎在西，两鼎鼎口相对，其余5件青铜器放在鼎内或两鼎之间。随后在坑的北半部又发掘出1件饕餮纹大方鼎，口东足西，横置于坑底。鼎

▲ 向阳回族食品厂出土大圆鼎

▲ 向阳回族食品厂出土提梁卣

◀ 郑州南顺城街商代青铜器窖藏坑发掘现场

◀ 南顺城街出土青铜器组合

腹内放置提梁卣1件，觚和小圆鼎各2件。窖藏坑内出土的大方鼎形制与张寨南街的大方鼎相同，1件通高81厘米，重75公斤；另1件通高81厘米，重52公斤；大圆鼎通高77.3厘米，重33公斤。从坑内出土的陶片看，亦属于二里岗期上层。其旁还有同时期的3个灰坑，坑内有残缺的牛骨架或一些牛骨，这些表明窖藏坑与祭祀有关。

1996年2月，在郑州中实房地产开发公司建筑工地又发现了一座青铜器窖藏坑。这里位于南顺城街即郑州商城西城墙南段外侧50余米处，坑口距地表深约4.5米，坑底距地表9.16米，青铜器埋在坑内中部偏下部位，共有12件，即大方鼎4件、斝2件、爵2件、簋1件、戈2件、钺1件。其中4件大方鼎均为斗形方腹，饰饕餮纹和乳钉纹，通高分别为83厘

▲ 南顺城街出土青铜斝

米、72.5厘米、64厘米、59厘米，呈列鼎排列。在放置青铜器的顶部和底部，均有涂朱砂的木板相隔。最后，省文物局决定让河南省文物考古研究所和郑州市文物考古研究所联手组成考古队，由宋国定、王文华、曾晓敏、王彦民和冯天成同志负责钻探和发掘。

郑州商城这三座青铜器窖藏坑的考古发掘，出土了一大批不同组合的青铜重器，沉睡了3500年。这为认定郑州商城是一座王都，为研究商代王室祭祀礼制，以及商代青铜器的铸造工艺等，提供了无可替代的实物佐证，有着重大的历史、科学和艺术价值！笔者有幸主持参加了郑州张寨南街商代青铜器坑的发掘，并参与资料整理和执笔编写《郑州新出土的商代前期大铜鼎》考古发掘简报（发表在《文物》1975年11期）；笔者也主持参加了郑州向阳回族食品厂青铜器窖藏坑的发掘，并参与资料整理和执笔编写《郑州新发现商代窖藏青铜器》考古发掘简报（发表在《文物》1983年3期）；笔者还参与指导了郑州南顺城街青铜器窖藏坑的考古发掘，并为《郑州商代铜器窖藏》考古发掘报告一书写了序（科学出版社1999年出版）。这是笔者几十年考古发掘和考古研究中的一个亮点。

笔者为《郑州商代铜器窖藏》考古发掘报告一书写的序，实际上是对郑州商城三座青铜器窖藏坑研究的概括，曾得到北京大学考古学系教授的肯定。为此，愿意在这里再向读者做一介绍。书序的全文如下。

郑州商城是一座比安阳殷墟更为古老的商代王都，建筑宏伟，气势磅礴。在城内发现有宫殿基址和输水设施，在城外发掘出多处铸铜、制陶、制骨等手工作坊遗址，还发现不少墓葬、房基、水井、壕沟等遗迹，出土有大量青铜器、陶器、原始瓷器、玉器、石器、骨器、象牙器、蚌器和刁刻字骨等遗物，这些都是我们祖先留下来的珍贵遗产。从20世纪70年代到90年代末，在郑州商城西墙北段外侧（张寨南街）、西墙南段外侧（南顺城街）、东南城角外侧（向阳回族食品厂）先后发现了三座商代青铜器窖藏坑，集中出土了三批青铜器，具有重大的学术价值。

随着国家重点科技攻关项目“夏商周断代工程”的启动，郑州商城在历史时空框架中的定位，对商前期年代学研究专题起着无可替代的作用。而郑州商城外侧三座青铜器窖藏坑的发掘，向人们提供了有关郑州商城使用的下限年代、商代王室的祭祀礼制、青

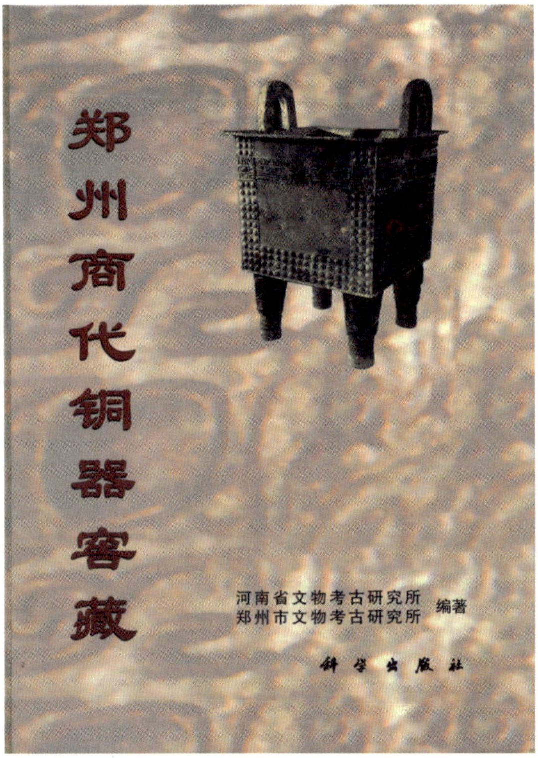

▲ 《郑州商代铜器窖藏》一书

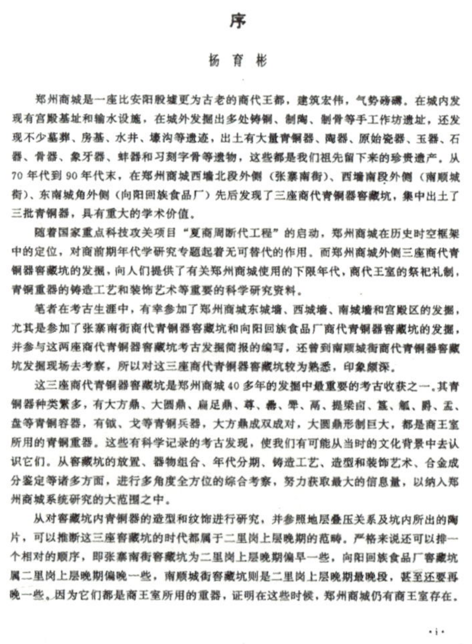

序

杨育彬

郑州商城是一座比安阳殷墟更为古老的商代王都，建筑宏伟，气势磅礴。在城内发现有宫殿基址和输水设施，在城外发掘出多处铸铜、制陶、制骨等手工作坊遗址，还发现不少墓葬、房基、水井、壕沟等遗迹，出土有大量青铜器、陶器、原始瓷器、玉器、石器、骨器、象牙器、蚌器和刁刻字骨等遗物，这些都是我们祖先留下来的珍贵遗产。从70年代到90年代末，在郑州商城西墙北段外侧（张寨南街）、西墙南段外侧（南顺城街）、东南城角外侧（向阳回族食品厂）先后发现了三座商代青铜器窖藏坑，集中出土了三批青铜器，具有重大的学术价值。

随着国家重点科技攻关项目"夏商周断代工程"的启动，郑州商城在历史时空框架中的定位，对商前期年代学研究专题起着无可替代的作用。而郑州商城外侧三座商代青铜器窖藏坑的发掘，向人们提供了有关郑州商城使用的下限年代，商代王室的祭祀礼制，青铜重器的铸造工艺和装饰艺术等重要的科学研究资料。

笔者在考古生涯中，有幸参加了郑州商城东城墙、西城墙、南城墙和宫殿区的发掘，尤其是参加了张寨南街商代青铜器窖藏坑和向阳回族食品厂商代青铜器窖藏坑的发掘，并参与这两座商代青铜器窖藏坑考古发掘简报的编写，还曾到南顺城街商代青铜器窖藏坑发掘现场去考察，所以对这三座商代青铜器窖藏坑较为熟悉，印象颇深。

这三座商代青铜器窖藏坑是郑州商城40多年的发掘中最重要的考古收获之一。其青铜器种类繁多，有大方鼎、大圆鼎、扁足鼎、尊、罍、斝、鬲、提梁卣、簋、觚、爵、盂、盘等青铜容器，有钺、戈等青铜兵器，大方鼎成双成对，大圆鼎形制巨大，都是商王室所用的青铜重器。这些有科学记录的考古发现，使我们有可能从当时的文化背景中去认识它们。从窖藏坑的放置、器物组合、年代分期、铸造工艺、造型和装饰艺术、合金成分鉴定等诸多方面，进行多角度全方位的综合考察，努力获取最大的信息量，以纳入郑州商城系统研究的大范围之中。

从对窖藏坑内青铜器的造型和纹饰进行研究，并参照地层叠压关系及坑内所出的陶片，可以推断这三座窖藏坑的时代都属于二里岗上层晚期的范畴。严格来说还可以排一个相对的顺序，即张寨南街窖藏坑为二里岗上层晚期偏早一些，向阳回族食品厂窖藏坑属二里岗上层晚期偏晚一些，南顺城街窖藏坑则是二里岗上层晚期最晚段，甚至还要再晚一些。因为它们都是商王室所用的重器，证明在这些时候，郑州商城仍有商王室存在。

·i·

▲ 《郑州商代铜器窖藏序》

铜重器的制造工艺和装饰艺术等重要的科学研究资料。笔者在考古生涯中，有幸参加了郑州商城东城墙、西城墙、南城墙和宫殿区的发掘，尤其是参加了张寨南街商代青铜器窖藏坑和向阳回族食品厂商代青铜器窖藏坑的发掘，并参与这两座商代青铜器窖藏坑考古发掘简报的编写，还曾到南顺城街商代青铜器窖藏坑发掘现场去考察，所以对这三座商代青铜器窖藏坑较为熟悉，印象颇深。

这三座商代青铜器窖藏坑是郑州商城40多年的发掘中最重要的考古收获之一，其青铜器种类繁多，有大方鼎、大圆鼎、扁足鼎、尊、罍、斝、鬲、提梁卣、簋、觚、爵、盂和盘等青铜容器，有钺、戈等青铜兵器，大方鼎成双成对，大圆鼎形制巨大，都是商王室所用的青铜重器。这些有科学记录的考古发现，使我们有可能从当时的文化背景中去认识它们。从窖藏坑的放置、器物组合、年代分期、铸造工艺、造型和装饰艺术、合金成分鉴定等诸多方面，进行多角度全方位的综合考察，努力获取最大的信息量，以纳入郑州商城系统研究的大范围之中。从对窖藏坑内青铜器的造型和纹饰进行研究，并参照地层叠压关系及坑内所出的陶片，可以推断这三座窖藏坑的时代都属于二里岗上层晚期的范畴。严格说来还可以排一个相对的顺序，即张寨南街窖藏坑为二里岗上层晚期偏早一些，向阳回族食品厂窖藏坑属二里岗上层晚期偏晚一些，南顺城街窖藏坑则是二里岗上层晚期最晚段，甚至还要再晚一些。因为它们都是商王室所用之重器，证明在这些时候，郑州商城仍有商王室存在。这样，郑州商城和与之相距20千米的郑州小双桥商代遗址有相当长的一段并存时间，直到小双桥废弃之后，郑州商城还有商王室活动。如果再联系到郑州商城在二里岗上层晚期一些手工作坊还在继续使用，特别是近些年在郑州商城宫殿区内，多次有二里岗上层晚期绳纹板瓦的发现，这是目前我国所见最早的板瓦，它应是宫殿建筑草瓦混合屋顶的构件。这显示当时还会有宫殿存在，就更表明郑州商城衰落的时间比人们原来推断的要长得多。

我们注意到在张寨南街的窖藏坑中，两件大型铜方鼎东西并列，口沿平齐，端端正正放置在一起，鼎足皆立于经过平整的生土面上。由于1号鼎较高，2号鼎较低，为了使两鼎的口沿平齐，就把1号鼎下面的生土面又挖低了一些，说明两鼎是特意放置的。在2号鼎内还有一件青铜鬲，这可能是举行某种祭祀活动后有意埋藏在坑内的。向阳回族食品厂窖藏坑内的13件青铜器，口对口并列或套装放置在一起，正好容纳在这座面积不大的窖藏坑内，显然是有意埋藏的。其旁边的两个同期灰坑内，均发现有残缺的牛骨架，这些可能与祭祀活动有关。南顺城街窖藏坑内青铜器底部的地面很平整，有木板及朱砂痕迹，青铜器上部也有木板痕和一层朱砂。这很可能与祭祀活动有关。这三座青铜器窖藏坑放置井然有序，十分从容，且有一些反映祭祀活动的遗迹存在，看不出是什么重大政治动乱中仓皇逃跑所为。

这三座窖藏坑均位于城墙外侧附近，都属于二里岗上层晚期，窖藏坑内器物的组合除了都有大方鼎之外，其他基本没有相同的器形。可以看出大方鼎在祭祀中占有举足轻重的地位。南顺城街窖藏坑出土的4件大方鼎，大小依次递减，具有列鼎性质。而祭祀的器类如前所述不仅有大方鼎、大圆鼎、扁足鼎、鬲、簋等食器，更有斝、爵、觚、尊、罍、卣等酒器和水器，还有钺、戈等兵器，尤以酒器类最多，反映了它们在商代社会政治经济生活中的重要地位。本书作者在结语中指出：“窖藏坑出土铜器个体大，造型精致，器类齐全，纹饰讲究，均属商王朝王室重器已成定论。从窖藏坑位置特点相近，时代相同，器类相互补缺，各坑基本无重复器形分析，这三个坑形成的青铜器组合，很可能是商王期在宗庙进行祭祀活动时使用的法器，铜器的主人很可能是商王，这些铜器应来源于商王朝都城内的宗庙，这些器物从一个侧面也反映了商王的祭祀礼制。”这段分析是很有见地的，这也正为郑州小双桥商代遗址属于郑州商城大范围一部分的结论做了注释。

这三座窖藏坑出土的青铜器均为上品。大方鼎口沿长宽比例相近，沿面上立有两个对称的圆拱形竖耳，下为深斗方腹，鼎腹上部饰一周八组饕餮纹，鼎腹中部为素面，鼎腹两侧和下部饰乳钉纹，腹下四空心柱足，足部饰饕餮纹或弦纹或素面。大圆鼎为方唇折沿，口沿立对称两圆拱形耳，深腹微敛，圜底下附三空心足，上腹饰一周三组双目突起的带状饕餮纹。其形制之大，造型之美，前所未见。扁足鼎敞口折沿方唇，腹微鼓下收为圜底，三扁足。上腹饰带状云雷纹，上下界以联珠纹，足饰夔纹。这对商代晚期同类器的造型和装饰有一定影响。牛首尊为大敞口，敛颈宽肩，鼓腹圜底，下附圈足。颈饰弦纹，肩饰三个突出的牛首，牛首间饰带状夔纹和联珠纹，腹部饰三组饕餮纹，上下界以联珠纹，圈足饰弦纹并有三个十字镂孔。羊首罍口微敛，长颈折肩，深腹壁较直，圜底圈足。颈饰弦纹，肩饰三个突起的羊首，间以带状饕餮纹，腹饰斜角目云纹和双目突出的饕餮纹，圈足饰弦纹并有三个方形镂孔。卣上有纽盖，肩有提梁，小口深鼓腹，下为圜底圈足。盖顶饰夔纹，提梁饰多组菱形纹，与郑州小双桥遗址所出商代青铜建筑构件的菱形纹同出一辙。颈饰夔纹组成的饕餮纹，上下界以云雷纹，腹饰竖向夔纹组成的饕餮纹，圈足饰云雷纹和联珠纹，并有四个镂孔。整个器物被装饰得富贵华美，精妙无双。

从上述可以看出，二里岗上层晚期的青铜器，已在中国早期青铜时代中发展到一个全新的阶段，青铜礼器占据了主导地位，各种饕餮纹已成为青铜纹饰中的核心主题，无论简单的或是复杂的，都呈现出一种别致变形兽面纹的风采，并以联珠纹、云雷纹、弦纹作为陪衬装饰，有些甚至还出现了较强的立体感。它们的纹饰可以说是左右对称，上下协调，显得庄严而又威武，凶恶而又神秘，写实而又抽象，如诗如画，亦真亦幻，给人一种说不清道不明而又回味无穷的美感，从而达到了很高的艺术境界。这又体现了我国古代青铜铸造工艺的成就，也反映了当时社会经济的进步。它们作为中国传统的艺术精华而不朽，数千年之下，还令人惊叹和倾倒。

这次河南省文物考古研究所和郑州市文物考古研究所联手进行考古发掘，加大研究力度，并以线图和图版融为一体的形式，编写出这部《郑州商代铜器窖藏》学术专著，必将为商代考古和历史研究，为“夏商周断代工程”，为中国古代青铜艺术的研究提供不可多得的新资料。本书的几位作者宋国定、曾晓敏、王文华等同志，都是文物考古工作中年轻的业务骨干，他们长年工作在田野考古发掘第一线，并已发表了一批考古发掘报告、简报和研究论文，用自己辛勤的劳动获得社会承认。这次《郑州商代铜器窖藏》一书的出版，更是他们在业务上的新努力，在科研上的新贡献，为河南文物考古事业添砖增瓦。每一位读者都会从书中感受到我们祖国历史之悠久，我们祖先创造之伟大。真可谓源流有宗，衍变有序，苍茫沉郁，惊心动魄！作为最早的一位读者，我乐于向大家推荐本书，是为序。

守土有责——河南文物遭受破坏现象的反思

河南是文物大省，地上地下文物数量之多，文物的历史、科学、艺术价值之高，均位居全国前列。而文物保护却也是一大难题，文物遭受破坏的现象屡有发生，应该引起社会的关注和大家的反思。

多年来，对河南文物破坏最甚者，莫过于“文化大革命”。“文化大革命”之后，情况有了好转，但文物被破坏的现象仍然未停止。1982年，笔者跟随河南省文物局刘肃正局长到安阳，调查河南省安阳钢铁集团公司长期不断向洹河倾倒炼钢废渣的情况。到现场一看令人心惊，在近百米长的河段上，炼钢废渣堆积如山，已经把好几十米宽的河道，堵塞至仅有2米多宽的流水，一旦洪水季节河流被迫改向，就有淹没殷墟遗址的危险。安阳殷墟是商代晚期的王都，是商代甲骨文的发现地，三千多年前的宗庙、宫殿、作坊、平民居住区、王陵大墓等，比比皆是，为全国重点文物保护单位。在评估会上，刘肃正局长说得好：“安钢很重要，全国有几十个。殷墟很重要，全世界只有一个。炼钢废渣可以移走，要疏通加宽河道，殷墟不能淹。”最终炼钢废渣被移走了，那一段洹河河道疏通了，消除了破坏殷墟的潜在危险。

其后，全省盗墓之风盛行，文物走私活动猖獗，民间流行的口号是：“要想富，挖古墓，一夜变成万元户。”1983年8月，淮阳县王店乡白楼村等地，发生重大盗掘古墓事件。当地村民受文物走私犯的引诱，把500多座东周墓、汉墓盗掘一空。政府共收缴文物11 000多件，其中珍贵文物2153件。9月16日，河南省文化厅在淮阳县召开反盗掘倒卖文物现场会。文化部、公安部、河南省委宣传部、省纪检委、省公安厅、省文化厅及全省各地、市文物主管部门共200多人参加大会。省委常委、宣传部部长侯志英到会做了重要讲话，并和与会人员察看盗墓现场。此外在三门峡、巩义、郏县、鄢陵、新郑、济源、洛宁、灵宝、濮阳等许多地方，也连连发生多起盗墓事件。更有甚者，郾城县竟发生大年初一盗古墓，赵岗、崔岗农民380多人参加盗墓。针对河南和其他各省类似的这些情况，国务院下达《关于打击盗掘和走私文物活动通告》；河南省文管会发出《严禁盗墓的紧急通知》；河南省人民政府办公厅发出《关于坚决刹住盗掘破坏古墓犯罪活动的紧急通知》；河南省公安厅、文化厅、工商行政管理局发布《关于严禁文物走私和盗掘破坏古墓活动的布告》。经过两年多的努力，才把盗掘古墓、走私文物犯罪活动打击下去。

在考古发掘工地上，人身安全和文物安全绝对是第一要务，这差不多是人人都明白的道理，真正是要年年讲、月月讲、天天讲的。平顶山应国墓地是全国重点文物保护单位，应国是商周时期湮灭已久的小国，至春秋早中期之际为楚所灭。在这里发掘出一大批西周早期至春秋早中期的应国墓葬，出土大量精美的青铜器、玉器和其他随葬品。不少青铜礼器上铸有铭文，其中有应侯、应伯、应国公、应史、应姚、应申姜、应嫚等字样。这些铭文可以明确墓主人的身份及国属为应国高级贵族，对研究文献记载语焉不详的应国世系及应与周边国家关系等，都具有重要学术价值。在笔者担任考古领队的平顶山应国墓地发掘，有过许多重要考古发现的喜悦，也曾有过文物被盗的噩梦，后者是人们绝对不愿意看到的，但偏偏还是在应国墓地发生了。1993年4月中旬，河南大学历史系文博专业毕业班的几位同学，正在发掘一座275号墓，这是一座春秋早期应国国君夫人墓，墓中间的木棺已朽，周围放置着数量很多的青铜器，棺内人骨架也已无存，唯有那些原本放在棺内墓主人身上的玉器，包括头顶的玉琮和玉发饰，耳部的玉玦，口内满含玉珠和碎玉片混合在一起的口琀玉，颈部悬挂的六佩联珠组合项链，胸前佩戴的多璜联珠组玉佩，腰部摆放的两件五联串珠组合玉佩，腰部与身下还放置了玉璧、玉璜、玉圭等代表墓主人身份地位的礼玉，双手各一件玉凿和柱状玉鹰佩，腿部放置的两件玉鱼形佩等，还成串、成组、成套地摆放着，琳琅满目，熠熠生辉，其数量之多，是应国墓地自发掘以来不曾有过的。由于这座墓葬的玉器太多，而且大都是一些成串、成组的组合玉佩，所以清理工作必须更加细致认真。为了准确还原它们本来的面貌，我们在清理时都要对每组玉佩的具体位置与相互间叠压交错的关系，乃至其串联与佩戴方法的几种可能性进行具体分析，因此，275号墓清理就花费了四五天时间。大家在考古大发现的高兴之余，为了保证文物安全，还特别在考古工地安排6个人值夜班。4月16日0时30分左右，工地发掘负责人王龙正同志还到工地范围内各值班点查岗，特别对275号墓值班人员叮嘱，务必注意周围动静，保证文物安全。午夜一点左右，还有砖瓦窑场几位工人从窑内向外出砖，堆放在距该墓不足10米远的地方。这时两个盗墓贼就在成行成架的砖垛旁边隐藏，凌晨两点趁值班人员犯困不注意之时，一个贼望风，另一个贼跳进275号墓浅坑内抓了一把玉器就跑，当夜大雾，10多米外就看不清楚，两个贼分头逃跑，值班人员迷迷糊糊也未追上，珍贵的玉器就这样被蟊贼抢走了。次日清晨，工地立即向当地派出所报案，并向单位汇报，我们一方面到工地调查情况，同时向省文物局报告。世界这么大，真是任何事情都会发生，有些事情说起来令人难以置信，8天之后的4月24日早晨，狂风大作，发掘工地旁边的应河水面上漂浮着一具尸体，派出所民警赶到后派人将其捞起，并从死者破旧的西服上衣口袋里掏出5件玉器，正是275号墓丢失的文物。原来抢玉器的小贼在逃跑途中，慌不择路，跌入应河，被养鱼的网箱缠住了双足，致使沉入河底，溺水身亡，大风将他掀出水面，真是报应啊！文物失而复得，结果实在出人意料！为了总结教训，警示他人，单位对平顶山应国墓地工地负责人王龙正和王胜利同志，给予写出书面检查，在全所大会上宣读，并扣发三个月奖金的处分。笔者作为河南省文物考古研究所所长及平顶山应国墓地考古发掘领队，负有领导责任，也扣发三个月奖金，并向省文物局作出检讨。省文物局对此事全省通报批评。这也是我几十年的考古生涯中难忘的一件事。

虢国是西周初期始封的姬姓封国。据文献记载，西周春秋时期有东虢（今河南荥阳一带）、西虢（今陕西宝鸡一带）和北虢（今河南三门峡和山西平陆一带），三虢并存。居今三门峡一带的北虢，于公元前655年为晋所灭，著名的“假虞灭虢”的故事，就发生在这里，并给后人留下了“车辅相依，唇亡齿寒”的千古遗训。三门峡虢国墓地为全国重点文物保护单位，该墓地跨越西周晚和春秋早两个时期，总面积约32万平方米。先后发掘出多座虢国国君墓、国君夫人墓、虢国太子墓、贵族墓，出土大量青铜器、玉器、金带扣等各类珍贵文物。此外还有大批出土文物很少的庶民墓葬。差别如此巨大的墓葬同处一地，而且排列有序，很少有相互打破的现象，这正与《周礼·春官·冢人》所记“掌公墓之地，辨其兆域而为之图”相吻合。也就是说，这里的国君、国君夫人、太子、大夫、士及庶民，以金字塔形式排列的墓地，构成了一个西周晚期至春秋早期完整的诸侯国公墓。虢国墓地的重要考古发现，对研究我国西周时期的封国史，研究两周时期诸侯国的丧葬制度等，均有重要学术意义。在三门峡虢国墓地，很多年以前就发生过盗墓事件，其后得到了平息。2001年，在虢国墓地范围内建立了一座虢国博物馆，虢国博物馆举办有《虢国春秋——虢国历史陈列》《虢宝撷英——虢国墓地出土文物陈列》《虢姬风韵——虢季夫人墓出土文物陈列》《国君觅踪——虢国国君虢季墓遗址陈列》《车辚马萧——虢国车马坑遗址陈列》等五大基本陈列。对社会开放之后，受到广大人民群众的欢迎。在虢国博物馆大院范围内的地下，还保留有尚未发掘的虢国贵族大墓，甚至在地面上还标示出来。俗话说：“不怕贼偷，就怕贼惦记！”前些年，山西侯马几个盗墓的蟊贼，就惦记上了虢国博物馆大院内的那座贵族大墓，他们居然反复采点和丈量计算，后来在博物馆外不很远的一处废仓库内挖地道，经过相当一段时间的盗掘，一直挖到虢国贵族大墓的地方，盗走了一批珍贵的青铜器。后因内部分赃不均而暴露，通过河南公安机关才追回这批文物。这种只有在电影、电视里才见到的离奇盗墓情节，实在令人匪夷所思，真是防不胜防啊！

作为长期在一线打拼的地方文物考古工作者，对保护文物可以说是“守土有责”！面对上述破坏文物的情况，既愤怒也有些无奈，经过反思我们认为，能够做的、也是行之有效的有三点：

一是依据《中华人民共和国文物保护法》和各种地方上保护文物的法规、条例、通知、布告等，加强保护文物的宣传。保护文物宣传分两个层面，首先是向广大人民群众进行宣传，作为一个有五千年文明史的中国人，在世界上很有自豪感。不能因为祖先留下的文物多而成为谋利发财的理由和手段，要逐渐树立“保护文物，人人有责”的思想观念。其次是向领导宣传，这是更重要的，领导是关键掌权的少数，地方官“守土有责”，不能以“属地管理”和“发展经济”为借口，形成了法人带头破坏文物。现在大家都知道，“绿水青山就是金山银山”，把保护环境放在首位。对保护文物也同样如此。对领导的宣传要长年坚持，到一定的时间，老领导升迁了、调动了、退休了……对新领导就要重新进行保护文物的宣传。犹如现在流行的“河长”制、“湖长”制、“路长”制一样，对当地文物保护的好坏要和领导的政绩联系起来。

二是要给予文物管理部门有一定的执法权。有些地方成立文物派出所或成立文物执法大队，这对制止破坏文物者的违法犯罪活动，有一定的话语权和执法权。这对于文物保护工作，也会取得一定成效。

三是要依据刑法或民法等，对破坏文物者、盗掘古墓者、走私盗卖文物者，给予刑事惩处。早些年，偷盗开封市博物馆陈列北京故宫的几个罪犯和盗掘偃师唐恭陵哀皇后墓的罪犯均被判处死刑。近年来，国家对山西闻喜盗墓团伙及其背后的保护伞，处以无期徒刑，起到一种很好的震慑作用。

在国家改革开放四十年的今天，我们这些老考古人欣喜地发现，在全国、全省和所居住的城市范围内，破坏文物的现象每年在逐渐减少！这是非常令人高兴的事情！

探寻江湖——激情岁月风云录

1961年10月，我从学校毕业后，国家分配到河南从事文物考古工作，从此开始了与学校截然不同的生活。步入社会，就像过去看旧小说那样，犹如走进神秘深沉的江湖。出差在外，见到了变换不停的大千世界，芸芸众生，也是人心莫测。经历了许许多多的大事小事，也尝到了大大小小的酸甜苦辣，既增长见识，也锻炼人生，冬去春来，寒至暑往，掀着一页一页探寻江湖岁月风云的画卷！点点滴滴留在挥之不去的记忆之中。

1962年，河南省文化局文物工作队的中心工作是在全省开展碑刻调查和古书登记，为此，全单位从领导到一般职工，很多人都在全省各地奔波。当年8月，我在宝丰县调查，这里商周时地近应国，春秋初属郑，继属楚；战国属韩，后归秦。汉时在县东置父城县，唐置龙兴县，宋代因发现铁矿视为至宝改名为宝丰，至今未变。冶铁业、酿酒业、烧瓷业发达，清凉寺汝官窑，独树一帜。在宝丰我只身走遍了全县的乡乡镇镇，最后到了著名的香山寺。寺内多为清代建筑，还有一座宋代观音大士塔，几十通宋金元明清碑刻，作了历史的见证，被公布为省级文物保护单位。在那里工作任务很大，晚上住在大殿内，以横卧的石碑当床，别有一番情趣。还看了香山寺年逾花甲的女尼主持普明大师两小时的拜佛诵经，渺渺梵音，声声入耳，曲调优美，殊为难得。普明大师不识字，年轻时在北京出家，所诵经文都是师父一字一句，口口相传，实属不易。普明大师还曾到北京参加过全国宗教界大会，刘少奇主席接见了大会代表并合影留念。

1963年7月，我一个人到长垣县学堂岗村调查古建筑遭受破坏的情况。长垣位于河南省北部，地处黄河冲积平原，境内地势南高北低，坡缓平坦，黄河大堤纵贯南北，东部为黄河滩地，西部低洼易涝，四周西北邻滑县，东北接壤濮阳，东临黄河与山东隔河相望，南与封丘县交界相连。县境内发现有丰富的新石器时代和商文化遗址，西周、春秋属卫国地，春秋时卫曾在此地置匡邑、蒲邑，孔子周游列国曾过匡，匡人以为阳虎掳掠，围困孔子，经子路“弹制而歌，孔子和之，曲三终”。匡人知其非阳虎，乃解其围而去。匡邑故城约在今长垣县城附近，孔子曾在学堂岗讲学，为纪念此事，而在这里修建文庙，当地称学堂岗圣庙。相传建于汉代，元代遭兵火毁，明天顺三年（1459年）重建，明晚期和清代又多次重修。今庙内建筑多已改观，有的已残破，亟待维修。只有杏坛亭一座，修建在砖砌台基上，亭平面是正方形，边长6.4米，高6米，槅扇门，四角攒尖顶，保存较好。圣庙内还有明清重修碑刻10余通，为县级文物保护单位。

很有意思的是，去时从郑州北上走新乡，再东转到长垣；返回时从长垣南下走封

◀ 河南封丘县陈桥镇东岳庙

丘，过黄河到开封，再西去郑州。途中在封丘看了两个文物点。封丘位于河南省东北部，地处黄河北岸，因黄河故道泛滥，境内地貌复杂，沙丘、平原、洼地兼具，四周北接滑县，东连长垣，南隔黄河与开封相望，西与原阳、延津县毗连。封丘是古封父之国，商周时封父国仍为诸侯方国之一。春秋时属魏地，名黄池，即吴王夫差北上争霸，两败齐国，大会诸侯之地。汉置封丘县，其后基本上一直延续下来。五代后周时，掌握军权的后周大将前都检点赵匡胤，在封丘发动"陈桥兵变，黄袍加身"，建立了大宋政权。我过封丘参观的两个文物点，一是陈桥兵变旧址，二是当时著名的应举合作社。

现今的陈桥镇即五代时的陈桥驿站，宋徽宗为"显扬祖烈"，在崇宁四年（1105年）改建为显烈观，其后称为东岳庙至今，明清多次重修，现存大殿面阔三间，进深一间，歇山绿琉璃瓦顶，带回廊；东西厢房各五间，硬山灰瓦顶，前面有走廊。院内有清代"宋太祖黄袍加身处碑""系马槐碑"等碑刻，为省级文物保护单位。看过之后，思绪万千，真是风水轮流转，都想坐江山！

应举社在封丘西北的应举镇，那是1958年人民公社诞生之前的一个农业生产合作社（高级社）。这里有204户1074人，耕地4150亩，地形低洼，土质盐碱，易涝多灾。中华人民共和国成立前流行的歌谣："春夏秋三季一头汗，到了冬季去要饭。"中华人民共和国成立后虽有改善，但仍解决不了群众的温饱。实现农业合作化后，苦战两年，改变了面貌，基本上建成了一个丰衣足食的合作社。

毛泽东同志为此写了一篇短文：《介绍一个合作社》，发表在1958年《红旗》杂志创刊号上。毛泽东同志在《介绍一个合作社》中说："'一个苦战二年改变了面貌的合作社’，这篇文章值得一读。共产主义精神在全国蓬勃发展。广大群众的政治觉悟迅速提高。……这个合作社位于河南省封丘县，叫做应举社，很有些发人深省的东西。中国劳动人民还有过去那一付奴隶相么？没有了，他们做了主人了。中华人民共和国九百六十万平方公里上面的劳动人民，现在真正开始统治这块地方了。”

▲《红旗》杂志1958年创刊号封面

农业合作化，是毛泽东同志为让全中国劳动人民从站起来走向富起来，为加快中国社会主义建设而做的伟大探索。当年我走在封丘应举的街道上，只觉得较为干净一些，找不到往昔应举社一时的辉煌，那时人们刚刚迈过三年困难时期的生活门槛，过往人等也见不到多少自信和笑容。在改革开放四十年后的今天，中国完成了从站起来到富起来的光辉历程，正在向强起来阔步前进。封丘应举镇同样发生翻天覆地的变

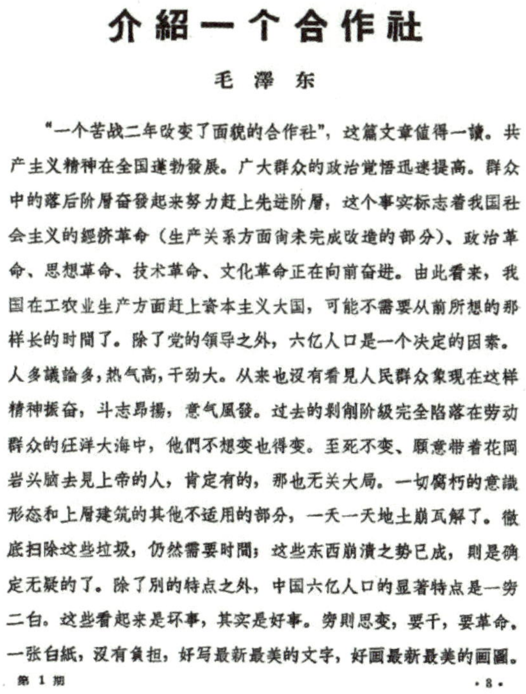

介紹一个合作社

毛澤东

“一个苦战二年改变了面貌的合作社”，这篇文章值得一讀。共产主义精神在全国蓬勃發展。广大群众的政治觉悟迅速提高。群众中的落后阶層奋發起来努力赶上先进阶層，这个事实标志着我国社会主义的經济革命（生产关系方面尚未完成改造的部分）、政治革命、思想革命、技术革命、文化革命正在向前奋进。由此看来，我国在工农业生产方面赶上資本主义大国，可能不需要从前所想的那样长的时間了。除了党的領导之外，六亿人口是一个决定的因素。人多議論多，热气高，干劲大。从来也沒有看見人民群众象现在这样精神振奋，斗志昂揚，意气風發。过去的剝削阶級完全陷落在劳动群众的汪洋大海中，他們不想变也得变。至死不变、願意带着花岡岩头脑去見上帝的人，肯定有的，那也无关大局。一切腐朽的意識形态和上層建筑的其他不适用的部分，一天一天地土崩瓦解了。徹底扫除这些垃圾，仍然需要时間；这些东西崩潰之势已成，則是确定无疑的了。除了别的特点之外，中国六亿人口的显著特点是一穷二白。这些看起来是坏事，其实是好事。穷則思变，要干，要革命。一张白紙，沒有負担，好写最新最美的文字，好画最新最美的画圖。

第 1 期 ·3·

▲ 毛泽东：《介绍一个合作社》一文（一）

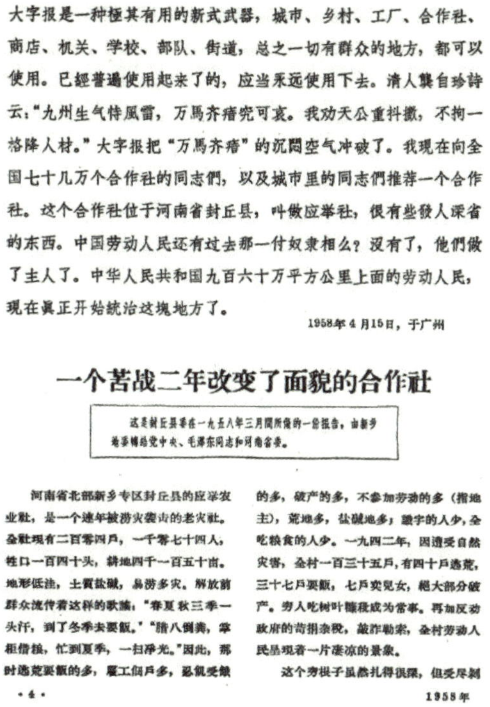

大字报是一种極其有用的新式武器，城市、乡村、工厂、合作社、商店、机关、学校、部队、街道，总之一切有群众的地方，都可以使用。已經普遍使用起来了的，应当永远使用下去。清人龔自珍詩云：“九州生气恃風雷，万馬齐瘖究可哀。我劝天公重抖擻，不拘一格降人材。”大字报把“万馬齐瘖”的沉悶空气冲破了。我現在向全国七十几万个合作社的同志們，以及城市里的同志們推荐一个合作社。这个合作社位于河南省封丘县，叫做应举社，很有些發人深省的东西。中国劳动人民还有过去那一付奴隶相么？沒有了，他們做了主人了。中华人民共和国九百六十万平方公里上面的劳动人民，現在眞正开始統治这塊地方了。

1958年4月15日，于广州

一个苦战二年改变了面貌的合作社

这是封丘县委在一九五八年三月間所作的一份报告，由新乡地委轉給党中央、毛澤东同志和河南省委。

河南省北部新乡专区封丘县的应举农业社，是一个連年被涝灾袭击的老灾社。全社现有二百零四戶，一千零七十四人，牲口一百四十头，耕地四千一百五十亩。地形低洼，土質盐碱，易涝多灾。解放前群众流传着这样的歌謠：“春夏秋三季一头汗，到了冬季去要飯。”“腊八倒粪，拿租借粮，忙到夏季，一扫净光。”因此，那时逃荒要飯的多，雇工佃戶多，忍飢受餓的多，破产的多，不参加劳动的多（指地主），荒地多，盐碱地多；識字的人少，全吃粮食的人少。一九四二年，因遭受自然灾害，全村一百三十五戶，有四十戶逃荒，三十七戶要飯，七戶卖兒女，絕大部分破产。穷人吃树叶糠秕成为常事。再加反动政府的苛捐杂税，敲詐勒索，全村劳动人民呈现着一片凄凉的景象。

这个穷根子虽然扎得很深，但受尽剝

·4· 1958年

▲ 毛泽东：《介绍一个合作社》一文（二）

化，毛主席他老人家若地下有知，也一定会很高兴的。

1963年8月初到年底，奉命去山西参加文化部文物局组织的侯马考古大会战。侯马是晋南一座新兴城市，位于临汾盆地南缘。南有中条山脉与运城盆地分界，东有太岳山脉，西有吕梁山脉，汾河与浍水在境内流过。侯马东、西与曲沃、新绛两县相邻，南、北与襄汾、闻喜交界。原来有同蒲铁路纵贯南北，后又有侯西与侯月铁路横穿东西，为晋南地区交通枢纽。据文献记载，这里春秋时为晋国晚期都城新田所在地。秦置绛县，东汉改称绛邑县，北魏置曲沃县，明洪武年间设侯马驿。这次侯马考古大会战，集中了山西、北京、上海、天津、陕西、河南、山东、甘肃、江西、福建和广东等省、市几十位考古专业人员，配合平阳机械厂的建设，发掘晋都新田的大型铸铜作坊遗址。在侯马的日子里，趣事多多，略述一二。

一是田野补助费。考古人员长年累月在田野发掘，自然十分辛苦，于是，就像地质人员一样，给予一些田野补助。干同样的工作，每人的标准不一样，都按各省、市自己的标准：甘肃来的每天0.7元，其他省、市来的每天0.4元或0.5元，山西本省来的每天0.3元，独独我们河南有整有零是0.38元。别的同志问我，你们河南这0.38元是如何定的？我也闹不清楚，写信问单位，单位答曰：“0.3元是每天的伙食补助，而0.08元是工作服补助，一套工作服穿两年，每天平均折旧费为0.08元。”这0.38元居然计算得如此精准到位！

二是打牙祭。在侯马考古的日子，生活相当艰苦。从零上40摄氏度的八月炎夏，到零下10多摄氏度的腊月寒冬，又逢困难时期，伙食平平，主副食数量也不足。几乎没有休息日，法定说周六休息，往往还要政治学习。但周六这一天，除了政治学习，还是打牙祭的日子。从太原省考古所来的邢会计，是位心灵手巧的女同志，厨艺高超，烧得一手好菜。周六实行AA制，大家兑钱买高价活鸡，到了中午就变成一顿美餐，至今令人难以忘怀。

1964年3月下旬，发生了一件多年难逢的趣事。为了出差下去到农村方便，一年前学会了骑自行车，但是很不熟练，还不敢骑车上大街。一次上大街是买什么东西，小心翼翼慢悠悠，生怕出什么差错，但差错还是发生了，从郑州南关外向北到南大街，街上人并不多，有一段上坡路，为了锻炼我一口气骑了上去，这时路西一家大门洞内突然飞出一只公鸡，不偏不倚就落在我的车子前面，尽管车速非常慢，还是把鸡轧死了。门洞里面的老太太可不愿意，不说让你赔，光说养一只鸡多不容易。过路的几个人围观，好说歹说赔了1元钱了事。回到单位后，与同事述说其事，大家都笑起来，好事者还说风凉话：小杨骑车子技术真高，居然能轧死一只鸡！

1965年春节刚过后不久，还是处在彤云密布朔风渐起的寒天时，我与游清汉、杨焕成一起赴豫北进行文物调查。在鹤壁我们考察了浚县大赉店遗址，这里是1932年尹达先生主持发掘的重要遗址。遗址面积约10万平方米，文化层堆积厚2—6米，发现有三层叠压，上层是殷商文化层，中层为龙山文化层，下层是仰韶文化层，这是我国早期的重要考古发掘之一，再次印证了仰韶文化、龙山文化、殷商文化三叠层的存在，有很大的科学价值和文物价值。印象很深的是，在一个难得的大晴天里，我和杨焕成住在大赉店火车站附近冰冷的小客店里，一间小房子，两张床而已。后半夜到大院子里方便时，我突然看到东方夜空明亮的长尾巴彗星，就想起了那几天报纸上曾宣传此事，忙进屋叫杨焕成起来看，他就是死皮赖脸不想动，直到掀了被子才起来，他也是惊喜非常。看彗星真是一生难忘的奇观！

1965年7—9月，奉命与郭建邦、张长森同志参加三门峡一些新建工厂如中原量仪厂、河南纺织器材厂、河南第二印染厂的考古发掘。那里发现一批战国晚期的秦人墓、汉代和唐代的墓葬，出土许多很有价值的文物。三门峡的考古发掘，条件相当艰苦，墓坑内40多摄氏度的高温，让我们挥汗如雨，考古工作者的信念和责任，支撑着我们的每一天。但对我来说，却有十分温馨的另一面。我家老父亲原在省邮电局工作，后为支援新区建设奉调到三门峡邮电局，一个人离家有形单影只的感觉，这次到三门峡考古发掘近3个月，使得有了陪伴老父亲的机会，有时周日聊天，有时傍晚散步，时不时在工厂食堂点几个好菜……浓浓亲情，温暖至今，这也是一个意外收获吧！

1967年初的寒冬，大儿子向明刚刚出生，我很直接的感受是冬天太冷，家里的一个煤炉子既在小棚子厨房里做饭，又要搬到屋内取暖，所需的蜂窝煤凭煤本一次只让买100块，质量下降，火力不足，很不好烧。且产量不足，时时断供，买一次煤真是难极了。记得一次去郑州纬五路煤厂买煤，是今天中午去排队，到次日上午才能买到煤。排队时10人编成一个组，另发排队小票，一小时组长点名一次，两次无故不到者除名。那时天气显得格外寒冷，我全副武装去排队，穿上毛衣、棉大衣、绒裤、棉裤、大头鞋，戴上棉帽子，到了午夜近零下10摄氏度，排队的人只好在煤厂大院内烧若干堆蜂窝煤取暖。真体会到了“火烤胸前暖，风吹背后寒”的情景！大家围着一堆一堆煤火，说天道地。次日上午才买到100块蜂窝煤。到了1968年之后，情况就慢慢变好了，这也是难得的一次经历。当然，连夜排队买东西早先也有过一次，那是1960年10月，在北大上学时，正逢《毛泽东选集》第四卷发行，在学校旁边海淀新华书店连夜排队买毛选。

1972年下半年，一些业务工作逐渐恢复，郑州商城又开始进行考古发掘。由于郑州商城位于郑州老城市区，街道房屋紧紧相连，商城四周城墙的长度就无法用仪器测量，而这个数据又是考古发掘和考古研究上所必须知道的。为此想了一个土办法，拉测绳沿城墙走一圈，逐段长度相加。于是我和郑州市博物馆的一位同志用测绳测量，一次几十米，从商城城墙东北角的紫荆山，沿城东路西侧一直向南，到城南路交口处再沿城南路北侧一直向西，到与南顺城街交口处、再沿南顺城街东侧一直向北，走过北顺城街和杜岭街，到金水路省军区南院折向东，沿金水路南侧，一直回到紫荆山，形成了一个封闭的纵长方形城圈。其中许多地方不好通过，有些是街道建筑相阻，有些是大机关不让进，如北城墙要通过省委南院和省军区南院。经过拖拖拉拉三四天，才算完成了任务。测量结果是：东城墙长约1700米，南城墙也长为1700米，西城墙长约1870米，北城墙长约1690米，四垣总长度为6960米。这是一个比较接近实际的数据，可谓来之不易。由此推想，在生产力十分低下的3500年前，商代奴隶们修建王都时，该是多么的困难！

1983年8月，在国家干部年轻化、知识化的号召下，我从国家文物局湖南长沙板仓文物干部培训中心讲完课回到郑州之后，被通知调任河南省文物局副局长，平心而论，在河南省文物局任职的那些年里，我真正是全心全意、踏踏实实地投入到文物管理工作中去，积极参与和组织领导了全省大遗址的文物保护管理；完成了对河南全省的全国重点文物保护单位和省级文物保护单位的“四有”工作；完成了对全省考古发掘工作的调研、指导与汇报工作；组织和领导了河南全省的全国第二次文物大普查工作；组织编纂并在全国文物系统率先出版了大部头的《中国文物地图集·河南分册》；参与起草制订了一些文物保护的法规、条例和通告，严厉打击文物走私和盗掘古墓的犯罪活动；参与并完成了国家文物局全国田野考古领队培训班在山东兖州与河南郑州先后举办的九期学员培训考核工作，培养了一大批拔尖的考古专业人才；参与一些国内外有关文物考古保护管理专家学者的文化交流与接待工作……与此同时，还出席了一些关于中国古代文明起源、夏商考古、佛教考古、汉代画像石等学术研讨会，并出版了《郑州胜迹》《郑州商城初探》《河南考古》等学术专著；发表了十多篇研究论文。这当然有一些是过去考古工作的积累，也是对文物管理工作的某种支撑。上述工作曾多次获得国家文物局和省文化厅领导的表扬。

在省文物局工作的那几年里，我还是很有收获的。业务上基本没有丢，文物管理工作也成绩斐然，使个人增长了才干。特别是1984年8月13日，在到省文物局的第二年，我加入了中国共产党，这是多年来梦寐以求的夙愿。记得50年代初上初中时，班主任宋怀玉老师给我们讲：“你们人生有三大光荣，上小学时参加少先队，上中学参加青年团，再长大了加入中国共产党。这表明每个人的责任重大，愿你们都能实现。”我1950年初，在开封女师附小加入了少先队；1952年4月，在开封二中加入了青年团；如今在1984年8月，在河南省文物局又成了共产党员。真正感到，人生的责任更大了。

1987年，又是五年一度才有的评定职称工作快要到来了，作为一个考古专业的学生，当然不想错过这个机会，而且当年调到省文物局之初，厅领导在谈话中答应说是可以评职称的。于是，我就慢慢整理资料，准备到年底申报。但计划赶不上变化，后来得到的回答是，省文物局为行政编制，只能走公务员的路子，不能评定专业技术职称。后来，我就向省文化厅党组写申请报告，要求回到省文物研究所搞专业考古工作。经过多次反复申请，1987年5月，省文化厅党组最后批准了我的要求，在一纸发文中，厅党组任命了几个人的职务，也免去了几个人的职务，而对我写的不是免去职务的话语，而是同意本人多次申请，不再担任河南省文物事业管理的副局长职务，调回河南省文物研究所搞专业考古工作。1992年，担任河南省文物考古研究所所长，并被评为研究员。

多年来，我深切地感到，人生就是探寻江湖的一座大舞台，个人在这座舞台上，每天上演着一幕幕人间喜剧，工作上轮岗式的变换，无论是从省文物研究所调到省文物局负责文物管理工作，或者是又从省文物局调回省文物考古研究所从事文物保护、考古发掘和科学研究工作，作为一位在副局长位上的行政领导，或作为一位在所长任上的单位领导，或是退休之后仍然退而不休的一位老考古人，我总是很投入，很给力，一步一个脚印，一路走来一直到现在。历史反映昨天，历史展现今天，历史告诉未来！再回首，我知足了！

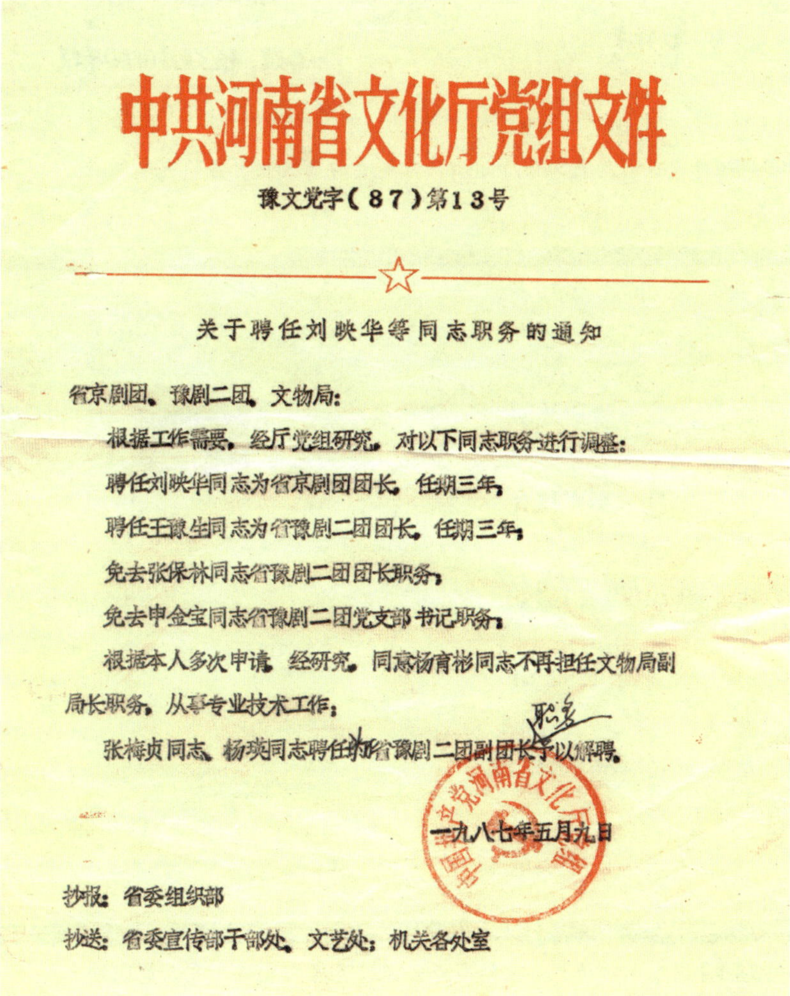
中共河南省文化厅党组文件

豫文党字（87）第13号

关于聘任刘映华等同志职务的通知

省京剧团、豫剧二团、文物局：

根据工作需要，经厅党组研究，对以下同志职务进行调整：

聘任刘映华同志为省京剧团团长，任期三年；

聘任王豫生同志为省豫剧二团团长，任期三年；

免去张保林同志省豫剧二团团长职务；

免去申金宝同志省豫剧二团党支部书记职务；

根据本人多次申请，经研究，同意杨育彬同志不再担任文物局副局长职务，从事专业技术工作；

张梅贞同志、杨瑛同志聘任的省豫剧二团副团长予以解聘。

一九八七年五月九日

抄报：省委组织部

抄送：省委宣传部干部处、文艺处；机关各处室

▲ 1987年5月《中共河南省文化厅党组文件》：笔者不再担任省文物局副局长职务

▲ 1994年2月中共河南省文化厅党组任命笔者为省文物考古研究所所长

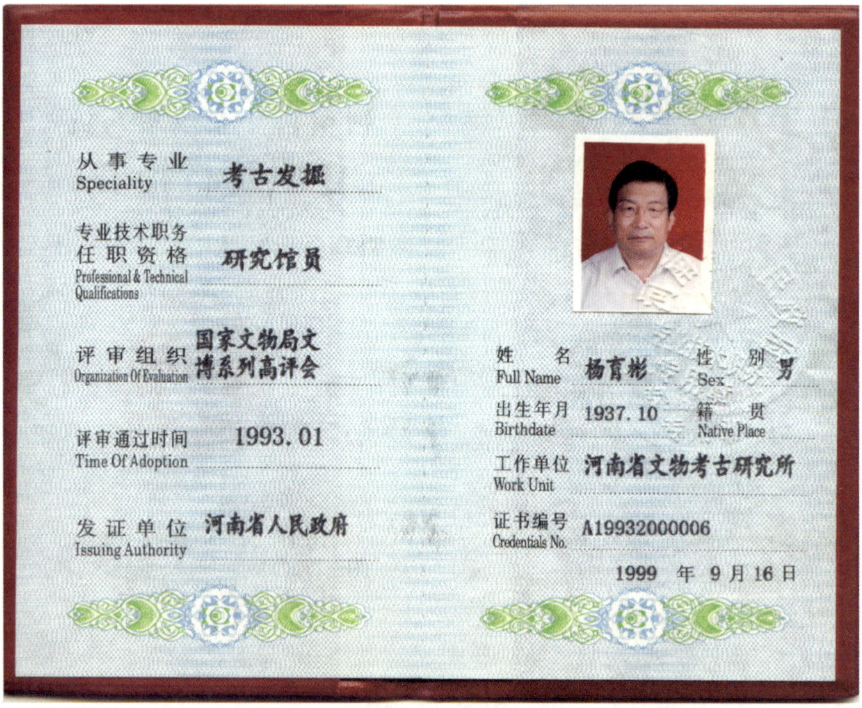

▲ 1993年1月国家文物局文博系列高评会通过笔者为文博研究馆员职称

他山之石（一）——三位海外学者在河南做学术报告片断

多年来，尤其是改革开放之后，在河南文物考古工作中，我们积极开展与国外、境外进行学术交流与合作。我们发掘出土的文物精品，曾参加全国或全省及单独组织的出国、出境文物展览，到日本、韩国、美国、英国、法国、丹麦、澳大利亚等国家和香港、台湾地区进行展出，宣传中国光辉灿烂的古代文化。曾多次派专家赴日本、美国、朝鲜、韩国、法国、挪威、丹麦等许多国家和香港、台湾地区进行访问，参加学术会议，做学术报告，进行学术座谈，介绍中国河南田野考古新发现和科学研究新成果，参观和考察文物考古博物馆机构，甚至还参加了一些考古发掘。而许多国家和香港、台湾地区的文物考古专家学者，也同样来河南访问，参观考古工地和各类标本室，参加学术会议，做学术报告，进行学术座谈。也有的参与了中外合作考古发掘和研究工作。“他山之石，可以攻玉。”在这里介绍三位海外学者在河南所做的学术报告，以飨读者。

一位是今俄罗斯著名学者刘克甫先生

刘克甫（M·B·КЛЮКОВ）先生，曾是苏联派往中国的留学生，1954—1962年，他在北京大学历史系攻读中国古代史和考古学。后来担任苏联科学院民族学研究所所长，对中国古代史和商代社会很有研究，发表过不少学术论文。他和我们北大56级考古班一起上过课，1957年5月学校放春假期间，还和同学们一起游览长城。1958年4月，北大历史系开全系运动会时，刘克甫还为我们考古班拍过几张珍贵的照片。他汉语讲得很好，为人谦和、朴实，留学时不穿西服，足蹬带气眼的

▲ 学校放春假在青龙桥詹天佑铜像前（后排右二刘克甫）

▲ 刘克甫拍摄北大历史系运动会（一）（作者队前擎旗）

▲ 刘克甫拍摄北大历史系运动会（二）（前右一作者）

黑色布鞋，与中国同学同住一宿舍，学习刻苦。还有一件事情在《走进考古》回忆录中曾提到过，“文化大革命”时期的1970年7月下旬，分配到新疆霍城县中学的北大历史系1955级的雷光汉同学，曾被打成“右派分子”和“黑帮分子”，他逃到对岸的苏联哈萨克斯坦，遭受苏方关押，想起了苏联留学生刘克甫，提出刘克甫可以证明自己是北大的学生。刘克甫为人仗义，证明了雷光汉的身份。1998年5月，北京大学迎来了百年校庆，刘克甫还来到母校与老师和同学们见面，笔者曾与之交谈。

1989年9月21日，刘克甫先生来到河南，在我们河南省文物研究所报告厅，做了有关中国古代文明起源和汉族起源问题的学术报告。

报告中说：英国人柴尔德提出农业革命，即新石器时代革命，又提出城市出现也是重要的革命，这涉及古代文明起源的问题。文明应该有个标志，表明与此前社会有什么不同。现在学术界一般认为古代文明起源的标志，为文字、城市、国家机构的出现。中国古代文明的起源应是夏商文化的起源，虽然二者不是同一个概念，但这几个标志是先后出现的，其中对国家特征的出现还没有十分把握，一般是从贫富差别进行推论。最近苏联学者对贫富性质进行讨论，大墓和小墓，随葬品的多少，这是否就意味着阶级的出现，还不能绝对那么

▲ 北大百年校庆作者（右）会见刘克甫（左）

说。在阶级形成前，已经有了这些差别，其基础并不是建立在经济之上，而是等级的差别，这些差别甚至是世袭的，即有了钱并不一定是高的等级，因为有不同的地位，才享受不同的待遇。而阶级的出现，则是有钱就属于高的等级。要了解等级与贫富的差别，应该有大量材料进行排比，才能看出规律。

古代文明形成的过程是什么呢？一种是外来说，即在外地形成后迁移到此地，即所谓的西来说、北来说、东来说……现在看来，一种文化在一地形成后迁到另一地，不变也是不可能的；另一种是一元论，即只在文化产生的本地去寻找；第三种是多元论，用现在术语讲，开放可促进社会的发展和进步。

文明的出现是一种质变，即以本地为基础，也不排除其他一些外来因素的影响。苏联学者对埃及文明、两河流域文明的认识即为多元的，在当地优良的环境中，也吸收很多外来因素，更促进自身文明的发展。

关于中国古代文明要用不同学科材料来考虑，考古、历史、语言、人类学……文明的特征也包括一些习俗特点，仰韶文化有甑，用来蒸饭，一直沿用到今天。坐椅子，中国古代商周时期是跽坐，与今天日本差不多。中国唐宋或更早有了变化，出现了靴子，不再席地而坐。今天人穿长裤，古代却没有，赵武灵王胡服骑射，才有了改变。这中间哪一些是中国固有的，哪一些是后来引进的呢？希腊古代战争一例，王后要找个穿裤子的人……

还有语言分类。语系（词、语法）—语组；汉语属汉藏语系，至少在商代甲骨文时就属于这一系统。汉语是主语（我）—谓语（吃）—宾语（饭），但藏语等是主语（我）、宾语（饭）、谓语（吃），词汇一样，但语法有些不同，语系应该较接近的。此外，苗语、傣语在语法上与汉语相同……

我们看到仰韶时期的人们与另外一种语言的人们长期的交融，地点在郑州与洛阳一带，即夏商早期地区，大河村的房基与半坡、庙底沟的不同，包括形制、间数、火塘及灶的位置等不同，反映了家庭状况的不同。摩尔根血缘家族的根据是虚构的。大河村、半坡的房基不同，是否可以从文化传统上考虑，即不同的文化因素在五千年前发生的影响。一种文化不受外来影响就不会有较快的进步和发展。

中国古代文明起源，汉族的起源是两个问题，后者涉及民族的定义。过去斯大林提出的民族定义是：一，语言；二，地域；三，经济联系；四，心理素质。这有一定的缺陷。其中一、二、三是民族形成的条件，产生了客观存在的特征，对内有联系，对外有区别。应该还有民族意识，这是更高一层的认识了。这个共同体与其他的不同，我自称是俄罗斯族。

对一个民族的形成，仅依靠考古材料是不够的，必须辅以文献记载，即什么时候出现共同的自称。以汉族论，有人云：春秋时出现华夏族是汉族的前身；有人说夏、商、周是三个民族，然后再融合为汉族。春秋有华夏族，但又存在列国。前者意识更广一些，超越了列国。秦始皇统一六国的重要因素是华夏族早已形成，即华夏族与统一国家统一了。到了汉武帝时期，汉帝国超越华夏族，又扩大包括了其他少数民族。当然没有充分材料证明夏、商、周是三个民族。在商代有“我”“我们”“我土”的概念，武丁时期甲骨文“南土受年”是包括在“我土”之内。二期甲骨文又成为什么地方，地域未变，但已排斥在外。如果有材料证据，夏、商、周能把国家和民族分开来，则民族已经形成。有学者指出：夏、商、周不是三个民族，实为一个民族，这样就可以探讨汉族的起源问题。

刘克甫先生的学术报告，从科学研究的层面上看，还是很有学术价值和参考价值的。

另一位是美籍华裔著名考古学家张光直先生

张光直先生祖籍台北，出生在北京。美国哈佛大学人类学系主任、教授。终生致力于中国考古学和考古学理论研究工作，对中国古代文明起源和夏商考古研究，造诣尤深。1975年，张光直先生随美国古人类代表团第一次回国进行学术考察。1983年8月，他来中国参加由中国考古学会、中国社会科学院考古研究所和联合国教科文组织联合举办的亚洲地区（中国）考古讨论会，会上宿白教授邀请张光直先生到北大考古系讲课。1984年8—9月，他到北京大学考古系讲课，1986年5月，将讲课内容编成《考古学六讲》一书出版。1987年9月，中国殷商文化国际学术研讨会在安阳召开，120多位国内外学者到会，笔者在会上首次与张光直先生相识，在交谈中，先生说起商代青铜器饕餮纹及其他纹样，这种艺

▲ 安阳开会与张光直先生（右）相识

▲ 在商丘会见张光直先生

术表现形式与商代王权的政治统治和宗教巫觋通天中的作用等多个学术问题，受益匪浅。

1992年4月，张光直先生代表美国哈佛大学皮保德博物馆，与中国社会科学院考古研究所联合组成中美考古队，到河南商丘调查先商和早商遗址，寻找商代最早的王都“大邑商”。张光直先生由中国社会科学院考古研究所副所长徐光冀研究员陪同，到河南商丘进行首次考察。笔者作为河南文物研究所所长，也陪同参与此项考察活动，并与张光直先生几次交谈。说及商代的都制，商部族契至成汤有八迁，可靠程度不一。商王朝汤居亳后有五迁，地点就比较明确。张先生认为商代最早的王都一直保持着祭仪上的崇高地位，是先祖宗庙的永恒基地。而其他迁徙的都城，也是举行祭仪之所在，但主要还是商王的政治、经济、军队的领导中心。最早的王都固定不变，缘故容易推断。迁徙的王都都有政治上、军事上的原因，也有寻找青铜矿源的原因。商代最早的王都应该在商丘，周公封微子开于此，以续商祀，就是明显的佐证。这些观点颇有见地，给人以启迪。同年10月，恰逢河南省文物研究所40年所庆之际，张光直先生与几位美国学者到我们所参观访问，笔者参与接待。

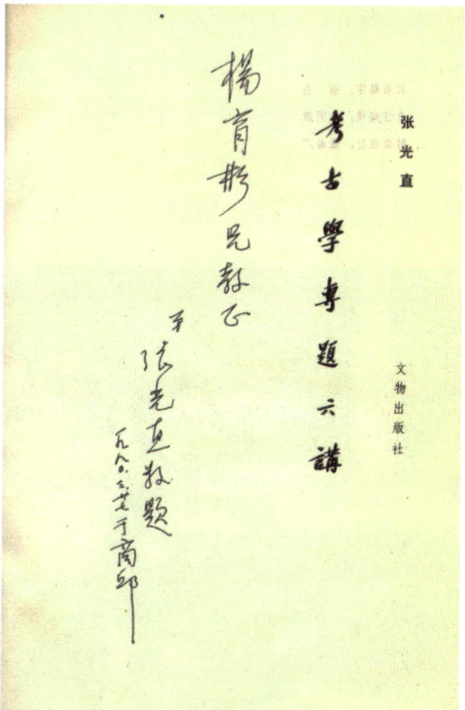

▲ 张光直先生赠书

1993年5月，迎接21世纪的中国考古学国际学术研讨会在北京大学举行，在会议期间，笔者又专程拜访张光直先生并进行亲切交谈。

1994年10月，张光直先生第二次来我们河南省文物研究所参观访问，又到国家文物局田野考古领队郑州西山培训班考察，并与安金槐、黄景略、郑笑梅、韩榕、乌恩、郝本性、张文军、杨肇清和笔者，以及培训班的学员们进行座谈。在座谈会上，张光直先生做了简短

◀ 建所40周年张光直先生（前排左四）来访问（后排左四作者）

的学术报告。

张光直先生谈到美国人类学者看中国考古学的几个问题：旧石器时代考古学是世界考古学的一部分。由于不同的用途，如在生产、生活上的割肉、扒皮、捉鱼、砍树……人类使用的工具也就不同。古人类化石的发现，不能只限于国内的研究，当时是没有国界的。越南的发现与云南的发现，就不很好分开。我们要用世界的眼光，分析研究中国的旧石器时代考古发现。

关于人类起源的说法大致有两种。一种是世界各地绝灭了，由非洲人代替（直立猿人）。另一种是世界各地均有。近些年中国就发现有辽宁营口金牛山人、安徽和县龙潭洞人、陕西大荔甜水沟人。上面两种意见都需要用中国的考古发现资料进行讨论。

▲ 北大开会又见张光直先生

关于农业的起源，对中国古代文化的认识是有了农业之后，不同的人群有不同的语言、习俗，用陶器作为文明不同的特征。中国农作物北方有粟和黍等分类，南方有稻米还有麻、芋、薯等。至于高粱则

▲ 张光直先生（前排左五）访问郑州西山国家文物局考古领队培训班（前排右三作者）

有争议，而小麦起源于近东山区。江西万年仙人洞和湖南澧县彭头山发现稻米遗存，说是距今1.5万年，当然也有争议，说有1万年左右，这应是当今发现最早的稻作遗存。现在的考古发现层出不穷，但复原古代文化如旧石器时代晚期就比较困难，不少东西无法保存下来。

新石器时代文化，如河南的裴李岗文化，浙江的河姆渡文化，四川的大溪文化，每个区域都有自己强烈的特色。苏秉琦先生曾分有六个区域类型，笔者也分了若干个区域文化，如仰韶文化，大汶口文化，龙山文化，以及台湾的大坌坑文化。湖南澧水流域虽然小一些，但也构成丰富的区域文化。而湘水、资水、沅水流域就更大了。水源、植被、动物资源都是一种标准。区域文化形成之后，经历数百年、上千年，地域要扩展，人口要增加，区域文化之间产生了更多的接触和交换，形成了文化互动圈。整个中国可以有许多小的和若干个大的文化互动圈，这与中国古代文明起源有关。在公元前三千年到两千年之间，可以很清楚看出来。从蒙昧时代到野蛮时代，从野蛮时代再到文明时代，这是一个发展的轨迹，但文明时代并不文明，蒙昧时代却很和睦。很多聚落形成一个政治上的整体，即所谓的“政体”，它们之间是平行的、平等的、同伴的整体，无数的政体，构成了大禹之时无数的方国，亦即所谓的“万国”。万国之间，彼此互动又相互竞争，方国被征服合并，为夏王朝的诞生奠定了基础，中国进入了真正的古代文明社会。

上面是对张光直先生在郑州西山考古领队培训班学术报告的概括。两个月后，张光直先生第三次到我们河南省文物考古研究所进行考察访问，笔者又参与接待和座谈。

第三位是韩国忠北大学博物馆馆长李隆助教授

李隆助先生是韩国著名的考古学家，他在韩国旧石器时代考古学研究，在新石器时代考古学研究和博物馆学研究上，成果多多。1996年1月，李隆助教授一行多人到我们河南省文物考古研究所参观访问。双方商讨议定在旧石器时代和新石器时代考古研究上进行合作，包括考察考古发掘工地、专业人员互访、举办学术研讨会、交流学术信息、交换考古发掘报告和研究专著等多项内容。笔者代表中国河南省文物考古研究所与李隆助馆长代表韩国忠北大学博物馆签署了双方考古研究合作协议。1997年6月，笔者一行4人赴韩国忠北大学进行访问和学术交流。在韩国举办多次中韩国际学术报告会。1998年，李隆助教授又率团到我所参观访问，并举办中韩学术报告会，还参与考古调查。1999年1月，李隆助教授率团访问河南，他在河南博物院学术报告厅做了韩国博物馆今天与明天的学术报告。

◀ 在单位会见韩国李隆助教授（右）

◀ 参观韩国当阳郡博物馆（前排左三李隆助、左四作者）

▲ 韩国忠北大学学术报告后与李隆助握手

李隆助教授说：韩国的博物馆最早是王室的，称为“李王家博物馆”，陈列着从中国传来的文物。不久就沦为日本的殖民地，改为“朝鲜总督府博物馆”。1945年韩国建国后，又改为“韩国国立博物馆”。

现在韩国有10家国立博物馆（汉城、庆州、扶余……），陈列当地的文物，有新罗、百济时期的文物。韩国扶余国立博物馆与中国河南洛阳博物馆结为友好博物馆。洛阳博物馆的精美文物，正在韩国扶余博物馆展出。韩国各地还建一批市立、道立博物馆，如江原道春川博物馆等。还有不少私立博物馆，多半是20世纪60年代兴建的，约150家，全国还成立了韩国博物馆协会。韩国大学博物馆可追溯到30年代，著名的有高丽大学博物馆、梨花女子大学博物馆。到60年代猛增到80多所，也建立了韩国大学博物馆协会。出版有《古文化》会刊，为半年1辑，现正在编第52辑。每年召开一届学术发表会，现在是第43届了，主要是互相交流各博物馆的陈列情况和研究成果。各博物馆有学艺研究员，今年是第五次学艺年会。1998年8月，韩国博物馆学艺研究员到北京访问。河南博物院为下一个参观点。

1997年2月，韩国大学博物馆协会参加了“韩国博物馆振兴法”。这是国立博物馆、私立博物馆和大学博物馆都要遵守的法律。1997年，韩国博物馆协会举办了韩国文化遗产年；1998年，举办了韩国全影像之年；1999年，举办了韩国建筑文化之年；2000年要举办博物馆之年；2001年，要举办世界访问韩国之年！韩国博物馆协会1998年12月才出版了第1期《博物馆学报》（会刊）。1999年5月17日，拟举行大规模的学术会——“亚洲博物馆现状及相关课题”。要邀请中国博物馆学会秘书长先生做学术报告并发表论文。日本人也来参会。

韩国大学博物馆有三方面职能：教育、陈列、调查。

教育分社会教育、学生教育，以大学生为主要对象，举行陈列和讲座；还要承担社会教育，对象为当地市民，进行传统教育。忠北大学搞大学博物馆讲座班，每周四上午10点到12点；还举办参观，自己负担自己的学费，利用这些讲座，请全国知名专家来讲课。

▲ 在韩国参观古遗址（右二李隆助、右三作者）

大学博物馆陈列分两种：固定陈列，周一到周六，上午9点30分到下午4点，集中在上课期间进行；特别陈列，主要是本校考古发掘的出土文物和最新征集等收藏的文物，忠北大学博物馆已举行了13届特别展，很受大学生们欢迎。

调查有三类：忠北大学博物馆要进行的调查，一类是忠清北道地表调查；二类是学术调查。这要向学校提交调查报告书。三类调查是最主要的，那就是考古发掘调查。韩国考古发掘百分之八十都是由大学博物馆进行的，这些与中国不太一样。大学考古发掘除教授之外，还有学专业的学生，这也是培训学生的重要途径。我们今天来河南访问的三位韩国学者，都是通过这种途径成长起来的。

2002年7月和2012年6月，分别是我们河南省文物考古研究所建所50周年和60周年庆典的日子，韩国忠北大学李隆助教授和另外几位教授均受邀来河南参加庆典和学术活动。2016年3月，李隆助教授又带领一批年轻的大学生——未来的考古事业接班人，专程访问我们河南省文物考古研究院并进行学术交流。这体现了中韩人民之间的友好往来。

他山之石（二）——几次出访的日志

20世纪80—90年代，笔者在河南省文物局和河南省文物考古研究所工作期间，由于工作的需要，按照国家文物局或河南省文物局中外文化交流计划的安排，以及河南省文物考古研究所与国外文博机构或高等院校的学术研究合作协议，除接待国外一些文博机构的行政官员和专家学者之外，还曾出访朝鲜、丹麦、美国、韩国和日本等几个国家，进行文物保护和考古工作的座谈交流，并多次做了考古研究的学术报告，还参观了一些博物馆、考古研究所和考古发掘工地，取长补短，相互学习，也从一个侧面宣扬了中国古代文化，促进河南文物考古工作的开展。下面以日记的形式、介绍一下这些出访的见闻。

出访朝鲜（1986年6月2—16日）

1986年6月2日

上午10点半（晚点一个小时）中国民航903航班安24飞机起飞，同机旅客9人，除我们访朝的中国文物工作者代表团4人（国家文物局庄敏副局长、国家文物局外事处张继处长、河北省古建研究所孟繁兴所长和时任河南省文物局副局长的笔者）之外，另有5位外宾。第一次坐带螺旋桨的飞机，声音大，耳鸣，还有一点紧张的感觉。飞机在地面上滑行一二分钟后升空，大地渐渐下沉变小，一片片田地，一条条道路，犹如仙境。不一时，见到群山起伏，山上有万里长城，似一条弯线。一会儿晴空万里，一会儿白云朵朵，11点45分飞过鸭绿江，大桥横卧，连接中国和朝鲜。这是36年前中国人民志愿军入朝的通道，那时我刚刚迈入初中的校门，时光何其速也。机上发一些食品、饮料和小的纪念品，挺不错，也很好玩，在机上还看了《电影画报》。中午1点整，飞机到了平壤徐徐降落，中国驻朝大使馆一秘张永文和朝方文化艺术部文物保存指导局副局长梁明虎等来接，并有小朋友献花。小车在路上飞驰，路面整洁，绿化很好，进入市区，新建的高楼林立，雄伟漂亮。入住平壤宾馆，服务人员十分热情。住436号房间，有电扇、电话、小冰箱和黑白电视；庄敏副局长是套间，有空调、大冰箱、大彩电。午餐较丰富，还有水果和饮料。下午谈日程安排：6月3日开始参观平壤地区的文物古迹和博物馆，然后去妙香山参观国际友谊展览馆和古寺庙，返回平壤后，再去开城地区参观板门店和文物古迹，再返回平壤与有关历史、文物、考古专家进行交流座谈，最后去著名的金刚山景区参观。前后约两周时间。全程陪同我们的是朝鲜文化艺术部文物保存指导局指导员李仪夏，他曾在1981年访问过中国；翻译是朝鲜中央历史博物馆的中文讲解员朱英玉，她是金日成综合大学中文系的毕业生。其后我们4人又到中国驻朝大使馆小停，宗克文大使亲切会见了我们，使馆同志讲了一下在朝鲜的注意事项。大使馆的房间里挂着6月份印有歌唱家照片的挂历，很有到家的感觉。

晚上，朝鲜文化艺术部李尚泰副部长主持欢迎中国文物工作者代表团宴会，宗克文大使出席；朝鲜文化艺术部文物保存指导局梁明虎副局长、指导员李仪夏和翻译朱英玉也在座。双方领导致辞赞颂中朝人民的战斗友谊万古长青。这次吃了最地道的朝鲜冷面（是用荞麦面加淀粉压出来的），味道挺好。饭后回宾馆，路上霓虹灯甚多，平壤夜色也很美。看电视晚间新闻，有中国文物代表团到达的镜头，包括接机、欢迎和献花，这是朝鲜迎宾的惯例。

1986年6月3日

早上大晴天，5点多起床，沿着大同江边的马路慢跑15分钟，再步行走回来，见到不少小朋友也在玩、跑、跳，也有的在看书，不听语言，则如同在故乡一样。早饭在第一餐厅16号桌，见到一个从上海来的代表团，其中一位是北大物理系1956级的张承福先生，也是校友吧，异国相见，颇为亲切。他们明天回国，可为我们带信在北京寄出，真好，谢谢！

上午9点出发，去瞻仰万景台金日成同志的旧居，那里曾是替大地主看墓人的房子，十分简陋，现今修葺一新。登上万景峰，俯瞰大同江。1866年4月15日，金日成同志的曾祖父在这里用火攻击沉了美国的“舍门号”船，1979年修建了表迹纪念碑。又游了万景台乐园，就像到了美国的迪士尼，里面有惯性车，各种索道、车轮椅……十分好玩，那里是小朋友们最开心的天下。又参观了平壤的地铁，坐电梯下去100多米，有光复路站、建国站、金色田野站等15个车站，总计30千米长，每天运送30万人，假日增至40万人，我们坐了两站，很舒适。介绍说这是中国帮助援建的，很有些自豪感。归途中，街道两旁都是花丛，平壤是座花园的城市。

午餐后，很照顾客人，还安排了一个小时的午休。下午3点参观朝鲜中央历史博物馆，从旧石器时代到1919年，共有19个展厅。展出旧石器时代打制石器，新石器时代陶器，古朝鲜的青铜器，高句丽、高丽、李朝时期的瓦当、铠甲、金器、天象图、金属活字、测雨器、青瓷和白瓷器、雕版等。展厅内采用大手笔的陈列方法，石棚墓、安岳古墓（即冬寿墓）、德兴里古墓、山水里古墓和著名的好大王碑（广开土王陵碑）等，都按原大复原展出，形同真迹，引人入胜。历史文献都是汉文。参观后与金信淑馆长座谈，历史博物馆创建于1945年12月，1953年朝鲜停战以后重建的，19个展厅分别由19个大单位负责，用了一年时期就建成了。1972年金日成来此参观过，金正日还来馆亲自指导并解决遇到的困难和问题，包括陈设家具和图案装饰都提出了具体意见。整个历史博物馆建筑面积1万多平方米，有60位工作人员。博物馆向我们赠送了《中央历史博物馆简介》《中央历史博物馆画册》和《高句丽壁画》三本书。

晚饭后在大街上转转，公交电车和汽车站秩序非常好。

1986年6月4日

上午参观革命历史博物馆，该馆1948年建成，1972年金日成60岁诞辰时又建成新馆，占地面积24万平方米，建筑面积5.4万平方米，建筑外观宏伟，共有50多个展厅，从20世纪初一直到70年代，我们参观了23个展厅，即看到1945年抗日战争结束时为止。建馆初期，他们曾到中国东北搜集史料和实物，中国政府十分重视，为其提供了许多当时使用的武器和各种报刊资料等。看了游击队宿营地的实景复原；看了普天堡战斗的半景画，高15米，长60米，场面宏大，十分震撼。

下午参观中朝友谊塔，高30多米，1979年重建，共用1025块花岗岩砌成，寓意10月25日中国人民志愿军入朝参战。朝文“友谊塔”3个大字金光闪闪，每个字用40公斤铜铸成。塔门高3米多，亦为铜铸，重达1吨。塔心室内有铜制的中朝两国国旗，四周墙上绘有壁画，内容有全中国人民奋起抗美援朝，中国人民志愿军跨过鸭绿江与朝鲜人民并肩作战打击侵略者，罗盛教冰窟救崔莹，黄继光舍身堵枪眼，中国人民志愿军战后帮助朝鲜人民进行建设等。塔心室正中有大理石碑，上有铜制碑盖，盖下空心处保存着数册中国人民志愿军烈士名录，其中有毛岸英、杨根思、杨连弟、罗盛教、黄继光、邱少云……一个个闪光的名字。烈士名录上团级以上的干部就有310人，可见战争之惨烈。我们代表团在留言本上写下了：“继承和发扬国际主义精神，中朝人民友谊万岁！”

又去参观凯旋门，这是为纪念金日成的革命历程修建的。门高27米，总高60米。门上镌刻有《金日成将军之歌》的歌词，并有1925—1945字样。1925年金日成离开万景台参加革命，1945年祖国解放凯旋。门两旁装饰有70朵金达莱花，象征金日成70寿辰。凯旋门立于平壤主干大道上，门下可通汽车，门的四周有环形路，是平壤具有特色的地标性建筑。还参观了主题思想塔，通高170米，包括20米高的塔顶火炬，火炬重45吨，夜晚放射红色光芒。塔用花岗岩建成，旁边还有附属建筑、群雕和喷泉，乘电梯可直登塔顶，远山近水、大同江区、普通江区、东大院区……百里平壤，一目全收。

1986年6月5日

全天参观祖国解放战争纪念馆。这是1953年停战后的第八天就开始修建的，1972年重建新馆。建筑面积5.2万平方米，金日成先后8次、金正日先后4次视察祖国解放战争纪念馆，可见其之重视。全馆有81个展厅，包括抗日战争、民族解放战争、各军兵种、共和国英雄、中国人民志愿军、大田战役全景画等丰富的内容。要参观完一遍，需要来四次。

解放战争时，朝鲜人民军才正式建军两年，其中几个师，还是由中国人民解放军四野里朝鲜族部队回国参加的。他们与中国人民志愿军并肩作战，真正是血的考验。印象最深的是解放大田战役的全景画，大田是李承晚溃败时的临时首都。全景画高15米，长120米，进深13米，直径42米，转一圈需15分钟。进深部分有战斗现场，坦克、大炮、汽车、断壁残垣……配上后面长长的画面，立体地、形象地反映32—40千米范围内激烈战斗的场面，这是由40位朝鲜人民军的美术工作者用4个月完成的巨作，绝对有创意，绝对能让每一个参观者感到震撼。

在纪念馆的展厅里，我们见到佩戴大校肩章的老同志亲自给年轻的军校学员们讲解，进行革命传统教育。每天都有上千人从全国各地来这里参观学习。纪念馆归朝鲜人民军武装力量部总政治局直接管辖，犹如我们的军事博物馆。纪念馆文物保存部一位少校军衔的部长向我们介绍，每年春秋季节，要对全景画前的实物进行药物处理，对画面也要进行清洁修整。他们与专业机构和高等院校都有联系，以解决文物保护中的技术难题。

1986年6月6日

今天要去妙香山参观，朝鲜半岛有五大名山，朝鲜有金刚山、妙香山和白头山，韩国有九月山和地理山。妙香山有不少古寺庙，风景绝佳，春天从山下先绿，秋天从山上先红。我们凌晨0点10分起床，0点35分离开宾馆，0点40分到达平壤火车站，1点开车，是半软卧的设施，7点30分到达妙香山车站。上午9点参观国际友谊展览馆，这里山清水秀，依山而建，建筑面积2.7万平方米，是一幢六层高富有民族风格的古典式建筑，月台、围栏、斗拱、飞檐、假窗，屋顶上铺青瓦，斗拱上施彩绘，整个建筑高低错落，与层峦叠翠的妙香山交相辉映。室内可以调温，一层有四扇铜门，每扇重达4吨，门上铸有金日成花图案。共有52个展厅，总计有许多国家送来的38 765件礼品，绝大多数是送给金日成的，少量是送给金正日的。中国赠送的礼品占了5个展厅，都是全国各地的工农业产品、精品、土特产、名画家的杰作、各种刺绣、精美的工艺品、少数民族鲜艳的服饰……应有尽有，琳琅满目，美不胜收。反映了中朝人民山水相依、唇齿相连的战斗情谊源远流长。正如1984年5月，胡耀邦同志送的锦旗上所绣的："赠给英雄的朝鲜人民，祝中朝友谊如金刚永秀，泰岳长青！"

下午参观普贤寺，这是妙香山著名的古寺庙之一，有丛林门、解脱门、天王门、观音殿、大雄殿……大雄殿内有小型如意斗拱，很像山西大同辽代下华严寺薄迦教藏殿内四壁列重楼式壁藏小木作，有很高的艺术价值。大雄殿旁还有一座八角十三层石塔，寺内还有新建的藏经殿，藏有13世纪著名的《八万大藏经》和其他珍贵文物。寺内还残存留有弹痕的3通明崇祯年间和清康熙年间的碑刻。据介绍，金日成12次来妙香山，金正日也来过6次，进行视察和指导修复工作。

1986年6月7日

今天上午休息，下午参观平壤以东20千米安岳郡的东明王陵。东明王又名邹牟、朱蒙，是高句丽王朝的始祖、第一代王。在汉元帝建昭二年（公元前37年）始建都卒本川（今辽宁桓仁县五女山城），东明王死后就葬在那里。在汉平帝元始三年（公元3年）高句丽第二代王琉璃明王迁都国内城（今吉林集安县城）；汉献帝建安十四年（209年），高句丽第十代王山上王迁都丸都山城（今吉林集安县城北2.5千米），北魏太武帝始光四年（427年）高句丽第二十代王长寿王迁都平壤后，把东明王陵也迁到平壤附近。这是一座积石积炭的大型石室墓，曾被日本人盗掘过三次，墓内文物被洗劫殆尽，仅存彩绘壁画。墓冢前还有后期修建的祭堂和墓碑。陵墓四周绿草如茵，松柏常青，环境整洁，设有专人负责保护和讲解。东明王陵附近有丁陵寺遗址，保存有石柱础和塔基，1974年进行考古发掘，出土有瓦当、砖、大型鸱吻等建筑构件，还有铜矛、车饰、铜镢等文物。

晚上11点半离开宾馆去火车站，午夜坐火车南下去开城。

1986年6月8日

早上6点火车到达开城，这里是朝鲜高丽时期的古都，有宫城、内城和外城，参观了位于市中心内城的南大门，悬挂有元至正六年（1346年）铸造的大铜钟，重14吨，每天早4点和晚10点打钟报时，声震5千米之外。

又参观了古老的崧阳书院，大门前有一对上马石，进大门后左边是祭堂，右边是考棚，正面是讲堂，讲堂两侧分别有"郑先生书记碑铭"和"崧阳书院记实碑铭"两通汉文石碑，最后面是郑梦周堂。崧阳书院是高丽时期大儒郑梦周讲学的地方，保存很好。著名电影《春香传》在此拍了不少外景。

还参观了朝鲜李朝时期的最高学府崇峻观，又称国子监，实际上也是一座文庙。进大门后，院中有两株银杏树，树龄已有900多年了，左边树高32米，树干周长7.1米，树荫直径27米；右边树高30米，树干周长6.3米，树荫直径20米。树边立有说明牌和保护标志，并有编号，属于国家制定的天然纪念物，就像中国的古树名木一样，纳入保护行列。院子两侧有厢房，实为学生宿舍。正面是明伦堂，是学生的考场，进后院迎面是大成殿，供奉孔老夫子，两侧为左右庑，供奉72弟子。

又参观了善竹桥，这类似于中国的明代石桥，大儒郑梦周被害于桥上。桥对面的一座院子内有几通表彰郑梦周的功德碑，碑上赞曰：“道德精忠亘万古，泰山高节圃隐公……危忠大节光宇宙，吾道东方赖有公。”

我们还参观了开城板门店和平谈判与停战协定签字的地方，为了和平，中国人民志愿军付出了极大的牺牲。

1986年6月9日

我们代表团今天参观了距开城7千米的开丰郡解线里恭愍王陵，恭愍王是迁都开城的高丽王朝第三十一代王，这里是一座双冢陵墓，埋葬着恭愍王和王后，是高丽王朝中最大的陵墓。建于1365—1372年。墓前有祭堂建筑基址，有文官武将的石雕像，有石灯、望柱和巨型石供桌。双冢各围以十二边形的屏风石，每边屏风石上刻有地支神像和云纹的浮雕，在神像的帽子上刻有十二生肖，屏风石的底座上刻有莲花，屏风石外边还有石护栏，护栏的外面交替站立着石羊和石虎。石羊表示吉祥，石虎防卫着四方。朝鲜同志介绍说：王后先于王死去，老虎双眼望天，牙关紧闭，象征王的心情很沉重。十二面屏风石表示十二个月，月去又复来，人死为什么不能复生？该墓早年亦被日本人盗掘一空，墓内仅存地支神像和天象图的彩色壁画。恭愍王陵的各种石刻端庄精美，具有很高的艺术水平。说是在朝鲜中央美术馆内，展出有恭愍王亲笔绘的山水画，想必他也是一位有造诣的美术家。恭愍王陵坐北朝南，修建在半山坡上。陵的背后是高山，两侧也是小山，陵前的远方是两山间宽宽的峡谷，风水很好。陵墓四周种满花草，生机盎然，苍松翠柏，郁郁葱葱，管理人员把陵区扫得干干净净，环境优美，和东明王陵一样，像是在花园之中。

还游览了一个名叫朴岩瀑布的景点。瀑布上面有池水，瀑布高37米，下面水深3米，周围风景很好，山、水、树、草构成一幅优美的图画，瀑布旁边的岩石上还有摩崖石刻。这里发生过一段凄美的爱情故事，朴岩是李朝时期一位音乐家和诗人，曾到这里游览写诗。当时还有一位名叫黄金的女诗人，许多男人追逐之，但都被黄金拒绝。朴岩也很喜欢黄金，但又不敢表白出来，其实黄金也很羡慕朴岩，直到黄金临终时，朴岩才知道她的心情，但为时已晚，他就在这里殉情而死。百姓们就称这里为朴岩瀑布。崖壁上刻有这样的诗句：“庐山真面尽中开，自古游人几往来。欲识此间奇绝处，白诗黄笔两雄才！”

1986年6月10日

上午参观了朝鲜民俗博物馆，内容丰富，很有特色。陈列着各种各样的民俗遗产，如生产劳动、衣食住行、社会生活、民间游戏；展出有高句丽时期的男女服饰、儿童服装、新娘的衣冠；闺房的陈设和生活的用具；新郎送给新娘的十长生纹螺钿彩礼箱，上面饰有日、云、山、水、龟、鹤、鹿、松、竹和不老草（灵芝），象征无病长寿，白头到老，吉祥如意；叠式镜奁，一开成镜，一叠成匣，十分精巧；针线盒表现了妇女的精湛技艺，上面绣着“富贵多男”四字，看来朝鲜自古以来也是重男轻女；各种精美的瓷器和炊事用具；杖鼓、大鼓、大角喇叭、锣、唢呐、伽椰琴等乐器和一些假面具；还有一些美术作品，绘出了跳板、歌舞、农乐、过冬腌菜等场面。丰富多彩的珍品，洋溢着浓郁的生活气息，展现了朝鲜古代的灿烂文化和人民的美风良俗。

下午3点到5点，中朝双方进行了座谈交流。朝方有文化艺术部文物保存指导局梁明虎副局长、平壤市古迹管理所金基宏所长、文化艺术部文物保护所边容文科长和金灿北科长、文化艺术部外事局金细淑指导员、文化艺术部文物保存指导局李仪夏指导员（我们参观全程陪同）、中央历史博物馆中文讲解员朱英玉（翻译）7人。双方介绍了各自的文物保护、考古发掘和博物馆工作的情况、具体作法及经验。朝鲜很重视博物馆建设，把社会效益放在第一位，一律免费参观。一些中学生的历史课也搬到博物馆来，真正起到了传承历史、团结人民、教育人民的作用。一些高等院校培养文物管理、专业技术保护、考古发掘和科学研究人才。朝鲜提倡全民保护文物，设立各级文物保护机构，每年都有两个文物保护月，一个在4月，严寒的冬季过去了，文物古迹附近单位的领导要带人整修环境，植树种草，维修古迹；另一个是在11月，炎热的夏天过去了，也要对文物古迹整修管理，准备过冬。各种文物古迹都立有花岗岩制的保护标志和说明碑，连古树名木、奇峰瀑布等也作为天然纪念物立碑编号保护。让广大群众知道它们都是国宝，要自觉进行保护。朝鲜的文物工作确有一些独到之处，值得我们借鉴和学习。

1986年6月11日

上午参观朝鲜中央美术博物馆。展品中的相当一部分是公元4世纪、5世纪高句丽时期的古墓壁画，如安岳古墓的王和王后出行图、马厩、牛棚、车库、厨房、杂技、假面舞蹈……还有另外一些古墓的舞乐百戏图、宴饮图、狩猎图及“四神”的壁画。也有公元10到12世纪高丽时期的佛教画，以及14到16世纪李朝时期的卷轴画……一些世俗生活画也很吸人眼球。如平壤八景图，画的是乙密（台）赏雪、永明（寺）寻僧、游碧靚月、莲堂听雨、普通（门）送客、马滩春涨、龙山晚翠、东门泛舟。另有类似中国黄粱梦故事的连环画：小孩出生，幼年上学，青年考试，结婚成家，初入仕途当小官，逐渐升迁当大官，子孙满堂天伦乐，最后结束一生。还展出不少近现代美术作品和雕塑艺术品，其中印象很深的是击毙伊藤博文的朝鲜义士安重根，在旅顺日本监狱中写的条幅：“喫蔬饮水　乐在其中。”下午来到平壤近郊的大城山烈士陵园。1985年依山重建，这是为纪念革命烈士的一组宏伟建筑，由山下向山坡举步攀登到烈士陵前，迎面正中是共和国英雄奖章的大型石雕，两侧各有一组巨大的铜铸群雕和金日成同志的题词碑；再向上有七排共110位烈士的半身铜像，其中有女同志12人。铜像花岗岩底座上刻有烈士的简要生平。最前一排为16人，第二排为17人，第三排至第六排各为16人，依次为30年代、40年代和50年代牺牲的烈士，每排之间均间隔有一段距离。第七排即最后一排共有13人，位于距离第六排较远的最高处，他们是功劳最大或职务最高的烈士，正中为金正淑，是金日成的夫人；其两旁的12人中，有中国人民熟悉的崔庸健、金策、金一、崔贤、姜健等人。再向上为红色大理石雕成的红旗，有很强的立体感和动感。从山上可以俯瞰平壤，据讲解员介绍，这是为了让革命烈士们可以看到革命胜利的新貌，以告慰他们的在天之灵。

代表团还参观了公元5世纪高句丽时期迁都平壤后所建的大城山城遗址和安鹤宫城遗址。大城山城是以石头筑成的军事防御设施，安鹤宫城在大城山城南边，平面略呈菱形，周长近2.5千米，城墙用土石筑成，残高4米。东西北三面城墙各有一座城门，南城墙有三座城门，东城墙和西城墙外各有一水自北向南流过，构成天然的护城河，城内还有一条河由北城墙水门入，由南城墙水门出。宫城内共有52座建筑基址，构成中轴线上的南宫、中宫、北宫和中轴线东北的东宫、中轴线西北的西宫等五组宫殿建筑。宫殿外围均有大型回廊，各组建筑之间有廊道相连。发掘出许多柱础、板瓦、筒瓦和莲花瓦当，可以看出其建筑形制的复杂和规模之巨大。北宫之北和南宫之西还找到了带假山的庭院遗存。这是朝鲜重要的考古收获之一。他们很重视对安鹤王宫的保护，搬走了遗址范围内原有的一个企业单位和一个畜牧场，拆除了地面上的现代建筑，制定了文物保护规划。此外还看了平壤近郊苏文峰、长寿峰上的古代建筑。晚上11点坐火车，转道元山去金刚山。

1986年6月12日

早上7点10分，火车抵达元山，这里是抗美援朝时期的英雄城市，靠近海边，街道建筑很整洁。先到元山旅馆休息，早饭后坐汽车去金刚山，这里是朝鲜五大名山之一，集天下雄奇与秀美于一身的风景区，好像当时还不对外开放。从元山到金刚山一路断续沿海边公路行进，稻田、山峦、大海……别有一番情趣，路过两个小镇，路人很少，颇为安静。中午12点多到达金刚山第一宾馆，四周环山，郁郁葱葱，入住303房间。

午饭后稍休息，乘车进山，盘山公路皆在绿荫丛中，时而阳光洒露，引人遐想。进山后沿峡谷步行而上，先到了“三仙岩”，三座如柱的尖峰，直插云天。又过“鬼面岩”，名副其实，大自然的鬼斧神工，让人惊心动魄。走累了休息一下，再慢慢前行。路边岩石上修了个很小的方池子，有山泉相通，清澈见底，池边放置两只小碗，游客有泉水可饮，人性化的设计，颇为温暖。几经努力，我们登上海拔近千米的“天仙台”，实是一座峰顶，西边还有高峰，余者三面均在脚下，举目四望，山风吹来，飘飘欲仙。崖壁上刻有中文草书“天仙台”三个大字，龙飞凤舞。这个美好的名字背后，也有一段美丽天仙的神话传说。脑海中突然闪过中国黄梅戏电影《天仙配》的镜头。

1986年6月13日

早上起来，到宾馆外面跑慢步空气清新。上午，我们从另一条路进山，在绿丛中一路缓慢前行，先到九龙渊瀑布，真有些“飞流直下三千尺，疑是银河落九天”的意境。又登高到了“上八潭”，传说为古代八位仙女洗浴之处。再沿山谷而行到了玉流洞，又一个绝佳的好去处。

返回宾馆后，下午3点50分在宾馆二楼放映室，为我们专门放映一场《卖花姑娘》电影，十多年前看过一次，印象很深。

1986年6月14日

清晨，阳光普照一个大晴天。早饭后，我们去游三日浦，湖水周长8千米，还有几个小岛。过南江边（朝鲜拍过电影《南江村妇女》），遥望351高地。不少人划船，清风阵阵，湖水依依，风景这边独好。在湖边游览将军台、忠义亭、钓鱼台、莲花台诸景点。东南望就是著名的海金刚了。远山处也是南北军事分界线，如影随形，处处可见。

下午2点，坐汽车回元山。看了风景如画的松涛园，又到海边看大人钓鱼和小朋友摸螃蟹，十分有趣。晚上10点上火车回平壤。

1986年6月15日

早上7点火车抵达平壤，上午休息。下午到平壤第一百货商店和第二百货商店转了转，人很多，但商品不算丰富，塑料制品不少。我买了10双不锈钢筷子，庄敏副局长买了两件很漂亮的高丽瓷器。

1986年6月16日

早饭后，到驻朝大使馆去汇报这次出访的工作情况，得到了使馆同志的认可。10点，大家又去了友谊商店，我买了一批朝鲜的纪念邮票。

中饭后，阴云中去了机场，大使馆的张永文和朝方的梁明虎、李仪夏、朱英玉，又到机场相送。再见，亲爱的朋友！中午2点10分，安24飞机起飞，穿云而过，逐渐天晴，下午4点回到北京！

丹麦十日（1993年9月9—18日）

1993年9—11月，笔者在河南省文物研究所所长任上，河南省文物局在丹麦科灵宫博物馆举办“东方文明瑰宝展”（丹麦称“华夏帝王展”），参展河南历代文物精品110件（套）。笔者随以中共河南省委常委、宣传部部长张文彬（后曾任国家文物局局长）为团长的河南省文物工作者代表团出席展览开幕式并进行参观访问。随团有国家文物局外事处王立梅副处长、河南省文物局文物处赵会军处长，还有翻译张建新同志。丹麦位于北欧，国土面积4.3万平方千米，人口512万。由日德兰半岛和西兰岛、菲英岛、洛兰岛等一些大岛及400多个小岛组成，从丹麦的任何地方开车到海边均用不了一个小时。海岸线7400千米，南与德国接壤，东与瑞典隔海峡为邻，北与挪威隔海峡相望。首都哥本哈根，人口137万。丹麦地理位置重要，经济繁荣，文化发达，是世界上一个颇有影响的国家。脍炙人口的《安徒生童话集》风靡全世界，也在中国广为流传。20世纪70年代后期，在河南博物馆举办过“丹麦安徒生生平及其作品展览”，曾引起过轰动。这次举办文物展览的丹麦科灵市是个有5万人口的小城，历史悠久，文化底蕴丰厚。

1993年9月9日

清晨5点30分起床，6点吃早餐，随省级干部入住河南省驻京办事处，条件待遇很不错。6点25分坐车去机场，这里是1986年6月去朝鲜，1988年11月由武汉北飞来京的地方，一晃好几年过去了。8点，王立梅和张建新也到了机场，9点20分，登上SAS996次航班，这是北欧斯堪狄那维亚航空公司，由北欧诸国联合组建的，起飞的为波音767飞机，每排7人，有40多排，前、中、后分为头等舱、公务舱、经济舱。系上安全带，飞机很平稳，大地远离，很快腾空，心里很平静。张文彬机场吃药，带了一杯家乡水，远离故乡万里行。机内电视屏幕放映出地图，标示出飞机航向，又打出字幕：飞机高度，时速、机外温度、起飞时间、到达目的地时间，一目了然，真是方便。过乌兰巴托上空发饮料和份餐，有面条和汉堡包……机内发有耳机，几个频道听音乐，电视屏幕还放映一些风光片。机内女服务员年龄较大，被称为“空嫂”，还有一些男服务员，服务态度非常好！飞机过乌拉尔山进入欧洲，从莫斯科北侧飞过，机外云层厚若冰山、雪峰，十分壮观。下午4点多又送一次饭，还有一小瓶法国葡萄酒。下午6点44分（当地时间中午12点44分）细雨中到达哥本哈根机场，出来并取行李，大使馆吴参赞接机，方知还需坐丹麦国内航班去比林。还是雨中，在门外拍了一张照片。当地时间14点10分，坐361航班起飞，近似于过去在武汉坐的BAE146小飞机，每排6人，服务员很有礼貌送茶、送饼干，半小时后降落，丹麦科灵博物馆艾丽丝馆长与筹办展览的中方人员河南省博物馆秦文生、王玮和翻译陈岩来接，真是十分高兴。汽车在柏油路上行驶，两侧一片绿：树丛、草地、庄稼……还有白墙红瓦的尖顶房子，犹如进了一座大公园，真是到了异国他乡。下午5点30分到达科灵，住进当地最好的科灵饭店，这是一座16世纪建造的医院陆续改建、扩充而成的，窗外是一条大河，对岸是丘陵，河内白帆点点，充满诗情画意！晚7点30分，科灵市长在饭店举行欢迎宴会，中国驻丹麦兼冰岛大使夫妇也出席，增色不少，宾主都发表了热情洋溢的讲话。宴会是西餐，各种酒都是苦的，可丹麦朋友却津津有味，只有加冰块的矿泉水还可以喝，肉多是半生半熟的，难以下咽，奶酪之类也很不习惯，刀叉并举，却怎么也引不起食欲，情绪则十分热烈，犹如节日。一席饭拖了近3个小时，真困。晚上10点半离席，得到了解脱。洗一下热水澡就睡了。飞机真快，时速800多千米，9个小时从北京到达哥本哈根，仿佛地球也变小了。

1993年9月10日

起得很晚，时差还没倒过来，早饭也免了。11点坐车到科灵博物馆看了看，科灵

▲ 文物随展组在住所就餐（左二作者）

▲ 中国“东方文明瑰宝展”在丹麦科灵博物馆举行开幕式（右起郑经文大使、张文彬、作者）

宫是一座古老的城堡，进门是一处大庭院，四周均是楼房。后来曾被火焚毁，多次重修，博物馆就在这里利用旧的建筑，用现代建筑包起来，举办各种展览。这种保护古建筑的方法很好，只是太费钱，外貌基本没变，内部较现代化，但旧的残垣犹在，新旧对比强烈。

又到随展组他们住的公寓小停，分住二楼、三楼，炊具、卫生设备齐全，木地板、33吋彩电，每人还配了一辆自行车，他们自己买菜做饭，中午吃了一些油饼、豆粥、黄瓜小菜之类，很不错。这里物价较贵，一把葱10克朗（约1.4美元），一个信封1克朗，寄一封航空信5克朗，出租车1千米10克朗，市面流行的学生单放机，最便宜的29克朗……丹麦方面为随展组每人每天补助250克朗，一天一人伙食费30—50克朗足矣，三个月展期下来，真可以节约不少。

下午3点，中国“东方文明瑰宝展”在科灵博物馆开幕，科灵市长、中国驻丹麦大使、科灵博物馆馆长和中国河南省文物工作者代表团张文彬团长先后讲了话，会场上一千多人鸦雀无声，每位讲话之后，掌声十分热烈。会后来宾们参观文物展览，赞美之声不绝于耳。我们在科灵博物馆还看了丹麦古代瓷器、银器和民俗工艺品的多个展厅，那里没有讲解员看护文物，也从来没有丢失过文物，精神文明还是很好的。会后大家到馆外湖边走了走，矮树、花丛、小径……心旷神怡。在大街的门窗上，也没有见到安装防盗网之类的，甚至人外出门也不锁，社会秩序良好。

17点，在博物馆内举行晚宴，艾丽丝馆长全家都来了，她穿着在郑州购买的一件绣袍，很像清宫里的一位贵妇人。晚宴又是很长，直到20点15分才结束，回饭店坐出租车80克朗。晚上在宾馆，张文彬团长与比利时列日省的一位官员皮特·杨森先生商谈中国河南省与比利时列日省结为友好省份并举办中国河南文物展等事宜。

▲ 科灵博物馆举行欢迎宴会（左三作者、左五张文彬、左六艾丽丝馆长）

1993年9月11日

早餐在饭店内有各种点心、面包、青菜、肉类、水果、饮料，很是不错。8点多坐车，9点半雨中到达丹麦第二大城市奥胡斯的奥胡斯大学。学校建于1938年，现有4个学院，数百个专业，2.5万名学生。1953年出生的艾丽丝馆长就毕业于此，丹麦女王玛格丽特二世也是该校校友。

▲ 会见艾丽丝馆长

在学校科学馆内举行了颁奖大会，嘉奖两位历史学家，一位女教授撰写了《13世纪丹麦海盗时期》的学术专著，另一位男教授撰写《丹麦近代史研究》的学术专著。校长讲话，教授们发言，丹麦女王夫妇也参加了大会，进场时全体人员肃立，退场时亦然。会后进行自助午餐，大家都手端托盘站立着、走动着，女王陛下也同样如此，与大家随便交谈。她身高1.8米以上，着淡绿色衣裙，很有风度，据说还曾到大街上购物，深入臣民，受人爱戴。

饭后，又坐车到莫斯卡得博物馆，展室为多座平房和小楼房，用各种灯光、很好的展柜和半景画箱等，展出丹麦从新石器时代到青铜时代的文物，尤其是在古沼泽地带发掘出约2.5万件文物和一批保存较好的古尸，这些地方日后还要继续发掘。资料室、文物库房和化验室等，技术先进，设备齐全。在座谈中提出与中国郑州大学考古专业每次

▲ 奥胡斯大学招待会（右一丹麦女王玛格丽特二世、右二作者）

1—2人进行学术交流。该博物馆每年600万美元的经费，一半用于工资和其他开支，一半用于科学研究。已经出版了13大本考古报告专集，田野绘图水平也很高。他们很自豪地说，哥本哈根国家博物馆经费比他们多一倍，可不怎么干活，成果没有他们多。

离开莫斯卡得博物馆后，途经艾丽丝馆长的一位名叫赤西波的朋友家，他是一位会计事务所的经济师，楼房上下各8间，一大批书、画和钢琴、地毯、沙发等，颇有些文化格调，厨房、卫生间也很大，楼外有一片小花园，有草地、花丛、果树，这是一个丹麦的中等家庭生活。

19点，返回奥胡斯大学参加晚宴，共22个长桌，每桌10多人，我们坐在第一桌贵宾席上，布置有电灯和蜡烛，还有钢琴等乐器伴奏。宴会开始前有一位在丹麦居住十多年的英国侨民表演哑剧，内容是一个人被锁在房间内，窗户也封死了，出不来，最后用电焊机割掉窗户的大玻璃才得以解脱。他还表演6种语言的单口相声，一个人演几个角色，十分精彩。晚宴到23点才结束，下面还有通宵舞会，且第二桌有位丹麦女士看上了赵会军，称之为“会军赵”，要求他留下伴舞，我们全体告辞回宾馆，会军真有点恋恋不舍之意。

1993年9月12日

没吃早餐，上午10点比利时的皮特·杨森等人来，与张文彬团长继续商谈签订中国河南省与比利时列日省结为友好省份的意向书，包括经济、科技、文化交流，谈到河南省的农业资源、矿产资源、工业优项、农科技术，又谈到列日省的钢铁、科学技术交流，以及1994年举办中国河南文物展，双方并向各自省领导报告等。

随即又驱车到艾丽丝馆长家做客，位于亭园地区77号国家公寓，三室一厅相当漂亮。吃了一顿中国午餐，其丈夫是一位医生，为我们弹了钢琴贝多芬的《月光曲》。又车行1小时到丹麦西海岸的赫尔斯提比罗小镇，看了16世纪修建的乡间教堂，在海滩捡了大西洋岸边的小石子。又到艾丽丝馆长老妈妈家，5间相连通的平房农舍，一些家具、钢琴、地毯、大彩电，相当富裕。吃了一顿乡间晚餐，面包、土豆、肉丸子、红萝卜、菜花汤，还吃了冰淇淋及号称少女之吻的奶油甜点心。归途中，艾丽丝馆长还开玩笑说，昨晚宴会第二桌那位女士，如何对赵会军垂青，我们离开后她多么失望云云。晚10点多入睡，连日阴雨停了，明天该是个好天气，外面放起焰火，十分好看。

1993年9月13日

早上大晴天，终于第一次见到了太阳。在饭店内外转一圈，又来到海湾岸边，东面是初日，西边几幢远方的高楼在阳光下闪耀，犹如仙境。空气清新，十分惬意。早饭后驱车去里果，到LEGO公司参观，这是一座1932年由一位木工师傅创办的玩具厂，当时朋友借钱给他，还戏说："你搞点严肃的企业好不好，干吗生产小孩玩具呢？"但是他成功了。第一代木玩具有小马、小鸭，销路很好。60年代遭遇一场大火，工厂重建后就改生产塑料玩具，以各种小塑料块，堆砌拼对成各种建筑、图画、人物、动物……形象逼真，栩栩如生。厂内各个车间十分干净，自动化生产各种塑料小块，还有小人、树、房屋、车……如今是第三代人经营，发展成为一个大的集团公司，每年有10亿多美元的产品，位居丹麦玩具工厂第二，世界玩具公司第五。参观过后，工厂给我们每人赠送一套塑料块玩具，很是好玩。

▲ 丹麦儿童公园的小朋友

又到儿童公园参观，见到公园门口唯一的一座旗杆上，飘扬着鲜艳的五星红旗，真是好激动啊！公园门票大人90克朗（约为13美元），小孩75克朗。园内微缩景观有丹麦哥本哈根大街、美国的自由女神、荷兰的阿姆斯特丹港、美国五位总统的依山雕像……很吸人眼球。又登上高30多米的旋转塔，园内的小山、瀑布、河流、建筑一览无遗。还坐了鹦鹉船，水中有轨道，与"海盗船"相遇，船过山洞，声、光、电也很引人。在园内和很多小朋友在一起，我们也感到年轻了。

15点30分返回科灵，一齐转了几道大街，均为2—3层小楼，色彩艳丽，街面上十分干净，商店内货物琳琅满目，相机1000—2000克朗，彩卷35克朗，收录机100—1000克朗，彩电5000克朗，录像机5000—20000克朗……丹麦人工资二分之一交税，属于自己的约为1.2万—3万克朗。回到秦文生他们住的公寓，王玮从超市买回肉、蛋、青菜、花生米，做了带家乡风味的晚饭，有肉炒包菜、炸花生米、炒鸡蛋、凉拌黄瓜、面包、大米粥，还有河南的宋河酒，大家十分开心。

1993年9月14日

离开科灵的日子，天又下雨了。上午10点20分，乘车到大龙·内伯格，参观丹麦春卷大王范岁久的大龙公司，车间自动化处理豆芽、包菜、绞肉馅、春卷皮、自动包春卷，除在丹麦销售外，还出口英、德和北欧好几个国家。范先生是浙江人，今年82岁，身体很棒，善于经营，厂里没有一个他的亲属参与，完全雇用丹麦人工作，当为中国人的骄傲。中午在厂内吃了一顿春卷，相当好。车在雨中行驶，到赫鲁法卡德博物馆，主要展出考古发掘的情况和出土的黄金制品，虽然下大雨，但观众还不少，人们的文化素质比较高。

▲ 欧登塞安徒生故居博物馆

15点30分抵达欧登塞，这是丹麦第三大城市，也是童话作家安徒生的出生地。到故居博物馆参观，多间平房里展出文物、图书、照片……记述这位享誉全球伟大文学家的一生。书库内陈列着世界许多国家印制的各种版本安徒生著作，其中包括一批中国出版的《安徒生童话集》，有大陆的，也有台湾地区的，令人久久不想离去。参观后又到欧登塞火车站喝茶，17点08分坐火车去哥本哈根，火车车厢内是两两相对的软席座位，靠垫也很舒适，行李放在车厢一头，平安无事。过海峡轮渡，北面一座大桥，据说长达24千米。20点到达哥本哈根，随即换乘旁边另一列市郊列车，两站到达位于城东郊的饭店，名曰东大门饭店，房间小一些，一晚750克朗，约合100多美元。又去距此不远的中国餐馆敦煌酒家吃饭，9个人1500多克朗，气氛不错，墙上有中国画，还放送中国音乐，一片浓浓乡情。

1993年9月15日

整整又下了一天雨，上午到皇家瓷厂参观，16世纪瓷器烧造由中国传入欧洲，起初多为德国制造，1771年，丹麦女王请德国帮助建立皇家瓷厂，现今能烧造500多种花色，包括青花瓷和各种彩瓷，标本室展出百余年来的各种产品。当下由于销路问题，千

▲ 丹麦嘉士伯啤酒厂标本室藏1890年上海万字皮酒的广告画

人的工厂仅有百余人上班。临别厂方每人赠送1件青花瓷碗，非常精美。又参观著名的伯龙（嘉士伯）啤酒厂，现代化生产，甚为壮观。厂门口立有4头大象雕塑，厂区内也有不少艺术雕塑。啤酒厂内有一幢精致的住房，说是给最有名的科学家居住，原是一位核能专家在此住了37年，现在是一位汉学家在此居住，很有些文化品位。厂内一百年前工人休息、吃饭的地方尚在，木制桌椅和其他设备完好保存下来，桌上还放置着当时工人喝啤酒的木桶，限量每人一桶，每桶可容2升啤酒，工人们将桶的内壁削薄一些，外观未变，每桶可容2.4升啤酒。厂内还保留有已淘汰的生产啤酒旧设备，很有规模，仅生产啤酒的大圆窗口就有1200个！另有近百年前生产过程的实物和模型，有的机器甚至还可以运转。标本室内陈列成千上万瓶世界各国的啤酒，包括中国青岛等地的一批产品。其中还有一张1890年上海“万字皮酒”的广告画，甚为难得。中午啤酒厂招待吃饭，嘉士伯啤酒味道不错。我们赠给该厂三样小礼品：一副玉镯、两张文物拓片、十双工艺筷子。下午风雨不停，冷飕飕的，到海湾边上看了青铜美人鱼雕像，这是按照安徒生童话《海的女儿》原型塑造的，美人鱼静静地望着远方的大海，已成为丹麦的标志和名片。晚上到罗斯城堡皇宫听音乐会，门前有一株巨大的柳树，树干极粗，近似于河南登封嵩阳书院的将军柏。剧场内布满了雕塑和油画，富丽堂皇。

▲ 丹麦美人鱼青铜像

1993年9月16日

多天的阴雨终于停了，上午参观了丹麦工艺美术博物馆，里面有许多中国的古代文物，包括商周青铜器、元明时期的青花瓷，还有清

◀ 丹麦皇家卫队换岗

代的外销瓷和当时丹麦出图样到中国定制的家具。中午12点，在皇宫广场看了皇家卫队换岗仪式。广场四周均为百年前富商所建的住宅，现今改为女王、女王母亲、公主、王子的住地，女王另有奥胡斯夏宫、哥本哈根郊区的王宫。每逢女王生日时，广场挤满了祝福的人群，女王在阳台上向臣民们招手致意。

下午到丹麦国家博物馆去参观，有22个展厅，展出世界各地的文物，包括南美、中美、非洲、印尼、太平洋诸岛、中国、日本，蒙古、埃及、希腊、北极地区和丹麦本国的文物陈列，据说仅保存中国的文物精品就达万余件。在这里第一次见到历史书上学过的古埃及木乃伊，而丹麦展厅主要是金器，让人眼花缭乱。博物馆内有供专家进行研究的数据库，随时可以在电脑里找出所要的资料。另外还有观众可以触摸的电脑信息屏，也非常方便。中午在饭店吃一顿意大利面条，实际上是方形的小面片，馅极少，一盘82克朗（约合11.5美元），还真吃不饱。晚上到皇家剧院观看歌剧《国王与情敌》，简单的布景，现代的服装，最后以国王被杀而结束。剧院内皆软席座位，还有王室包厢，但后者空无一人。

1993年9月17日

还是阴天，偶尔飘点雨丝。上午驱车去东北30千米处参观罗西亚纳现代艺术博物馆，沿途一边是海水，一边是别墅，一派田园风光，恬静优美。博物馆院内，绿草如茵，树丛掩映，旁边临近大海，宽阔明静。馆内有数层展厅，设计颇具匠心。但太超前的现代化

▲ 中国驻丹麦大使馆招待会（左起艾丽丝馆长、薄熙莹女士、作者、张文彬）

艺术，联想与幻想的部分太多，让人有些难以欣赏。这里海对岸就是瑞典的港口，开船半小时就可以到了。

归途中到一位85岁高龄的画家安纳家做客喝茶，他也是艾丽丝馆长的朋友，老画家一生勤奋创作了不少反映大自然风光的画作。他住家周围如同花园，印象很深的是家里还喂养了一条相当驯服温顺的大黑狗，高约1米，样子挺吓人的。进家前买了一大束鲜花140克朗，献给老画家，还赠给其夫人一副玉镯。

晚上，去中国驻丹麦大使馆参加郑耀文大使和夫人薄熙莹女士举行的冷餐会。艾丽丝馆长夫妇和一些丹麦朋友，还有多位中国来宾齐聚一堂，郑耀文大使、爱丽丝馆长、张文彬团长先后致辞，祝贺中国河南在科灵举办东方瑰宝展成功，并祝愿中丹两国人民的友谊万古长青！大家相互交谈，共同举杯，情绪热烈，中国饭菜，浓浓乡情！

1993年9月18日

上午雨停了，天气阴转晴。整理行装，大使馆车送到机场，大使夫人薄熙莹也来了，与艾丽丝馆长、秦文生、王玮、陈岩他们依依告别。在机场停了大半天，买了两条免税的王子牌香烟和几盒曲奇饼之类的食品，还有几块香皂，也算是丹麦之行的纪念吧。下午15点半登机起飞，由于张文彬团长晚了一些，因祸得福，普通舱登记满了，于是改签成公务舱，待遇提高了，座位宽一些，送食品和饮料次数明显增多，还看了一份9月16日的《人民日报》海外版。和来时一样，又是9个小时飞行，在9月19日早上6点14分抵达北京，坐出租车122元到达河南驻京办，回家的感觉真好！

踏察美国（1997年1月25日至2月3日）

1997年1月下旬和2月初，笔者还在河南省文物考古研究所所长任上，作为中国赴美“中国帝王陵墓展”（又称“中国皇陵展”）学术访问团的成员（访问团的领队是沈阳故宫博物院的王梦庚主任，他是一位研究清史的著名学者和书法家，访问团的成员还有湖北省文物考古研究所陈振裕所长、南京博物院考古研究所张敏所长，还有一位小王翻译），出访美国丹佛自然历史博物馆和科罗拉多州立大学，并做了两次有关河南考古的学术报告和参加学术座谈，进行中美文化交流。

1997年1月25日

今天是赴美出访的日子，早上国家文物交流中心面包车来到国家文物局招待所接陈振裕、张敏我们三人，又去小石桥故宫招待所接王梦庚，一同到达北京国际机场，见到小王翻译和来送行的石处长。上午11点，我们乘坐美国联航838航班的波音747起飞，飞机在云雾中穿行，吃了一顿鸡肉午餐及饮料、水果等，中午14点55分降落在日本东京成田机场转机，这里距东京尚有50千米远，在候机室等了3个多小时，18点改乘美联航852航班，美国西部时间上午11点多到达旧金山，出机场时又是填表又是检查，误了不少时间。几经联系，入住航空旅游宾馆（熊猫饭店），每人一天30美元。到唐人街一家华人餐馆吃饭，饭钱加税和小费，5个人50美元，也算便宜，饭菜的数量和质量都不错。

旧金山相当热闹，车多，交通规则大家都遵守。华人甚多，进了唐人街，犹如到了北京王府井。这里没见到一个交通警察，却遇到两位黑人老先生和一位老婆婆在行乞。还见到两面美国国旗和一面台湾国民党的“青天白日旗”，看来台湾回归任重道远。坐公共汽车每张票1美元，在三小时内该票可用3次，倒很方便。晚饭后饭店赠水果和点心、其中类似元宝形状的饼干内，均有一张小条，用英文写上吉祥语，我吃的饼干内夹的小条写着：“此人最恋家！”我觉得很温馨！

1997年1月26日

▲ 旧金山渔人码头

清晨，时差似乎已经过去，阴云中坐有轨电车去渔人码头，那里小商店林立，人头攒动，熙熙攘攘，很像中国的农贸市场，这是社会基层老百姓购物的好去处。又坐公共汽车去金门大桥，真是一桥飞架，连接海峡两岸，桥身和钢梁都漆成中国

▲ 旧金山金门大桥

人最喜欢的红色，气势恢宏中又增加了一番亲近感。站在桥头，看着川流不息的往返汽车，远望海湾深处的岩石岛（又称监狱岛），真是感慨万端！下午5点乘车去机场，7点15分乘美联航737航班直飞洛杉矶，从机上窗口下望，到处都是万家灯火，显示了现代社会的繁华。9点多到洛杉矶，住在机场旁边一家名曰“天天客栈”的小店里。

1997年1月27日

早上8点多，几个人同坐一辆出租车去迪斯尼乐园，车费55美元，乐园门票每人34美元，真是名副其实的人间乐园。坐轻轨、摩天轮、升降塔、观光船、海盗船、冲浪船、迷你教堂、超速变幻车、卡通世界、全景电影……上天、入地、钻水……想到的、见到的、触摸到的，应有尽有。真是五花八门，琳琅满目。不仅小朋友们喜欢，连大人们也有些着迷。可谓是大开眼界，大饱眼福。三天来，无论在旧金山或洛杉矶购物、买药、坐车、入住，感受到了一些华人和一些美国人的性格不同，有个别中国人宰中国人的现象，而美国人一旦承诺下来，则是言而有信的。明天要去丹佛，该开始工作了。

▲ 洛杉矶迪斯尼乐园

1997年1月28日

早上起来天放晴了，客栈派车送我们到机场，9点多飞机起飞，由于跨一个时区，在10点55分飞抵丹佛。随展组老雷（出国文展中心）、小何（陕西半坡博物馆）、小郝

（湖北省博物馆）接机，美国丹佛自然历史博物馆的英格尔也到机场迎接。机场很大，楼上楼下好多层，出机场看头顶蓝天白云，望远方雪山列阵，真是别样风情。住的公寓8层楼，宽电梯，双卫生间，大彩电，炊具一应俱全。稍事休息，就去博物馆，建筑很有气势，“中国皇陵展”设计很新颖，观众也不少。晚饭去了一个东方风味的餐馆，什么越南春卷、大马哈鱼、牛羊肉，味道比中国差多了。晚上整理文物幻灯片，并作了一些文字上的功课。

▲ 丹佛博物馆大门

▲ 参观丹佛博物馆

1997年1月29日

凌晨醒来，天空中无声无息飘着雪花，大地一片银白，昨夜下雪了。空气清新，在阳台上望着远近幢幢两层小楼，老百姓的住房条件甚佳。早饭后赴科罗拉多州立大学，参观了东方历史文化教学的设施，还看了藏书丰富的图书馆，见到了过去少见的一些图书和杂志。并与相关的教授和图书、资料、文物方面的专业人员进行座谈。下午，学校举行了学术报告会，张敏介绍了南京博物院的陈展与考古发掘，陈振裕讲述了湖北楚国漆器研究，我结合刚刚见到的《星岛日报》刊登河南新郑郑韩故城最近发掘出土青铜器窖藏坑的文字报道和照片，论述了几十年来新郑郑韩故城的考古发现，诠释了从20年代的“新郑彝器”到这次重大考古发现的学术价值。

1997年1月30日

清晨起来，天气晴朗，阳光灿烂。早饭后到科罗拉多州政府参观，真是建筑宏伟，装饰辉煌。州长办公室洞门大开，人来人往，进进出出，参观者络绎不绝。这在中国要想进省政府的大门，怕不是那么容易。州政府隔一个大广场，对着就是丹佛市政府。这一带矗立着美国国旗、科罗拉多州州旗、丹佛市市旗，州政府还给我们每人一面小州旗。上午又乘车参观远郊山边的森林公园，山顶上还有白雪，在高处有固定的望远镜可观望丹佛市容，薄雾中的高楼，尽收眼底。公园送给我们每人一个小牦牛工艺品，形象逼真。与科罗拉多州的小州旗相配，颇有一番情趣。

▲ 科罗拉多大学座谈会（左五作者）

▲ 科罗拉多大学学术报告会

下午返回丹佛，参观东方艺术博物馆。馆内展出中国、朝鲜、日本等一些国家的文物，其中不少中国甘肃、青海一带新石器时代的彩陶，相当精美。还有加勒比海和南美洲的一些玉器，也很让人关注。展厅内有一些雕塑，颇为吸人眼球。库房内有可以移动的文物架，相当方便。

参观结束后，去到两家人家做客。其中一家是一位老太太，她担任丹佛自然历史博物馆和东方艺术博物馆的兼职者，也是研究南美玉器的专家，家中收藏不少古代玉器，其中包括公元前1500年相当于中国商代中期出土于哥斯达黎加的古玉器。这在中国是不允许的，文物考古和博物馆工作者，个人家里是不能保存文物的。郑振铎、夏鼐等文物大家率先垂范，中华人民共和国成立后他们把个人收藏的文物都捐献给了国家。而另一家主人是牟复礼夫妇，他们曾在南京金陵大学上学，1950年离开北京到美国，一听说张敏是南京博物院来的，就打听南京的学校、南京的旧日店铺建筑、南京古城墙的一些情况，很有些怀旧的意思，这也算一种乡愁吧！

1997年1月31日

上午到几个百货商店参观，价格不一。这里每到周末大多数商品都要减价百分之二十五到百分之五十，且提前一天在报纸上刊登好几版各种商品明细的降价幅度，老百姓就依次一次性购买不少食品和一些日用百货。我们这次也买了一些减价的糖果。中午在一家百货商店里吃了一顿廉价的快餐，体验了一把美国基层老百姓的生活。下午又到丹佛自然历史博物馆，最后敲定明天学术报告会的安排。晚上在一家新加坡小饭店吃饭，几个菜和免费的泰国香米饭，也很好。

1997年2月1日

正式学术报告会的第一天，上午有三位美国学者分别做了“清代弘历继承皇位”“清代宫廷妇女生活”“清代皇室娱乐”三个专题的学术报告，作为西方学者能写出关于中国清王朝这样的学术论文，并附以若干张幻灯片，已经是很不错了。会间休息茶叙，喝点咖啡，拍了几张馆内外的照片。茶叙过后，开始对上述学术报告进行点评。安排由笔者主持，端坐在主席台正中，左边是会议主席，右边是翻译（一位曾留学中国的女士），笔者对三位学者的学术报告做了点评的主旨发言，自我感觉良好。下午又有三位美国学者分别就“清廷皇室葬制”“清宫皇家服饰”“清代乾隆皇帝膳食”三个专题做了学术报告，讲的可谓头头是道，由王梦庚主持点评。会后参观博物馆其他专题展览，其中半景画的形式，很引人关注。晚上在好朋友餐馆吃西餐，菜肴色彩鲜艳，味道不敢恭维。

▲ 丹佛博物馆学术报告会

1997年2月2日

上午继续学术报告会，我们四位中国学者分别做了“清代皇室礼制”（王梦赓）、“河南考古新发现与研究”（笔者）、“湖北曾侯乙墓”（陈振裕）、“清代宫廷饮食餐具”（张敏）学术报告，包括一些新资料，可谓是每讲成篇，篇篇精彩，很受与会学者欢迎。下午到一位美国学者家里做客。家里陈设很有艺术性，我们还接着上午的学术报告进行交流。晚上招待我们喝日本清酒、英国茶，吃甜点、面条、鸡腿、水果……向主人赠送了中国画、三峡化石镇纸。返回公寓，整理行装，与随展组的小何、小郝他们话别，明天该回去了。

1997年2月3日

归国的日子，早上5点30分起来，6点30分丹佛自然历史博物馆的英格尔来相送，7点20分到达机场，再见，我的朋友。飞机直飞旧金山，转机时已晚点许多。到东京时，已是北京时间晚上6点多了，而从东京飞往北京的飞机早已飞走，出机场后免费安排住

▲ 赴美学术访问团（左四作者）

在成田机场旁边的宾馆，并免费供应晚餐和次日早餐，还免费与家里通话长途3分钟报平安，颇有人情味。次日上午10点，换乘日本全日空747航班，中午1点多到达北京。他们几位改签航班各自回南京、武汉、沈阳，小王翻译直接回到北京家中。晚上10点我坐K79次快车，5日上午8点20分到达到郑州。爱人孙广清和儿子向明、向歌在车站相接，除夕上午，全家团聚，这实为人间一大快事。

韩国印象（1997年6月20—26日）

1997年6月20—26日，按照河南省文物考古研究所与韩国忠北大学博物馆签署的学术交流协议，笔者带队，我们一行四人（另三位是河南省文物考古研究所书记杨肇清研究员、副所长许天申研究员、研究室主任张居中研究员）赴韩国进行访问。

1997年6月20日

今天是去韩国访问的日子，早上4点50分起床，有车从国家文物局招待所送到西单民航大楼门前，然后每人22.5元（车票20元，过高速路费2.5元）坐民航大巴，6点40分到达首都机场，来得太早了。在候机大厅一直等候，说是在检查飞机，原是9点30分登机，推迟到11点，又因两位旅客的离境手续问题，直到11点46分才起飞。一路上蓝天白云，中午13点15分（韩国14点15分）到达汉城金浦机场，忠北大学博物馆李隆助馆长、许文会教授等一行多人接机，他们已等候两个多小时。坐面包车沿汉江奔驰，车过倒塌又修好的汉江大桥（据说汉城市长因此辞职），又见到1988年汉城奥运会的体育场，沿途青山绿水。18点多到达丹阳郡的“梨花庄”，作为下榻之所。

晚上，韩国丹阳郡乡土文化会金会长做东，请大家吃地道的韩国烧烤和冷面，味道不错。这是真正的席地而坐，既不习惯，又感到很累，中国的桌子、椅子太伟大了。住212房间，但没有挂衣服的地方，奇怪！

1997年6月21日

早上沿江边街道走了走，空气清新，风景绝佳。上午8点，拜会郡守郑先生，彼此交换了礼物，收到一些精美的丹阳图册。10点，参加“中韩学术发表会议”，郑郡守、议长、教育厅长、文化厅长、警察署长和文化、文物、博物馆界的学者与社会名流出席了大会。首先是许文会教授讲了“韩国古稻作的起源及相关问题”；张居中研究员（在河南舞阳贾湖遗址发掘、研究十多年的田野考古领队）讲了“中国淮河流域农业的产生与发展”；笔者讲了“河南的考古新发现与研究”，特别提到这么一种现象：中国的一些地名在朝鲜半岛也屡屡出现，诸如朝鲜的朔州、延安、海州、银川、大同、淮阳、伊川……韩国的泰安、扶余、梁山、奉化、镇海、咸阳……这表明有中国的元素和历史上的文化交流。以现在韩国的丹阳郡为例，中国春秋时期，河南淅川有楚都丹阳城，汉及三国就有丹阳郡，秦以降至唐代有丹阳县，中国江苏还有一座丹阳市，这些可能是以地处丹水之阳命名，也可能有古代地理交流的因素。

下午参观九郎洞遗址，登山又进洞，够累人的，洞口立有说明标志。后来又过江参观金洞遗址。这两处旧石器时代遗址据说已经有70万年了。还参观了著名的垂杨界遗址，从旧石器时代一直延续到新石器时代和青铜时代。晚上郑郡守在丰产庄饭店举办欢迎宴会，饭后还进行卡拉OK歌舞节目，五音不全的我，居然也唱了一首小学四年级时学过的中国民歌“可爱的一朵玫瑰花”。

▲ 拜会韩国丹阳郡守郑先生（左三作者、左四郑郡守、右一李隆助）

▲ 丹阳郡博物馆学术报告会

▲ 参观田野古遗址（后排左一作者）

1997年6月22日

早饭后告别了丹阳郡，驱车去忠清北道的清州市，金会长驾车相送。途中过“清风面文化园”，“面”可能是韩国村镇一级行政单位？没有问过，这里复原了300年前的官衙建筑和许多民居，园内还有一些石刻和艺术雕塑，文化氛围很浓，颇有些农家气息。旅游者多带有三脚架相机，还有人表演舞蹈节目，其乐融融。车又过东良面，参观早洞里遗址，包括有旧石器时代、新石器时代和青铜时代的丰富内涵。当年李隆助馆长曾在这里发掘过，当地群众见了他还热情地打招呼。车过忠州湖水库，可谓水天一色，风景如画，如在画中游。中午在小饭店吃烧烤，这是韩国最普通的饭食。饭后过忠州，市面建筑挺好。

下午到达清州。先参观了依山建筑的清州博物馆，展览设计很有创意，以旧石器时代和新石器时代的展品为多，青铜时代器物少而小，青铜容器更是小而薄，问其故是因为韩国铜源太少了。下榻清州“观光HOTEL饭店”，入住621房间，干净整洁。晚上由博物馆学会几位会长在“庆和饭店”招待中餐，孙广燮副会长、李隆助馆长和笔者先后致辞，展现了中韩两国人民和学术界的友好往来。

1997年6月23日

早饭后去忠北大学，进大门校园内，挂着中文大字横幅：“欢迎中国河南省文物考古研究所长一行·学术报告会：6月23日下午2时图书馆学术报告厅·忠北大学校博物馆。”我们先参观了忠北大学博物馆，然后又拜会了学校教务长先生，互赠了礼品。上午10点30分，李隆助馆长领大家逛百货商店，商店负责人很热情，商店广播也播放了对中国客人的欢迎。1—6楼商品满满，当然价格也不菲。还到地下室看了电机房、控制中心、制冷中心。临行前，店方赠送每人一条精致的丝织领带。

▲ 在韩国忠北大学校园内（右起张居中、作者、李隆勋、杨肇清、许天申）

下午2点在学校图书馆举行学术报告会，不少教授、在校学生和新闻记者等到会。和在丹阳郡博物馆一样，笔者做了“河南考古新发现与研究”的学术演讲，配以不少幻灯片，效果很好，结束时还说了在访问朝鲜时学会的一句朝语：“卡木萨哈米尼达（谢谢）！”引来了一阵热烈的掌声。张居中研究员做了《中国淮河流域农业的产生与发展》的学术报告。我们认为，考古发现表明，八九千年以前，中国淮河流域贾湖遗址的一支，在当地生态资源枯竭之后，迁到江淮东部，高邮龙虬庄的稻作遗存由贾湖传来，而后经由山东半岛传到韩国，最后再传到日本。学术报告会受到与会者的欢迎，还拍了一些电视镜头，在当晚的新闻节目中播放。会后，又参观了韩国印刷博物馆。

▲ 忠北大学图书馆学术报告厅

▲ 忠北大学学术报告会

1997年6月24日

早上见到清州的几家报纸，报道了学术报告会的情况，还配发了照片。早饭后离开清州，驱车前往扶余。途中从大田西侧驶过，大田是朝鲜战争时李承晚政府从汉城败退后的临时首都，我想起了出访朝鲜时在平壤祖国解放战争纪念馆见到的大田战役全景画。

上午参观了扶余博物馆和一处古墓群现场保护区，又参观了著名的松菊里新石器时代遗址，这里原要修建一座机场，先后发掘过八次，出土了当为中国淮河流域传来的古稻作遗存，为保护现场，机场也不建了。

下午又到公州博物馆参观。这里面展出有与中国南朝时期梁朝关系密切的百济武宁王墓的历史文物，反映了古代中韩人民经济文化交流。晚上李隆助馆长在饭店招待我们吃菜肴丰富的“韩正食”，饭店老板也十分热情。

4 동양일보 사 회 제1681호 1997년 6월24일 화요일 〈음 5월 20일〉

쌀, 한반도에 5000년전 ‘상륙’

하남성문물고고연구소 ‘중국 회하하류가 시발점’ 주장

◇중국 하남성 가호지역에서 발견된 세계 최고(最古)의 쌀

한국에 쌀이 전래된 것은 5000년 - 4800년 전이며, 전래된 노선은 중국 회하하류 - 산동연해 - 산동반도 - 한반도 중부(한강하류) - 한반도 남부 - 일본 열도라는 주장이 제기돼 관심을 모으고 있다.

이같은 주장은 충북대·중국하남성 문물고고연구소간 친선교류의 일환으로 충북대를 방문, ‘회하(淮河)유역의 원시농경에 대하여’를 주제로 학술발표한 하남성 문물고고연구소 장거중(張居中) 연구원에 의해 제기됐다.

장씨에 따르면 “용산(龍山)시대 중국 회하유역의 원시농경 전기에 해당하는 5000년 - 4800년전에는 소빙기의 영향으로 기온이 떨어지고 강우량이 감소하는 등 전반적으로 이상 기후의 시기를 보였다”며 “이 시기 회화지역 볍씨와 경기도 고양 가화지에서 출토된 한국 최고(最古)의 볍씨가 서로 같은 종”이라고 주장했다.

경기도 고양 가화지에서 출토된 5000년전의 볍씨는 이 시기 회화지역에서 전래된 ‘자포니카(일본·한국·중국 북부지역의 쌀로 둥근 모양)’라는 것이다.

이러한 주장은 종래 양쯔강 - 한국남부 - 한국 북부·일본으로 쌀이 전래됐다는 설과 만주지역 - 한국북부 - 한국남부 - 일본으로 전래됐다는 설을 전면 부정하고 중국회하 - 산동반도 - 한국중부(한강 하류)로 쌀이 전래됐다는 설을 지지하는 것으로 주목을 받고 있다.

장씨는 이에대한 근거로 “5000년 - 4800년전 ‘기후이상기’의 한국과 중국의 쌀이 ‘인디카(인도 계통의 쌀로 뾰족한 모양)’가 아닌 ‘자포니카’로 종류가 서로 같다”며 “쌀의 전래 또한 이 시기에 이루어진 것으로 보인다”고 주장했다.

하남성 문물고고연구소는 이와함께 지난 87년 하남성 가호(賈湖)지역에서 출토된 세계 최고(最古)의 쌀(8500년전의 것으로 추정) 아홉알을 충북대 박물관에 기증했다.

중국 가호지역에서 출토된 쌀의 연대가 밝혀지기 이전까지는 7000년전의 것으로 중국 하모도지역에서 출토된 쌀이 세계 최고(最古)의 쌀로 알려졌었다.

충북대는 이에따라 경기도 고양 가화지에서 출토된 5000년전의 한국 최고(最古)의 쌀과 8500년전 중국 가호유적에서 출토된 세계 최고의 쌀을 모두 확보하게 됐다. 〈충북=김명기 기자〉

◇양육빈(楊育彬) 중국하남성 문물고고연구소장이 중국 가호(賈湖)유적지에서 발견된 8500년전 세계 최고(最古)의 쌀을 이융조 충북대박물관장에게 기증하고 있다. 〈강민구 기자〉

▲ 韩国清州报纸刊登学术报告会消息

1997年6月25日

47年前朝鲜战争爆发的日子！一片阴雨天，早上在饭店喝大酱汤，8点多雨中北行，先到京畿道参观湖岩美术馆，这是三星集团创办的，建筑在半山腰上，很有田园风味。馆内展出有绘画、陶瓷等文物，相当精美。馆内的文物修复室设备很先进，馆长辛勇旻访华时曾在郑州见过，他是北大宿白先生的研究生，师出同门，更感到亲近一些。又参观韩国民俗村，内有官衙、各种民居、手工作坊……在如画的风景中，构成了一个古代韩国的农村聚落。

下午风雨中，又参观了京畿博物馆，按一座古城堡的风貌，修建在山上，规模很大，展品丰富。晚上赶到汉城，入住“YMCA饭店”，晚饭是鸡包米，别一番风味。

1997年6月26日

早上仍在下雨，上午参观韩国国立中央博物馆，馆舍建筑不错，藏品非常丰富。另传该馆还要拆掉，在原址上另建一座面积五倍于此的新馆。究其原因，这里是日本占领时代修建的，而馆旁边原有的日本总督府已经拆除，说是不留过去沉痛的记忆。在博物馆小卖部买了8个非常精美的带柄高丽瓷小酒杯，留作纪念。又参观了韩国国立文化财研究所，负责地上的古代建筑维修保护和研究，地下文物的考古调查发掘与研究。印象最深的是所内各种仪器设备精良，文物保护技术先进。

下午到汉城东大门商品市场转了一圈，这里小商铺林立，是居家老百姓购买低档商品的去处，在那里给爱人买了一个精致的挎包。真是来也匆匆，去也匆匆，韩国一周的访问即将结束，明天就要回国了。诸多的博物馆、古文化遗址和考古发掘工地、文化村和民俗村……留下了深刻的印象，韩国人民对我们的热情接待和友好情意，也长久铭记在心中！

▲ 参观韩国中央博物馆

日本随记（1998年7月6—12日，1999年12月1—7日）

1998年，我们河南省文物考古研究所与日本滋贺医科大学在古代人类骨病研究方面进行合作，专业人员互访进行学术交流。为此，7月6—12日，笔者与我们研究所袁广阔研究员应邀对日本滋贺医科大学进行为期一周的参观和学术交流访问。

1998年7月6日

乌云满天下雨了，早上4点30分起床，吃点方便面、火腿肠，好不容易找到一辆夏利出租车，5点30分赶到西单民航大楼旁边不远处，大暴雨中车熄火了，下车就往楼里跑，不到20米距离，全身几乎湿透了，总算坐上了民航大巴。6点40分到达机场，雨停了，老天真会开玩笑。坐国航921航班，8点多起飞，11点到上海，再出来转签，11点40分又登机坐在原位上，中午2点到达日本大阪关西机场。出关手续相当复杂，滋贺医科大学中国留学研究生黄杰接机，又换乘火车到达滋贺医科大学。在火车上远眺群山和琵琶湖，可谓青山绿水，空气清新，景色透明。在学校受到福田和井上两位教授和他们助手的热情接待，入住学校馆洋舍2，犹如招待所，条件还不错。晚上学校举行欢迎宴会，就像日方教授到河南访问一样。

1998年7月7日

大晴天，早饭后与福田和井上两教授座谈行程安排，并互赠礼物，随后参观学校手术室和一些教学设施，每人穿上白大褂，戴上大口罩，俨然是一位老教授的模样。下午参观滋贺埋藏文化财，有一些石器、陶器和其他各类文物，但数量不很多，其中有一件类似中国二里头文化晚期风格的深腹灰陶罐，让我看了好一会。文物保管和保护的设备很先进。晚上，井上教授在树奈里饭店招待吃生鱼片，还有炸大虾、酱茄子和其他的饭、菜、汤，很有日本风味。

1998年7月8日

大晴天，上午参观安土城博物馆，展出的文物比较一般，但设计巧妙，场面恢宏，尤其是城堡大门的守卫者，窗孔后面的弓箭手，城堡上的长矛手，大门外的刀斧手，个个手执兵刃，雕塑得栩栩如生，犹如武侠小说里面描绘的险恶江湖之境界。展厅的声、光、电也很吸引人，博物馆保护和修复文物的各种设备均属上乘，令人羡慕。下午参观琵琶湖博物馆，博物馆就坐落在日本第一大湖琵琶湖的旁边，自然环境与人文社会结合在一起，是很令人怀旧的地方。展现了日本昭和三十年到六十年（1955—1985年）的历史变迁，展出当时的物品，当时的设备，当时社会的照片，用当时的电视机，放映当时的录像，让观众在历史的隧道中走过。博物馆库房的设备也很独特，犹如香港大片里的道具，十分壮观！返回学校后，又与福田教授商谈今年11月5日到12日他们第三次来我所访问事宜，将考察汝州洪山庙仰韶文化丛葬坑和郑州紫荆山商代墓的人骨架情况。

◀ 日本安土城考古博物馆（左三作者）

1998年7月9日

早饭后到长途汽车站坐大巴去濑田，再转火车到橿原，在橿原文化财会见日本著名考古学家樋口隆康先生，并相互交换了双方各自编写出版的考古大报告专辑。还参观了文化财附属的博物馆，展出的多为供考古研究的文物标本，还有能让观众可以实地触摸的部分，而修复文物的先进设备，给人较深的印象。下午坐火车到日本古都奈良，先参观了奈良丝绸之路研究所，所长仍是樋口隆康先生，他兼任日本三个文物考古单位的领导。研究所向我们赠送了地球仪和印有该所标志的棒球帽及纪念章。我们还参观了著名的东大寺、正仓院和兴福寺等古代建筑，又实地考察了复原的平城京朱雀门。晚饭后返回滋贺医大住所，已经9点半了。

1998年7月10日

上午8点，在滋贺医大举行学术报告会，笔者做了《近些年河南古代墓葬考古新发现与人骨研究》的学术报告，配以幻灯片，还比较形象，引起与会者的关注。会后与福田教授等话别，又坐大巴车去濑田，再乘火车去京都，中国留学日本博士研究生秦小丽接站，到京都大学人文科学研究所会见冈村秀典教授，商谈指导秦小丽参加河南焦作府城村商代城址的考古发掘及其他合作事宜，并草签了一个供日方申请经费的合作协议。研究所内私人的藏书很多，单位的图书馆藏书更为丰富，包括中国各地的方志和文物考古专业图书，令人惊讶。下午参观了京都银阁寺和南禅寺等著名古建筑，环境优美，

▲ 奈良东大寺

▲ 复原的平城京朱雀门

熠熠生辉。晚上又回到滋贺医大住所。

1998年7月11日

上午驱车到京都，参观著名的泉屋博古馆，这是属于日本住友集团的私营博物馆，以收藏中国古代青铜器而著称，还收藏一些中国的明清绘画。据说从清朝末年他们就开始收购中国的青铜器了，包括一些青铜器的精品和绝品，其中商代饕餮食人卣（又称虎食人卣）最为有名，早年出土于湖南安化、宁乡交界处，原有两件，后均流出国外，其中一件藏于法国巴黎东方美术馆，另一件就藏在日本京都泉屋博古馆，实难一见。下午赴大阪游览市容，入住濑田宾馆。明天就到大阪关西空港回国，再见日本！

1999年12月1日到7日，应日本京都大学人文科学研究所的邀请，我们一行4人（除笔者之外，还有河南省古建研究所研究员张玉石、河南省文物考古研究所研究员袁广阔、焦作市文物工作队研究员杨贵金）赴日参加京都大学人文科学研究所成立70周年学术研讨会。

1999年11月30日

中国考古学会在成都召开第十次年会，会上选举产生了由81人组成的中国考古学会第四届理事会，河南省文物考古研究所的孙新民研究员和杨育彬研究员、河南博物院张文军研究员、郑州大学陈旭教授当选为新一届的理事。今天是会议最后一天，也是笔者准备出访日本的日子，一同去日本的张玉石、袁广阔、杨贵金三位研究员已经从河南到了上海。上午10点30分，会上车送到成都双流机场，中午13点坐东航5404航班的麦道90飞上海，15点多到虹桥机场，上海文管会陈平接机入住上海房地产局招待所，晚上上海博物馆李锋主任在“上海人家”饭店宴请。

1999年12月1日

夜半下雨，早上未停，上午9点坐出租车42元到虹桥机场，11点多办完手续登上国航921航班飞机，13点多到达大阪关西机场，京都大学人文社会科学研究所伊马懿先生接机，转车到京都，入住京都大学会馆。晚上冈村秀典教授宴请，睡得很晚。

1999年12月2日

▲ 京都金阁寺（左起杨贵金、作者、袁广阔、张玉石、秦小丽）

早上起来，阴转多云，偶尔露一线阳光，漫步京大周围小街，各家住户精致整洁，墙头院内有各种鲜花小草，真可用赏心悦目来形容。在街旁见到两处供奉地藏王大菩萨的神龛，要保一方平安，这是普通老百姓最盼望的心愿。上午一同到京大人文所会见所领导桑山正进教授，他是搞中国隋唐佛教考古的，双方进行了很友好的交谈。下午又去参观了泉屋博古馆的许多中国古代青铜器和铜镜，去年7月份曾来过这里，再一次看到了商代饕餮食人卣，还看到了一件商代铜鼓，也是罕见的精品。又去参观了著名的金阁寺，1994年列入世界文化遗产名录。参观门票为厚宣纸印制，中间竖行“金阁舍利殿御守护”8个大字，两侧印有“开运招福，家内安全，京都北山，鹿苑禅寺”16个字，最下面有横行“福寿如意”4个字，均为毛笔墨书。门票正中有两方寺名的朱色大印，整体就是一个充满吉祥语的艺术品，很有收藏价值。

▲ 京都大学人文科学研究所

1999年12月3日

阴、雨、云、晴，天气变幻不停。早上沿鸭川河漫步，去时河右边汽车喧闹，归来河左边犹如公园，水很浅，但有一些水鸟点缀，多了一番生气。过河走的是大石块，还有不少石龟。上午参观京都大学博物馆和标本室，墓地出土的祭祀陶器，造型奇特，吸人眼球。下午京都大学人文科学研究所建所70周年“中国古代城市起源研究”学术研讨会开幕，这已经是第四场了，前三场分别是“中国近现代研究”“印度研究”“中日文化交流研究”。会上，张玉石研究员做了“郑州西山仰韶文化古城考古发现与研究”的学术演讲，笔者做了“郑州商城考古发现与研究”的学术报告，袁广阔研究员做了“焦作府城村商代城址研究”的学术演讲，杨贵金研究员做了“中国古代城市起源几个相关问题”的学术报告。配以幻灯片，让听众印象更加深刻。

▲ 参观京都大学博物馆

1999年12月4日

难得的大晴天，早饭后在街上走了走，许多小女孩上学校，天虽冷仍穿着短裙，十分精神。街两旁的银杏树叶一片金黄，长长地伸向远方，似无终极，真成了一道亮丽的风景！上午继续在京都大学开会，焦作府城村商代城址田野考古执行领队袁广阔研究员、参加考古发掘的京都大学中国博士留学生秦小丽、到考古工地参与指导和遗迹测绘的冈村秀典等先生，详细介绍了河南焦作府城村商代城址的考古发现、出土遗迹和遗物、年代和性质研究的情况。下午一些日本学者就中国古代城市起源与形成的若干问题发表意见，并对中方四位学者昨天的学术报告提出一些问题，我们一一做了回答。我们四人此次访日所做的学术报告，由冈村秀典先生译成日文，都收录在2000年出版的《中国古代都市的形成·日本京都大学人文科学研究所学术研讨会论文集》一书中。

1999年12月5日

又逢阴有零星小雨。早饭后乘车赴大阪，参观丰臣秀吉修建、德川家康接替的大阪城，门票600日元，内墙、外壕保存很好，城内还有几处重达130多吨的巨石，绝对显示历史的厚重。大阪城内主题建筑天守阁，为五层歇山式建筑，白墙蓝瓦，镶铜镀金，非常壮观。又参观了大阪历史博物馆，下午转了转大阪繁华的商业街，晚饭后回到京都大学会馆住所。

1999年12月6日

▲ 大阪天守阁

阴天无雨，早上坐火车赴奈良，参观奈良文化财，里面文物保护和科学研究的设备与技术很先进，其中有一台能看到器物内部肉眼看不见的仪器，据说全日本共有两台，其一用于卫星发射，另一台就在这里，实属不易。又看了平城京遗址，大面积进行保护，范围内的空白地可以发掘一百年。又在复原的朱雀门前停留，这是第二次来这里了。下午参观卷向驿古墓考古发掘工地，田野操作比较规范，工地各种设施也相当好。

1999年12月7日

回国的日子，整理行装，又在京都大学吃了早餐，上午10点多坐出租车到京都火车站，坐新干线12点多到达大阪关西机场，与相送的秦小丽等人告别。下午5点飞回上海，很有到家的感觉。这两次出访日本，留下了深刻的印象。大街小巷，住家或工作单位，小饭店和公园，处处干净整洁，环境优美，生活节奏较快。日本人民对中国人民还是热情友好的，只是一百多年来被一小撮军国主义者和居心不良的右翼政客搅坏了。

考古丰碑——从殷墟科学发掘60年到90年

河南安阳的殷墟科学发掘，是中国近代学术史上极为重大的事件，在世界考古学史上也是浓重的一笔！1928年，中央研究院在蔡元培院长的领导下，在历史语言研究所成立了考古组。当时具有先进思想的学者们，有了进行殷墟发掘的机会。同年10月，派遣董作宾先生去安阳小屯村进行试掘。随后，蔡元培先生聘请受过近代考古学培训留学归来的李济先生担任考古组长。1931年，梁思永先生也受聘参加了殷墟发掘。与此同时，还有一批学者的参与，加强了田野考古发掘的力量。当时既建立了专门的考古机构，又由中国考古学家完全主持的殷墟发掘，标志着中国考古学已经起步，对中国考古学的发展具有深远的影响。安阳殷墟的发掘，犹如开启了一座无与伦比的巨大历史博物馆，向人们展示了古代政治、经济、军事的历史面貌，以及文化艺术和社会生活，既了解了古代的中国，也帮助我们了解古代的亚洲和世界。殷墟作为最重要的世界文化遗产，不仅仅对中国人民来说意义重大；殷墟对全世界人民来讲，也同样弥足珍贵。

殷墟位在河南，由于个人文物考古工作的关系，以及学术研究的侧重，笔者曾多次到安阳殷墟参观学习，并于1988年、1998年、2008年和2018年，连续参加了在安阳或者在北京举行的纪念殷墟科学发掘60周年座谈会，殷墟科学发掘70周年学术纪念会、殷墟科学发掘80周年学术纪念大会及殷墟科学发掘90周年纪念大会暨殷墟发展与考古论坛，均在会上发言，展现了一位老考古人对殷墟科学发掘的眷恋和情怀。在这里，回忆摘取1988年笔者在北京国家图书馆举办的纪念殷墟科学发掘60周年座谈会上的发言，2018年在安阳举行殷墟科学发掘90周年纪念大会暨殷墟发展与考古论坛上的大会发言，作为历史的记录，以飨读者。

1988年在北京纪念殷墟科学发掘60周年座谈会上的发言

今天，开会纪念殷墟科学发掘60周年，是十分有意义的一件事。殷墟在河南安阳，我作为河南的一位考古工作者，十分高兴参加今天的座谈会。1928年开始的殷墟科学发掘，具有非常重要的意义。

第一，殷墟科学发掘工作是第一次由中国学者自己主持完成的，改变了以往一些

▶《殷墟科学发掘90周年纪念大会暨殷墟发展与考古论坛论文、摘要》一书

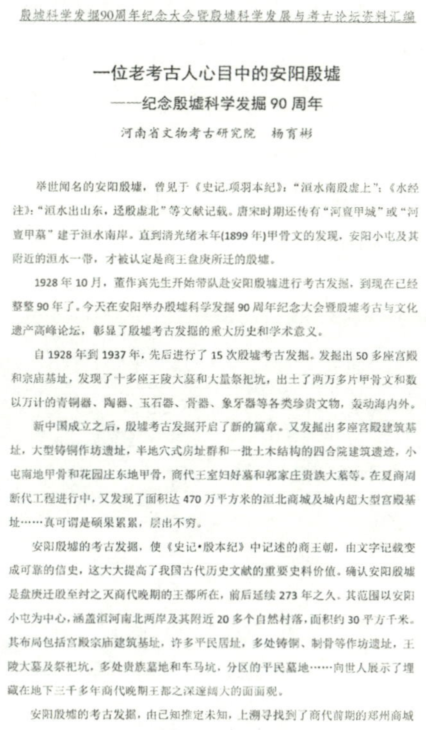

殷墟科学发掘90周年纪念大会暨殷墟科学发展与考古论坛资料汇编

一位老考古人心目中的安阳殷墟

——纪念殷墟科学发掘 90 周年

河南省文物考古研究院　杨育彬

举世闻名的安阳殷墟，曾见于《史记.项羽本纪》："洹水南殷虚上"；《水经注》："洹水出山东，迳殷虚北"等文献记载。唐宋时期还传有"河亶甲城"或"河亶甲墓"建于洹水南岸。直到清光绪末年(1899 年)甲骨文的发现，安阳小屯及其附近的洹水一带，才被认定是商王盘庚所迁的殷墟。

1928 年 10 月，董作宾先生开始带队赴安阳殷墟进行考古发掘，到现在已经整整 90 年了。今天在安阳举办殷墟科学发掘 90 周年纪念大会暨殷墟考古与文化遗产高峰论坛，彰显了殷墟考古发掘的重大历史和学术意义。

自 1928 年到 1937 年，先后进行了 15 次殷墟考古发掘。发掘出 50 多座宫殿和宗庙基址，发现了十多座王陵大墓和大量祭祀坑，出土了两万多片甲骨文和数以万计的青铜器、陶器、玉石器、骨器、象牙器等各类珍贵文物，轰动海内外。

新中国成立之后，殷墟考古发掘开启了新的篇章。又发掘出多座宫殿建筑基址，大型铸铜作坊遗址，半地穴式房址群和一批土木结构的四合院建筑遗迹，小屯南地甲骨和花园庄东地甲骨，商代王室妇好墓和郭家庄贵族大墓等。在夏商周断代工程进行中，又发现了面积达 470 万平方米的洹北商城及城内超大型宫殿基址……真可谓是硕果累累，层出不穷。

安阳殷墟的考古发掘，使《史记·殷本纪》中记述的商王朝，由文字记载变成可靠的信史，这大大提高了我国古代历史文献的重要史料价值。确认安阳殷墟是盘庚迁殷至纣之灭商代晚期的王都所在，前后延续 273 年之久。其范围以安阳小屯为中心，涵盖洹河南北两岸及其附近 20 多个自然村落，面积约 30 平方千米。其布局包括宫殿宗庙建筑基址，许多平民居址，多处铸铜、制骨等作坊遗址，王陵大墓及祭祀坑，多处贵族墓地和车马坑，分区的平民墓地……向世人展示了埋藏在地下三千多年商代晚期王都之深邃阔大的面面观。

安阳殷墟的考古发掘，由已知推定未知，上溯寻找到了商代前期的郑州商城

▶ 作者论文

考古工作要受外国人的控制和参与的局面。发掘出来的资料也是由中国学者研究并发表的。在60年前能做到这一点是难能可贵的，显示了中国知识分子的勇气和尊严。

第二，殷墟发掘作为中国考古学的开端，有其重要的开创之功。逐渐形成和建立了一套严密的科学发掘方法，奠定了田野考古的基础，使中国现代考古学逐渐形成了一门新兴的科学。

第三，殷墟科学发掘积累了大批珍贵的考古学资料，为文物考古研究，为历史研究开创了新局面。确定了殷墟是盘庚迁殷后的商代晚期都城。发掘出宫殿、王陵、作坊……出土有一大批青铜器、玉器、陶器、石器，尤其是大量的甲骨文。这证实了《史记·殷本纪》的可靠性，为研究商代中期和早期文化，甚至是探索夏文化，打下了基础。大大丰富和充实了我国光辉灿烂的古代文化。

中华人民共和国的成立，让中国考古学迎来了黄金时代，如果把1928—1937年殷墟发掘比作开花，那么1949年10月之后，商代考古的发现与研究，就结出了更加丰硕之果。仅以河南为例：中国社会科学院考古研究所，在安阳殷墟就发掘了武官村大墓、后岗圆形坑、王陵区的人祭坑、殷墟西区的平民墓、小屯西北的妇好墓、小屯南地的甲骨

文……河南的文物考古工作者，也在殷墟外围发掘了一些遗址和墓葬。此外在郑州发现了商代二里岗遗址和商代城址，在偃师发现尸乡沟商城，在罗山后李发现商代息国贵族墓群，在河南各地还发现上百处商代遗址和墓地，出土有大量青铜器和其他珍贵遗物。经过国家科研机构、高等院校和文物部门老一辈的、中年的和年轻的考古工作者的努力，把河南商代考古的发现与研究，推向了新的高度。至于全国商代遗址和墓葬的考古发现就更多了。

安阳殷墟不但是我们中国珍贵的文化遗产，也是全人类共同的文化宝库。万里长城、敦煌石窟、秦始皇陵兵马俑已列入世界文化遗产名录，据说云冈石窟、龙门石窟、殷墟等，已列入很有希望的后备名单。到那时，殷墟除全国重点文物保护单位和安阳的国家历史文化名城之外，又会有世界级的文物保护。这是每一个中国人，尤其是文物工作者应该担当的责任。薪火相传，安阳殷墟已经一千年、两千年、三千年保存下来，今

▼ 殷墟发掘70周年学术纪念会（三排右三作者）

后还要一千年、两千年、三千年保存下去！

殷墟面积约30平方千米，遗址内有抹角曲尺形大沟，南北全长1110米，东西长约650米，沟宽7—21米，恰好环绕在宫殿宗庙遗址的西面和南面，而其东面和北面则是古老的洹河，由此推测此沟当是人工挖成的防御性壕沟。殷墟跨洹河两岸，洹河北岸地势高，不受淹，有王陵区；洹河南岸遗址区地势也稍高，距水源近，便于生产与生活。从殷墟的面积、文化层堆积、墓葬时代的早晚差别看，殷墟延续时间很长，看来盘庚迁殷

▼ 殷墟科学发掘90周年纪念大会暨殷墟发展与考古论坛（前排右五作者）

后273年再未迁都是很可能的。殷墟除了大灰沟之外，没有发现城垣，有可能是盘庚迁殷后，尤其在武丁时代，国力大盛，周边根本无法染指于此，就没有也不需要修筑城垣；另外可能是殷墟太大，修筑的城垣我们尚未找到。安阳殷墟科学发掘过去了一个甲子的时间，已经展现了60年的辉煌。在中国人的眼里，60应该是很吉祥的数字。我们期待着未来，殷墟真正列入世界文化遗产名录，期待有更多的考古新发现！

2018年在殷墟科学发掘90周年纪念大会暨殷墟发展与考古论坛上的发言

举世闻名的安阳殷墟，曾见于《史记·项羽本纪》“洹水南殷虚上”；《水经注》“洹水出山东，迳殷虚北”等文献记载。唐宋时期还传有“河亶甲城”或“河亶甲墓”建于洹水南岸。直到清光绪末年（1899年）甲骨文的发现，安阳小屯及其附近的洹水一带，才被认定是商王盘庚所迁的殷墟。

1928年10月，董作宾先生开始带队赴安阳殷墟进行考古发掘，到现在已经整整90年了。今天在安阳举办殷墟科学发掘90周年纪念大会暨殷墟发展与考古论坛，彰显了殷墟考古发掘的重大历史和学术意义。

从1928年到1937年，先后进行了15次殷墟考古发掘，发掘出50多座宫殿和宗庙基址，发现了10多座王陵大墓和大量祭祀坑，出土了2万多片甲骨文和数以万计的青铜器、陶器、玉石器、骨器、象牙器等各类珍贵文物，轰动海内外。

中华人民共和国成立之后，殷墟考古发掘开启了新的篇章。又发掘出多座宫殿建筑基址、大型铸铜作坊遗址、半地穴式房址群和一批土木结构的四合院建筑遗迹、小屯南地甲骨和花园庄东地甲骨、商代王室妇好墓和郭家庄贵族大墓等，在夏商周断代工程中，又发现了面积达470万平方米的洹北商城及城内超大型宫殿基址……真可谓是硕果累累，层出不穷。

安阳殷墟的考古发掘，使《史记·殷本纪》中记述的商王朝，由文字记载变成了可靠的信史，这大大提高了我国古代历史文献的重要史料价值。确认安阳殷墟是盘庚迁殷至纣之灭商代晚期的王都所在，前后延续达273年之久。其范围以安阳小屯村为中心，涵盖洹河南北两岸及其附近20多个自然村落，面积约30平方千米。其布局包括宫殿宗庙建筑基址，许多平民居址，多处铸铜、制骨等作坊遗址，王陵大墓及祭祀坑，多处贵族墓地和车马坑，分区的平民墓地……向世人展示了埋藏在地下三千多年商代晚期王都之深邃阔大的面面观。

安阳殷墟的考古发掘，由已知推定未知，上溯寻找到了商代前期的郑州商城与偃师商城，并为探索夏文化和研究中国古代文明起源，找到了一个可靠的坐标点。学术界一般认为古城、青铜器、古文字、祭祀与礼制建筑，是古代文明起源的四个要素，而到了商代晚期的殷墟，已达到了四个要素齐备并高度发展的王国文明。尤其是殷墟大量甲骨文的发现，对古代中华文明的传承与发展，起着重要的维系和纽带作用。从而奠定了中国站在世界文明古国金字塔顶端的历史地位。中国文字博物馆设立在安阳绝非偶然，正是延续了甲骨文故乡的历史渊源。安阳殷墟的考古发掘，已经进行了90年，而且还在继续长期开展下去。这样规模宏大的古文化遗址，这么漫长的田野发掘时间，如此丰富的考古大发现，在全世界都是十分罕见的。远在1961年，殷墟被国务院公布为全国重点文物保护单位；1986年，因为有了殷墟，安阳被国务院公布为国家级历史文化名城；其后还是因为有了殷墟，安阳又被学术界确定为中国八大古都之一；2000年，安阳殷墟被评为20世纪河南十项重大考古发现暨十项重要考古发现之首；2001年，安阳殷墟全票当选中国20世纪100项考古大发现；2009年，安阳殷墟又被评为全国最具有中华文明意义的百项考古大发现；尤其值得称道的是，2006年7月，联合国教科文组织在立陶宛首都维尔纽斯召开第30届世界遗产大会，通过殷墟入选世界文化遗产名录，中国的殷墟遂成为世界的殷墟！

1928年开始的殷墟发掘，是由中国学术机构主持进行的，培养和造就了一大批考古学家，建立了一整套发掘夯土基址、各类遗迹和墓葬的科学程序与考古方法，揭开了中国自主考古发掘的序幕，也是中国考古学诞生的重要标志，在中国考古学史上占有举足轻重的地位。对于安阳殷墟考古发掘重大的历史和学术意义，李学勤先生曾有一段十分精彩的诠释："殷墟是中国田野考古开展最早、持续时间最长的大型遗址，殷墟的发现震惊世界，使人们重新认识在记忆中久已模糊的殷商王朝，并且成为追溯中国文明起源的重要起点。殷墟的发现和研究，培育了中国考古学的队伍，推进了中国古代史的探索，在中国以至世界学术史上都有深远不可磨灭的重大影响。"

近年来，洹北商城的发现，找到了盘庚最初迁殷之地，这又为殷墟考古推出了新的探索领域。殷墟既是商王朝繁盛发展的地方，又是商王朝最后颓败灭亡之归宿。殷墟闪耀着人类智慧的光芒，汇聚成一条奔腾不息的历史长河，从三千多年前的远古一直流向今天。真可谓源流有宗，衍变有序，沧海桑田，惊心动魄，博大精深，灿烂辉煌！在考古人的心目中，这就是永恒的殷墟……

今天，当我们纪念殷墟科学发掘90周年的时候，不禁想起从1928年到1937年，参与殷墟发掘的董作宾、李济、梁思永、郭宝钧、石璋如、尹达、高去寻和胡厚宣等一大批中国考古学的前辈们，在艰苦的岁月中所付出的辛勤劳动和做出的卓越贡献。他们不仅为殷墟考古发掘与研究奠定了基础，又使中国考古学这一新兴学科取得了应有的历史和学术地位，并争得了令人自豪的话语权。长江后浪推前浪，薪火相传，中华人民共和国成立之后，又有周永珍、胡谦盈、魏树勋、林寿晋、安志敏、高广仁、徐锡台、郑振香、陈志达、戴忠贤、杨锡璋、刘一曼、杨宝成、曹定云和徐广德等多位先生，其后还有唐际根、谷飞、刘忠伏、岳洪彬、岳占伟和何毓灵等一批后起之秀，投入到殷墟发掘之中。此外，河南省文物工作队和安阳市文物工作队的专业人员，也曾经参与其中。他们均为殷墟考古发掘做出了积极的贡献，成为中国考古学里程碑上最耀眼的刻度之一。

年华似水，岁月如歌，祝愿下一个十年，也就是2028年殷墟科学发掘100周年的时候，再创新的辉煌！

喜从天降——国际图联知识竞赛获大奖

众所周知，图书馆是一个地区、一座城市、一个国家文化发展的重要标志。又是人类知识的宝库，千百年来，图书馆在保存和保护历史文化典籍，推动世界文明发展中，起着不可替代的重要作用。在漫长的历史岁月中，中华民族同世界各民族一道，为人类的文明做出了积极的贡献。当今世界正迈向信息时代，利用信息技术，开发信息资源，为经济发展服务，正受到世界图书馆界越来越广泛的关注。为此，国际图书馆联合会，每年轮流在一个国家召开大会，商讨全世界图书馆发展的大计。

CSLS Newsletter 1996年第5期 总第53期

中国图书馆学会工作通讯

庆 祝

第62届国际图联大会

在北京召开

中国图书馆学会秘书处主办

▲ 《中国图书馆学会工作通讯》第62届国际图联大会专辑

1996年第62届国际图联大会在中国召开，大会的主题“变革的挑战：图书馆与经济发展”。体现了亚太地区的快速发展，强调了为提高全世界各地区生活质量而将知识用于工作的重要性。大会安排了许多学术、专业、文化和社会活动，从诸多不同的角度，探讨大会的主题，将为开发利用信息这一经济资源，提高人类生存的质量，促进世界图书馆和图书馆事业的发展作出贡献。8月26日，第62届国际图联大会在一派节日气氛的北京国际会议中心隆重开幕，来自世界90个国家和地区的近3000名代表济济一堂，共商世界图书馆事业的发展大计。国务委员兼国务院秘书长、第62届国际图联大会中国组委会主席罗干宣布大会开幕；中国国务院总理李鹏在大会上致词；全国政协副主席、北京市副市长何鲁丽也在大会上讲话；国际图联主席韦奇沃斯、联合国教科文组织代表奎沃、国际文献联合会代表哥德格布尔、国际档案理事会代表瓦洛特、国际出版商协会代表肯普等先后在大会上致词。开幕式后，中国人大常委会副委员长费孝通作了题为《面向多元一体化世界格局的图书馆》主题演讲。

在大会开幕前的一个多月里，由中国文化报与国际图联中国组委会、北京市朝阳区人民政府联合举办了“朝阳杯”图书馆与国际图联知识竞赛活动。此次知识竞赛作为第62届国际图联大会的序曲，在全国文化界、图书馆界引起了热烈反响，众多参赛者踊跃寄来答卷，他们中既有普普通通的图书馆工作人员，也有关心图书馆事业的各界人士，甚至还包括一些市长和各级文化主管部门的文化官员。许多参赛者在踊跃参赛的同时，还写来热情洋溢的贺信，对第62届国际图联大会在北京召开表示由衷的祝贺。由于笔者平时喜欢读书，对图书馆情有独钟，所以也积极参加这次“朝阳杯”图书馆与国际图联知识竞赛。笔者与在河南博物院工作的老伴，和在河南省图书馆工作的大儿子，三个人坐在一起讨论，认真答了三份卷子，然后寄往北京。天道酬勤，没有想到我的那份答卷，居然获得知识竞赛唯一的一个大奖，实出意外！

中国文化報

中华人民共和国文化部主办 ZHONGGUO WENHUA BAO

1996年8月28日 星期三 第101期（总第1235期） 每星期三、五、日出版 邮发代号1—115 国外代号D1037

「朝阳杯」图书馆与国际图联知识竞赛在京抽奖

何鲁丽潘震宙刘德有韦奇沃斯及福赫德参加抽奖仪式

本报讯 （记者刘茜 徐冰）8月24日，由本报与国际图联中国组委会、北京市朝阳区人民政府联合主办的“朝阳杯”图书馆与国际图联知识竞赛在京举行隆重抽奖仪式。当国际图联主席罗伯特·韦奇沃斯先生将此次知识竞赛的大奖抽出时，全场爆发出热烈的掌声。为配合第62届国际图联大会在我国召开而举办的这次历时一个多月的“朝阳杯”图书馆与国际图联知识竞赛，自此画上圆满的句号。

此次知识竞赛作为第62届国际图联大会的序曲，在全国文化界、图书馆界引起热烈反响，众多参赛者踊跃寄来答卷，他们中既有普普通通的图书馆工作人员，也有关心图书馆事业的各界人士，包括一些市长和各级文化主管部门的文化官员。许多参赛者在踊跃参赛的同时还写来热情洋溢的贺信，对第62届国际图联大会在北京召开表示由衷的祝贺。

罗伯特·韦奇沃斯先生在抽奖仪式上发表热情讲话，他首先祝贺这次知识竞赛取得了圆满的成功。他说，此次知识竞赛提高了全中国，特别是青年人对图书馆的兴趣，促进了人们对图书馆的了解，从这方面来说，这是一个非常大的成功。中国是一个图书和图书馆的大国，我在孩提时代就是通过图书了解中国的。这次来到中国，我对中国所做的大量工作非常满意。我相信，即将在中国举办的国际图联大会一定会取得圆满的成功。

文化部图书馆司司长、第62届国际图联大会组委会秘书长杜克在抽奖仪式上向三百多位来宾介绍了这次知识竞赛的组织情况。他说，这次知识竞赛引起全国图书馆界的普遍关注，影响很大，对普及第62届国际图联大会和图书馆知识起到了积极的推动作用。

在欢快的乐曲声中，罗伯特·韦奇沃斯，国际图联秘书长福赫德，全国政协副主席、第62届国际图联大会中国组委会副主席何鲁丽，文化部副部长潘震宙，第62届国际图联大会组委会常务副主席刘德有、秘书长杜克，北京市朝阳区区委书记蒋效愚、区长索连生及本报社长兼总编辑王文章等有关负责人高兴地为参赛者抽奖。河南文物考古研究所的杨育彬等68人分获大奖、一、二、三等奖及鼓励奖，北京市图书馆学会、深圳南山区图书馆、四川省图书馆学会、山东省图书馆学会获竞赛组织奖。（获奖名单见第四版）

抽奖仪式结束后，国际图联主席罗伯特·韦奇沃斯和秘书长福赫德先生专门约见本报社长兼总编辑王文章，对中国文化报主办这次有意义的知识竞赛活动表示感谢。罗伯特·韦奇沃斯先生说，这种促进人们对图书馆了解的方式应该在世界各国推广。

本版责任编辑 石磊

“朝阳杯”图书馆与国际图联知识竞赛

获奖名单

大奖（1名）：
杨育彬 河南省文物考古研究所
一等奖（2名）：
江 灏 北京市朝阳区图书馆
梁垣祥 安徽省图书馆学会
二等奖（5名）：
陈久仁 吉林省图书馆
牛春兰 北京图书馆业务处
王振来 辽宁省葫芦岛市建昌县文物管理所
翁庆德 北京市朝阳区文化文物局
刘卫红 北京图书馆秘书科
三等奖（10名）：
周晓杰 北京市朝阳区图书馆
朱志文 青海省海西州图书馆
刘彤宇 北京市朝阳区图书馆
仇宏文 北京市朝阳区图书馆
李 丛 北京图书馆
任大山 河南省图书馆
杨素萍 河南省图书馆
陈树宁 中国人民解放军农牧大学图书馆
金书华 江苏靖江市新丰乡五一村二队
党燕妮 甘肃省图书馆报刊部
鼓励奖（50名）：
李晓德 湖南省水文总站（省水文局）
丁学义 甘肃省图书馆
徐嘉川 上海浦东新区川沙少年儿童图书馆
许俊荣 安徽省图书馆
奚传斌 北京市朝阳区文化文物局
娄丰义 中华人民共和国文化部
于无婧 内蒙古哲里木盟科左中旗文化馆
陈增祜 江苏省兴化市图书馆
李玉敦 北京市朝阳区文化文物局
李 坚 北京图书馆
李德明 北京市朝阳区文化文物局
周丽苓 北京图书馆善本组
周伦玲 中国艺术研究院
刘 瑛 北京图书馆国际交流处
周培兴 甘肃省灵台县文化局
庄文梅、张 嚴 江苏省赣榆县图书馆
徐平忠 江西省乐安县图书馆
任 剑 辽宁省西丰县图书馆
王晋生 中国人民解放军海军潜艇学院图书馆
莱 娣 北京市朝阳区图书馆
陈俊杰 北京京剧院青年京剧团
谭玮鹏 北京市朝阳区图书馆
窦文耀 深圳市南山区委办公室
鲁秀梅 山东省桓台县文化馆
陈 娴 上海市杨浦区图书馆
汪玉华 北京市海淀区图书馆
周伍华 江苏省洪泽县图书馆
陈慧红 上海市卢湾区图书馆
李淑霞 辽宁省营口市图书馆
虞德海 深圳市南山区委
许遣锁 中国人民解放军海军指挥学院图书馆
刘梅琳 北京市房地产开发经营总公司
徐国利 河南省图书馆
王海霞 辽宁省鞍山市图书馆管理部
罗志勇 文化部图书馆司
吴健蓉 中国图书进出口公司报刊部
王 渡 北京图书馆国际交流处
陈永红 广州市东山区图书馆
李海虹 首都图书馆
陈 平 北京图书馆技术服务部
罗 虹 北京市朝阳区图书馆
李 荣 北京图书馆技术服务部
娄建成 北京市海淀区图书馆
王 琪 北京市朝阳区图书馆
张 莹 山东省图书馆
钮 刚 浙江省绍兴县东浦镇人民政府
军 哥 湖南省龙山县文化局
杨东磊 山东省郓城县文化局
陈艺玲 福建泉州市歌剧团
钟维贵 安徽农业大学图书馆

“朝阳杯”图书馆与国际图联知识竞赛组织奖名单

北京市图书馆学会
深圳市南山图书馆
四川省图书馆学会
山东省图书馆学会

（获奖证书、奖金、纪念品将由竞赛组委会寄发获奖者）

▲《中国文化报》“‘朝阳杯’图书馆与国际图联知识竞赛在京抽奖”报道

据《中国文化报》1996年8月28日报道：“‘朝阳杯’图书馆与国际图联知识竞赛在京抽奖。”国际图联主席韦奇沃斯先生在抽奖仪式上发表热情讲话，他首先祝贺这次知识竞赛取得了圆满的成功。他说，此次知识竞赛提高了全中国特别是青年人对图书馆的兴趣，促进了人们对图书馆的了解，从这方面来说这是一个非常大的成功。中国是一个图书和图书馆大国，我在孩提时代就是通过图书了解中国的，这次来到中国，我对中国所做的大量工作非常满意。我相信即将在中国举办的国际图联大会，一定会取得圆满成功。

文化部图书馆司司长、第62届国际图联大会组委会秘书长杜克，在抽奖仪式上向三百多位来宾介绍了这次知识竞赛的组织情况。他说，这次知识竞赛引起全国图书馆界的普遍关注，影响很大，对普及第62届国际图联大会和图书馆知识，起到了积极的推动作用。

在欢快的乐曲声中，国际图联主席韦奇沃斯，国际图联秘书长福赫德，全国政协副主席、第62届国际图联大会中国组委会副主席何鲁丽，文化部部副部长潘震宙，第62届国际图联大会组委会常务副主席刘德有和秘书长杜克，北京市朝阳区区委书记蒋效愚和区长索连生，以及中国文化报社社长兼总编辑王文章等有关负责人，高兴地为参赛者抽奖。河南省文物考古研究所的杨育彬等68人分获大奖，一、二、三等奖及鼓励奖，北京图书馆学会、深圳南山区图书馆、四川省图书馆学会、山东省图书馆学会获竞赛组织奖。

抽奖仪式结束后，国际图联主席韦奇沃斯和秘书长福赫德先生，专门约见中国文化报社社长兼总编辑王文章，对中国文化报主办这次有意义的知识竞赛活动表示感谢。韦奇沃斯先生说，这种促进人们对图书馆了解的方式，应该在世界各国推广。

那天中午，中央电视台播放了“朝阳杯”图书馆与国际图联知识竞赛在京抽奖仪式实况的片断，我看了这个实况片断播放的新闻，感到十分激动，也有些难以置信，着实体验了一把“天上掉馅饼”的幸运感觉。下午在院子里遇见省文物局刘肃正老局长，他向我表示祝贺说：“杨育彬不简单哪，能获得图书馆知识竞赛唯一一个大奖！”这也是笔者一生中难得的一次奇遇吧！与此同时，我内心感触更深的是国家的进步。在改革开放近20年的日子里，中国图书馆事业获得了前所未有的发展，人民的生活也显著改善和提高，历史即将跨入21世纪的门槛，中国人都有了强烈的自信和自豪感，未来属于我们中国！

手铲释天书——与夏文化探索者对话

2001年4月，张立东和任飞两位先生历时三年编著《手铲释天书——与夏文化探索者的对话》一书，由大象出版社出版。书中以笔谈的形式，对25位不同时期活跃在夏文化研究前沿的考古学者，分别进行了专题访谈。他们中的大多数人都是在田野发掘和室内整理中默默度过了自己的大半生。这些访谈力求舍弃艰涩的专业术语，并尽量避免繁难的学术争论，而着眼于一个个夏文化探索中的“人”的故事。直率的发问和真诚的回答，坦言考古的神秘与艰辛，同时也发布了在常规考古报告中难以包容的学术信息，使读者从中了解到重大考古发现的背景知识和研究过程。编者按照25位考古学者出生年月编排他们的先后顺序，展现了一部清晰的夏文化探索史。书前有我国知名考古学家、夏商周断代工程专家组成员、中国历史博物馆馆长俞伟超先生所写十分精彩的序言。

“考古是探索文明的一盏灯，考古者是持灯的人，就让我们跟随他们去穿越历史的

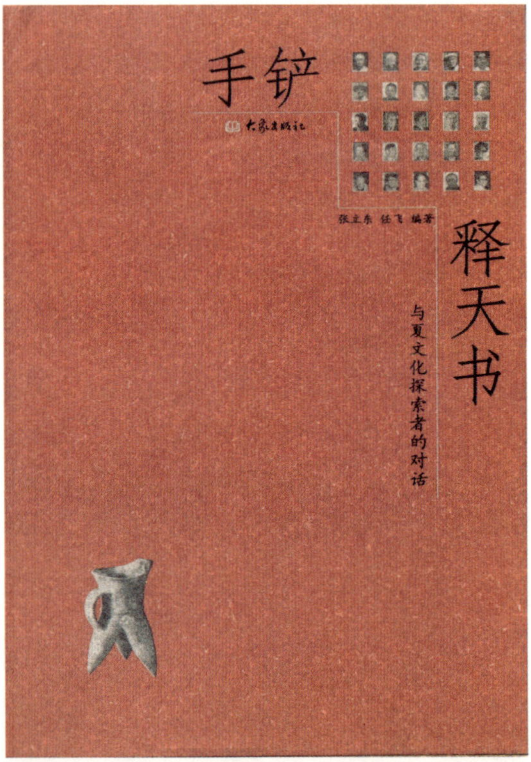

▶ 《手铲释天书》封面

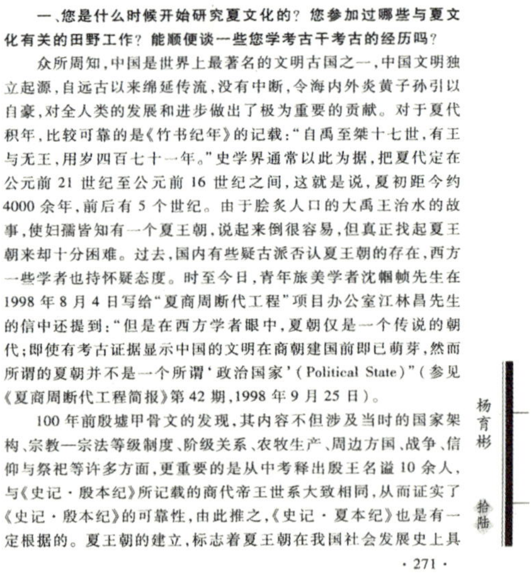
一、您是什么时候开始研究夏文化的？您参加过哪些与夏文化有关的田野工作？能顺便谈一些您学考古干考古的经历吗？

众所周知，中国是世界上最著名的文明古国之一，中国文明独立起源，自远古以来绵延传流，没有中断，令海内外炎黄子孙引以自豪，对全人类的发展和进步做出了极为重要的贡献。对于夏代积年，比较可靠的是《竹书纪年》的记载：“自禹至桀十七世，有王与无王，用岁四百七十一年。”史学界通常以此为据，把夏代定在公元前21世纪至公元前16世纪之间，这就是说，夏初距今约4000余年，前后有5个世纪。由于脍炙人口的大禹王治水的故事，使妇孺皆知有一个夏王朝，说起来倒很容易，但真正找起夏王朝来却十分困难。过去，国内有些疑古派否认夏王朝的存在，西方一些学者也持怀疑态度。时至今日，青年旅美学者沈幗帧先生在1998年8月4日写给“夏商周断代工程”项目办公室江林昌先生的信中还提到：“但是在西方学者眼中，夏朝仅是一个传说的朝代；即使有考古证据显示中国的文明在商朝建国前即已萌芽，然而所谓的夏朝并不是一个所谓‘政治国家’（Political State）”（参见《夏商周断代工程简报》第42期，1998年9月25日）。

100年前殷墟甲骨文的发现，其内容不但涉及当时的国家架构、宗教—宗法等级制度、阶级关系、农牧生产、周边方国、战争、信仰与祭祀等许多方面，更重要的是从中考释出殷王名谥10余人，与《史记·殷本纪》所记载的商代帝王世系大致相同，从而证实了《史记·殷本纪》的可靠性，由此推之，《史记·夏本纪》也是有一定根据的。夏王朝的建立，标志着夏王朝在我国社会发展史上具

杨育彬 拾陆

·271·

▶ 《手铲释天书》与笔者有关的内文

隧道吧！”1928年，安阳殷墟发掘以来，重建我国上古史的任务提上了日程，也成为中国考古学无可替代的重要课题。1959年春，徐旭生先生带队的豫西考古调查，发现了偃师二里头遗址，成为从考古学角度正式探索夏文化的开始。1977年，安金槐先生领导的登封王城岗遗址发掘，发现了河南龙山文化晚期城址；紧接着国家文物局在登封召开告成遗址发掘现场会，为寻找“禹都阳城”打开了一扇大门。其后国家夏商周断代工程启动，成为夏文化研究的一座丰碑。书中编著者一共向笔者提了6个书面问题，整个笔谈录概括了我参与夏商考古发掘的历程，考古研究的收获，以及对未来夏文化的展望，等等。下面录出对笔者访谈的全文，以飨读者。

您是什么时候开始研究夏文化的？您参加过哪些与夏文化有关的田野工作？能顺便谈一些您学考古、干考古的经历吗？

众所周知，中国是世界上最著名的文明古国之一，中国文明独自起源，自远古以来绵延流传，没有中断，令海内外中华儿女引以为自豪，对全人类的发展和进步做出了极为重要的贡献。且不说遥远的旧石器时代，仅仅回顾一下从新石器时代原始社会末期到奴隶制王朝建立的历史过程，就是非常有意义的事情。从考古发现中可以知道，远在距今1万年前的新石器时代早期，就出现了湖南道县玉蟾岩、广西桂林甑皮岩、江西万年仙人洞和吊桶环、河北徐水南庄头等处的原始小聚落，有些地方还发现了稻作遗存。到距今8000年左右的河南新郑裴李岗和舞阳贾湖、河北武安磁山、内蒙古敖汉旗兴隆洼、辽宁阜新查海、陕西华县老官台、山东滕县北辛、湖南澧县彭头山和八十垱与浙江余姚河姆渡等处，已出现了较大型的聚落。到了仰韶文化时期和大汶口文化早期，又出现了陕西西安半坡和临潼姜寨、河南郑州大河村、山东泰安大汶口等中心聚落。有的聚落内包括成组的大小房子围成的中心广场居住区，居住区外有围沟环绕并有寨门等设施，沟外有公共墓地，还有制陶作坊区等。到了仰韶文化晚期、大汶口文化晚期和屈家岭文化时期，已出现了防御性的史前城址。到了龙山文化时期，原始社会开始解体，出现了中心城邑和许多小的城邑，进入了万国林立的方国文明时代。经过长期的战争、征伐、兼并，一些城邑扩大了，一些城邑衰落废弃了，一些方国强大了，一些方国灭亡了，逐渐形成了中原的华夏集团、东方的东夷集团、南方的苗蛮集团……它们之间又不断发生冲突，展开了异常惨烈的争夺。诸如炎帝和黄帝的阪泉之战，黄帝与蚩尤的涿鹿之战，禹南下征三苗之战……到了龙山文化晚期，夏王朝建立，中国历史上出现了第一个中央统治的奴隶制王国。在中原地区形成了更高一级的王国文明。对于夏代积年，比较可靠的是《竹书纪年》的记载：“自禹至桀十七世，有王与无王，用岁四百七十一年。”史学界通常以此为据，把夏代定在公元前21世纪至公元前16世纪之间，这就是说，夏初距今

4000余年，前后达5个世纪之久。由于脍炙人口的大禹王治水的故事，使妇孺皆知有一个夏王朝，说起来倒很容易，但真正找起夏王朝来却十分困难。过去国内有些疑古派否认夏王朝的存在，西方一些学者也持怀疑态度。时至今日，青年旅美学者沈帼帧先生在1998年8月4日写给“夏商周断代工程”项目办公室江林昌先生的信中还提到：“但是在西方学者眼中，夏朝仅是一个传说的朝代；即使有考古证据显示中国的文明在商朝建国前即已萌芽，然而所谓的夏朝并不是一个所谓‘政治国家’（Political state）。”（参见《夏商周断代工程简报》第42期1998年9月25日）100年前殷墟甲骨文的发现，其内容不但涉及当时的国家架构、宗教——宗法等级制度、阶级关系、农牧生产、周边方国、战争、信仰与祭祀等许多方面，更重要的是从中考释出殷王名谥10余人，与《史记·殷本纪》所记载的商代帝王世系大致相同，从而证实了《史记·殷本纪》的可靠性，由此推之，《史记·夏本纪》绝非空穴来风，也是有一定根据的。夏王朝的建立，标志着数百万年原始社会的结束，数千年阶级社会的开始，夏王朝既然在我国社会发展史上具有里程碑的地位，所以研究夏王朝的历史，对于揭示我国私有制、阶级和国家的产生，对探讨中国历史的发展规律，都是十分重要的。但由于有关夏王朝的文献资料相当贫乏，连两千多年前的孔老夫子都说：“夏礼吾能言之，杞不足征也。殷礼吾能言之，宋不足征也。文献不足故也，足则吾能征之矣。”感叹文献之不足，因此考古学的作用就显得更加突出和无可替代了。也正因为记载夏商的古文献太少，所以我们就应该更加珍视它、运用它，绝不能在肯定考古学的价值和作用时，有意无意去贬低或否定历史文献的价值和作用。考古工作者对此更应该慎之又慎。

从考古学角度去探索和研究夏文化，是建国后提出的新课题之一。20世纪50年代初期，发现了郑州二里岗商代遗址，进而又发现了郑州商城，这比安阳殷墟还早一二百年，从已知推导未知，大大扩展了人们的视野，增强了寻找夏文化的信心。文献中关于夏人活动的记载，主要集中在豫西嵩山周围和伊洛平原一带，以及晋南汾水下游和其他一些地方。根据这些线索，从1953年开始，考古工作者相继在河南郑州、登封、巩县、临汝、禹县、密县、偃师、洛阳、渑池和陕县等地，进行广泛的考古调查和重点发掘，尤其在登封玉村、郑州洛达庙和上街、巩县稍柴、偃师二里头和灰嘴、洛阳东干沟、渑池鹿寺和陕县七里铺等地，发掘出早于郑州二里岗商代文化、晚于河南龙山文化的一种新型文化——二里头文化。再具体一些说，作为二里头文化命名地的偃师二里头遗址，应该是坐落在伊洛平原夏王朝中心地域的都邑遗址，地下湮埋着许多夯土建筑遗存，已经发掘出2座大型宫殿基址，还发掘出大量中小型房基、灰坑、水井、一些祭祀遗迹和数百座墓葬，又有规模很大的铸铜等手工作坊遗存。出土完整或能复原的陶器已达3000多件，其中不少堪称为精品。还有许多玉器，包括圭、璋、钺、戚、戈和多孔刀等，造型优美，雕琢精细，抛光光洁，五彩纷呈。出土漆器有觚、豆、盆、钵、鼓等，绘有繁缛的图案纹饰，显得富贵华美。更值得重视的是出土了大量的青铜容器、兵器、工具和铜牌饰等，展示了气势恢宏的王者风范和高度发展的青铜文明。从考古发现上看，河南龙山文化—二里头文化—二里岗文化一脉相承，中间没有什么缺环。而二里岗文化被公认是商文化，这样就把夏文化限定在河南龙山文化至二里头文化的范围内，这是探索夏文化的重大进展。

通过上述简单的回顾，就足以使我这个在河南已经工作了40年的老考古人激动不已。笔者与夏文化结缘应该说是很早的，远在1956年考入北京大学历史系考古专业学习的时候，讲授中国古代史的老师，讲的是炎黄、唐尧、虞舜、夏、商、周……讲授中国考古学通论的老师，讲的是旧石器时代考古、新石器时代考古、仰韶文化、龙山文化……但这些考古学文化怎样能与古史传说及夏代联系起来，老师们也讲不出圆满的答案，学生们自然更有些不明白，至少我自己就有这样感觉。即使讲授商周考古的邹衡先生，也只把重点放在商代，对更早的夏文化只是一笔带过。到了20世纪50年代末期，我们已是高年级学生的时候，除了系里老师讲授断代考古之外，还请到了校外著名的考古学者讲授考古专题课。比如请胡厚宣先生讲授“甲骨学与商代史”，夏鼐先生讲授“田野考古学”，郭宝钧先生讲授“商周青铜器”，徐旭生先生讲授“古史传说与夏文化”。学生印象很深的是，依次讲课的先生，一个比一个年岁大；而后面的两位老先生，一个比一个胡子长。先生们的博学使我们受益匪浅，尤其是徐旭生先生的讲课，引发了学生们对夏文化的浓厚兴趣，徐老先生的课时约是每周两节，也没讲多少次。讲述中国古代部族的分野，即北方的华夏集团、东方的东夷集团、南方的苗蛮集团，它们之间时而相互斗争，时而和平共处，三者势力的消长、融合、同化，最后形成了后来的汉族。讲述探索夏文化的问题，指出要明确夏文化的含义，包括夏族文化与夏文化两个概念。二者既有区别又有息息相关的联系。前者指夏族本身的文化，其地域范围狭小，但年代较长，包括禹之前和桀之后；后者则指夏王朝时期的文化，地域范围较广，但年代较短，始于禹而终于桀。徐老先生特别指出中原地区有两个地域与夏的关系最为密切，一是豫西伊、洛、颍水流域，二是晋南汾、浍、涑水流域。这些已被日后的考古实践所证实。上述表明徐老先生最早提出探索夏文化，远见卓识，功不可没，这是我们今天所有研究夏文化的学者们都不应该忘记的。无论是哪一位先生研究夏文化取得多么巨大的成就，也都是在徐老先生为我们铺就的奠基石上起步的。与此同时，也就是1959年11月，在当年第11期《考古》上，笔者读到了徐旭生先生撰写的《1959年夏豫西调查“夏墟”的初步报告》，文章的第一部分，论述了文献记载中夏代的活动时间和活动区域，其中一部分论及夏都阳城的地望；第二部分论述了1959年4月14日—5月26日，在河南登封、禹县、巩县、偃师等地进行考古调查的情况，着重介绍了登封告成八方间遗址和石羊关遗址、禹县阎寨遗址和谷水河遗址、偃师二里头遗址。这5处遗址均可在中国考古学上书写一笔，其后又都作了不少工作。其中告成八方间遗址，就是后来著名的王城岗龙山文化城址，只是城墙基槽埋在地面之下，当时尚未发掘，没有发现而已。石羊关遗址是登封告成镇（其东侧有战国阳城遗址）顺颍水东下通向豫东大平原的要道，为丰富的仰韶文化遗址，其上层有龙山文化遗存。阎寨遗址为龙山文化遗址，面积约2.7万平方米，发现有成排的方形房基和灰坑等。谷水河遗址面积约18万平方米，有丰富的仰韶文化、大汶口文化和龙山文化遗存。二里头遗址如前所述，其重要性不言而喻。文章第三部分是后话，也就是结语，虽然没有作什么结论，但老先生却明确指出："告成和八方间、石羊关、谷水河三遗址都有仰韶和龙山的陶片，阎寨遗址也有龙山陶片。我们觉得这种相类似的性质应引起注意。此后对于河南偏西部、山西西南部两重点当做大规模的调查或复查，以便能早日订定科学的发掘计划。"这里面一是强调了龙山文化对探索夏文化的重要性；二是强调了探索夏文化必须与考古调查和发掘相结合。这从徐旭生先生亲自到豫西调查"夏墟"的本身也可以看出来。探索夏文化对于一个考古专业的学生是多么诱人，尤其是对在河南长大的学生更是如此。

1961年9月，笔者从北京大学历史系考古专业毕业，满怀喜悦分配到河南省文化局文物工作队工作。当年10月至年底，就到洛阳参加古墓葬资料整理工作。1962年全年参加全省碑刻调查，同年底，读到了徐旭生先生所著的《中国古史的传说时代》，这本书凝聚了徐老的心力，蕴含着他独到的学术见解，尤其是提出探索夏文化的学术问题，鼓励后学者努力攀登。

1963年春，配合豫西农田水利工程建设，笔者第一次参加偃师的古文化遗址调查。这次新发现了宫家窑遗址、南蔡庄遗址和夏后寺遗址。

1963年8月1日，笔者奉命要急切赶到山西侯马参加文化部文物局组织的全国性考古发掘大会战，集中发掘晋国都城新田的铸铜遗址。这里文化层堆积丰厚，发掘出房基、水井、灰坑、窖穴、作坊活动面和窑址等遗迹。文化层与各种遗迹之间有许多组叠压打破关系，出土了大量的陶器，一些器物的早晚变化及特点十分明显。根据地层关系和陶器演变，并结合其他遗迹遗物的变化，遗址的时代可分为三期六段，涵盖了春秋中期到战国早期，即公元前6世纪初至公元前4世纪初的200余年间。遗址发现铸铜陶范5万多块，其中完整或能配套的近千件，还有熔炉和鼓风管残片2万多块，以及大量炼渣等。除了可以看出其规模巨大之外，还可了解当时从选料、制范到合范、浇铸等工艺流程和技术水平。在数千块陶范上，刻有各类精美的纹饰达25种之多。几何纹饰类似剪纸，风格雅朴，甚有特色；动植物纹饰，雕刻精细，形态逼真，堪称艺术珍品。上述考古发现，为研究遗址的年代、地望、晋国文化的特点、青铜铸造工艺及当时手工业生产的分工和产品的商品化等问题，提供了重要资料。这是笔者大学毕业后首次参加大型遗址的考古发掘，由于地层叠压打破关系非常复杂，在分析遗迹现象时遇到不少困难，但这也是极好的锻炼机会，大大提高了笔者田野发掘技术水平和分析遗迹现象的能力，为日后的考古工作奠定了良好的基础。在那些繁忙紧张的日子里，偶尔也有难得的一天假日，与两三知己沿着汾河河谷的阶地，进行考古踏察，时而采集到一些龙山文化或类似于二里头文化的陶片，漫步在这被《左传》称为“夏墟”或“大夏”的故地，真令人心旷神怡，忘记了一切疲劳，用当时的话来讲：“快乐得像自由的鸟儿一样！”

从1964年到1966年年初，笔者曾参加豫北地区和南阳地区的文物普查，发现了若干处仰韶文化、龙山文化、二里头文化和商周文化的遗址；笔者还参加了新郑郑韩故城的调查、钻探和发掘，大致了解了这座东周郑国和韩国都城的平面布局；又参加了三门峡一些工厂基建工程的考古发掘，多是一些战国、汉、唐墓葬，有的墓葬四周有围墓沟，有的墓是大墓道小墓室，出土一批典型秦人风格的陶器和铜器，有些陶器肩部或底部印有“陕亭”“陕市”等陶文，这不仅是器物产地的标志，也是研究当时社会手工业生产和商品经营管理的重要实物资料。还有一批东汉墓内的绿釉陶器和建筑模型，唐墓内制作精美的铜镜和三彩器，都是重要的考古收获。后来还参加了渑池县仰韶村遗址考古调查和文物分布图的测绘，仰韶村遗址是仰韶文化的命名地，现为全国重点文物保护单位。上述这些考古工作，有些比夏代早，有些和夏代相近，有些比夏代晚，但每次工作都与后来探索夏文化直接或间接有关。

您曾长期主持过郑州商城的考古发掘工作，请介绍一下您在郑州商城做过哪些发掘与研究工作？

1972年，笔者开始参加郑州商城的考古发掘工作，一直连续干了十多年。其中，在1979年年初，党的十一届三中全会的春风吹暖了大地，老父亲在1958年年初被最后一批错划为右派的问题得到改正，成为离休老干部。笔者也时来运转，以42岁的“高龄”，被任命为相当于副科级的考古部副主任，这在当时本单位的同辈人中是难得的殊荣。

在郑州商城进行考古发掘的日子，很是令人难忘的。1972—1976年，针对某些专家对郑州商城年代的怀疑，在郑州商城东城墙、西城墙和南城墙分别开挖了探沟，再一次证实了郑州商城是一座早于安阳殷墟的商代前期城址。随即还在郑州商城内东北部发现了多处面积较大的夯土建筑基址，成排的石柱础，赫然在目，说明这一带是郑州商城的宫殿区。与此同时，在郑州商城西城墙外约300米处的张寨南街，发掘出一座商代青铜器窖藏坑，出土一对大型铜方鼎和1件铜鬲，造型浑厚，气势磅礴，当为王室所用之物。在今东里路发掘的一条商代壕沟内，出土近百个奴隶的头盖骨，不少头骨上有明显的锯痕，可能是制作人头骨器皿的遗存。在省中医学院家属院和黄河中心医院内，也发现有建筑基址及墓葬，墓内随葬有一些青铜器。在郑州商城北约500多米处，即今新华社河南分社院内，配合基建进行考古发掘，出土大量陶片、骨器、废骨料、砺石、铜刀、铜块和铜渣等遗物，说明这里属于商代制骨和铸铜手工作坊遗址的范围。同时还发现有被绑缚的弓身屈肢人骨架、无首人骨架、杂乱人骨和猪骨等，掷埋在一起的现象，这可能与祭祀有关。1977—1983年，在东里路又发掘出商代铜器墓；在郑州商城北城墙中部缺口以南，即今紫荆山百货大楼范围内，发现有商代文化层和窖穴；在郑州商城中部偏南处，即今郑州变压器厂家属院内，发掘出面积约250平方米的商代夯土基址，这是当时发现最偏南的一处大型房基；为打通东里路与城东路相接，需通过一段东城墙，经过发掘知道，这段城墙修建在较高的沙土岗上，这沙土岗就是当今紫荆山的一部分。郑州商城中部偏西处，即今天成路南侧，发掘出一座商代窖穴，出土能复原的陶器20余件，还出土有骨匕和卜骨等。在大口尊口沿或颈部外侧，刻有陶文符号、鸟字陶文或目字陶文，颇为罕见。在郑州商城东南角外侧，即今向阳食品厂院内，又发现一座商代青铜器窖藏坑，内置大方鼎2件、大圆鼎1件，还有尊、罍、卣、小圆鼎、盘和觚等10件，造型别致，纹饰精美，实为千古不朽之杰作。在郑州商城南城墙外700余米处，即今郑州市木材公司院内，发掘一座商代窖穴，坑内有1件折沿大口绳纹罐，罐内放置石镰19件，刃部均较锋利。在郑州商城西城墙外约500米处，即今北二七路中段路东，发掘4座商代墓葬，其中3座随葬有青铜器。总之，自1972年至1983年，笔者参与的郑州商城考古发掘，年年月月都有考古新发现，直到奉调到省文物局任副局长之后，方才离开郑州商城考古工地。但每每回想起这十余年的考古生涯，还是那样让人激动，让人留恋。

与此同时，笔者还积极整理考古发掘资料和进行夏商考古学研究。先后发表了10多篇郑州商城的考古发掘简报和报告，以及20多篇研究论文。至于那部专著《郑州商城初探》的出版，则是1985年9月的事情了。郑州商城的考古发掘成果，稍向前推，就与夏文化的探索有密切的关系。如果把探索夏文化比作是考古学上的“哥德巴赫猜想”，那么商代前期距此也就是一步之遥了。这是多么艰难的一步，为此考古学者、历史学者用了大约数十年的时间，还没有完全跨过这一步。

郑州商城性质的判定，直接关系到夏文化的推断，作为隞都说主要代表者之一，您是怎样接受这种观点的？

让我们再回到五六十年代。众所周知，郑州商城的发现也关系到夏文化的推定。1961年4、5期合刊的《文物》杂志，发表了安金槐先生的文章《试论郑州商代城址——隞都》。从地层叠压关系和遗迹、遗物的分析看，笔者认为郑州商代城址的时代没有什么问题。再联系到安先生在文章中列举的文献记载看，郑州商城是商王仲丁的隞都也没有大差。其实早在1954年进行整理、1955年完稿的《郑州二里岗》考古报告专集中，安金槐先生就指出：“郑州在商代当不是一般的小村落，很可能是一个人口密集的大城邑。”“郑州在殷代应属隞。”而1956年，邹衡先生在他那篇著名的《试论郑州新发现的殷商文化遗址》（《考古学报》1956年3期）研究生毕业论文中，也曾认为：“郑州商代遗址在当时确是一个规模不小的城市。”虽未明确指出是仲丁的隞都，但紧接着就引用了七条与仲丁隞都有关的文献记载，其意不言自明，只是后来改变了观点。此外，《史学月刊》1957年3期，发表了赵全嘏先生所写的《郑州商代遗址的考古发掘及其时代关系》，文中也提到："郑州有丰富的商代文化遗存，很有可能就是文献上所说的仲丁迁徙的商代京城。"通过个人亲历的十多年对郑州商城考古发掘，并结合文献进行科学研究，笔者认同和支持了郑州商城隞都说的学术观点，在其后长期的考古实践和研究中，对郑州商城隞都说进一步补充、完善和发展。

1977年上半年，在登封县城东南告成镇西侧，发现了一座河南龙山文化晚期城址，位于颍河与五渡河交汇处名叫王城岗的高台地上，为东西两城并列，东西两城筑法相同，都是先挖城墙基槽，然后填土逐层夯筑。城内西部和中部较高的地方，发现有断续的夯土建筑遗存，其下填埋有多具人骨架，可能与奠基或祭祀有关。城内还发现有青铜容器残片，以及刻字的黑陶薄胎平底器残片。登封王城岗龙山文化古城址，经^{14}C测年距今4010年，正负误差85年，应在夏初积年之中。据古文献记载，这里的地望在"夏都阳城"的范围之内，城址虽小，城墙基槽夯土的夯筑方法也很原始，但这正符合中国古代城垣建筑由小到大，从原始趋向成熟的发展规律。这对探索夏王朝中心区域的文化，可算是一次突破。为此，1977年11月18—22日，国家文物局在登封主持召开了一次"河南登封告成遗址发掘现场会"。这是"文化大革命"结束之后，文物考古界一次重要的学术盛会，实属不易。这次会议是围绕登封告成王城岗遗址的发掘，探讨夏代文化问题。当时对待夏文化的看法主要有三种不同意见：其一认为河南龙山文化晚期和二里头文化一至四期是夏文化；其二认为河南龙山文化晚期不是夏文化，只有二里头文化一至四期才是夏文化；其三认为河南龙山文化晚期和二里头文化一、二期才是夏文化，而二里头文化三、四期属于商代早期文化。笔者认同第三种意见。这实际上与郑州商城为仲丁隞都说是密不可分的。

邹衡先生在《文物》1978年2期上发表《郑州商城即汤都亳说》，向郑州商城隞都说提出质疑。1980年邹衡先生在其《夏商周考古论文集》中，又提出隞都有可能在山东。这些虽有一定道理，但并未动摇郑州商城隞都说的地位。其后，到了1983年，在偃师发现了尸乡沟商城；1995年，又发掘了郑州小双桥遗址，这些重要的考古发现，开阔了研究者的视野，对郑州商城亳都说和郑州商城隞都说都有所冲击，旧案未了，又出现新的问题。郑州商城亳都说者认为：偃师商城为太甲所放逐的桐宫或监视夏遗民的重镇，郑州小双桥则为仲丁自郑州商城所迁到此的隞都。郑州商城隞都说者认为：偃师商城为汤所居的西亳，郑州小双桥则为郑州商城王室的祭祀遗址。这似乎又进入了新的一轮争论，"剪不断，理还乱"，这种争论对学术研究来说是很正常的。关于郑州商城隞都说的问题，下面还有进一步的论述。

在夏商周断代工程1997年工作汇报会上，您提到对某些资料的认识，研究者往往与

发掘者的意见不同，请谈谈您在这方面的感受？

近些年来，在考古研究中还有一种争论现象，即田野考古发掘者与一些考古资料研究者往往看法不同，这在郑州商城遗址、郑州小双桥遗址、偃师二里头遗址和偃师商城遗址都曾发生过。如郑州商城城墙的始建年代，发掘者认为：由于夯土城墙下压有二里岗下层的遗迹，如东城墙CET7和西城墙CWT5的下面均压有二里岗下层的小灰沟；而在夯土城墙内包含最晚的陶片属二里岗下层陶片，并且还发现有二里岗下层遗迹叠压在夯土城墙内侧根部，因此，郑州商城城墙始建年代不早于也不晚于二里岗下层时期。但有

▼ 夏商周断代工程偃师会（前排右六作者）

的研究者却认为郑州商城或墙下面所压的二里岗下层时期的小灰沟值得存疑，城墙内包含的少量二里岗下层陶片，其出土的层内坐标也不明确，这样，它到底是城墙始建时的包含物还是后期的掺入物就值得存疑。再者，城墙的夯土层很薄，夯窝很密，夯打非常坚实，一般说来包含的陶片多被夯打成碎片，而且又是少量，对于这少量的碎陶片，其文化年代的断定是否准确，也还是个问题。同时依据南城墙破坏了南关外期文化层，因此把郑州城墙的始建年代定为南关外期。即早于二里岗期下层。又如偃师商城通过对大城、小城、宫殿基址和大灰沟的发掘，发掘者认为偃师商城至迟建于二里头文化四期晚

段，即早于郑州商城。但有的研究认为始建年代不会那么早。退一步说即使始建于二里头四期晚段，也要比始建于二里岗下层早段的郑州商城晚。其逻辑是二里岗下层早段与二里头四期晚段有相当的并存时期。因此郑州商城的二里岗下层早段有可能早于偃师商城的二里头四期晚段。其实，从历年来的考古发掘中可以看出，无论是在河南或山西南部，只发现多处二里岗下层叠压或打破二里头四期，而没有发现哪怕是一处二里头四期叠压或打破二里岗下层。与此相同的是，在偃师商城北城墙东段附属堆积下面叠压的几个小灰坑，明明不晚于二里岗下层一期，但有的研究者在看其陶片时随口就说出这属于二里岗上层，大约是他把折沿罐看成折沿鬲了。这些也都应该是正常的现象，可能因为站的角度不同，思考的方法不同。相互争论既能相互启发，也能相互促进，只不过是发掘者接触实际更多一些，应该多听听他们的意见。

夏商周断代工程启动之后，在您参加的商前期年代学研究课题中有哪些进展？请具体谈一下偃师商城、郑州商城、郑州小双桥商代遗址的年代和性质问题。

从1996年启动的夏商周断代工程，是国家社会科学重点项目。广泛涉及历史学、考古学、天文学和测年学等学科，通过进行多学科交叉研究，将夏商和西周前段时期的年代进一步科学化、量化，需要这些学科的专家改变自我封闭的状况，彼此合作，联合攻关。历史学者将从历史文献学、历史地理学、古文字学等不同角度开展工作。在历史文献学方面，将把中国历史典籍中有关夏商周年代和天象的材料尽量辑集起来，建成资料库，加以分析整理。对其中有代表性的重要文献，进行详细考证，逐一判断可信程度和使用价值。在历史地理学方面，将在前人研究的基础上，着重研究文献中有关夏代和商代前期各都城的地理位置，为在考古学上探索夏代提供依据。在古文字学方面，将结合考古学研究，进一步做好殷墟甲骨文和西周金文的分期，选取有年代学意义的标本，以供天文历法方面研究或进行测年。天文学者将全面总结天文年代学前人已有的成果，推算确定若干绝对年代，为夏商周年代确定标准的坐标。在历史文献学和古文字学工作的基础上，利用天文数据库和天文计算，重新核查对断代特别有用的古代天象记录。从天文学角度进行殷墟甲骨文、西周金文历法的研究，改进甲骨文、金文历谱，推定商代武丁以后商周各王世的绝对年代。考古学者将对与夏商周年代有密切关系的考古遗存进行系统研究，建立相对年代序列和分期，为利用现代化手段测定夏商周绝对年代提供层位明确、文化属性明确、相对年代清楚的测年标本。研究重点是中原地区夏商周时期具有典型性和代表性的考古学文化，同时兼顾周邻地区与夏商周文化关系密切的其他考古学文化。在测年技术科学方面，主要采用^{14}C测年方法，提高精确度和可靠性。最后希望达到西周共和元年（公元前841年）以前，包括西周早中期和晚期前半各王，确定比较准确的年代；对商代后期确定此较准确的年代；对商代前期提出比较详细的年代框架；对夏代提出基本的年代框架。这无疑为解决争论多年的夏文化和确定早商文化奠定基础。

夏商周断代工程开始进行之后，召开了不少学术研讨会。属于考古学的商前期年代学研究课题组，在安金槐先生领导下，对偃师商城、郑州商城和郑州小双桥遗址做了大量的考古发掘工作，加上过去考古成果的积累，为综合探讨商代前期的文化分期，研究这些城址、遗址的年代和性质提供了有利条件。

通过对偃师商城西城墙、西城门和北城墙的发掘，可以见到一批二里岗下层的文化层、路土、墓葬叠压或打破城墙的附属堆积。与此同时，在西城墙和北城墙的夯土内出有一批陶片，有罐、瓮、鬲、盆和大口尊等，从其形制看多为二里头文化一、二期，也有一些二里头文化三、四期的。此外，在北城墙东段发现有被夯土城墙基槽打破，同时又被城墙附属堆积所叠压的文化层，文化层内所出的陶片不晚于二里头文化四期。在城墙附属堆积下面还发现有几个小灰坑，坑内出土有一批陶片和与青铜铸造有关的木炭、铜液凝固块和小块陶范等遗物，其陶片也不晚于二里岗下层一期。这样可以证实偃师商城始建年代不晚于二里岗下层一期。近年，在偃师商城西南部，发现一座小城，平面大致呈长方形，南北长1100米，东西宽740米。已知北墙中段和东墙局部有曲折，墙宽6—7米。其南墙、西墙和东墙南段同偃师商城（可称为大城）城墙重合。通过南墙和西墙的发掘，证明小城的始建要早于大城。当扩建大城时，曾利用小城的南墙、西墙南段及东墙的南段，将其内外两侧加宽并加高，亦即将小城城墙包在大城城墙之内。以致大城城墙宽17—19米。而大城的西墙北段、北墙的全部和东墙的大部则为新建。这样，偃师商城的宫城就正位于小城的中轴线偏南部位。考古发掘资料又显示最初的宫殿和宫城，甚至比小城还要早，如4号宫殿呈长方形包括正殿和东、西、南庑及庭院等遗迹，属三面封闭式宫殿建筑。从打破4号宫殿的灰坑D4H29的^{14}C测年看，其年代为3380±75年，树轮校正为3630±125年，这与二里头文化四期的年代一致。宫城的建筑是偃师商城最初出现的标志性建筑物，由此可以推断，偃师商城的始建年代应在二里头文化四期。在偃师商城范围内的其他发掘表明，偃师商城建成之后，历经了二里岗下层一、二期和二里岗上层一期的断续繁荣，到二里岗上层二期时，就已经衰落甚至废弃了。

在郑州商城配合旧城改造纵穿南北紫荆山路及横贯东西的顺河路打通工程，以及一些工厂、学校的基建项目，在南城墙、东城墙和宫殿区等处进行考古发掘。再结合以往的考古收获，发现有二里岗下层一些文化层等遗迹，叠压或打破夯土城墙。在西城墙和东城墙下，压有少量二里岗下层的灰沟。夯土城墙内包含最晚的陶片亦属二里岗下层。城内虽然也发现少量的二里岗下层一期甚至洛达庙期的遗迹，但其规模较小，形不成气候。由此推断，郑州商城始建年代不早于二里岗下层一期偏晚阶段，也不晚于二里岗下层二期，这要比偃师商城晚一个阶段。此外，从郑州商城东城墙夯土层的^{14}C测年看，距今为3330±95年，树轮校正为3570±140年。要比偃师商城晚数十年。通过对郑州商城内外的发掘，可以看出在二里岗下层二期时已初具规模开始使用；在二里岗上层一期时已达到繁荣阶段，到二里岗上层二期时一些手工作坊仍在使用，在城墙外侧发现与祭祀有关的多处青铜器窖藏，出土大量王室使用的青铜重器。在宫殿区内多处发现目前所见我国最早的绳纹板瓦，这自然与宫殿建筑有关。其他遗迹和遗物也发现不少，这表明郑州商城在二里岗上层二期时虽然没有前段繁荣，但绝非被废弃的时期。

测年专家认为，用^{14}C常规法其精度可达到或优于千分之三，用加速质谱计法精度优于千分之五。也就是说，常规法更为准确。自夏商周断代工程启动以来，到1999年8月6日为止，笔者仅获知一个^{14}C测定的年代数据，即郑州电力学校商代二里岗上层一期水井J3井框圆木的年代。测年专家在此圆木上采集9组样品，经过常规法系列测定拟合，该圆木外轮年代为公元前1400年，亦即距今为3400年，误差仅8年，十分精确。在J3井发现的陶器为相当数量的直领方唇或圆唇捏口罐、方唇颈部饰弦纹和同心圆纹鬲、卷沿弧腹盆、高领圆鼓肩壶、方唇高领折肩瓮等，属二里岗上层一期；在井坑即H10夯土内，最晚的遗物也是商代二里岗上层一期的陶片。证明J3为商代二里岗上层一期无误。由此可知二里岗上层一期为公元前1400年。J3的测年数据已为测年专家中国社会科学院考古研究所仇士华研究员和北京大学考古系原思训教授共同确认。有些专家曾推断二里岗上层一、二期和下层一、二期约200年，每一期约50年。由此推断二里岗上层二期约为公元前1350年，二里岗下层二期约为公元前1450年，二里岗下层一期约为公元前1500年。鉴于郑州商城始建年代约在二里岗下层一期晚段，则不会超过公元前1500年即不超过距今3500年。还有学者把商代始年估定为公元前1622年，但若以已经确定的二里岗上层一期为公元前1400年来推定，公元前1622年说不定会相当于二里头三期，这为一些学者认为夏商分界在二里头二、三期提供了一些信息。同时，商代始年为公元前1622年，依今本《竹书纪年》商汤到外壬各王的在位年数近200年，这样郑州商城在二里岗上层一期时作为王都，即公元前1400年时作为王都，那和仲丁与外壬之时相差不远。

郑州小双桥遗址是近年来新发现的重要商代遗址。发掘出一些夯土台基、多座牛头及牛角的祭祀坑、埋有人骨或狗骨的奠基坑；出土一批陶器、石器、青铜器、玉器及朱书陶文，还有孔雀石、炉壁残片、铜渣、残范块等遗存。这些遗物少量属于二里岗下层二期或二里岗上层一期，大量为二里岗上层二期。据此推断，郑州小双桥商代遗址属于二里岗上层二期，但某些遗迹的年代也可能会早一些。如上所述，偃师商城的始建年代要早于郑州商城，它们之间的繁荣与衰落，发展与停滞，高潮与低谷是相互交错的。当偃师商城始建时，郑州商城尚是一个大的聚落址；当偃师商城进入繁荣期时，郑州商城才开始修建；当偃师商城停滞时，郑州商城进入使用和发展时期，成为一座防御东方的重镇；当偃师商城又有恢复时，郑州商城却更加辉煌，进而发展成为一代王都；当偃师商城废弃时，郑州商城又维持了相当一段时间后才逐渐衰落下去。一些学者认为偃师商城是商灭夏后所建最早的都城，至迟在二里头文化四期晚段已经完成了夏商王朝的更替，偃师商城成为夏商文化分界的界标。至于郑州小双桥遗址，在其出现时郑州商城早已存在；在其废弃时郑州商城仍在维持，二者有相当长的并存时间。

说起夏商分界的界标，这是个形象化的比喻，商灭夏就其时间而言，在商王朝的版图内能找到不少证据，但作为界标只能有一个。近年来有的学者坚持把郑州商城也列为界标，似乎不妥。说偃师商城是界标，那是因为该城建立在夏都二里头的旁边，是夏王朝已灭亡和商王朝已建立的标志。而郑州商城的建立先不说其早晚，但与夏王朝灭亡远没有偃师商城那样紧密。就实际情况讲，商灭夏应在偃师商城建立之前，只不过是用其做个标志。若把郑州商城或其他什么都作为界标，那就没什么意义了。

在偃师商城、郑州商城和郑州小双桥商代遗址的时空框架确定之后，就为探讨它们的绝对年代亦即商前期年代奠定了基础。在田野发掘中，依据考古学文化分期，对各个典型单位连续层位，采集了一大批包括从二里头文化到二里岗文化各个时期的含碳测年标本，通过^{14}C高精度的测定，得出较准确的商前期日历年代。与此同时还要与夏代年代学研究和商后期年代学研究两个课题相结合，为建立夏商编年提供方便。将上述两种途径得出的结论，与古代文献中关于商年的记载，以及天文学研究成果相对比，最终可以建立商代前期较为详细的年代框架。同样在偃师商城、郑州商城和郑州小双桥遗址的时空框架确定之后，也为探讨它们的性质创造了条件。对于偃师商城来说，从其始建年代、地理方位、规模和形制来看，它是商代最早的一座都城。结合文献记载可以认定，是商汤灭夏后在这里所建的亳都。《汉书·地理志》河南郡偃师县条下班固自注："尸乡，殷汤所都。"从偃师商城西墙和北墙的发掘来看，商代夯土城墙之上均有汉代文化层叠压，说明至少在汉晋时期城墙还矗立在地面之上，而班固一定也曾目睹了这座城址，并以汉代地名转述前人旧说。虽未直言亳都，但汤都为亳则是人所共知的事情。

从历史发展看，这一带是夏王朝的辅畿地区，商灭夏后出于政治上的需要，为了维护和巩固政权，为了加强控制迅速扩大的商代疆域，为了镇抚夏王朝的残余势力，成汤就在这里建立都城。《诗·商颂·殷武》记有："天命多辟，设都于禹之绩。"春秋齐器"叔夷钟"铭说成汤："咸有九州，处禹之堵（都）。"《春秋繁露·三代改制质文》（卷七）云："汤受命而王，应天变夏作殷号……作宫邑于下洛之阳。"均可提供佐证。

还要指出的是，在偃师商城中部，有一条东西向的低洼地带穿越而过，当地群众世代相传称之为"尸乡沟"或"尸乡洼"，今发掘出的偃师商城亦被称为尸乡沟商城即由此而来。这与文献所记的"尸乡"相同，当非巧合。而近年来在这一带的吓田寨、杏园村、槐庙村等处，发掘出一批唐代墓葬，从其墓志记载看，有唐一代这里就称为"亳邑乡""薄台里""西亳""尸乡""景亳"等。这些有的是唐代建制的乡名，有的是别的地名，但都是沿袭古代的旧称，应与偃师商城有关。这就从另一个侧面证明偃师商城是汤都西亳。

郑州商城规模宏大，布局有序，是一座商代前期无可置疑的王都。从商代历史看，汤都亳在前，仲丁迁隞紧接其后。前已论述偃师商城为商灭夏后所建最早的都城，即汤之亳都。郑州商城比其要晚，其繁荣期可能就是仲丁的隞都。

一些文献说得较为明确，如《诗·小雅·车攻》记有："东有甫草……搏兽于敖。"郑玄注："敖在郑地，今近荥阳。"甫草即甫田之草，在今郑州东郊圃田一带。把"甫草"与"敖"并列于诗内，说明二者相距不远，且"敖"在甫草以西。由此可见敖就在郑州一带。

从郑州商城修建的背景和仲丁迁都的情况看，有商一代在商王朝东西南北时而有些战事，如对西部的羌方，北部的土方，西南的巴方，东部的夷方等。但战事最频繁的还是在东方，而且贯彻商代始终，直到殷末还曾是"纣克东夷而陨其身。"（《左传》昭公十一年）夏部族与东夷既有婚姻关系，也有政治联盟，这不能不对商王朝构成重大威胁。因此商灭夏后在偃师建都，待大局平定国力有所恢复之后，就在郑州修建城池，为日后平息东方威胁作准备。到"仲丁即位，元年自亳迁于嚣"。当时迁都的最主要原因是对付外部敌人，而仲丁之时，就有征伐东方蓝夷的战争，《竹书纪年》记有："仲丁即位，征蓝夷。"《后汉书·东夷传》亦曰："至于仲丁，蓝夷作寇，或畔或服。"而蓝夷是古代东夷的一支，约在今鲁南、苏北一带。仲丁迁都主要是为了便于征伐蓝夷，也只能从偃师商城东迁到郑州商城，即从亳迁都至隞。

近些年来，在郑州商城南城墙外900—1200米处和西城墙南段外700—900米处，发现有一大段属于商代二里岗期的夯土墙，可与50年代在二里岗北部即东城墙南段外侧发现的夯土墙相连，断续长度约5000米。这应是起防御作用的外城墙。在内外城墙之间有铸铜作坊遗址、窖穴、房基、青铜器窖藏坑和多处墓葬。而在外城之外商代遗迹就非常少。这样，就把郑州商城的范围扩大了近一倍。商汤灭夏后不可能立即兴建这样大的都城，而只能在定都偃师商城经过一长段时间休养生息之后才可办到。这就为郑州商城是仲丁所迁之隞都提供新证。

从目前考古资料看，偃师商城要早于郑州商城，郑州商城不可能是商代最早的都城亳都，而郑州小双桥遗址兴衰的全过程，均与郑州商城始终并存，绝不是郑州商城废弃后郑州小双桥商代遗址才兴起来，即所谓年代上"一兴一废"的前后衔接关系。从前面提及的《竹书纪年》等文献记载可知，仲丁即位之后，蓝夷作寇，外患不安。又据《史记·殷本纪》所记："自仲丁以来，废适而更立诸弟子，弟子或争相代立，比九世乱，于是诸侯莫朝。"这又反映了仲丁后期政治动荡，内忧严重。在这种形势下，若郑州小双桥商代遗址作为隞都，则势必要有城墙等防御设施，但时至今日，并未发现一点线索，这要用当时没有修建城墙是难以解释的。废旧都迁新都，对于每一个国家、每一个王朝来说，都是一件大事。主要都是因为政治和军事的原因。从最早的夏商周迁都到北魏孝文帝迁都，以及宋金元明清诸朝迁都都是如此，而且新都离旧都相距甚远，从几百千米到上千千米者，比比皆是。但郑州小双桥商代遗址与郑州商城中心部位相距仅20千米，若以边缘计算还远不及此数。看不出来有什么必要废掉郑州商城，而在其远郊耗费大量人力、物力、财力再建新都。有人反驳说西周初文王都丰邑而武王又建镐京，两者不是相距很近吗？其实这不是什么迁都。从考古发现看沣水以西的客省庄、张家坡一带是丰邑，沣水以东的普渡村、花园村、斗门镇一带是镐京，二者基本连成一体，从文献记载看，《史记·周本纪》："成王在丰，使召公复营洛邑。"《史记·鲁周公世家》："成王七年二月乙未，王朝步自周，至丰，使太保召公先之雒相土。"这说明，虽然周武王建镐京，但成王时，还经常在丰发号施令，且成王可以自镐步行至丰。丰邑在整个西周时期仍然起到宗庙祭祀和政治中心的作用。丰邑和镐京实际上是一座扩大了的国都，而被连称为丰镐，绝非废丰兴镐。犹如今天襄阳和樊城组成襄樊，武昌、汉口和汉阳组成了武汉一样。

再从郑州小双桥发掘的考古内涵看，是一些夯土台基、牛头牛角祭祀坑、少量奠基坑和一些陶器、石器、青铜器、玉器及朱书陶文，没有发现明显的居住生活的迹象，即没有稍多发现考古工作者一般所称的"生活垃圾"。这表明郑州小双桥只是一处商代王室祭祀遗址而不是一座王都。

还要提及的是，郑州小双桥商代遗址最初调查是15万平方米，目前已扩大到144万平方米，那是把发现的若干遗址点连线而成的，据说类似的点还在增多，那么遗址面积还可能再扩大。但是它们不同于一个大城垣之内的若干个遗址地点。这些遗址点的时代和内涵是否都完全一样，是否属于同一个大型遗址，还需要做更多的工作来证实。

您认为目前夏文化研究的主要问题是什么？

对于夏文化研究来说，目前的主要问题是解决夏代的起始年代和夏商的分界年代，从现在的情况看，偃师商城为夏商文化分界的界标，有可能逐步达成共识，那么夏代的起始年代，就显得更加突出和重要了。

有些学者认为，夏代起始于二里头文化一期，而止于二里头文化四期，再早再晚均不是。而在偃师二里头遗址和偃师商城进行考古发掘的一些学者则认为，二里头文化一期时，偃师二里头一带遗迹遗物较少，尚属于一般聚落。二、三期为其繁荣阶段，夏王朝在这里建都。到了二里头文化四期时，这里已经衰落，至迟到了四期晚段，二里头遗址旁边已出现了偃师商城，完成了夏商王朝的更替。这又是前面说过的田野考古发掘和与一些考古资料研究者意见的不同。据^{14}C测定，它的年代最早距今不超过3900年，其繁荣期也不过200年。这与整个夏代来比，可能太短一些。有的学者称二里头一至四期为夏文化，但并不包括夏禹王在内。且二里头一期虽然遗迹甚少，但也应该是王都所在。其理由是：由于二里头一期时间早，受破坏就很严重，所以遗迹留下的就少；由于二里头二、三期宫殿基址等未发掘到生土，所以其下有可能压有二里头一期遗存，因此所见遗迹就少；由于二里头一期为夏初王都初建阶段，本来遗迹就少一些……云云。即使这样，二里头文化作为夏积年还是有一定差距。鉴于至迟二里头文化四期晚段属于商文化，那么夏文化就不能向后延续，只能向前面追溯。早于二里头文化而又与之紧密相连的是河南龙山文化晚期，它们时间早晚衔接而又有明显的传承关系。二里头一期陶器中的鼎、盆、罐等的形制和纹饰，还遗留着河南龙山文化的作风，以至于在20世纪50年代进行考古发掘时，就把二里头文化早期归入河南龙山文化之内。考古学文化的名称本来就是根据发掘情况人为确定的，河南龙山文化是二里头文化的渊源，二里头文化也可以说是河南龙山文化的归宿。如果把二里头文化早期归于河南龙山文化晚期之内，或者把河南龙山文化晚期纳入到二里头文化早期之内，也实在不算大差。有的学者也认为，在偃师二里头遗址的二里头一期文化不是夏代的早期，但却提出要去寻找所谓比这里的二里头一期文化还要早的二里头一期文化。最近有的学者观点稍有松动，认为在密县新砦遗址发掘的龙山文化向二里头文化过渡的阶段，即被称为新砦期的阶段，可以划归到夏文化早期，相当于夏初启在位的时期。其实新砦期已经是河南龙山文化晚期的范畴。夏商周断代工程中的夏年代学研究课题组的早期夏文化研究专题，在邹衡先生的领导下，自1996年至今，已经在登封王城岗、禹州瓦店等河南龙山文化遗址，继续进行考古发掘，取得了第一手的全新资料。在河南龙山文化晚期之时，已经出现了诸如登封王城岗、淮阳平粮台、郾城郝家台、辉县孟庄、安阳后岗等城邑，已经能够铸造青铜器，发明和使用文字，并有了较为复杂的礼制遗存，这都为夏王朝的建立创造了条件。到了距今4000多年的时候，夏王朝开始建立，中国历史上第一次出现了一个西起华山之东、东到豫东平原、北自济水之南、南抵淮河沿岸，方圆千里的奴隶制王国。

夏商是我国文明国家形成时期，也是我国文化底蕴的奠定时期，其年代问题的解决，对深入阐述中华文明的源流，展示中华文明的成就，有着极其重要的作用。我们相信，通过国家夏商周断代工程的启动，通过多学科的联合攻关，以及学术界坚持不懈的努力，夏代与商代的年代和历史文化面貌，必将大白于世人面前，这大大增强我们民族的凝聚力，提高我们的民族自信心和自豪感，面向世界，开创更加崭新的未来。

考古记忆——《新京报》考古学家个人史访谈录

半个多世纪以来，笔者在考古发掘和考古研究的园地里，一直默默地耕耘，进入

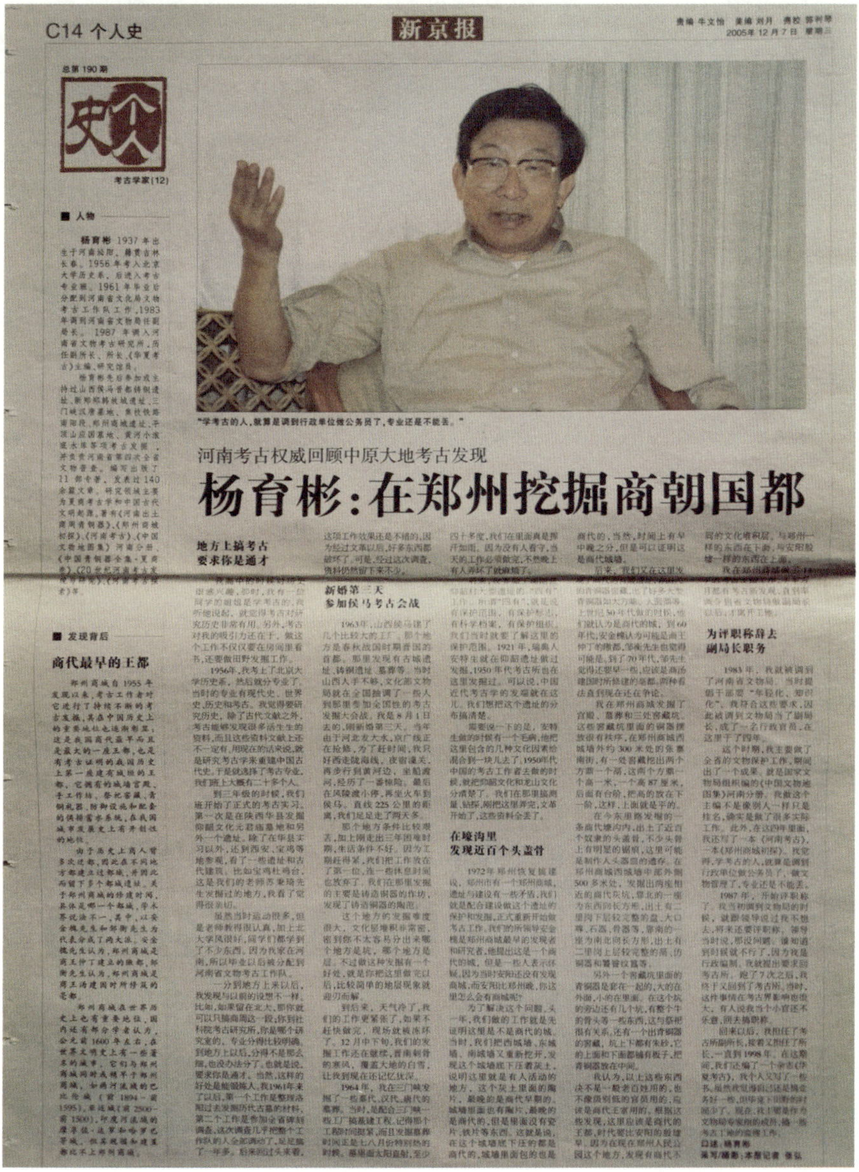
C14 个人史　新京报　责编 牛文怡　美编 刘月　责校 郭利琴　2005年12月7日 星期三

总第190期

个人史

考古学家(12)

■ 人物

杨育彬 1937年出生于河南qúi阳，籍贯吉林长春。1956年考入北京大学历史系，后进入考古专业班。1961年毕业后分配到河南省文化局文物考古工作队工作，1983年调到河南省文物局任副局长。1987年调入河南省文物考古研究所，历任副所长、所长……编写出版了11部专著，发表过140余篇文章。研究领域主要为夏商考古学和中国古代文明起源。著有《河南出土商周青铜器》、《郑州商城初探》、《河南考古》、《中国文物地图集》河南分册、《中国青铜器全集·夏商卷》、《20世纪河南考古发现与研究》、《河南考古探索》等。

"学考古的人，就算是调到行政单位做公务员了，专业还是不能丢。"

河南考古权威回顾中原大地考古发现

杨育彬：在郑州挖掘商朝国都

地方上搞考古 要求你是通才

新婚第三天 参加侯马考古会战

在嵖岈山 发现近百个头盖骨

为评职称辞去副局长职务

■ 发现背后

商代最早的王都

郑州商城自1955年发现以来，考古工作者对它进行了持续不断的考古发掘，其在中国历史上的重要地位也逐渐彰显，这是我国商代最早而且是最大的一座王都，也是有考古证明的我国历史上第一座建有城垣的王都，它拥有的城墙宫殿、手工作坊、祭祀窖藏、青铜礼器、防御设施和配套的供排蓄水系统，在我国城市发展史上有开创性的地位。

口述：杨育彬

▶《新京报》采访版面

21世纪之后，虽然已经退休了，但却退而不休，每天还是在忙碌着，而且似乎成了一位“名人”。河南省电视台、河南省人民广播电台，时不时还做一些访谈节目，甚至现场采访或直播；而《郑州晚报》《东方今报》《图书馆报》《河南日报》等一些报纸，也曾整版或大半版刊登过有关考古发现和考古研究的访谈录。北京出版发行的《新京报》，是首都一份很有分量、集新闻、文化、知识于一身的报纸。2005年12月7日，《新京报》发表了一篇记者张弘先生采访笔者的考古学家个人史访谈录。报道的题目是《杨育彬：在郑州挖掘商朝国都——河南考古权威回顾中原大地考古发现》。整篇访谈录分四个小题目展开：其一是地方上搞考古要求你是通才；其二是新婚第三天参加侯马考古会战；其三是在壕沟里发现近百个头盖骨；其四是为评职称辞去副局长职务。在访谈录的左侧，还有上下两个小专栏。上面一个小专栏是“人物介绍”，内容为笔者的简历；下面一个小专栏是“发现背后”，介绍郑州商城的简况。文中说：“郑州商城自1955年发现以来，考古工作者对它进行了持续不断的考古发掘，其在中国历史上的重要地位也逐渐彰显，这是我国商代最早而且也是最大的一座王都，也是有考古证明的我国历史上第一座建有城垣的王都，它拥有的城墙、宫殿、手工作坊、祭祀窖藏、青铜礼器、防御设施和配套的供排蓄水系统，在我国城市发展史上有开创性的地位。由于历史上商人曾多次迁都，在不同地方都建立过都城，并因此而留下多个都城遗址。关于郑州商城的修建时间，具体是哪一个都城，学术界说法不一，其中，以安金槐先生和邹衡先生为代表分成了两大派，安金槐先生认为郑州商城是商王仲丁建立的隞都；邹衡先生认为郑州商城是商王汤建国时所修筑的亳都。郑州商城在世界历史上也有重要地位，国内还有部分学者认为，公元前1600年左右，在世界文明史上有一些著名的城市，它们与郑州商城同时或稍早于郑州商城，如两河流域的巴比伦城（公元前1894—前1595年）、亚述城（公元前2500—前1500年）、印度河流域的摩亨佐·达罗和哈罗巴等城，但其规模和建置都比不上郑州商城。”

《新京报》的访谈录发表之后，在北京的亲友和老同学看了都觉得很好。为此，在这里全文照录，以飨读者。

地方上搞考古要求你是通才

我上高中的时候对历史很感兴趣，那时我有一位同学的姐姐是学考古的，我听她说起，就觉得考古对研究历史非常有用。另外考古对我的吸引力还在于，做这个工作不仅仅要在房间里看书，还要做田野发掘工作。

1956年，我考上了北京大学历史系，然后就分专业了。当时的专业有中国近现代史、世界史、中国古代史和考古。我觉得要研究历史，除了古代文献之外，考古能够发现很多活生生的资料，而且这些资料文献上还不一定有。用现在的话来说，就是研究考古学来重建中国古代史。于是就选择了考古专业，我们班上有二十多个人。

到三年级的时候，我们班开始了正式的考古实习。第一次是在陕西华县发掘泉护仰韶文化遗址和元君庙仰韶文化墓地，除了在华县实习以外，还到西安、宝鸡等地参观，看了一些遗址、古代建筑和博物馆。比如宝鸡的斗鸡台遗址，这是我们的老师苏秉琦先生发掘过的地方，我看了觉得很亲切。

虽然当时搞运动很多，但是老师们上课教得很认真，加上北大学风很好，同学们都学到了不少知识。因为我家在河南，所以毕业以后被分配到河南省文化局文物工作队。

一分配到地方上工作之后，我发现与以前的设想不一样。比如，如果留在北大，那你就可以只搞新石器或商周这一段；你若到中国社会科学院考古研究所，你是哪个研究室的就搞那个室的研究，专业分得比较明确。到地方上以后，分得不是那么细，也没办法分了，什么工作都得干，也就是说，要求你是一个通才。当然这样的好处是能锻炼人。我1961年来到河南之后，第一个工作是整理洛阳过去发掘历代古墓的资料；第二个工作是参加全省碑刻调查。这次调查几乎把整个工作队的人全部调动了，足足搞了一年多。后来，回过头来看，这项工作效果还是不错的，因为经过“文化大革命”之后，好多东西都破坏了。而这次调查的资料都保存了下来。

新婚第三天参加侯马考古会战

1963年，山西侯马建了几个大的工厂，那个地方是春秋战国时期晋国的都城。那里发现有古城遗址、铸铜遗址、墓葬等。当时山西人手不够，文化部文物局就在全国抽调了一些人到那里参加全国性的考古发掘大会战。我是8月1日去的，刚刚新婚第三天。当年由于河北发大水，京广线正在抢修，为了赶时间，我只好西走陇海线，夜宿潼关，再步行到黄河边，坐船渡河，经历了一番惊险。最后在风陵渡小停，再坐火车到侯马。直线225千米的距离，我足足走了两天多。那个地方条件比较艰苦，加上刚走出三年困难时期，生活环境很差。因为工期赶得紧，我们都把工作放在第一位，连一些休息时间也放弃了。我们在那里发掘的主要是铸造铜器的作坊，发现了许多铸造铜器的陶范。

这个地方的发掘难度很大，文化层堆积非常紧密，密到你不太容易分出来哪个地方是坑，哪个地方是层。不过参加这种发掘有一个好处，就是你把这里做完以后，比较简单的地层就会迎刃而解了。

到后来天气冷了，我们的工作更紧张了，如果不赶快做完，现场就会被冻坏了。12

月中下旬，我们的发掘工作还在继续，晋南刺骨的寒风，覆盖大地的白雪，让我现在还记忆犹新。

1964年，我在三门峡发掘了一些秦代、汉代、唐代的墓葬。当时是配合三门峡几座工厂搞基建工程，又是工程时间很紧，而且发掘墓葬时间正是七八月份特别热的时候。墓坑内太阳直射至少有40多摄氏度，我们在里面真是挥汗如雨。因为没有人看守，当天的工作必须做完，不然晚上有人弄坏了就很麻烦。后来，我参加了渑池县仰韶村大型遗址的“四有”工作。所谓“四有”，就是有遗址保护范围，有遗址保护标志，有遗址保护组织，有遗址科学记录档案。1921年，瑞典学者安特生就在仰韶村遗址做过考古发掘。1951年，中国科学院考古研究所在这里进行了考古发掘。1980年，河南省文物研究所也在这里发掘过。可以说中国近代考古学的发端就在这里，我们的任务是把这个大遗址的文物分布搞清楚。

需要说一下的是，安特生做的时候有一个失误，他把这里包含的几种文化因素给混合在一块儿了。中国的考古工作者去发掘的时候，就把仰韶文化和龙山文化分清楚了。我们在仰韶村搞测绘、钻探和调查，把这些搞完后，“文化大革命”开始了。这些测绘、钻探和调查资料，也全都泥牛入海无消息，给搞丢了。

在壕沟里发现近百个头盖骨

1972年，郑州又开始逐步恢复基本建设，郑州市有一座郑州商城遗址，往往与建设有一些矛盾，我们就是配合基本建设做郑州商城遗址的保护和考古发掘工作。我们河南省文物工作队的领导安金槐先生，是郑州商城最早的发现者和研究者，他提出这是一座商代的城，但是一些人表示怀疑，因为当时安阳殷墟还没有发现商城，而安阳殷墟要比郑州商城晚，你这里怎么会有商城呢？

为了解决这个问题，头一年我们做的工作就是先证明这里是不是商代的城。当时我们又在东城墙、西城墙和南城墙开挖探沟，发现这些城墙的下面压着灰土，说明这里就是有人活动的地方，这些灰土里最晚的包含物是商代陶片；城墙里面的陶片最晚也是商代的，城墙里面没有发现瓷片、铁片等东西；在城墙下部的侧面上，也压有一些灰土层，灰土层里面最晚的遗物同样是商代陶片，这就证明了城墙是商代时期修建的。这些表明，20世纪50年代后期发掘的郑州商城年代没有错。到了60年代，安金槐先生认为郑州商城可能是商王仲丁的隞都，北京大学邹衡先生也觉得可能是。到了70年代，邹衡先生提出郑州商城要更早一些，应该是商汤建国时所修建的亳都。这两种看法直到现在还在争论。

▲ 郑州商城宫殿石柱础

在重新认定了郑州商城修建年代无误之后，我们又在郑州商城内东北部发现了商代大型宫殿建筑基址，有的还有成排的石柱础；还在郑州商城内外发掘了一些商代墓葬；又在郑州商城发掘出三座商代青铜器窖藏坑。这些窖藏坑中，一处位于郑州商城西城墙北段外约300米处的张寨南街，发掘出一对大型铜方鼎和1件铜鬲；又一处位于郑州商城东南城角外的向阳回族食品厂，出土一对大方鼎、1件大圆鼎和其他多件青铜容器，其旁有埋着牛骨架的灰坑，当与祭祀有关；另一处位于郑州商城西城墙南段外侧，坑内出有4件铜方鼎和一些青铜容器及兵器，青铜器上面和下面都铺有带朱砂的木板，也是祭祀的遗存。

▲ 郑州商城人头骨壕沟

在今东里路发掘的一条商代壕沟内，出土了近百个奴隶的头盖骨，不少头骨上有明显的锯痕，这里可能是制作人头器皿的遗存。在郑州商城西城墙外侧约500米处，即今德化街商业大楼下，发掘出两座相近的商代灰坑。靠北的一座为东西向长方形，出土有二里岗下层较完整能复原的盆、斝、甗、大口尊等多件陶器，还有石器、骨器等；靠南的一座为南北向长方形，出土有二里岗上层较完整的鬲和仿铜器的饕餮纹簋等多件陶器。

从我参加或主持的上述郑州商城考古发掘中，可以明显看出窖藏坑的青铜重器，当为商代王室所用之物；成排石柱础的大型宫殿建筑，更是郑州商城作为王都的标志。郑州商城的时代要早于安阳殷墟，在今郑州人民公园范围内，发掘出不同的商代文化堆积层，包含与郑州商城一样陶片的文化层在下面，包含与安阳殷墟一样陶片的文化层在上面，这就提供了郑州商城与安阳殷墟时代早晚的证据。

我在郑州商城做了十多年的考古发掘工作，年年月月都有考古新发现，直到奉调到河南省文物局任副局长以后，才离开了考古发掘工地。

为评职称辞去副局长职务

1983年，我就被调到河南省文物局。当时提倡干部要“年轻化、知识化”，我符合这些要求，因此被调到省文物局当了副局长，成了一名行政官员，在这里干了4年多。

这个时期，我主要做了全省的文物保护和管理工作。其间出了一个大成果，就是国家文物局组织编著的《中国文物地图集·河南分册》。我做该书的主编不是像别人一样只是挂个名，确实是从头到尾做了很多实际工作。此外在这4年多里面，我还用业余和假日时间写了一本《河南考古》和一本《郑州商城初探》。我觉得学考古的人，就算是调到行政单位做公务员了，做文物管理了，专业还是不能丢。

1987年，五年一次的评职称开始了，我当初调到省文物局的时候，就跟领导说过我不想去，将来还要评职称，领导当时说那没问题。谁知道到时候就不行了，因为我是行政编制。我就提出来要求回到省文物考古研究所。跑了7次之后，省文化厅党组批准了，我终于又回到省文物考古研究所。当时这件事情在考古界影响也很大，有人说我当个小官还不乐意，还想回去评职称。

回来之后，我担任了省文物考古研究所的副所长、所长，还担任了《华夏考古》的主编，先后又被评为副研究员、研究员，直到1999年退休。退休这几年，写了比在职时更多的研究论文，出版了多部学术专著，只是下田野的时间少了。现在，除了考古研究之外，我主要是作为河南省文物局专家组的成员，搞一些考古工地的监理工作。

口述：杨育彬

采写/摄影：本报记者　张弘

扣问芳华——生命之树长绿

《河南文物工作》是河南省文物局编辑出版的季刊，主要有“要文要事”“政策法规”“重要会议”“文物保护”“发现与研究”“安全与执法”“文博学人”“简讯”等多个栏目。传达文物工作的政策法规，反映全省的文物工作概况，指导全省各地文物工作。其中“文博学人”栏目，主要介绍当今全省范围内，有成就的文物考古博物馆诸多方面专家学者，他们在工作过程中的创造和创新，以此给年轻人以启迪和传承，促进文物大省河南的文物工作迈上一个新台阶。2008年1期《河南文物工作》的“文博学人”栏目，刊登了记者杨韶光对笔者的访问记《生命之树长绿——记著名考古学家杨育彬先生》。文章介绍了笔者半个多世纪的考古生涯，这也是对自己工作的认可和表扬吧。文章发表之后，在河南文博界还真有一些口碑。乐于在此介绍给大家。

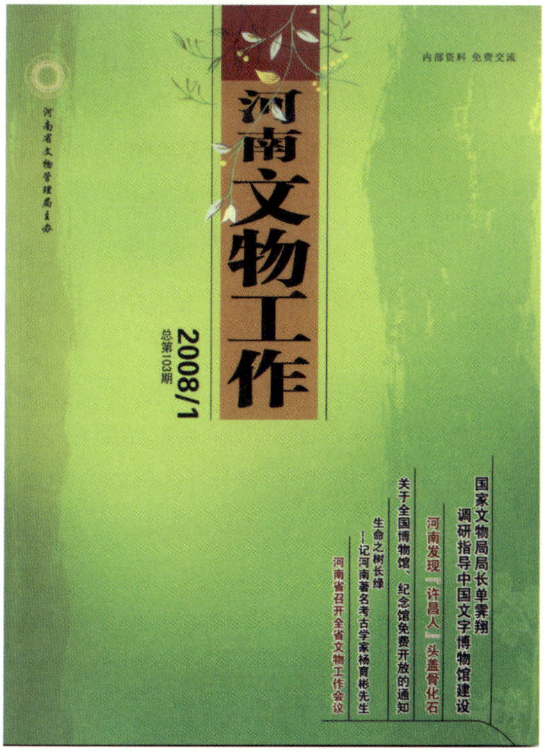

◀ 《河南文物工作》2008年1期封面

文博学人

生命之树长绿

——记著名考古学家杨育彬先生

杨韶光

杨育彬先生，祖籍吉林省长春市，1937年10月出生，1961年毕业于北京大学历史系考古专业，同年分配到河南省文化局文物工作队工作。1971年单位合并，转到河南省博物馆，1979年被任命为考古部副主任。1981年单位分开，成立河南省文物考古研究所，担任第一研究室副主任。1983年调任河南省文物局副局长。1987年调回河南省文物考古研究所，先后担任副所长、所长、《华夏考古》主编、研究员。兼任国家文物局田野考古领队培训班考核委员、河南省文物局考古专家组成员、中国考古学会理事、中国殷商文化学会理事、河南省文物考古学会副会长兼秘书长、河南省钱币学会常务理事、国家哲学社会科学研究考古学科规划组（学科评审组）成员、国家夏商周断代工程“商前期年代学研究”课题组副组长、河南大学历史文化学院客座教授、中国社会科学院古代文明研究中心专家委员会委员，还被评为国家有突出贡献专家、文化部优秀专家、全国文博系统先进个人，并享受政府特殊津贴。其简历被收录到美国传记中心（The American Biographical Institute）出版的1996年《世界5000人士名录》（Five Thousand Personalities of the World）和1997年《国际知名人士词典》（The International Directory of Distinguished Leadership）。杨育彬先生在河南文物保护、考古调查、发掘和科学研究等诸多领域成绩突出，对河南文物考古事业做出积极的贡献。曾被河南省文化厅党组成员、河南博物院院长、研究员张文军先生誉为

58

◀ 《河南文物工作》采访内文

杨育彬先生，祖籍吉林省长春市，1937年10月出生，1961年毕业于北京大学历史系考古专业，同年分配到河南省文化局文物工作队工作。1971年单位合并，转到河南省博物馆，1979年被任命为考古部副主任。1981年单位分开，成立河南省文物考古研究所，担任第一研究室副主任。1983年调任河南省文物局副局长。1987年调回河南省文物考古研究所，先后担任副所长、所长、《华夏考古》主编、研究员。兼任国家文物局田野考古领队培训班考核委员、河南省文物局考古专家组成员、中国考古学会理事、中国殷商文化学会理事、河南省文物考古学会副会长兼秘书长、河南省钱币学会常务理事、国家哲学社会科学研究考古学科规划组（学科评审组）成员、国家夏商周断代工程“商前期年代学研究课题组”副组长、河南大学历史文化学院客座教授、中国社会科学院古代文明研究中心专家委员会委员，还被评为国家有突出贡献专家、文化部优秀专家、全国文博系统先进个人，并享受国务院特殊政府津贴。其简历被收录到美国传记中心出版的1996年《世界5000人士名录》和1997年《国际知名人士词典》。杨育彬先生在河南文物保护、考古调查、发掘和科学研究诸多领域成绩突出，对河南文物考古事业做出积极的贡献。曾被河南省文化厅党组成员、河南博物院院长、研究员张文军先生誉为河南文物考古界的领军人物，这是很高的评价。

杨育彬先生重要的贡献是长期坚持田野考古调查和发掘工作。他的田野考古生涯是从1962年开始的，那年他参加了全省碑刻调查，这是河南省文化局文物工作队当年的中心任务，也是全国第一次文物大普查的延续。他只身走过许昌、平顶山、南阳等十多个县市。从春天到炎夏，从秋日到寒冬，这一年有十多个月都在田野调查，奔波于山水之间去摩挲石刻，徘徊在古庙之中而望碑兴叹，那时候还是生活十分困难的年月，饿肚子是常有的事情，但这并没有影响对工作的全身心投入，可以说当年的敬业精神确实令人感动。全省共调查登记了7439通碑刻，全面掌握了当时河南碑刻的遗存资料，如果考虑到一些碑刻遭到了后来“文化大革命”及其他的破坏而不复存在，这次调查的资料更显得无比珍贵了。

1963年春，配合豫西农田水利工程建设，他去偃师进行古文化遗址调查。新发现了宫家窑仰韶文化遗址、南蔡庄及夏后寺二里头文化遗址。同年8月1日，杨先生赶到山西侯马，参加文化部文物局组织的考古发掘大会战。集中发掘东周晋国晚期都城新田的铸铜遗址。这是他大学毕业后首次参加大型遗址的考古发掘。这里文化层堆积丰富，发掘出房址、水井、灰坑、窖穴、作坊活动面、窑址等遗迹，出土有大量的陶器、铸造铜器的陶范、熔炉和鼓风管残片，还有很多炼渣。侯马发掘是一次全国性的田野考古大竞赛，对每个考古发掘者都是一次专业水平的考验。来自文物大省河南的杨先生，带着使命感和荣誉感，像参加大考一样不敢有一点懈怠。这里的文化层与各种遗迹之间有非常复杂的诸多叠压打破关系，一个探方保留隔梁之后仅有16平方米的面积，竟会有20多个遗迹单位叠压打破在一起，探方内一片灰黑，在分析遗迹现象时，让人看得头大眼昏，这也正是极好的锻炼机会。在黄景略、叶学明等先生的指导下，逐渐克服困难，进入角色，取得了较好的科学发掘成果。在考古工地临时团支部给杨先生的鉴定中，就有一条“考古发掘质量较高”的评语。侯马发掘的半年时间，犹如参加了一期国家文物局田野考古领队培训班的强化训练，大大提高了他的田野考古发掘技术水平和分析遗迹现象的能力，为日后的田野考古发掘工作奠定了良好的基础。

1964年上半年，杨先生参加了新郑郑韩故城的考古调查、钻探与试掘，大致了解了这座22.5平方千米东周郑国和韩国都城的平面布局，找到了宫殿、手工作坊、墓葬的方位和范围，为以后划分文物保护区，制订城市发展规划，加强文物保护创造了条件。同年7—9月，他又配合三门峡市一些工厂基建工程进行了考古发掘，发掘出一批战国及汉、唐墓葬，有些墓的周围有围墓沟，有些墓是大墓道小墓室。有围墓沟的墓葬，是秦人墓，出土一批典型秦人风格的陶器和铜器，这种葬制在秦始皇时期东传日本，成为日本古坟时代的源头。

1965年11月中旬，杨先生发掘了上蔡城关宋墓，这是一座八边形仿木构建筑的砖室墓，该墓的砖雕壁画为当时的民间艺术创作，也反映了一些北宋晚期社会生活和服饰状况，尤其是后左壁那件浮雕的镜台，采用一对可以活动的十字腿支撑，这种形制与禹县白沙一号宋墓后室壁画中的镜台，以及郑州南关外宋墓的砖砌镜台有所不同，有一定的研究价值。

1966年春天，他参加了渑池县仰韶村遗址的考古调查、钻探和文物分布图的测绘，仰韶村遗址是中国近现代考古学的发源地，远在1921年就进行了发掘，这是仰韶文化的故乡和中国的“考古圣地”，在4月下旬完成任务从仰韶村回单位后，一场始料不及的“文化大革命”开始了，一切都在破坏和横扫之中，考古资料成了废纸，文物陶片成了“四旧”，仰韶村遗址的图纸、记录资料和标本陶片，至今不知所终，殊为可惜。

1972—1983年，杨先生先是参加后又主持了郑州商城的考古发掘，可以说是年年月月都有考古新发现。东城墙、西城墙、南城墙的解剖，搞清了城墙的形制和建筑结构，确立了始建于二里岗下层一期晚段的年代；东里路、城北路、顺河路十多座大型房址和几十处夯土基址的发现与发掘，表明宫殿区的所在和布局；黄河医院和北二七路多座的铜器墓，杜岭街和东南城角外侧的青铜器窖藏坑等处的发掘，出土了大批精美的青铜器和其他珍贵遗物。把一座商代前期王都的轮廓，逐步清晰地勾画出来。作为中国二十世纪百项考古大发现，作为全国重点文物保护单位，作为国家级历史文化名城郑州的重要载体，作为夏商周断代工程中一个重要的研究专题，郑州商城的考古发现，具有重大的历史价值、科学价值和艺术价值。杨先生为此撰写发表了十多篇郑州商城的考古发掘报告、简报和二十多篇学术论文，记录了那十余年考古发掘的激情岁月。

1984—1986年，全国开展第二次文物大普查，时任河南省文物局副局长的杨先生，具体负责组织和领导河南的这项工作。在省、地、县各级文物部门的努力下，全省共复查和新调查了包括古遗址、古墓葬、古建筑、古石刻及近现代重要史迹等不可移动的文物点28 168处，征集登记流散文物76 544件。这次文物普查的成果，为1986年及其后河南省人民政府公布的省级文物保护单位和国务院公布的全国重点文物保护单位（河南部分）提供了资料，并于1991年率先在全国出版了《中国文物地图集·河南分册》。这为河南制订文物保护规划及文物法律、法规提供了科学依据，也为全省建设部门的建设规划、选址和设计提供了可靠的科学资料。这部由杨育彬先生主编和全省文物工作者共同完成的《中国文物地图集·河南分册》出版之后，对配合京九铁路河南段、连霍高速公路河南段、黄河小浪底水库、南水北调丹江库区河南部分和中线干渠河南段等大型建设工程中保护文物，起到了很大作用，社会效益十分明显。

▲ 《中国文物地图集·河南分册》

此外，1991—2000年，杨先生担任黄河小浪底水库联合考古队的队长，并担任河南省文物考古研究所平顶山应国墓地发掘和焦作府城村商代城址发掘的考古领队，对上述三项大型考古发掘采取统一领导，分工负责。作为考古队长和考古领队，要进行协调和现场业务指导。其中平顶山应国墓地，被评为1996年度全国十大考古新发现；焦作府城村商代城址，被评为1999年度全国十大考古新发现。在黄河小浪底水库联合考古队发掘中，由洛阳市文物工作队和郑州大学考古系联合发掘的孟津妯娌遗址，被评为1996年度的全国十大考古新发现；由洛阳市文物工作队第二队发掘的新安盐东汉代函谷关漕运建筑基址，被评为1998年度全国十大考古新发现。

杨育彬先生的另一个重要贡献是著述甚丰，科研成果多多。出版独著、主编、合著、参编的学术著作15部，发表考古发掘报告、简报、论文150余篇。

出版的学术专著中有《河南出土商周青铜器（一）》，这是一部有关河南出土商周青铜器资料性和研究性的著作，大量的图版给人们以形象化的解读，获1984年河南省社会科学优秀成果三等奖。《郑州商城初探》，该书较早运用郑州商城的考古发掘资料，论述郑州商城的发现、营建、布局、农业、手工业、商业和交通、文化艺术、宫殿建筑、墓地和葬制……是一部有相当水平的研究专著。《河南考古》，该书50万字，全面深入展示河南考古的发现和研究，出版后受到专家和读者的好评，获1987年河南

▲ 《中国青铜器全集·夏商1》

省社会科学优秀成果二等奖。前面提到的《中国文物地图集·河南分册》，这是国家文物局大型工具书《中国文物地图集》中有关河南省的一册，全书分序图、专题文物图、县市文物图和重要文物图301页，还有前言、概述、文物说明、文物单位简介等文字约130万字。该书是河南当代文化建设的成果和传统文化的积淀，是爱国主义教育和乡土教育的生动教材，是全省文物保护工作的一项基础工程。获1992年全国地图出版系统优秀成果奖和1993年河南省社会科学优秀成果三等奖。《中国青铜器全集·夏商（1）》，《中国青铜器全集》是中宣部牵头的《中国美术分类全集》中的重要门类之一，总计16卷，杨先生主编的《中国青铜器全集·夏商（1）》是其中第一卷。该卷收录了近200件出土于中原及周边地区的夏商青铜器，并撰有专题研究论文。既有较高的专业水平，又有突出的美术价值。《中国青铜器全集》荣获1999年全国优秀图书一等奖。《20世纪河南考古发现与研究》，20世纪是河南考古也是中国考古产生和辉煌发展的世纪，二三十年代渑池仰韶村遗址和安阳殷墟的发掘，诞生了中国考古学。一个世纪以来，在河南有许多重大的考古新发现。该书对河南考古进行了系统而又翔实的世纪性回顾与总结，不仅对中国古代文明探索有重要价值，而且也可望对世界文明史的研究产生一定影响。《20世纪河南考古发现与研究》获1997年河南省社会科学优秀成果一等奖，1997年河南省“五个一工程”奖，1997年河南省优秀图书一等奖。《河南考古探索》，这是一部关于河南考古研究的学术论文集，选辑了40篇文章，70余万字，内容分为综论篇、史前篇、先秦篇、其他篇和书序篇，重点是对中国古代文明起源

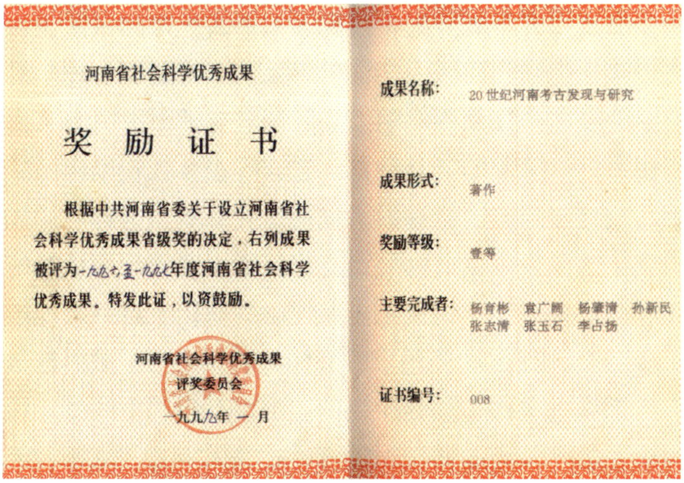
河南省社会科学优秀成果

奖 励 证 书

根据中共河南省委关于设立河南省社会科学优秀成果省级奖的决定，右列成果被评为一九九六至一九九七年度河南省社会科学优秀成果。特发此证，以资鼓励。

河南省社会科学优秀成果
评奖委员会
一九九九年 一 月

成果名称：20世纪河南考古发现与研究

成果形式：著作

奖励等级：壹等

主要完成者：杨育彬 袁广阔 杨肇清 孙新民 张志清 张玉石 李占扬

证书编号：008

▲ 《20世纪河南考古发现与研究》获奖证书

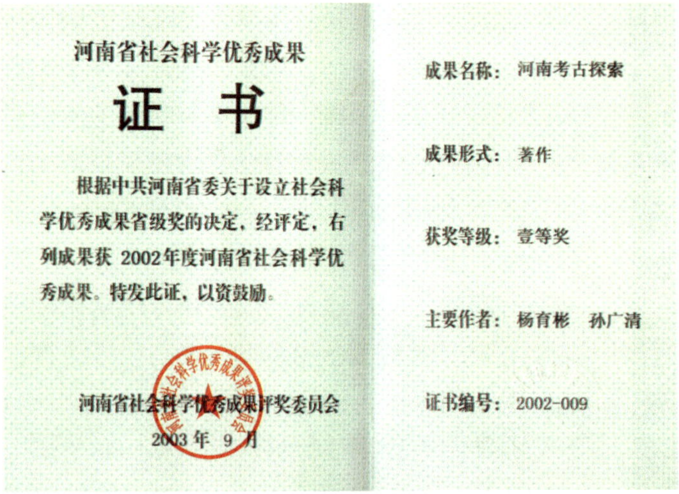
河南省社会科学优秀成果

证 书

根据中共河南省委关于设立社会科学优秀成果省级奖的决定，经评定，右列成果获2002年度河南省社会科学优秀成果。特发此证，以资鼓励。

河南省社会科学优秀成果评奖委员会

2003年9月

成果名称：河南考古探索

成果形式：著作

获奖等级：壹等奖

主要作者：杨育彬 孙广清

证书编号：2002-009

▲《河南考古探索》获奖证书

和夏商考古学文化相关学术问题的探讨，有一定的广度和深度，该书获得2003年河南省社会科学优秀成果一等奖。

另有《河南文物》一书，这是已送交出版社即将出版的一部关于河南文物的研究性、资料性鸿篇巨制，由杨育彬和张玉石、司治平、孙广清诸先生历时六年编写完成，该书共三大册二十章，第一章为河南文物概述，分二十七节，涵盖了27项研究专题；第二至第十九章为按县市分别专题介绍18个省辖市不可移动的文物点，每个县市为一节，每节又分历史沿革、文物点、文物资料目录索引三大部分；第二十章为河南文物附录，内容包括河南省各级文物保护单位名单，河南文物机构概览，河南文物工作百年纪事；全书约430万字，并有48页彩色图版和数十幅线图，全方位、深层次展示了河南文物大省的面面观。

在所发表的考古发掘报告和研究论文中，涉及一些大型遗址的考古发掘和一些考古前沿课题的学术研究，其中也不乏一些力作，如《郑州商代遗址发掘报告》《河南考古的世纪回顾与前瞻》《碳14年代框架与三代考古学文化》《河南出土夏商青铜器研究》《郑州商城的考古学研究》《郑州商城“亳都说”商榷》《再论郑州商城的年代、性质及相关问题》《偃师商城研究序（二）》《偃师二里头遗址相关问题的几点思考》《淮河流域古文化与中华文明》等，这些文章得到学术界的重视和多位考古大家的肯定。从上述文章可以看到作者的思路：二里头文化是由河南龙山文化（王湾三期文化）晚期经新砦期文化传承而来，这是一个完整的夏文化体系不同的发展阶段。始建于二里头文化四期的偃师商城，是商灭夏之后所建最早的王都即汤之亳都。它出现在夏代晚期都城二里头遗址的旁边，昭示着夏商王朝政权更迭的完成，遂成为夏商文化分界的界标。通过对二里头遗址与偃师商城的对比研究，可以区分夏文化与商文化；通过对偃师商城的研究可以区分汤灭夏之前的先商文化和灭夏之后的早商文化。始建于二里岗下层一期晚段的郑州商城，比偃师商城晚一大阶段，按最新^{14}C测年距今约3500年。据文献记载商代最早的王都为汤之亳都，而其余的商代都城依次称为隞都、相都、邢都、奄都、殷都。所以除了偃师商城之外，包括郑州商城在内的较晚的商代王都正式称谓就没有“亳都”的名分了。

杨育彬先生对河南文物考古第三个贡献是参与重大科研课题和项目的研究。1996—2000年，参加了国家夏商周断代工程的研究工作。这是由历史学、考古学、天文学和测年技术等人文社会科学和自然科学多种学科相结合，集中一大批专家学者联合实施的系统工程，力求制订有科学根据的“夏商周年表”。他担任夏商周断代工程“商前期年代学研究”的课题组副组长，与多位青年学者在一起进行研究。该课题包括“偃师商城年代与分期研究”“郑州商城年代与分期研究”“郑州小双桥商代遗址年代与分期研究”等三个研究专题。他在完成河南省文物考古研究所所长岗位工作的同时，努力支持并积极投入到断代工程课题研究中去。2000年11月，夏商周断代工程专家组正式公布了“夏商周年表”，并出版了《夏商周断代工程1996—2000年阶段报告（简本）》。夏商周年表为我国公元前841年之前的历史，建立起1200余年的年代框架，并为继续探索中华文明起源及其早期发展，为揭示五千年文明史起承转合的清晰脉络，打下坚实的基础。由于对夏商周断代工程项目研究做出的突出成绩，河南省文物考古研究所获得科技部嘉奖，这是很高的荣誉。这只是夏商周断代工程重要的阶段性成果，至今工程尚未结束。2006年11月，杨先生还参加了工程成果繁本的第五稿讨论。2004—2008年，他担任河南省重点科研项目《中原文化大典·文物典》的副主编，具体负责《中原文化大典·文物典》中《古人类　旧石器》卷、《聚落址》卷、《城址》卷、《陶器》卷、《陶塑》卷的组织、协调、编目、审稿和校稿工作，并参与了《中原文化大典·文物典》其他十多卷的审稿工作。这是一项功在当代、惠及子孙的大型文化工程，每一卷都有20多万字和400余幅照片，其重要性是不言而喻的。与此同时，还参与了《河南省文物志》2005—2008年的编辑与撰稿工作，负责河南省的全国重点文物保护单位、省级文物保护单位中500多处聚落遗址、古城址、古瓷窑址、古冶铸遗址和古墓葬等重要文物遗存，还有自1921年到现在130余处重要遗址和墓葬的考古发掘等章节。全书约250万字，还有近千张照片，再现了河南丰富的文物资源和历史地位。

杨育彬先生在培养人才方面也贡献突出。多年来，他曾经在河南省文物干部各种业务培训班、国家文物局郑州干部培训中心和湖南板仓干部培训中心讲课；并为北京大学、武汉大学、河南大学和郑州大学考古文博专业的本科生、研究生上过课；作为国家文物局田野考古领队培训班的考核委员，参加了在山东兖州和河南郑州先后九期全国田野考古领队的培训和考核，领队班的200多位被戏称为考古“新黄埔”的学员，如今都成为全国各省、市、自治区文物考古部门的领导和业务骨干。他还多次应邀为中国社会科学院考古研究所、吉林大学考古系、郑州大学历史文化学院等单位的博士研究生评审论文或参加答辩。作为年轻人的良师益友，他在考古调查与发掘、资料整理和科学研究等诸多方面，鼓励和支持年轻人出成果、出人才。曾为20余部学术专著写书序或书评，这些书多出自年轻人之手，在用心阅读之后，用画龙点睛的方式，彰显出每一部书的优长和价值，给予肯定和推荐，使之臻于完美或得到升华。这实际上是把自己当作一块铺路石，为年轻一代的考古学者提供一个继续前进的新起点。多年来，河南的考古发掘报告或研究专著，几乎每年都有1项甚至2项被评为全国社科基金资助项目，这除了在整理研究和出版上获得经济支持外，更重要的是将它们提升为国家级的研究项目，加快了人才的培养和成果的产生，具体展现了文物大省河南的学术地位。作为全国考古学科评审组成员的杨先生，也是功不可没。为此，2001年5月，中共河南省委宣传部和河南省哲学社会科学规划领导小组，向他颁发了“河南省社科规划项目管理先进工作者”荣誉证书。

此外，杨先生还积极宣传中国和河南的古老文化，为促进中外文化交流做出贡献。多年来，在郑州商城或其他考古工地，在省文物考古研究所，除接待国内专家学者和高等院校文物考古专业的师生之外，还接待过日本、美国、韩国、法国、澳大利亚等许多国家和台湾、香港地区的专家学者，进行现场参观、专业座谈、专题报告和学术交流；与此同时，他还曾到丹麦科灵宫博物馆、韩国忠北大学博物馆、日本滋贺医科大学和京都大学人文研究所、美国科罗拉多大学和丹佛自然历史博物馆，还有台湾和香港地区台湾大学、香港大学美术博物馆、香港中文大学中国考古艺术研究中心等处，参加学术会议，做学术报告，进行学术交流，讲述河南古城址、古墓葬、古陶瓷、古玉器的考古发现与研究成果，宣传和提高了河南的知名度。

2008年新的一年来到了，杨先生又在筹划编著一部《河南考古研究》的学术专著，作为2002年已问世的《河南考古探索》之姊妹篇。有道是：“荣辱不惊，闲看庭前花开花落；去留无意，漫随天外云卷云舒。”这又是一个新的起点，愿生命之树长绿！

我爱读书——《图书馆报》笔谈录

在上小学的时候，我们家住在开封市刷绒街6号院，位于当时的河南省图书馆的东隔壁不远。图书馆有很大的几进院子，有些古典建筑，也有一些欧式建筑，花草树木，环境恬静，阅览室很大，还有小朋友看的画书之类。在那里第一次见到“读书是精神食粮”的大标语！那时候我就很喜欢读书，近水楼台，我成了那里的常客。在省图书馆我读过《小朋友故事》《小朋友游记》，以及一些童话故事和画书；在家里就特别爱看一些武侠小说，如《七侠五义》《济公传》《蜀山剑侠传》等，虽然有些还看不大懂，有的字也不认识，但总觉得文辞优美，内容生动，仍然看得津津有味。到了上中学的时候，就爱看一些中国历史和世界历史一类的书籍，还看一些《钢铁是怎样炼成的》《卓娅和舒拉的故事》《把一切献给党》等激励青年励志的图书，也看一些《三国演义》《西游记》《水浒传》《红楼梦》《基督山伯爵》《乱世佳人》《红与黑》《简·爱》《呼啸山庄》《静静的顿河》等中外名著；大学毕业，步入社会，甚至在退休之后，除了历史、考古专业书籍之外，还看不少诸如《毛泽东传》《邓小平时代》《长征》《解放战争》《朝鲜战争》等现代类书。但仍然痴迷于武侠小说，如《还珠楼主小说全集》《金庸作品集》《梁羽生小说全集》《古龙作品集》等，那些惊天地、泣鬼神的革命故事，那些历史和现实加上丰富想象力的生动情节，那些秀峨眉、幽青城、美轮美奂的描绘，构成绵绵无尽的长篇神话，令人心驰神往。“飞雪连天射白鹿，笑书神侠倚碧鸳”，亦真亦幻，绕梁三日，呈现在笔者面前。拿到书后，往往很快进入“角色”，手不释卷，实为人生一大快事。

国内统一刊号：CN11-0126
国内邮发代号：1-88
国外邮发代号：W4993
主管：中国出版集团公司
主办：新华书店总店

图书馆报

CHINA LIBRARY WEEKLY

第357期
00 03-357
总第479期
2017年5月19日

馆社之桥 人文之魂 阅读之美 书香之园

关注第六次
公共图书馆评估 03-06 专题

杨育彬：
读书，写作，不争一日之短长 07 访谈

微型图书馆：
因陋就简别样新 12 海外

▶《图书馆报》报头

我曾两次把近万册专业图书和期刊无偿捐赠给了河南省图书馆。1996年8月，笔者凭借平时读书的积累和运气的眷顾，在中国文化报与国际图联中国组委会和北京市朝阳区人民政府联合主办的“朝阳杯”图书馆与国际图联知识竞赛中获得唯一的一个大奖。这样，我就与读书和图书馆事业更加结下了不解之缘。

《图书馆报》是中国出版集团公司主办的以出版阅读、图书馆建设为报道中心，文化品位很高、知识性很强的报纸。被誉为“馆社之桥，人文之魂，阅读之美，书香之园”。图书馆报记者叶梓先生给笔者提出了7个有关阅读的书面问题，我就一一写下

图书馆报 2017年5月19日 责编 王 饮 美编 王 卉
投稿邮箱:874983078@qq.com

Interview 访谈 07

读书、写作，不争一日之短长

访知名考古学家杨育彬

□本报记者 叶梓

杨育彬，1961年北京大学历史系考古专业毕业。曾任河南省文物局副局长、河南省文物考古研究所所长；目前是全国哲学社会科学研究考古学科规划组（学科评审组）成员，中国考古学会理事，中国殷商文化学会理事，国家文物局田野考古领队培训班考核委员，河南大学历史文化学院教授；主持或参加过郑州商城、侯马晋都新田、三门峡战国及汉唐墓地、平顶山周代应国墓地、焦作府城村商代城址等多项大型遗址的考古发掘工作；出版学术专著25部，发表考古报告、论文和其他专业文章200余篇，多次获得国家和省级社会科学优秀成果奖；入选20世纪中国知名考古学家名录。

作为老一辈知识分子的代表，杨育彬先生对读书和写作都有着独到的见解，本期记者特别采访到他，请他为读者分享经验之谈。

记者：您平时都读些什么类型的书籍，在琳琅满目的书籍中您是如何去选择一本书的呢？

杨育彬：现在出版的书籍太多了，而且出版的速度又非常快，除了传统的纸质印刷之外，还有更加灵活的电子版书籍，用浩如烟海来形容一点也不为过。因此，每位读者读的书一定要有所选择，结合自己工作上的需要和业余的爱好来进行阅读是重要的选项。我个人是学习考古的，1961年从北大历史系考古专业毕业之后，就被分配来到河南从事考古工作。河南是全国文物大省，老祖宗留下来的遗迹、遗物特别多，平时结合专业工作，就侧重读一些历史和考古类的书籍，包括全国发行的文物考古学术刊物。面对丰富的考古发掘资料，也需要在历史文献里面查找来源和答案，当然也看一些文学著作和反映当今世界面貌的时事、政治、人物传记之类的书籍。

记者：您作为老一辈知识分子的代表，在读书过程中一定总结了很多经验，请谈一下您的心得体会。

杨育彬：在读书的过程中，特别是对一些专业书籍要读懂，哪怕多读几遍，要有所记忆。在上大学时以及参加工作之后，我在读文物考古专业书时养成了一种记卡片的习惯，把读过的书中一些重要的论述和原始资料，一些对学术问题的诠释和解读，一些经典的事例等，都简约记录在卡片上，分门别类地建成了一个便于进行考古研究的资料数据库。我能做到遇见什么问题去查阅什么样的书，并寻找有关的资料和答案，帮助记忆也有助于研究。当然，随着时代的进步，有了电脑和网络，除了最基本的历史文献之外，就不再需要手写卡片了，查询资料非常方便。

记者：有人说读书要先“泛读”，再“精读”，从薄读到厚，再从厚读到薄，对此您怎么看？

杨育彬：这个说法有一定的道理，人们知识的增长有一个过程，这样阅读书籍符合循序渐进、逐步提高的规律，这是一个读书的方法问题，也是一个知识积累的问题。我上初中的时候，教语文的宋老师就鼓励学生多读书，并用手势比划说，读一尺厚的书可以记住三寸，读一米厚的书就可能记住一尺！上高中的时候，到河南省图书馆（当时还在开封市刷绒街）听青年作家李准的文学阅读演讲，会后他还给同学们题词，在我的日记本上写的是“读书要细心！李准1954年5月14日”。也就是说，无论泛读或精读，无论从薄读到厚，再从厚读到薄，都需要多读书，都需要细心！经过一段时间的实践，可以结合工作需要和实际需要来进行阅读，无论用哪种方法，都能够进退自如。

记者：现在提倡经典阅读，各个图书馆开展的经典阅读活动也很丰富多彩，在您看来阅读经典有哪些好处？

杨育彬：现在图书馆开展经典阅读，是一项很好的文化活动。据我个人理解，所谓的经典图书，在每一类书中都应该有一些。我们通常所说的经典图书多指古典文学名著，如国内的《三国演义》《水浒》《西游记》《红楼梦》和脍炙人口的唐诗、宋词、元曲；国外的《战争与和平》《静静的顿河》《乱世佳人》《基督山伯爵》等。这对有一定文化素养的读者来说，都是应该阅读的。读这些书可以让人们了解国内外古代和近代的历史面貌和社会生活，文化艺术的发展与道德情操的提升。还有一类经典读物也是不可或缺的，我们上中学的时候读过《卓娅和舒拉的故事》《钢铁是怎样炼成的》《可爱的中国》《把一切献给党》等激励青年立志的励志书籍。当时，我还记下了书中的格言，以此作为座右铭。像《钢铁是怎样炼成的》一书中主人公保尔·柯察金的一段名言：“人类最宝贵的东西是生命，生命对我们只有一次；一个人的生命应该这样度过，当他回首往事的时候，他不因虚度年华而悔恨，也不因碌碌无为而羞愧——这样他在临死的时候就能够说，我整个的生命和精力都献给了世界上最壮丽的事业——为人类的自由与解放而斗争。”如今我已近耄耋之年，再回首，这一辈子虽然没有像保尔·柯察金那样的豪言壮语和英雄行为，但也在平凡的岗位上默默地作出贡献，一直在兑现着大学毕业时“为祖国健康地工作五十年”的承诺。

记者：作为著名的考古学家，您的著作是考古学、历史学等学科的研究者和爱好者们参考和阅读的选择，请具体谈谈您的写作过程及写作经验。

杨育彬：作为一个终生在地方上从事文物考古工作的专业人员，首先要求你是一位样样都会一些的通才，然后再要求你成为某些领域里有造诣的专家，这是工作环境、工作性质和工作要求所决定的。田野调查和考古发掘是进行考古学研究的基础和源头，田野工作着实辛苦，多半是一个人前往，既和古墓、遗址做伴，又与灰坑、陶片为邻，就显得有些孤独。记得1962年，我参加全省碑刻调查，全年共有11个月在外奔波，但考古生活又十分充实，在考古工地与前辈们对话，既有几分敬畏，更有几分自豪！多年来，我较为突出的领域是中国古代文明起源研究、中国夏商考古学研究、中国河南考古学研究。在考古发掘与资料整理的基础上，撰写了不少学术论文和考古发掘报告，出版了一批考古研究专著。既有专题研究，又有断代研究，还有综合系统研究，涉及河南的古遗址、古城址、古墓葬和青铜器、玉器、瓷器、石刻、古建筑等方方面面。在考古研究的著述过程中，一定要用考古发掘资料和历史文献作支撑，学术观点上争论不可避免，也十分正常，但一定要坚持实事求是，安贫乐道，不争一日之短长，既不指责别人，也不趋炎附势，服从真理，走自己的路。

记者：现在“互联网写作”门槛很低，一些作品并不能经受住时间的考验，对此你有何看法？

杨育彬：现在“互联网写作”是很时尚、很快捷的一种方法，有人称之为“快餐文化”。日常有所见、所思、所感都可以随时写出来、拍出来，即兴传播出去，很受人们的欢迎。“互联网写作”有不少优秀作品、精彩段子，但也难免会有一些参差不齐、鱼目混珠的现象发生，经受不住时间的考验，这也是很正常的事情。我这个人有些保守，虽然也用电脑，也发微信，但只看一些短文章、短信息，真正写作起来，我还是喜欢纸质印刷的出版物，因为它有一个较长的写作过程，考虑会周全一些，一般可以经受住时间的考验。

记者：请代为读者推荐几本优秀书籍。

杨育彬：这应该是一个“难题”，一方面优秀的书确实太多了；另一方面，由于专业面窄又觉得少了些。在这里向读者推荐两本关于考古的书吧。一本是由我们河南省文物考古研究所编著、由中州古籍出版社出版的《20世纪河南考古发现与研究》，这部作品对河南丰富的文物史迹进行科学的阐释和深入的研究，对河南考古进行系统完整的世纪性回顾与总结。河南地处中原，旧石器时代南来北往、东传西播，都要经过中原沃野；在新石器时代，这里是中国古代文明起源的源头；夏商以降，有22个中央和地方的王朝在河南建都……河南一直居于全国的中枢地位，直到北宋王朝的建立，展现了最后的辉煌。河南考古是中国考古学的缩影，不仅对华夏文明的探索具有重要学术价值，也可望对世界文明史的研究产生一定影响。全书涵盖了20世纪河南从旧石器时代到宋金元明时期的考古成果，展现了近百年来河南考古的面面观。

另一本是上海古籍出版社出版的《感悟考古》，作者是我的同窗好友、北大考古文博学院李伯谦教授，他是博士生导师，曾任国家夏商周断代工程首席科学家兼专家组副组长，被评为20世纪中国知名考古学家。这是一部另类的论文集，是写给青年学者的考古学读本，包括为研究生讲课、共同讨论的内容整理及相关学术研讨会上的讲话等。除长篇综论的导言之外，将二十多篇相当精彩的论文归纳在十项类题之中。这本书既涉及考古学中的学术问题，也有对考古学科内涵的解读，文章通俗易懂，对初学者和对考古有兴趣者大有裨益。

◀《图书馆报》采访版面

了答案。2017年5月19日，《图书馆报》刊登了这篇读书的笔谈录。题目是《读书，写作，不争一日之短长——访知名考古学家杨育彬》。笔谈录发表之后，反映还挺好，尤其是对年轻人读书会有一些启迪和帮助，很高兴在这里与读者分享。

在刊登笔谈录版面的前面有一段对笔者简历的介绍，在介绍的最后提到：“作为老一辈知识分子的代表，杨育彬先生对读书和写作都有着独到的见解，本期记者特别采访到他，请他为读者分享经验之谈。”

记者：您平时都读些什么类型的书籍，在琳琅满目的书籍中您是如何去选择一本书呢？

杨育彬：现在出版的书籍太多了，而且出版的速度又非常快，除了传统的纸质印刷之外，还有更加灵活的电子版书籍，用浩如烟海来形容一点也不为过。因此每位读者读的书一定要有所选择，结合自己工作上的需要和业余的爱好来进行阅读是重要的选项。我个人是学习考古的，1961年从北大历史系考古专业毕业之后，就被分配来到河南从事文物考古工作。河南是全国文物大省，老祖宗留下来的遗迹、遗物特别多，平时结合专业工作，就侧重读一些历史和考古类的书籍，包括全国发行的文物考古学术刊物。面对丰富的考古发掘资料，也需要在历史文献里面查找来源和答案，当然也看一些文学著作和反映当今世界面貌的时事、政治、人物传记之类的书籍。

记者：您作为老一辈知识分子的代表，在读书过程中一定总结了很多经验，请谈一下您的心得体会。

杨育彬：在读书的过程中，特别是对一些专业书籍要读懂，哪怕多读几遍，要有所记忆。在上大学时及参加工作之后，我在读文物考古专业书时，养成一种记卡片的习惯，把读过的书中一些重要的论述和原始资料，一些对学术问题的诠释和解读，一些经典的事例等，都简约记录在卡片上，分门别类建成了一个便于进行考古研究的资料数据库。我能做到遇见什么问题去查阅什么样的书，并寻找有关的资料和答案，帮助记忆，也有助于科学研究。当然，随着时代的进步，有了电脑和网络，除了最基本的历史文献之外，就不再需要手写卡片了，查询资料非常方便。

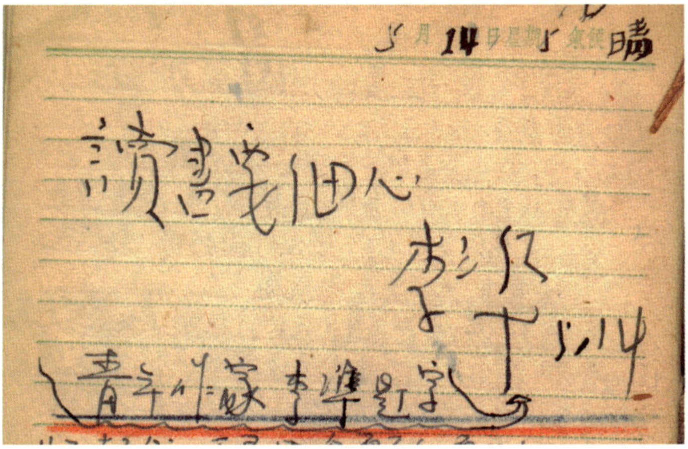

▲ 作家李准题词

记者：有人说读书要先“泛读”再“精读”，从薄读到厚，再从厚读到薄，对此您怎么看？

杨育彬：这个说法有一定道理，人们知识的增长有一个过程，这样阅读书籍符合循序渐进、逐步提高的规律，这是一个读书的方法问题，也是一个知识积累的问题。我上初中的时候，教语文课的宋老师就鼓励学生多读书，并用手势比画说："读一尺厚的书，可以记住三寸，读一米厚的书，就可能记住一尺！"上高中的时候，到河南省图书馆（当时还在开封市刷绒街）听青年作家李准的文学阅读演讲，会后他还给同学们题词，在我的日记本上写的是："读书要细心！李准 1954年5月14日。"也就是说，无论泛读或精读，无论从薄读到厚，再从厚读到薄，都需要多读书，都需要细心读。经过一段时间的实践，可以结合工作需要和实际需要来进行阅读，无论用哪种方法，都能够进退自如。

记者：现在提倡经典阅读，各个图书馆开展的经典阅读活动也很丰富多彩，在您看来阅读经典有哪些好处？

杨育彬：现在图书馆开展经典阅读，是一项很好的文化活动。据我个人理解，所谓的经典图书，在每一类书中都应该有一些。我们通常所说的经典图书多指古典文学名著，如国内的《三国演义》《水浒传》《西游记》《红楼梦》等，以及脍炙人口的唐诗、宋词、元曲等；国外的《战争与和平》《静静的顿河》《乱世佳人》《基督山伯爵》等。这对有一定文化素养的读者来说，都是应该阅读的。读这些书可以让人们了解国内外古代与近代的历史面貌和社会生活，文化艺术的发展及道德情操的提升。还有一类经典读物也是不可或缺的，我们上中学的时候就读过《卓娅和舒拉的故事》《钢铁是怎样炼成的》《可爱的中国》《把一切献给党》等激励青年励志的书籍。当时我还记下了书中的格言，以此作为座右铭。像《钢铁是怎样炼成的》一书中主人公保尔·柯察金的一段名言："人类最宝贵的东西是生命，生命对我们只有一次；一个人的生命应该这样度过，当他回首往事的时候，他不因虚度年华而悔恨，也不由碌碌无为而羞愧——这样他在临死的时候就能够说，我整个的生命和精力都献给了世界上最壮丽的事业——为人类的自由与解放而斗争。"如今我已近耄耋之年，再回首，这一辈子虽然没有像保尔·柯察金那样的豪言壮语和英雄行为，但也在平凡的岗位上默默地作出贡献，一直在兑现着大学毕业时"为祖国健康地工作五十年"的承诺。

记者：作为著名的考古学家，您的著作是考古学、历史学等学科的研究者和爱好者们参考和阅读的选择，请具体谈谈您的写作过程及写作经验。

杨育彬：作为一个终生在地方上从事文物考古工作的专业人员，首先要求你是一位样样都会一些的通才，然后再要求你成为某些领域里有造诣的专家，这是工作环境、工作性质和工作要求所决定的。田野调查和考古发掘是进行考古学研究的基础和源头，田野工作着实辛苦，多半是一个人前往，既和古墓、遗址作伴，又与灰坑、陶片为邻，就显得有些孤独。记得1962年，我参加全省碑刻调查，全年共有11个月在外奔波，但考古生活又十分充实，在考古工地与前辈们对话，既有几分敬畏，更有几分自豪！多年来，我较为突出的领域是中国古代文明起源研究、中国夏商考古学研究、中国河南考古学研究。在考古发掘与资料整理的基础上，撰写了不少学术论文和考古发掘报告，出版了一批考古学研究专著。既有专题研究，又有断代研究，还有综合系统研究，涉及河南的古遗址、古城址、古墓葬和青铜器、玉器、瓷器、石刻、古建筑等方方面面。在考古研究的著述过程中，一定要用考古发掘资料和历史文献作支撑，学术观点上争论不可避免，也十分正常，但一定要坚持实事求是，安贫乐道，不争一日之短长，既不指责别人，也不趋炎附势，服从真理，走自己的路。

记者：现在“互联网写作”门槛很低，一些作品并不能经受住时间的考验，对此您有何看法？

杨育彬：现在“互联网写作”是很时尚、很快捷的一种方法，有人称之为“快餐文化”。日常所见、所思、所感都可以随时写出来、拍出来，即兴传播出去，很受人们的欢迎。“互联网写作”有不少优秀作品、精彩段子，但也难免有一些参差不齐、鱼目混

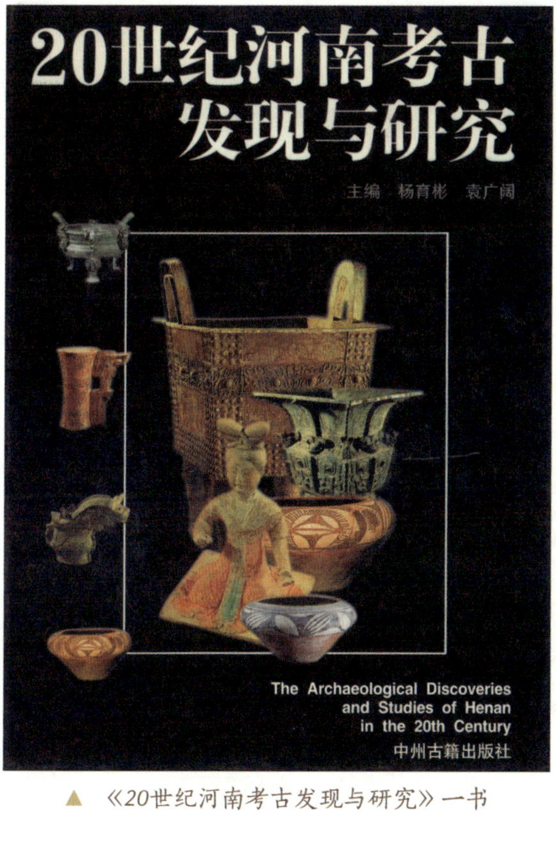

▲ 《20世纪河南考古发现与研究》一书

▲ 《感悟考古》一书

珠的现象发生，经受不住时间的考验，这也是很正常的事情。我这个人有些保守，虽然也用电脑，也发微信，但只看一些短文章、短信息，真正写作起来，我还是喜欢纸质印刷出版物，因为它有一个较长的写作过程，考虑会周全一些，一般可以经受住时间的考验。

记者：请代为读者推荐几本书籍。

杨育彬：这应该是一个难题，一方面优秀的书籍确实太多了；另一方面由于专业面窄，又觉得少了一些。在这里向读者推荐两本关于考古的书吧。一本是由我们河南省文物考古研究所编著、由中州古籍出版社出版的《20世纪河南考古发现与研究》，这部作品对河南丰富的文物史迹进行科学的阐释和深入的研究，对河南考古进行系统完整的世纪性回顾与总结。河南地处中原，旧石器时代南来北往、东传西播，都要经过中原沃野；在新石器时代，这里又是中国古代文明起源的源头；夏商以降，有22个中央和地方的王朝在河南建都……河南一直居于全国的中枢地位，直到北宋王朝的建立，还展现了最后的辉煌。河南考古是中国考古学的缩影，不仅对华夏文明的探索具有重要的学术价值，也可望对世界文明史的研究产生一定影响。全书涵盖了20世纪河南从旧石器时代到宋金元明时期的考古成果，展现了近百年来河南考古的面面观。

另一本是上海古籍出版社出版的《感悟考古》，作者是我的同窗好友、北京大学考古文博学院李伯谦教授，他是博士生导师，曾任国家夏商周断代工程首席科学家兼专家组副组长，被评为20世纪中国知名考古学家。这是一部另类的论文集，是写给青年学者的考古学读本，包括为研究生讲课、共同讨论的内容整理，以及相关学术研讨会上的讲话等。除长篇综论的导言之外，将二十多篇相当精彩的论文，归纳在十项类题之中。这本书既涉及考古学中的学术问题，也有对考古学科内涵的解读，文章通俗易懂，对初学者和对考古有兴趣者大有裨益。

奋斗有我——编纂《中原文化大典·文物典》

进入新世纪之后，除了个人独著或与他人合著一些学术专著之外，笔者还参与了国家和省内组织的三项重大课题研究，其成果是集体编写出版了三部丛书。第一部是2008年中州古籍出版社出版的《中原文化大典·文物典》；第二部是2009年文物出版社出版的《河南省文物志》；第三部是2014年中华书局出版的《中国地域文化通览·河南卷》。这三部丛书堪称为河南文物考古研究中的经典之作，展现了文物大省河南学术和历史地位的辉煌。当前，举国上下正在为实现两个一百年的宏伟目标，为实现伟大的中国梦而努力奋斗。这三部丛书也是我们河南文物考古工作者为梦发声作出的贡献。远在20世纪60年代初大学毕业后，笔者被分配到河南省文化局文物工作队不久，就参加了碑刻登记、考古调查以及业务学习参观等，曾分别在国内和省内学术刊物及报纸上发表了三篇小文，作为个人考古研究的起步，因此本书前面撰写了《学海无涯——三篇小文初学步》。如今，半个世纪过去了，考古研究成果多了起来，其深度和广度也今非昔比。参与完成了《中原文化大典·文物典》《河南省文物志》和《中国地域文化概览》这三部丛书，累计费时约十年，真可谓十年磨一剑。其内涵均涉及河南的文物考古、河南的古遗址、古城址、古墓葬……内容虽有一些重复和交叉，但侧重面又不完全一样，这实际上是一场中国河南考古学的考试，为此，我付出了自己的知识和智慧，付出了大量的时间和精力，从总体上看，我考试成功了，好像又登上了一个新的学术台阶。本篇“奋斗有我”与本书回忆续录中的“为梦发声”“砥砺前行”，反映了笔者学业上的进步，也是三篇有关河南考古有一定水平的学术研究论文，至少我个人是这样认为。

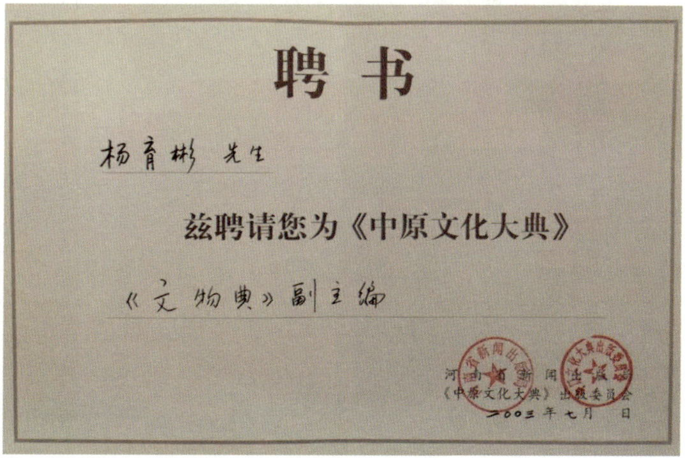
聘书

杨育彬 先生

兹聘请您为《中原文化大典》

《文物典》副主编

河南省新闻出版局

《中原文化大典》出版委员会

2003年七月 日

▲ 《中原文化大典·文物典》聘书

《中原文化大典》在河

南省领导的支持下，列入国家“十五”出版规划的重点出版工程，被称为河南省由文化大省向文化强省跨越的基础性文化工程。全书分“总论”“学术思想典”“文学艺术典”“科学技术典”“教育典”“民俗典”“文物典”“人物典”“著述典”“大事记”十个部分，总计55册，近3000万字和4万余幅图片。其中“文物典”分量最大，共有23册，约600万字。

笔者作为《中原文化大典·文物典》的执行副主编，负责《古人类　旧石器》卷、《聚落》卷、《城址》卷、《陶器》卷、《陶塑》卷等五卷书的组织协调、内容编目、审稿通稿、改稿校对等多项工作。每卷都有20多万字和400余幅图片。

中国考古学通常被学术界分为旧石器时代考古、新石器时代考古、夏商周考古、秦汉至宋元考古。《古人类　旧石器》卷，按河南考古发现的地域，分豫西三门峡地区（三门峡库区、灵宝、卢氏、渑池），洛阳盆地（邙岭、伊川、嵩县、新安、孟县、洛阳北窑、巩义），太行山区（安阳小南海），豫西南地区（西峡小洞、跑马岭、丁河、丹江库区），嵩山地区（荥阳织机洞、许昌灵井）和其他地区（确山后胥山、新蔡诸神庙、练村）。介绍了73处旧石器时代遗存的考古发现，展示了河南旧石器时代早、中、晚期的文化面貌。

聚落考古是考古学研究的重要方法和内涵，从《聚落》卷可以知道，聚落是人类最早兴建的聚居之场所。《史记·五帝本纪》云：“舜耕历山，历山之人皆让畔；渔雷泽，雷泽上人皆让居；陶河滨，河滨器皆不苦窳。一年而所居成聚，二年成邑，三年成都。”《汉书·沟洫志》也说：“或久无害，稍筑室宅，遂成聚落。”聚落是伴随着新

▲ 笔者参与的《中原文化大典·文物典》五卷组合

▲《中原文化大典·文物典·古人类　旧石器》

石器时代的开始而产生的，人们为了农业的发展，将住地选择在宜于农耕的河旁或湖边高地，营建住室，烧造陶器，磨制石器，饲养家畜等，在居址的范围内出现了房屋、陶窑、灰坑、墓葬和壕沟等，这就形成了聚落。聚落包含的内容是随着农业生产的发展而发展，随着社会的进步而变化。以墓葬为例，开始是埋在住房附近，后来发展在聚落旁设立氏族公共墓地，最后彻底与聚落分离。龙山文化时期，凿井技术出现，把人们生产、生活范围进一步扩大，可以到远离河谷和湖泊的大平原上营建聚落，农耕经济的迅速发展，从自给自足的村落，到区域性聚落中心的出现，遗址四周有了防御性的壕沟；为防止外族的入侵，进而兴建工程浩大的城墙。城的出现，融政治、经济、军事、文化为一体，已经迈入了文明的门槛。

《聚落》卷按时代介绍了河南裴李岗文化的新郑裴李岗、舞阳大岗、新密莪沟北岗、新郑唐户、舞阳贾湖、长葛石固、郏县水泉、新郑沙窝李、汝州中山寨等聚落遗址；介绍了河南仰韶文化的渑池仰韶村、陕县庙底沟、郑州大河村、淅川下王岗、濮阳西水坡、邓州八里岗、灵宝西坡和郑州后庄王等聚落遗址；介绍了河南龙山文化的陕县庙底沟、安阳后岗、汤阴白营、永城王油坊、杞县鹿台岗、郾城郝家台、郑州大河村、陕县三里桥、淅川下王岗、驻马店杨庄和邓州八里岗等聚落遗址。此外，还介绍了河南境内大汶口文化和屈家岭文化诸多聚落遗址。河南境内的大汶口文化聚落遗址，展现了黄河中游河南新石器时代文化与黄河下游山东新石器时代文化的交流；河南境内的屈家岭文化聚落遗址，彰显了黄河流域中原新石器时代文化与江汉流域南方新石器时代文化的融合，有重大的学术价值。

▲ 《中原文化大典·文物典·聚落》

从《城址》卷中我们可以了解到：城是人类生活聚落的发展形态，源于私有制的产生，与文明时代息息相关。中国传说黄帝时代已经筑城，又说夏鲧筑城，而考古发现也与之基本吻合。目前河南境内保存的历代古城址有320多座，最早在仰韶文化时期，氏族社会发展达到鼎盛，不同氏族、部落间的碰撞、冲突、争夺开始显露，抵御外敌入侵，保卫氏族成员生命及财产安全的防御设施开始出现，在一些聚落外围发现环壕遗迹。到了仰韶文化晚期，各氏族集团对生活资料和生存空间的争夺，日趋激烈，导致了旷日持久、同室操戈的残酷战争，导致环壕聚落发展为设防的椭圆形城堡，郑州西山仰韶时代古城应运而生。到了龙山文化时代，出现了更多方形或长方形的城池，面积显著增大，其晚期

▲《中原文化大典·文物典·城址》

已到了夏王朝的开端。其后的偃师二里头遗址、偃师商城遗址、郑州商城遗址和安阳殷墟遗址，展现了自夏代晚期到商代早中晚期的王都风貌。再晚一些的洛阳东周王城、汉魏洛阳城、隋唐洛阳城、北宋东京城，都是周、汉、唐、宋的都城所在，其中汉魏洛阳城和隋唐洛阳城，都有方方正正的封闭式里坊建筑，而北宋东京城则有了开放的街巷，尽显经济的高度发展和街市的空前繁荣。

《城址》卷一书，详细介绍和阐释了郑州西山仰韶文化城址；介绍了龙山文化时代的登封王城岗、新密古城寨、淮阳平粮台、辉县孟庄、新密新砦、郾城郝家台、温县徐堡、平顶山蒲城店和安阳后岗等诸多城址；介绍了夏商时期的偃师二里头、荥阳大师姑、偃师商城、郑州商城、安阳殷墟和洹北商城、焦作府城村商城和辉县孟庄等多座城址；介绍了两周时代的西周洛邑城址、三门峡虢都上阳城、洛阳东周王城、新郑郑韩故城、上蔡蔡国故城、潢川黄国故城、淮滨期思城、固始北山口故城、淮阳陈楚故城、辉县共城、濮阳戚城、信阳楚王城和商水扶苏城等一批城址；还介绍了汉魏洛阳城、隋唐洛阳城、北宋东京城、洛阳西京城等多座城址，勾画出中国古代城市发展的轮廓，造就了中国古代文明的辉煌。

陶器是远古先民们发明的一种黏土制品，是土与火的结晶，最早大约出现在旧石器时代向新石器时代的过渡阶段。陶器既是古代先民们的生活用具和生产工具，又是今天考古学研究的重要载体，现代考古学把陶器类型学研究作为史前研究的重要方法，根据陶器的形制、纹饰、质地的变化来区分文化的类型，进行断代研究。《陶器》卷一书沿着历史发展的轨迹，论述新石器时代河南裴李岗文化时期的裴李岗类型、贾湖类型、中山寨类型和孟庄类型的陶器的情况；解读仰韶文化时期荒坡类型、庙底沟类型、大河村类型、阎村类型、后岗类型、大司空类型、下王岗类型陶器的面面观；诠释龙山文化时期的庙底沟二期类型、北沟类型、站马屯类型、孟庄类型、尉迟寺类型、王湾类型、煤山类

▲《中原文化大典·文物典·陶器》

型、新砦类型、王油坊类型、后岗类型的各种陶器情况。其后还有二里头文化时期洛阳—三门峡一带、郑州—开封一带、漯河—驻马店一带、南阳一带各类陶器的情况，并由此推断二里头文化的分期与年代，二里头文化对商文化的影响等。再往后则是商代前期二里岗期下层早、晚段和上层早、晚段陶器的情况，以及郑州人民公园晚商陶器和安阳殷墟陶器的分期。由于商周时期及战国秦汉时期青铜器、铁器和瓷器的出现，渐渐取代了往昔陶器的地位。但数千年来，陶器仍然是广大基层老百姓生活用具中不可或缺的。综上所述，新石器时代陶器遗存，犹如一部无字地书，《陶器》卷一书，为人们打开了一扇历史文明的窗口，让大家借此可以了解古代先民们的社会经济生活和相当灿烂的文化艺术。

人类创造发明了陶器之后，为了精神生活的需要，也制作出现了陶塑艺术品。河南是出土历代陶塑艺术品相当丰富的地区，河南陶塑艺术源于距今八九千年的裴李岗文化时期，那时出现了人物和动物的陶塑造型。夏商周以降，陶塑艺术在青铜文化的影响下，也得到了持续性的发展。洛阳、郑州北面的邙山一带，土厚水深，被古代视为理想的安葬之地，所以古代墓葬极多，作为明器而出现的各类陶俑，是主要的随葬品类，也成为古代文化遗产中最为形象直观的艺术品，它们大多出于历代民间艺术家之手，既有对自然和生活的观察体验，更充满了丰富的想象力和创造力。到了两汉时期在仿地面建筑的墓室中，随葬了类别繁杂的陶质明器，如井、磨、楼阁、仓房、猪圈和田畴等，更有兵马、仆侍、农人、伎乐及各类畜禽、动物，把陶塑艺术品推向一个新的发展境界。魏晋南北朝时期，是中国政局大动荡、民族大迁徙、大融合的时代，人们对墓葬和随葬品有从简的趋势，并有不同艺术风格的表现形式，加之当时佛教盛行，与佛教有关的陶塑品也开始增多。洛阳邙山一带皇陵贵族大墓多多，仍是陶塑制品最为集中的地方。隋唐王朝经济发达，文化繁荣，中外经济文化交流蓬勃发展，通过陆地和海上的丝绸之路，将博大精深的隋唐文化带到中亚、波斯湾、地中海乃至阿拉伯沿岸，唐三彩和各种陶瓷艺术品发展到新的顶峰。宋元时期，由于丧葬制度的变化，墓内随葬陶俑数量大减，但出土一些社会生活及杂剧的砖雕，也算一景。

▲《中原文化大典·文物典·陶塑》

《陶塑》卷一书，仍是按时代依次论述新石器时代陶塑，夏商周时期陶塑，两汉时期陶塑（人物俑、动物俑、陶塑建筑明器、陶塑日常用品、陶塑神兽、神器），隋唐时期陶塑和唐三彩，宋金元明清陶塑等，全方位、深层次介绍阐释了河南陶塑的产生、发展、繁荣与式微的漫长历史过程。

为梦发声——编纂《河南省文物志》

由河南省文物局组织编写的《河南省文物志》，既是河南省列为重点书目的一部大型科学性、资料性和学术性专著，也是国家文物局明令要求各省必须完成的重大项目。本书约250万字，还附有上千张照片，以翔实的内容，简洁的文字，精美的图片，准确地提供了河南省各级、各类文物的基本信息，并将有关文物的法制建设、文物机构、专家学者、重要的考古发掘、保护维修、陈列展览、科学研究等项目一一列出。也就是说，《河南省文物志》忠实记录了河南文物保存现状，真实反映了波澜壮阔的中原文明发展进程，全面记载了河南文物工作者辛勤工作的经历。本书是全省各文博单位广大编撰人员共同的成果，也是河南由文物大省向文物强省迈进的重要标志之一。正如时任河南省委书记徐光春为《河南省文物志》题词所写的：“保护文化遗产，传承文明薪火，振奋民族精神，实现伟大复兴。”

全书分第一编“遗存”，第二编“管理”，第三编“工作”以及“附录”四大部分。笔者作为《河南省文物志》的副主编兼撰稿人，负责第一编“遗存”中的第一章“旧石器文化遗存”，第二章“古聚落遗址”，第三章“古城址”，第四章“古作坊遗址”，第五章“古墓葬”；第二编“管理”中的第三章“人物”里多位考古老前辈的传

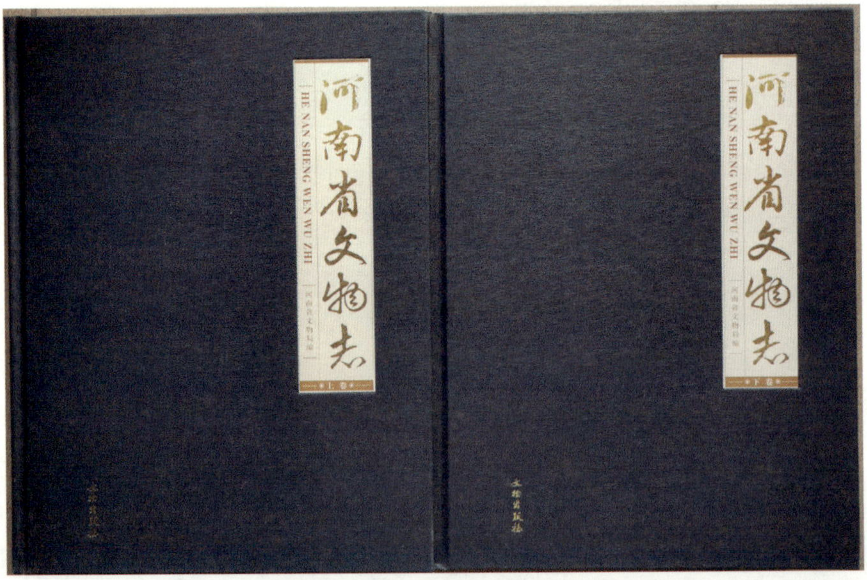

▶《河南省文物志》一书

◄《河南省文物志》编辑组成员（左起王治品、张家泰、作者、杨焕成、任常中、陈进良）

记；第三编工作中的第一章“考古发掘工作”；以及“附录”中的“考古发掘项目登记表”等篇目。笔者负责编目、组稿、撰稿、审稿、改稿、定稿，包括大量的条目、每章前的概述和每节前的简述。

在“旧石器文化遗存”一章中，读者可以知道，1954年治理淮河工程时，在新蔡诸神庙发现了一批哺乳动物化石。裴文中先生在研究这批材料时，从中找到了一件加工的鹿角，证明更新世晚期在新蔡一带有人类活动。它的发现把原始人在河南境内的活动提早到了数万年之前，揭开了河南旧石器文化发现的序幕。其后陆续在灵宝、三门峡、陕县、渑池、洛阳、汝州、伊川、栾川、卢氏、内乡、西峡、镇平、南召、巩义、荥阳、确山、许昌、舞阳、安阳等地发现了多处旧石器文化遗址，构成了河南旧石器时代早中晚期完整的发展序列，扩大了旧石器文化的分布范围，填补了中原地区旧石器时代考古的一项空白。

在河南诸多的旧石器文化遗址中，有南召云阳镇杏花山原始洞穴，出土南召猿人牙齿化石，与周口店北京猿人时代相当，具有重大科学价值。与此相距不远的南召小空山原始洞穴，属旧石器时代晚期，两者时间相差几十万年，反映了在这一带古人类生活得多么久远。洛阳北窑遗址出土石器近800件，还发现有动物化石及人类用火痕迹。石器连续分布在黄土地层内，这在国内外都是十分罕见的。这就把旧石器考古与黄土研究紧密联系起来，对研究全球气候变化和探索黄土时期的人类生活环境也有重要意义。荥阳织机洞遗址为一原始洞穴，洞内有厚达20多米的第四纪堆积物，上层为新石器时代堆积，出有裴李岗文化和仰韶文化陶片，中下层为旧石器时代晚期堆积，并有多处用火痕

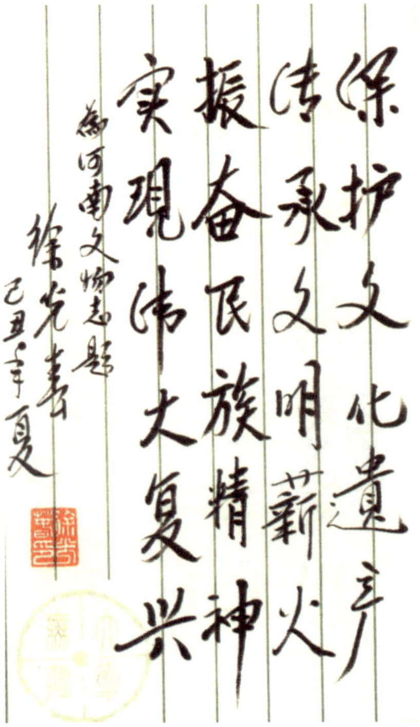

▲ 省委书记徐光春为《河南省文物志》题词

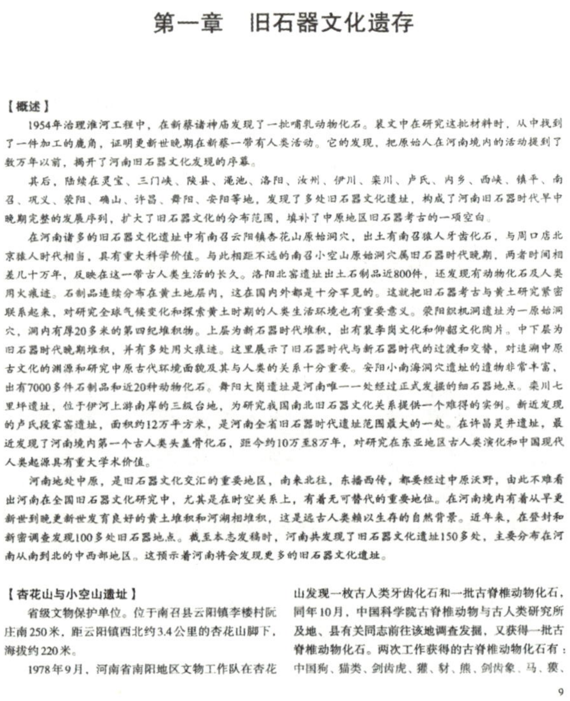

第一章 旧石器文化遗存

【概述】

1954年治理淮河工程中，在新蔡诸神庙发现了一批哺乳动物化石。裴文中在研究这批材料时，从中找到了一件加工的鹿角，证明更新世晚期在新蔡一带有人类活动。它的发现，把原始人在河南境内的活动提到了数万年以前，揭开了河南旧石器文化发现的序幕。

其后，陆续在灵宝、三门峡、陕县、渑池、洛阳、汝州、伊川、栾川、卢氏、内乡、西峡、镇平、南召、巩义、荥阳、确山、许昌、舞阳、安阳等地，发现了多处旧石器文化遗址，构成了河南旧石器时代早中晚期完整的发展序列，扩大了旧石器文化的分布范围，填补了中原地区旧石器考古的一项空白。

在河南诸多的旧石器文化遗址中有南召云阳镇杏花山原始洞穴，出土有南召猿人牙齿化石，与周口店北京猿人时代相当，具有重大科学价值。与此相距不远的南召小空山原始洞穴属旧石器时代晚期，两者时间相差几十万年，反映在这一带古人类生活的长久。洛阳北窑遗址出土石制品近800件，还发现有动物化石及人类用火痕迹。石制品连续分布在黄土地层内，这在国内外都是十分罕见的。这就把旧石器考古与黄土研究紧密联系起来，对研究全球气候变化和探索黄土时期的人类生活环境也有重要意义。荥阳织机洞遗址为一原始洞穴，洞内有厚20多米的第四纪堆积物。上层为新石器时代堆积，出有裴李岗文化和仰韶文化陶片。中下层为旧石器时代晚期堆积，并有多处用火痕迹。这里展示了旧石器时代与新石器时代的过渡和交替，对追溯中原古文化的渊源和研究中原古代环境面貌及其与人类的关系十分重要。安阳小南海洞穴遗址的遗物非常丰富，出有7000多件石制品和近20种动物化石。舞阳大岗遗址是河南唯一一处经过正式发掘的细石器地点。栾川七里坪遗址，位于伊河上游南岸的三级台地，为研究我国南北旧石器文化关系提供一个难得的实例。新近发现的卢氏段家窑遗址，面积约12万平方米，是河南全省旧石器时代遗址范围最大的一处。在许昌灵井遗址，最近发现了河南境内第一个古人类头盖骨化石，距今约10万至8万年，对研究在东亚地区古人类演化和中国现代人类起源具有重大学术价值。

河南地处中原，是旧石器文化交汇的重要地区，南来北往，东播西传，都要经过中原沃野，由此不难看出河南在全国旧石器文化研究中，尤其是在时空关系上，有着无可替代的重要地位。在河南境内有着从早更新世到晚更新世发育良好的黄土堆积和河湖相堆积，这是远古人类赖以生存的自然背景。近年来，在登封和新密调查发现100多处旧石器地点。截至本志发稿时，河南共发现了旧石器文化遗址150多处，主要分布在河南从南到北的中西部地区。这预示着河南将会发现更多的旧石器文化遗址。

【杏花山与小空山遗址】

省级文物保护单位。位于南召县云阳镇李楼村阮庄南250米，距云阳镇西北约3.4公里的杏花山脚下，海拔约220米。

1978年9月，河南省南阳地区文物工作队在杏花山发现一枚古人类牙齿化石和一批古脊椎动物化石，同年10月，中国科学院古脊椎动物与古人类研究所及地、县有关同志前往该地调查发掘，又获得一批古脊椎动物化石。两次工作获得的古脊椎动物化石有：中国狗、猫类、剑齿虎、獾、豺、熊、剑齿象、马、貘、

9

▲ 《河南省文物志》笔者撰稿内文

迹。这里展示了旧石器时代与新石器时代的过渡和交替，对追溯中原远古文化的渊源和研究中原古代环境面貌及其与人类的关系十分重要。安阳小南海洞穴遗址的遗物非常丰富，出有7000多件石器和近20种动物化石。舞阳大岗遗址是河南唯一一处经过正式发掘的细石器地点。栾川七里坪遗址，位于伊河上游南岸的三级台地上，为研究我国南北旧石器文化关系提供一个难得的实例。新近发现的卢氏段家窑遗址，面积约12万平方米，是河南全省旧石器时代遗址范围最大的一处。在许昌灵井遗址，最近发现了河南境内第一个古人类头盖骨化石，距今10万—8万年，对研究东亚地区古人类演化和中国现代人类起源具有重大学术价值。

河南地处中原，是旧石器时代文化交汇的重要地区，南来北往，东传西播，都要经过中原沃野，由此不难看出，河南在全国旧石器时代文化研究中，尤其是在时空关系上，有着无可替代的重要地位。在河南境内有着从早更新世到晚更新世发育良好的黄土堆积，这是远古人类赖以生存的自然背景。近年来，在登封和新密调查发现100多处旧石器地点。截至本志发稿时，河南共发现旧石器时代文化遗址150多处，主要分布在河南从南到北的中西部地区。这预示着河南将会发现更多的旧石器时代文化遗址。

“古聚落遗址”一章内容非常丰富。中华人民共和国建立之后，河南全省配合基

本建设发现了2000多处新石器时代聚落遗址，其中包括裴李岗文化、仰韶文化、大汶口文化、屈家岭文化、龙山文化等，确立了黄河中下游新石器时代文化的考古编年序列，反映了中原地区原始社会时期的繁荣景象。距今9000—7000年的裴李岗文化，是以河南新郑裴李岗遗址命名的，属于新石器时代早期偏晚段的文化，全省已发现了150多处裴李岗文化遗址，主要集中在河南中部，而豫西、豫南、豫北也有一些发现。到了裴李岗文化晚期，一部分向东迁徙到安徽北部、江苏中部和山东中南部，对当地文化产生强烈影响；还有一部分穿过伏牛山到达豫西南，发展成为仰韶文化下王岗类型。而更多的裴李岗文化遗址，都存在有向仰韶文化过渡的迹象。河南是仰韶文化的故乡，距今7000—5000年的仰韶文化遗址遍布中原大地，发现有1000多处。1921年渑池县仰韶村的发掘，开启了中国近现代考古学的先河，证明了中国确有新石器时代遗址的分布。1949年之后，陕县庙底沟遗址的聚落考古、郑州大河村遗址的彩陶、濮阳西水坡遗址的蚌壳龙、汝州洪山庙遗址的大型丛葬瓮棺墓、郑州西山遗址的夯土城墙、灵宝西坡遗址的特大型房基等，都是重大的考古发现。而洛阳王湾遗址的考古发掘，证实了仰韶文化末期逐渐过渡到河南龙山文化的发展方向。距今6300—4500年的大汶口文化，是一种主要分布在山东中部、南部及苏北、皖北一带的新石器时代晚期文化，在豫东、豫南、豫西和河南中部也有发现，河南境内大汶口文化遗址已调查发现近60处。考古发现表明，山东大汶口文化早期曾受到仰韶文化的影响并吸收了仰韶文化的某些因素，充实了自身的发展。在大汶口文化中晚期即仰韶文化晚期至龙山文化早期时，山东大汶口文化向东向南扩展至少已达到颍河流域，融合了当地的土著文化，构成了河南境内的大汶口文化，又反过来影响了仰韶文化晚期和龙山文化早期，某些陶器特征又被仰韶文化晚期和龙山文化早期所吸收。河南大汶口文化成为连接黄河中游与黄河下游新石器时代文化之间的桥梁。距今5300—4200年的屈家岭文化，是一种主要分布在湖北江汉流域的新石器时代晚期文化。屈家岭文化遗址在河南西南部和南部发现较多，在河南中部也有少量分布，涵盖了颍河、汝河、洪河流域，甚至到达黄河南岸，总计已发现了140多处。在河南西南部的某些遗址中，发现了仰韶文化、屈家岭文化和龙山文化的三叠层，反映了这些古代文化此消彼长，取代和发展。这也是北方黄河流域和南方长江流域新石器时代文化的交流和影响的见证。距今5000—4000年的河南龙山文化，是继仰韶文化之后在黄河中下游发展起来的一种新石器时代晚期文化。龙山文化在河南的分布比仰韶文化更多、更广泛，而且往往叠加在仰韶文化层之上，总数已超过千处之多。其中在登封、新密、淮阳、漯河、平顶山、辉县、温县、博爱、濮阳和安阳等地，还发现有河南龙山文化晚期城址，可能已进入夏代早期。

古代城址的出现，是中国古代文明起源与发展的里程碑。“古城址”一章就做了很好地诠释。早在距今5300年的仰韶文化晚期，河南就出现了郑州西山城址，把中国发现古城址又提早了1000年。有学者认为这是属于黄帝时代的城。城址平面呈椭圆形，可能是古代先民们已经意识到站在圆形的城墙上视野开阔，宜于瞭望。同时，这也可能是受仰韶文化早期圆形聚落、圆形房屋的影响所致。城的位置放在河岸旁边，便于取水。城外设有城壕，利于防守。而城壕之土在旁修建城墙，就近取材，方便快捷。用版筑法夯打而成，实为建筑史上一大发明。经过多年的考古调查与发掘，在河南找到了一批距今4000余年的河南龙山文化城址。据史书记载，嵩山周围是夏部族活动的主要区域。“夏都阳城，嵩山在焉。”“禹居阳城，今颍川阳城是也。”“（五渡水）东南流入颍水，颍水迳县故城南，昔舜禅禹，禹避商均，伯益避启，并于此也，亦周公以土圭测日景处……县南对箕山。”今登封告成镇王城岗遗址与此地望相合，在那里发掘出一座面积30余万平方米的龙山文化晚期古城址，^{14}C测年距今约4070年，很可能是夏都阳城之所在。

夏商周时期在中国古代史上占有重要地位，被人们称之为“三代”。在中国古代文明起源与发展历程中，属于相当成熟的王国文明，不但传承了更早的方国文明之精华，又开启了秦汉帝国文明的先河。除了前面已经论述的夏商王都之外，三门峡发现的虢都上阳城是河南所见唯一一座西周诸侯国之都城，这在全国也为数甚少。新郑郑韩故城是东周郑国和韩国的都城，信阳城阳城和淮阳陈楚故城则是战国时期楚国的王都。此外，河南还有不少小诸侯国的通都大邑。通过河南的东周城址可以看出，各诸侯国矛盾尖锐，战争迭起，兄弟阋墙，同室操戈，在中原尤为惨烈，弭兵、会盟、再战，在长达数百年的大征战、大开放、大发展、大融合的进程中，最终催生了中国历史上第一个统一的中央集权封建制的大秦帝国。秦汉以降，中国古代城市发展到成熟阶段。洛阳汉魏故城内的主要建筑，如宫城、衙署、寺院、里坊等，以纵贯南北的中轴线为准，依次规划。城西北角有金墉城，城东北角有太仓和武库，南郊有明堂、辟雍、太学和灵台，其布局大致体现了帝王之都，建中立极，官府外置，左祖右社的都城建筑原则。中轴线格局的形成，表现了都城设计从先秦城市向隋唐城市的转变。到了北魏景明二年（501年），又增修了范围更大的外郭城。号称“东西二十里，南北十五里”，有320个坊，以及大市、小市、四通市等工商业区，面积达75平方千米，再加上洛河之南的四夷馆、四夷里，为当时全世界最大的城市。隋唐洛阳城始建于隋大业元年（605年），分宫城、皇城、东城、圆壁城、曜仪城、含嘉仓城和外郭城，总面积超过50平方千米，包括109个坊和3个市。每个方形里坊有坊墙，中间有十字街道通向4个坊门与坊外大街相通。这种方形里坊制度源于北魏洛阳城，继而影响了唐代地方州县的布局，甚至影响到葱岭以西的中亚地区城市和当时日本的一些京城。今天开封的宋城遗址为北宋京师，是号称“人口上百万，富丽甲天下”，“八方辐辏，万国咸通”的国际大都会。除了沿用宫城、内城、外城的布局之外，已经废除了里坊封闭的坊墙，采用了开放式的街市，这样更便于交通和贸易，反映了经济的发展和商业的繁荣。

从“古作坊遗址”一章中我们可以了解到，河南发现有数十处铸铜、冶铁的古作坊遗址，其中包括偃师二里头、郑州商城、安阳殷墟等多处夏商铸铜作坊遗址；新郑仓城、登封告成、鹤壁鹿楼、舞钢、西平冶炉城和泌阳下河湾等东周冶铁作坊遗址；以及郑州古荥镇、林州正阳集和申村、温县招贤、巩义铁生沟、南阳瓦房庄、鲁山望城岗、南召下村和拐角铺及杨树沟、桐柏张畈等汉代冶铁作坊遗址。两汉时期冶铁技术有很大发展，诸如高炉炉型和熔炉工艺的改进，铁范、叠铸、韧性铸铁的推广使用，还有罕见的球墨铸铁，以及生铁炒炼成钢这一高效率先进技术的出现，改变了整个冶铁生产的面貌，加快了我国封建制的巩固和发展，对古代社会的农业、手工业、水利、交通、建筑、军事、文化和日常生活都有巨大影响。中国在两千年前生铁冶炼和加工工艺已远远走在当时世界的前列。

在河南还发现300多处烧制陶瓷的作坊遗址。早在夏代晚期和商代早期，就在偃师二里头和郑州商城分别出土了带釉的原始瓷器。其后在洛阳西周墓和鹿邑西周早期墓内，也出土了早期青釉瓷器。两汉、魏、晋、南北朝时，瓷器的烧造有了很大发展，直到唐、宋时期达到了前所未有的高峰。河南的陶瓷作坊遗址，集中分布在豫北的安阳、鹤壁、林州、焦作、博爱、修武一带，在豫西的新安、宜阳和河南中部的汝州、宝丰、鲁山、禹州、郏县、登封和新密等地也有很多发现，在豫西南内乡还有著名的邓窑作坊遗址。考古发掘出土色彩绚丽精妙无双的唐三彩，釉色青绿莹润如堆脂的汝瓷，釉色窑变灿如晚霞的钧瓷，以及百姓喜闻乐见的白地杂花瓷等，无不令人为之倾倒！大量精美的瓷器，通过陆上和海上丝绸之路远销海外，在中外经济和文化交流中，起到了无可替代重要作用。

古代墓葬以其不同的建筑结构、丧葬制度、埋葬习俗、丰富的随葬品……成为反映古代历史、政治、经济、文化、思想及社会生活的重要载体，是考古学极其重要的内涵之一。“古墓葬”一章包括帝王陵墓、诸侯王墓、名人墓和其他重要墓葬等。

自中华古代文明社会肇始到宋金灭亡，河南留下的帝王陵墓相当丰富，其中有淮阳的太昊陵、灵宝的黄帝陵、内黄颛顼帝喾二帝陵，他们都是中华人文始祖，受到海内外华夏子孙万世景仰。他们的陵冢高大，淮阳太昊陵前立有宋代碑刻，上书“太昊伏羲氏之陵”，还有明清建筑群；灵宝黄帝陵附近有丰富的仰韶文化遗址，陵冢前有唐贞元十七年（801年）碑刻“轩辕黄帝铸鼎塬碑铭并序”，记述黄帝铸鼎兹原，鼎成升天的传说，这是我国发现关于轩辕黄帝铸鼎史实唯一的珍贵碑刻，表明远在唐代就把这里与黄帝紧密联系在一起了；内黄颛顼帝喾二帝陵，附近有仰韶文化和龙山文化遗址，陵冢位于鲋隅山之阳，东西并列，东为颛顼陵，西为帝喾陵，周围残存元代护陵墙，陵冢前立有元天历二年（1329年）“颛顼帝陵碑”和明嘉靖七年（1528年）“帝喾陵碑”。沿中轴线有御桥、山门、祭拜殿等唐至清代建筑遗迹，其附近尚存元明清历代祭祀碑刻

165通。中国人对太昊、黄帝、颛顼、帝喾等人文始祖的祭拜由来已久，厚德载物，根本返始，依恋本源，尊祖敬宗，显得无比重大与神圣。这已成为团结海内外中华儿女的纽带和民族向心力的象征。夏商以降，有安阳殷墟的商代王陵，洛阳的东周王陵，洛阳邙岭的汉晋北魏帝陵，修武汉献帝禅陵，偃师的唐恭陵，伊川五代后梁宣陵，宜阳五代后晋显陵，禹州五代后汉睿陵，新郑五代后周皇陵，还有巩义北宋皇陵等。

在河南的古墓葬中也有不少历代重要的诸侯王墓，如三门峡两周时期的虢国墓地，平顶山两周时期的应国墓地，上蔡春秋时期的蔡侯墓地，新郑春秋时期的郑公大墓和战国时期的韩王陵，永城秦末农民起义领袖陈胜墓，永城西汉梁王墓群，淮阳汉代陈顷王墓，孟津北魏江阳王元乂墓，新乡明潞简王墓，禹州明周定王墓，上蔡明顺阳王墓，荥阳明原武温穆王墓等。

河南又是名人辈出的地方，历代著名的思想家、政治家、军事家、科学家、医学家、理学家、文学家、文字学家，如庄周、李斯、张衡、张仲景、许慎、曹植、杜甫、白居易、韩愈、欧阳修、范仲淹、邵雍、苏轼、苏辙、程颐、程颢、杨再兴、许衡、朱载堉和吴其浚等，都长眠在河南。他们的英名和成就，光耀中华，垂范青史！河南境内发现的古墓葬除了上述帝王陵墓、诸侯王墓、名人墓之外，更多的是其他墓葬。如郑州和安阳及息县的商代墓、鹤壁辛村西周卫国墓地、卫辉山彪镇战国魏国墓地、淅川下寺春秋楚墓群、上蔡楚国贵族墓地、灵宝秦人墓地、洛阳烧沟汉墓、南阳汉代画像石墓、新密打虎亭和后士郭汉墓、荥阳苌村汉墓、孟州北魏墓、邓州南朝彩色画像砖墓、安阳和濮阳北齐墓、安阳隋墓、洛阳和偃师唐墓、禹州和新安及上蔡宋墓、孟州和平顶山及温县元墓、郏县和扶沟明墓等，构筑了中国几千年奴隶和封建社会的缩影。

“考古发掘工作”一章，内容更是精彩纷呈。河南是中国近现代考古学的发祥地，早在1921年，受聘于中国北洋政府农商部的矿业顾问瑞典地质、考古学家安特生，经批准后与中国地质学家袁复礼等人，首次发掘了渑池县仰韶村遗址，出土了一批以彩陶为代表的遗物，后被考古学界命名为仰韶文化，开创了中国新石器时代考古的先河。1928—1937年，当时的中央研究院历史语言研究所李济、梁思永等人，主持了安阳殷墟共15次的发掘；1932—1933年，河南古迹研究会郭宝钧等人，发掘了浚县辛村卫国墓地；1932年，刘燿发掘了浚县大赉店遗址；1933—1934年，又发掘了浚县刘庄、巩县塌坡和马峪沟、广武青台等遗址；1935年，郭宝钧又发掘了汲县山彪镇、辉县琉璃阁的东周墓地；1936年，李景聃在豫东发掘了造律台、黑孤堆、曹桥等遗址；而南阳籍学者孙文青，发掘了南阳草店、石桥、桐庄的汉代画像石墓。上述考古发掘，尤其是安阳殷墟的考古发掘，不但有许多重要的考古发现，而且还建立了一套科学的考古发掘方法，使中国现代考古学成为一门新兴的科学。其中，1931年梁思永在安阳后岗发掘时，不是像当时常用的按深度划分地层，而是以土色分地层，在整理时清除地层中的早期遗物，恢复了各时期遗存原来的面貌，第一次揭示出仰韶文化、龙山文化、殷商文化的地层叠压关系，即著名的“三叠层”，这是考古地层学确立的标志，成为中国考古学走向成熟的一个里程碑。

更多的考古发掘是在1949年10月以后进行的。内乡、西峡，淅川恐龙蛋化石的发掘，为地质研究、古生物研究、古环境和古生态研究，提供了极其丰富的资料，对探求恐龙灭绝之谜，也具有重大学术价值。发掘了南召杏花山和小空山、灵宝营里、洛阳凯旋路和北窑、荥阳织机洞、安阳小南海、舞阳大岗、许昌灵井、巩义洪沟等旧石器时代早中晚期遗址，出土一大批石器和动物化石，有些遗址还有人类用火痕迹，而南召杏花山出土的古人类牙齿化石和许昌灵井出土的古人类头盖骨化石，其重大学术价值是不言而喻的。重点发掘了新郑裴李岗和唐户、巩义滩小关和瓦窑嘴、新密莪沟、长葛石固、舞阳贾湖、汝州中山寨、郏县水泉、方城大张庄、淇县花窝等裴李岗文化遗址。发掘出房基、窖穴、陶窑和排列有序的墓葬，出土有陶器、石器、骨器等遗物，还有猪、羊、人头等陶塑艺术品和绿松石装饰品。而舞阳贾湖遗址出土的龟甲、骨器和石器上有契刻符号，有的与安阳殷墟甲骨文的个别字形相似。还有一批至今仍可吹奏的七孔骨笛，真令人惊叹不已。裴李岗文化的陶器和石器，以及房屋的结构和造型，有一些为仰韶文化所承袭。在河南还发掘了三门峡庙底沟和三里桥、灵宝北阳平和西坡、洛阳王湾和孙旗屯、偃师汤泉沟和高崖、汝州大张和阎村、荥阳青台和点军台、郑州大河村和西山、安阳后岗和大司空、濮阳西水坡、淅川下王岗、邓州八里岗等仰韶文化遗址。其中灵宝北阳平遗址面积逾百万平方米，西坡遗址出土有一百至数百平方米的大型房屋建筑，郑州西山发掘出仰韶文化城址……都是新石器时代考古的重大发现。这确立了仰韶文化的不同类型和年代序列，推动了中国古代文明起源及统一的多民族国家形成的历史研究。河南龙山文化是继仰韶文化之后遍布全省又一重要的新石器时代文化。经过发掘的重要遗址有安阳后岗和大寒、汤阴白营、濮阳马庄、辉县孟庄、济源庙街、温县徐堡、永城王油坊、商丘坞墙、柘城李庄、夏邑清凉山、杞县鹿台岗、郑州站马屯和马庄、新密古城寨和新砦、禹州瓦店和阎寨、汝州煤山、孟津妯娌和寨根、登封王城岗、洛阳王湾和矬李、漯河郝家台、淮阳平粮台、平顶山蒲城店、南阳叶胡桥、淅川下王岗、信阳三里店等处。其中登封王城岗、淮阳平粮台、漯河郝家台、新密古城寨和新砦、辉县孟庄等处均发现有龙山文化晚期古城址，有的有奠基和祭祀遗存，有的有铸铜遗物，有的有刻文字的陶片，反映了河南龙山文化晚期已进入了文明社会。夏商以降发掘有偃师二里头、荥阳大师姑、洛阳皂角树等二里头文化遗址；还发掘有偃师商城、郑州商城和小双桥、安阳殷墟及洹北商城、焦作府城村商城等商代遗址；也发掘有洛阳北窑西周铸铜遗址、三门峡西周虢都上阳城；又发掘有新郑郑韩故城、温县盟书遗址、登封阳城等东周遗址；此外，还发掘有新安汉代函谷关漕运建筑遗址、内黄三杨庄汉代聚落遗址；洛阳隋唐含嘉仓城及唐履道坊白居易故居遗址、安阳隋相州瓷窑遗址、巩义黄冶唐三彩窑址、鲁山段店唐代瓷窑址、禹州钧台及神垕钧瓷窑址、宝丰清凉寺宋瓷窑址、汝州严和店和张公巷宋瓷窑址、鹤壁的鹤壁集宋瓷窑址、修武当阳峪宋瓷窑址、宜阳西关宋元瓷窑址、内乡大窑店宋金瓷窑址，以及洛阳北宋衙署庭园遗址等。上述考古发掘，有一些被评为中国20世纪100项考古大发现或年度全国十大考古新发现。

河南古代墓葬的考古发掘数量众多。郑州商城曾发掘出多座随葬青铜器的中小型墓；安阳殷墟除王陵大墓之外，还发掘有武官村大墓、小屯妇好墓、郭家庄大墓等高等级贵族墓葬。在鹿邑发掘出西周初年的长子口大墓，不少出土物还有浓厚的商代遗风；洛阳北窑西周贵族墓地，提供了寻找西周洛邑的线索；平顶山应国墓地的发掘，复原了一个古老应国的编年；三门峡虢国墓地出土青铜器、玉器精美绝伦；郑州洼刘西周贵族墓地，有学者据此联系到西周管国都邑。东周墓葬发掘数量更多，如洛阳周王城东周大墓及“天子驾六”车马坑；光山宝相寺黄国墓、桐柏月河养国墓，展现了春秋时期淮河流域小国国君丧葬制度的风貌；在淅川丹江库区的下寺、徐家岭、和尚岭，在信阳平西和长台关，在固始侯古堆和白狮子地，在淮阳平粮台和马鞍冢，在上蔡葛陵，均发掘出楚国的贵族墓地。楚曾是春秋五霸和战国七雄之一，号称“地方千里，带甲百万，车千乘，骑万匹，粟支十年，饮马黄河，问鼎于周”的泱泱大国，楚国光辉灿烂的古代文化，影响深远。秦汉以降，河南发掘有灵宝阳平秦人墓地，三门峡秦人墓地，泌阳官庄秦墓；洛阳烧沟汉墓，济源轵城和桐花沟汉墓，密县打虎亭和后士郭汉墓，杞县许岗汉墓，南阳、唐河、襄城、永城一批汉代画像石墓。这些古墓出土文物重要，各有千秋。尤其是洛阳烧沟汉墓，共发掘225座，从西汉中期到东汉晚期，可分为六期，每期墓葬结构、随葬品组合及器形演变特点明确，风格突出，成为中原地区汉墓分期断代的标尺。此外，还发掘了邓州南朝画像砖墓，安阳和濮阳北齐墓，洛阳、孟津和偃师唐墓，巩义北宋皇陵，禹县白沙宋墓等。其中偃师杏园唐墓一些墓志记载那里为“西亳”，应与旁边的偃师商城有关。而禹县白沙三座宋墓是20世纪50年代配合治淮工程发掘的，是迄今为数不多的结构完整、壁画内容最为丰富的北宋仿木构建筑雕砖壁画墓。

砥砺前行——编纂《中国地域文化通览·河南卷》

《中国地域文化通览》一书，是以中央文史馆领衔的国家重点文化工程，是我国第一部按行政区划梳理地域文化，学术性、现实性和可读性兼备的大型丛书，总计约1700万字。在大量可信资料的基础上，全书分34卷，各省、自治区、直辖市，以及港、澳、台地区均有1卷。每卷又分上、下编，各卷上编纵向地描述当地文化发展的历史脉络，下编展示各地独具魅力的文化特色和亮点。上起于远古时代，下迄于1911年辛亥革命，个别卷延伸到1919年“五四运动”。可视为各地的“文化地图”。《中国地域文化通览》，以学术性、现实性、可读性三者的统一为目标，可供学者参考，也可供干部培训和广大读者研习之用。尤其希望本书能对当前各地经济社会的发展起到借鉴作用。国务院领导同志指示：“希望精心准备，通力合作，成为立志高远、内容殷实、史记结合、特色鲜明的传世精品。”本着这一指导方针，中央文史研究馆和各省、自治区、直辖市文史研究馆、文化文物机构，均高度重视、精心组织实施，并在当地政府的指导下，聚集各领域500多位专家学者，协力攻关，得以完成编写任务。

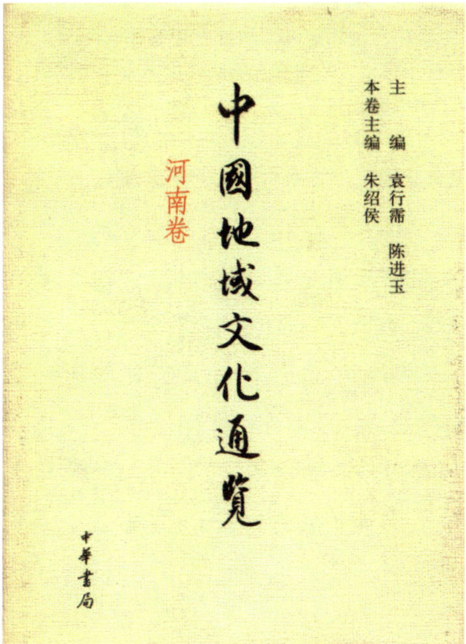

▲《中国地域文化通览·河南卷》一书

《中国地域文化通览·河南卷》是其中重要的一卷，内容包括长篇绪论，涵盖河南文化生成、演变的环境条件，河南文化的形成和发展阶段，河南文化的特性和历史地位。上编包括史前时期河南文化的萌生，夏商西周三代河南文化的形成，春秋战国时期河南文化的勃兴，秦汉时期河南文化的建构与拓展，魏晋南北朝时期河南文化的融合，隋唐五代时期河南文化的繁荣，北宋时期河南文化的鼎盛，金元明清时期河南文化的缓慢发展与更新。下编包括三大世界遗产，四大古都与历史文化名城，汉字文化，河南姓氏文化，历史文化建筑，历史文化遗存与墓葬，国家级非物质文化遗产。

书后还附有主要参考文献，索引，后记。全书近60万字，历时6年完成出版。笔者作为全书编委和撰稿人，除了对涉及文物考古的章节进行多次审核讨论之外，还撰写了本书下编的历史文化遗存与墓葬部分。包括史前聚落遗址与城址等章节，涵盖裴李岗文化聚落遗址，仰韶文化聚落遗址与城址，龙山文化聚落遗址与城址；还包括陵寝墓葬等章节，涵盖史前古墓，帝王陵墓，名人墓，其他墓葬等。

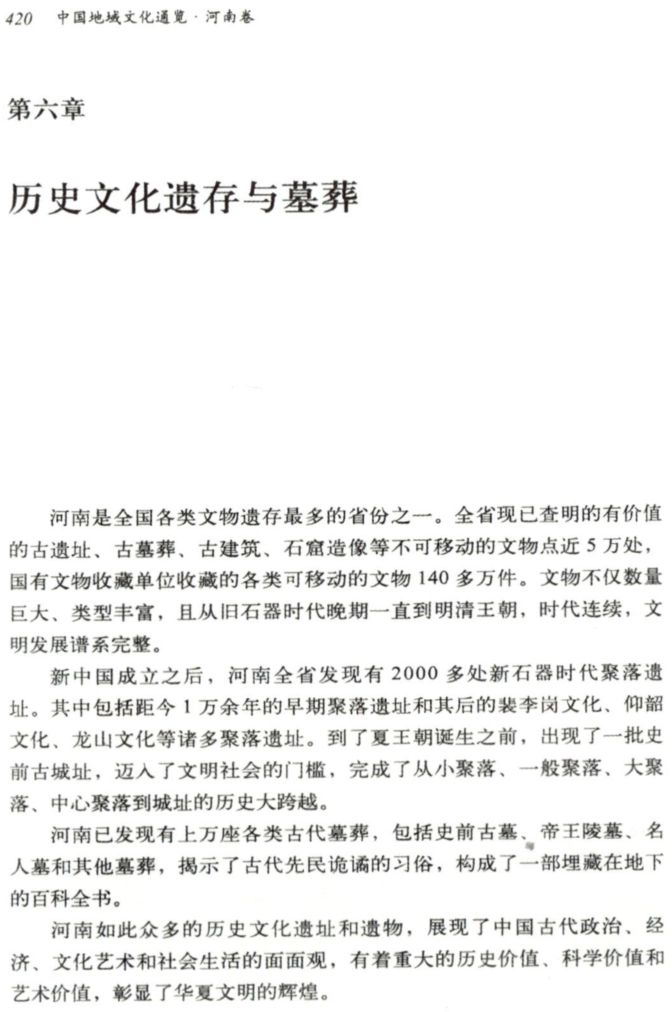
420 中国地域文化通览·河南卷

第六章

历史文化遗存与墓葬

河南是全国各类文物遗存最多的省份之一。全省现已查明的有价值的古遗址、古墓葬、古建筑、石窟造像等不可移动的文物点近 5 万处，国有文物收藏单位收藏的各类可移动的文物 140 多万件。文物不仅数量巨大、类型丰富，且从旧石器时代晚期一直到明清王朝，时代连续，文明发展谱系完整。

新中国成立之后，河南全省发现有 2000 多处新石器时代聚落遗址。其中包括距今 1 万余年的早期聚落遗址和其后的裴李岗文化、仰韶文化、龙山文化等诸多聚落遗址。到了夏王朝诞生之前，出现了一批史前古城址，迈入了文明社会的门槛，完成了从小聚落、一般聚落、大聚落、中心聚落到城址的历史大跨越。

河南已发现有上万座各类古代墓葬，包括史前古墓、帝王陵墓、名人墓和其他墓葬，揭示了古代先民诡谲的习俗，构成了一部埋藏在地下的百科全书。

河南如此众多的历史文化遗址和遗物，展现了中国古代政治、经济、文化艺术和社会生活的面面观，有着重大的历史价值、科学价值和艺术价值，彰显了华夏文明的辉煌。

▲ 《中国地域文化通览·河南卷》笔者撰稿内文

河南地处中原，位于“天地之中”的核心地带，是最适于人类生存和发展的一方热土。从史前的新石器时代聚落和城址，到夏商以降的诸多王朝，河南长时间处于华夏文明金字塔的顶端。中国古代文明起源与早期发展的过程，远在距今1万余年的新石器时代早期发明农业的时候就开始了，这在河南表现得十分明显。农业生产是促进古代文明起源的基础，农业生产是一种以年为周期的有计划的长期行为，对土地的好坏、水分的多少、季节和气候都有一定的要求，对所种之农作物要了解其可食性、生长习性、耐储藏性，要有种植、收割、加工、储藏等一系列生产工具和设备。这是一种生产经验和知识的积累，是一种与人类生存密切相关的综合性文化行为。古聚落是人类最早兴建的聚居场所，在新石器时代早期，原始先民们为了农业生产的需要，从山洞里走出来，选择在宜于农耕的河边或湖旁，营造半地穴式茅屋以避风雨，以磨制石器代替了原始的打制石器，刀耕火种，经营农业，修筑围栏，饲养家畜，烧制陶器，煮饭盛物，用弓箭、弹丸射杀野兽，用鱼叉、渔网入水捕鱼，在先民们居住的范围内，出现了房屋、陶窑、窖穴、墓葬、壕沟，这就形成了原始聚落。由此，人类向文明迈出了一大步。其实，史前聚落在河南还可以追溯到旧石器时代晚期，最近在郑州西南郊，发现距今约4万年旧石器时代晚期的奶奶庙遗址，在50平方米的发掘范围内，出土3000多件石制品，1.2万多件动物骨骼及碎片，以及多层叠压、连续分布的古人类居住面，展示了当时人类在中心营地居住的活动细节，成为早期的聚落萌芽。而河南目前所见最早的原始小聚落为新密李家沟遗址，距今10 500—9000年。发现有旧石器时代晚期向新石器时代早期过渡的地层堆积，出土有牛、马、鹿、猪等动物骨骼，还有制作精致的细石器和一些原始陶片，这些都是难得一见的重要考古发现。

在距今9000—7000年的时候，河南出现了一大批以新郑裴李岗遗址命名的裴李岗文化聚落遗址。主要分布在豫西山地东部边缘的丘陵地带，以及豫中和豫南的黄淮平原地区，在豫北太行山东麓和豫南大别山北麓也有发现。其中有十多处经过考古发掘，展现了新石器时代早期偏晚阶段的社会面貌。新郑裴李岗遗址位于新郑西北7.5千米处双洎河北岸的裴李岗村西地，面积约2万平方米。发掘出一些房基、窖穴、陶窑和由114座墓葬组成的氏族墓地。出土有一批磨光石斧、双刃石铲、锯齿石镰和富有特色的石磨盘、石磨棒，还出土有许多独具特点的陶器组合，以及骨器、鹿角器、绿松石珠及陶塑的猪头、羊首等遗物。这俨然是一处初具规模的古聚落遗址。

舞阳贾湖遗址位于舞阳县城北22千米的贾湖村东，面积约5.5万平方米。发掘出53座房基，多为圆形、椭圆形或方形半地穴式建筑，个别为地面上建筑，房基内多有火灶；发掘窖穴425个，陶窑9座，还有445座成人土坑墓和32座婴幼儿瓮棺葬。有的墓葬内随葬有成组的龟甲，龟甲内装有数量不等、大小不均、颜色不一、形状各异的小石子，这可能与宗教习俗有关，也反映了原始数学的萌芽。有学者认为："当时的人们可能已经掌握了十以内的加减运算，并可能产生了进位制记数的思想。"发掘出土了大量的陶器、石器、骨器，还有猪、鹿、狗、牛、鸡和野兔等家畜或兽骨，以及鱼骨、鱼鳞、蚌壳和一些果核。还发现有数量很多的炭化稻米，属于人工栽培稻，这就把中原地区种植水稻的时间提早到距今八九千年之前。一些刻在龟甲、骨器、石器上的符号，其中有一些与郑州商城所出土的大口尊口沿上所刻陶文相近，也和安阳殷墟中甲骨文某些字形相似，很可能具有原始文字的性质。出土近30件骨笛，系用丹顶鹤的尺骨截去两端关节再钻圆孔而成。此外，经中美学者联合研究，在贾湖遗址出土遗留沉淀物的陶片上，分析出含有酒类挥发后的酒石酸，最后的结论是：这些陶器盛放过以稻米、蜂蜜、水果（山楂）为原料混合发酵而成的酒饮料，被称之为"贾湖古酒"，从而将人类酿酒史提早到距今八九千年之前，也使贾湖遗址成为当今世界上发现最早酿酒类的古遗址。

河南裴李岗文化与相邻的河北磁山文化和陕西的老官台文化关系密切，这三种文化时代相近，文化内涵和文化面貌既有一定的共性，又有相当的差别。它们均拥有各自文化特征的器物群，既相互影响，又独立发展，北中西相互辉映，成为中原远古文化的大亮点。由此可以看出裴李岗文化在华夏古文明的起源与发展中，占有举足轻重的地位。

仰韶文化是由裴李岗文化发展而来的一种新石器时代中晚期文化，是由于1921年渑池县仰韶村遗址的发掘而得名，距今7000—5000年。仰韶文化正处于我国原始社会和当时不同族属文化关系发展中的一个重要阶段，经历了母系氏族社会从繁荣到解体，甚至进入父系氏族社会门槛的漫长历史时期。仰韶文化的聚落遗址遍布河南大地，主要集中在三门峡、洛阳、郑州、南阳等地。聚落的规模也很大，动辄10万平方米到几十万平方米，个别的有上百万平方米。大型聚落或中心聚落有居住区、作坊区、并有壕沟环绕，到晚期甚至还见有夯土城墙出现，聚落外面有公共墓地。以农业为基础的社会经济，有了较大的发展，距离进入文明社会已经不远了。多年来对一些大型的仰韶文化聚落遗址进行考古发掘，有不少重要的发现。

三门峡庙底沟遗址位于市区西南崖底乡庙底沟村，面积34.2万平方米。20世纪50年代配合黄河三门峡水库工程和2002年配合三门峡陕州大道建设，对庙底沟遗址进行大规模的考古发掘。发掘出一批平面多为方形的房基，一般南面正中有斜坡式窄长门道，房周围有立柱，室内地坪经过加工处理，用红烧土和砾石铺垫，上面涂抹草泥土和白灰面，室内有圆形火塘，中部有四个带石柱础的柱洞。还发掘出900多个窖穴和灰坑，近20座烧陶窑，3条环绕聚落的大壕沟……出土了大量的夹砂和泥质红陶器，包括釜、灶、罐、钵、鼎、甑、盆、尖底瓶、盘、碗和杯等，另有陶质的刀、锉、纺轮、环、弹丸等。除素面和磨光之外，还有线纹、细绳纹、划纹、弦纹、麻布纹、席纹、附加堆纹和镂孔等。最突出的莫过于彩陶了。一般为黑彩，个别用红彩或兼用黑红两色，绘制前往往加一层白色陶衣。彩绘中大量是装饰性花纹，有条纹、涡纹、圆点纹、弧边三角纹、方格纹等，更有一些用上述纹饰组成的连续花瓣纹图案或其他图案，异常精美。另外还有一些蛙纹或鸟纹图案，栩栩如生。有些精品彩陶，应是用于祭祀的礼器。庙底沟遗址文化层堆积丰厚，遗迹、遗物反映了大型聚落丰富的农业生产面貌。在周边和很远的地方都有类似仰韶文化遗址的分布，包括陕西关中、晋南和豫西的其他地区，被称为仰韶文化庙底沟类型。但其影响却远远超过其分布范围，东到豫中、豫北、冀南甚至到鲁南、苏北，西到甘肃，北到陕北、晋北，南到豫西南、鄂西北和陕南。

灵宝西坡遗址位于灵宝阳平镇西坡村西，面积40万平方米。2000—2006年进行多次考古发掘。发掘出大型房基5座，均为近方形半地穴式建筑，结构复杂，普遍采用夯筑技术，居住面和墙壁加工考究，表面光滑规整，有门道、火塘、柱洞等设施。其中最大的一座F105，主室为半地穴式房基，地坪用细泥层、礓石层、草拌泥层铺垫，非常硬密，并涂成朱红色。主室四周墙壁柱洞清理出38个。火塘位于室内东部正对门道处，圆形、直壁、平底，火塘深约0.6米，底部为坚硬的红褐色烧烤面，在半地穴式主室外的四周有柱洞30个，应为回廊，门道伸出回廊以外。整座房基、回廊、门道等建筑面积约为516平方米，是迄今发现仰韶文化最大的房屋基址。也就是说，F105为半地穴与地面上相结合的方形建筑，主室内柱呈对称分布，主室四周有回廊，据此推测，可能有四面坡式方锥形大屋顶，应为殿堂性质。F106位于F105之南50米，二者形制和规模相仿，但F106未见回廊，面积为296平方米。门道朝向东北。这两座大房子的东部应该有一个广场或其他重要遗迹。在遗址的南部和北部各发现一条东西向的大壕沟，与遗址东侧的夫夫河和西侧的灵湖河构成一组防御体系。在南壕沟以南130—150米处，发掘出一处公共氏族墓地，这里已经是聚落的外围了。西坡遗址位于“轩辕黄帝铸鼎塬”的传说地，属于仰韶文化的中心聚落，所发现的遗迹和遗物，反映了仰韶文化庙底沟类型经济发展的高水平。

郑州西山遗址位于郑州古荥镇孙庄村西，面积约10万平方米。1995年确认在遗址范围内今地表下有一座仰韶文化晚期城址。国家文物局田野考古领队培训班的几届学员在这里进行封闭式考古发掘和资料整理的强化培训，发掘出的城址平面近圆形，直径约180米。现存半圆形夯筑城墙，残长约265米，其中西墙残长65米，北墙自西北城角向东北方向延伸，又向东圆缓而折，略向外凸，长约150米，再折向东南，形成东北城角，残长约50米。墙外有城壕环绕，城墙与城壕，共同构成了城址防御的屏障。在城址西北隅发现西城门1座，在城址东北隅发现北城门1座。其中西城门宽17.5米，很可能是架设板桥以利内外通行。北城门宽约10米，有南北向道路通过，至城门外侧有一道护门墙，形成道路分由两侧偏门的结构。两座城门均有奠基遗存，城门下埋有多组小儿瓮棺葬。在夯土城墙下面和不少房基底部也埋有一至数件的罐或鼎等陶器，部分陶器内置有婴幼儿骨骼，这当为原始祭祀、奠基等宗教活动的遗存。墓葬中已经出现父子合葬或夫妻合葬墓，表明当时作为社会基本细胞的家庭结构，发生了由母系氏族社会向父亲氏族社会的转变。氏族集团之间对生活资料和生存空间的争夺日趋激烈，再加上原始祭祀和宗教活动，以及家庭社会结构的巨大变革，正是郑州西山仰韶文化古城产生和发展的社会基础。郑州西山古城址是我国首次发现的一座仰韶文化古城址，距今约5300年，把我国古城产生的年代提早了1000年。这种在中心聚落基础上保卫氏族集团内部公共财产和氏族成员安全设防的城堡出现，加速了氏族制度的变革和解体，将处于争夺漩涡中的中原地区最早推进到文明社会的门槛，促使早期国家政权在河南率先诞生。这一历史进程持续到郑州西山古城出现以后的整个龙山时代，长达1000多年。因此可以说就目前的考古发现而言，西山古城宣告了一个长期稳定、繁荣、统一的仰韶文化氏族社会的结束，开启了以后延续千年的那种群雄并起、万国林立、争战不已、持续发展的大变革时代龙山文化的先河。

仰韶文化时期是中国新石器时代大发展的时期，除了河南地区的仰韶文化之外，山东地区的大汶口文化、辽宁西部和内蒙古东部的红山文化、甘青地区的马家窑文化、长江中游的大溪文化和屈家岭文化、长江下游的马家浜文化等，都属于这一时期新石器时代文化。它们与仰韶文化之间，相互影响，息息相通。仰韶文化又是河南龙山文化发展的源头，其历史和科学价值绝对不可低估。随着史前聚落考古的深入，已经把仰韶文化纳入到中国文明起源的发展阶段。学术界把早于仰韶文化的2000年，称为前仰韶时代，把仰韶文化存在的2000年，称为仰韶时代。

龙山文化因1928年首次发现于山东章丘县龙山镇城子崖遗址而得名。河南的龙山文化遗址1931年最早发现于安阳后岗，其文化面貌以饰绳纹、篮纹、方格纹的灰陶器为显著特征，与山东地区发现的以磨光黑陶为主要特征的龙山文化有所不同。在20世纪50年代后期，考古学界分别称为河南龙山文化、山东龙山文化以示区别。这相当于父系氏族社会由发展到解体的阶段，也是私有制、阶级和国家即将产生或刚刚产生的历史大变革时期。河南龙山文化遗址在全省的发现与分布，比仰韶文化更多、更广泛，不少经过了发掘，有许多重要的考古发现。

汤阴白营遗址，面积约20万平方米。这是由40多座房基组成的大型聚落遗址，同时还发现有井字形木构框架的水井，这对于先民们定居和农业生产至关重要；在永城王油坊聚落遗址，发现的多座房基中都采用了夯筑地坪和土坯砌墙的建筑技术，还出土有精美的白陶和磨光的蛋壳黑陶；汝州煤山遗址，发掘出数量较多的房基、窖穴、水井、陶窑和墓葬，出土有附着铜液的坩埚残片，说明当时已经冶铸铜器；柘城李庄遗址，最重要的发现是东西相连的5间房屋，在房屋南30米处，有略呈圆形的大型祭祀坑，坑内埋有9条整牛和1个鹿头。这座九牛祭祀坑的发现，使豫东的龙山文化与商代文明有了密切的联系。豫东商丘一带是商人的老家，商代先祖与牛关系之密切，是其他朝代的祖先所没有的。用牛（大牢）祭祀是其最大的特点。一坑九牛表明，祭祀者和被祭祀者都很重要，这在其他龙山文化遗址中未曾见过。它或可说明龙山文化的一支，与其他地方龙山文化向二里头文化或岳石文化发展的同时，在豫东发展为先商文化，成为殷商文明的前身。这就是柘城李庄遗址重要性之所在。

城是人类社会的发展形态，对农业聚落而言，城在社会生活中处于主导地位，是社会的政治、经济、文化中心。早期城址与农村聚落已有本质的不同。恩格斯在《家庭、私有制和国家的起源》一书中指出："只要村一旦变成城市，也就是说，只要它用壕沟和墙壁防守起来，村制度也就变成了城市制度。""在新的设防城市的周围屹立着高峻的墙壁并非无故，它的城壕深陷为氏族制度的墓穴，而它的城楼已经耸入文明时代了。"早期城址对研究中国古代文明起源能够提供政治、经济、军事、文化、宗教和礼制等诸多方面最大的信息量，在筑城过程中所显示的人力、物力之集中，以及行政控制与组织管束之强有力，都是十分明显的，就足以反映当时社会结构之变化。在河南龙山文化晚期，河南已经出现了凌驾于聚落之上的一批古城址。

据史书记载，嵩山周围是我国夏部族活动的主要区域。《国语·周语》云：“昔夏之兴也，融降于崇山。”韦昭注：“融，祝融也，崇，崇高山也，夏居阳城，崇高所近。”《太平御览·崇山》条下也引韦昭注曰：“崇、嵩字古通用，夏都阳城，嵩山在焉。”说明崇山就是嵩山。文献中曾把夏部族的首领鲧和禹称之为“崇伯鲧”和“崇禹”。《史记·夏本纪》集解：“禹居阳城，今颍川阳城是也。”文献中的阳城地望与今登封东南15千米的告成镇相吻合。告成镇在唐以前是阳城县，武则天万岁登封元年（696年）改称告成县。1977年，在告成镇东北的一座东周城遗址里，发现印有“阳城仓器”的陶豆和印有“阳城”的陶器，说明这里是东周时期的阳城遗址，这为寻找夏初的阳城提供了线索。其后，在东周阳城遗址西边约1千米的王城岗，发现了一处东西并列的龙山文化晚期小城址，在城内中部和西南部较高的地方，发现有夯土建筑遗迹，有的建筑遗迹底部就夯筑在圆形坑内，坑内埋有人骨架，少者2具，多者达7具，这可能是与奠基有关。在城内还出土有青铜容器的残片和刻有“共”字的黑陶薄胎平底器残片，这是非常重要的考古发现。进入21世纪，国家启动中华文明探源工程，又在王城岗小城西墙北段外侧，发现一道东西残长350米的夯土墙，复原长度600米，城墙北侧城壕全长620米，其东段把王城岗小城环围其中，向东伸向五渡河；北城壕西端又折向南为西城壕，长约600米，通向颍水边。新发现的王城岗龙山文化晚期大城，面积约34.8万平方米。城内中部和北中部发现有大型夯土建筑基址和祭祀坑，出土有玉琮、白陶器和卜骨等遗物。^{14}C测年距今4070年前后，在夏初积年之内。从考古发掘出土遗迹、遗物并联系到文献记载，这里当是“禹居阳城”“夏都阳城”之地。

河南东部偏南的淮阳县，是传说中的“太昊之墟”。1979年，在淮阳东南4千米大连乡大朱庄的平粮台，发现了一座和登封王城岗同样古老的河南龙山文化晚期城址。城址平面呈正方形，长、宽均为185米，城墙残高3米左右，南北城墙保存较好，其中段均有缺口，当是城门遗存。南城门已经发掘出来，门道路土宽1.7米，门道东西两侧各有1座房门相对的房基，应是门卫房。门道路土下有陶排水管道。管道都是细端朝南，套入另一节粗端内。从整体看北高南低，宜于向城外排水。管道周围填土并掺以砂礓石碎块，其上再铺厚0.3米多的土作为路面。这种排水管道在古城其他地方也有发现，构成城市的排水系统，应是一种了不起的创造。城内发掘出10多座房基，多为长方形排房，有的是平地起建，有的是夯土高台建筑，并有土坯砌墙的遗存，这在建筑史上是一大进步。城内还发现陶窑、窖穴、灰坑和墓葬。在灰坑H15内出土了一块铜炼渣，表明当时人们已初步掌握了冶铜技术。平粮台古城的发现，对研究我国古代城市的起源，对探讨早期国家的形成，对研究古代青铜铸造，都有重要的学术价值。据文献记载，在夏王朝时，作为受其控制的商部族，活动于冀南、豫北和鲁西南、豫东地区。《史记·殷本纪》引《汤诰》云：“古禹、皋陶久劳于外，其有功乎民，民乃有安。东为江，北为济，西为河，南为淮，四渎已修，万民乃有居。”这说的是夏王朝的地望。而平粮台古城正位于夏王朝所控制的东部边陲地区，也是商部族活动的范围。从这个意义上说，淮阳平粮台古城的发现，对探索夏文化和先商文化都是十分珍贵的。

河南龙山文化晚期城址还发现很多。其中漯河郝家台城址，面积约3.3万平方米，发现有城墙、东城门缺口、多组长方形排房，有的房基还铺有木地板，还有陶窑、窖穴、灰坑、墓葬和瓮棺葬等。新密古城寨城址，面积约18万平方米，北墙、东墙、南墙还高出地面7米左右，有北门和南门，城外侧有护城河，西墙无存，可能毁于溱水。城内东北部有大面积的夯土建筑群。新密新砦古城址，现存东墙残长166米，北城墙长924米，西城墙残长470米，南墙已无存。还发现有内壕和外壕。城内中心区发现大型夯土建筑基址，出土有青铜容器残片和纹饰精美的陶器。辉县孟庄城址，面积近14万平方米，发现了城墙、东城门和城壕，城内发掘出大量长方形房基、方形水井和圆形袋状窖穴。在河南龙山文化城墙上部或侧面，有二里头文化城墙及殷商时期城墙，这是国内的首次发现。安阳后岗古城址，位于市区西北高楼庄北侧，已发掘出长70多米的夯筑城墙，在城内发现39座直径3—5米的圆形白灰面房基，58个窖穴和灰坑，出土各类陶器、石器800多件。平顶山蒲城店古城址，呈东西长方形，面积约3万平方米，现残存东、西、南三面城墙，墙体由主城墙和两侧护城坡组成，底宽15米，残高2米，城外有宽21米、深6—7米的护城壕。温县徐堡古城址，是在南水北调河南中线干渠工程中发现并发掘的。平面略呈圆角长方形，东墙残长200米，南墙长500米，西墙残长360米，北墙无存已被沁河冲毁，面积约20万平方米。发现有东西城门缺口，城内有人工堆积的高台地，以及相当数量的灰坑、陶窑、墓葬等。博爱西金城古城址，面积约30.8万平方米。现存四面城墙及部分城壕，出土大量陶器、石器，还首次发现有小麦遗存。濮阳戚城也发现河南龙山文化晚期城址，平面呈圆角近方形，东西长420米，南北宽约400米，面积近17万平方米。南墙、西墙保存较好，墙体底宽23.65米，顶宽13.2米，残高4.8米。还发现有南门的缺口。城墙外侧有护城壕。发掘者结合历史文献，把戚城城址与颛顼所居的帝丘联系起来。此外，在禹州瓦店发现河南龙山文化晚期大型城壕遗存，环绕范围约40万平方米。在中部发现有夯土建筑基址、宗庙或祭祀遗址、奠基坑等遗迹；出土有成组的有盖封顶盉、爵、觚、鬶和蛋壳杯等精致陶礼器，还有直径约15厘米的玉璧及玉铲、玉鸟等玉器，以及带灼痕的大卜骨等遗物。结合文献记载，这里可能与夏初启都阳翟有关。

从上述的考古发现可知，河南龙山文化晚期的古城址平面多为方形或长方形，多修建平原或丘岗台地上。城墙用夯土构筑，城外有起土形成的护城壕。城内有较多的房基、窖穴、灰坑、陶窑、水井或地下排水设施，有些还发现墓葬。出土有大量陶器、玉石器、骨器、蚌器、饰物和纺织品等遗物，也有少量与青铜铸造、古文字、祭祀和礼制有关的遗存，表明这些城址除防御之外，还有生产、生活、原始宗教等多方面的功能，成为许多聚落的政治、经济、文化和社会活动的中心，完成了从小聚落、一般聚落、大聚落、中心聚落到古城出现和发展的历史进程。

黄河流域是中华民族的文化摇篮，河南就是摇篮里的一颗明珠。我们的祖先自古就在这里劳动、生息、繁衍，漫长的历史岁月，留下了丰富的遗迹和遗物，尤其是掩埋死者的墓葬，更展示了先民们诡谲的习俗，再现了华夏古文明的辉煌。中国的古代墓葬制度，包括墓葬形制、布局、随葬品和埋葬习俗等许多方面，中原地区都有典型的例证。从新石器时代到夏商周秦汉及以后各朝代，古代墓葬随着社会生产力、生产关系和上层建筑的发展而不断演变。在阶级社会中，墓葬突出地体现了阶级关系，在各个时代，民族和地区的特点，在墓葬中也得到充分的反映，构成了一部埋藏在地下的古代文化宝藏。在河南已发现的陵寝墓葬中，包括史前古墓、帝王陵墓、名人墓和其他重要墓葬等。

河南发现最早的史前古墓为裴李岗文化时期。主要发现在新郑裴李岗、新密莪沟、长葛石固、舞阳贾湖、郏县水泉一带，各遗址的墓地排列有序，分区、分片进行埋葬，这是氏族部落的公共墓地。墓葬均为长方竖穴土坑墓，多有随葬品。男性随葬石斧、石铲、石镰、骨镞等；女性随葬石磨盘、石磨棒、纺轮、骨针和陶器等。看来在生产活动中男女是有分工的，当时男性在农耕生产中已起主要作用；女性则负责加工谷物、管理家务，成为农业生产的辅助劳动力。墓葬的方向和死者头向基本一致，这是人们有意的安排，是灵魂不灭的信仰体现。仰韶文化墓葬发现较多，以单人仰身直肢葬为主，也发现一些合葬墓。幼儿则盛行瓮棺葬，多以大口尖底瓶或缸、鼎、罐、盆、豆等陶器为葬具，葬具还凿有一个小孔，可能当作幼儿灵魂出入的通口。在伊川、汝州、鲁山等地，还发现有成人瓮棺葬，以特制的大口缸为葬具。这些葬俗反映了仰韶时代人们灵魂不灭、来世再生的观念相当强烈。合葬制的流行，表明氏族血缘关系的紧密。死者头向西或西北或西南，大体一致，说明当时存在着死后回归故土或在另一个世界生活的信念。汝州洪山庙出土有我国目前最大的一座瓮棺丛葬墓，墓坑为长方形，东西长6.3米，南北宽3.5米，东南部遭破坏，其余三个角均为圆弧状。墓坑内置有136具瓮棺，若加上被破坏的部分，可能有近200具，这是仰韶文化时期一座村落的公共墓地。在出土的陶缸上，一般都饰有彩绘图案，其中4幅男性生殖崇拜图案是仰韶文化彩陶中的首次发现，这对探讨仰韶文化中晚期的社会性质有重要学术意义。而濮阳西水坡仰韶文化墓地出土的蚌壳摆塑的龙和虎等三组图案，很可能是原始宗教葬礼的遗存。在灵宝西坡遗址发掘近30座仰韶文化墓葬，随葬有多件少见的玉铲、玉环和陶灶等，具有重要的科学和艺术价值。

源于山东的大汶口文化，在河南也有一些发现，其墓地比较集中在豫东的郸城、周口、商水一带，在平顶山、郑州、偃师也有少量分布。墓葬多为长方形竖穴土坑墓，个别也有圆形土坑墓，一些死者有拔牙的习俗。随葬品以高柄杯、高足杯、高柄豆、背壶等陶器最有特色。源于湖北的屈家岭文化，主要分布在江汉流域，在河南境内的墓地，多集中在与湖北相邻的南阳地区。成人墓葬为长方竖穴土坑墓，随葬品有陶器和石器等，个别还随葬有象征私有财产的猪颌骨。幼儿瓮棺葬也为数不少。在淅川黄楝树发现有屈家岭文化的3座土坑墓和3座瓮棺分别组成的合葬墓，瓮馆位于土坑墓骨架的腰下，犹如殷商时期墓葬的腰坑，墓主人为成年女性，据发掘者推测，或因分娩难产致使母子双亡，出于亲子之心，遂同葬一墓。

龙山文化的成人墓亦多为长方竖穴土坑墓，且不少墓内没有随葬品。较为例外的是淮滨沙冢遗址的龙山文化墓葬形制较大，一座墓内随葬23件陶器和1件玉项链，个别陶器上还有刻划符号。汝州煤山遗址的一些龙山文化墓内，出有9—14件陶器，少量墓内还见有棺木灰痕。幼儿墓仍然是瓮棺葬，多用罐、鼎扣合或缸、钵扣合。在一些龙山文化遗址中，发现有用人牲祭祀并用于建筑奠基的现象，这既反映了建筑过程中具有特殊宗教意义的一种礼仪形式，也反映了社会等级地位的巨大差别，应该是中国已进入文明时代的标志之一。

河南已发现十多处帝王陵墓，其中商代王陵位于安阳侯家庄西北岗和武官村北一带，面积约11万平方米，已经发现十多座四条墓道及两条墓道的大墓，虽经多次盗掘，但仍出土大量的青铜礼器、兵器、玉器、精美石雕、雕花骨器和仪仗漆器等随葬品，并殉葬有众多奴隶。其旁还有数以千计的祭祀坑，置有不下数千的杀祭人牲。

东周王陵在洛阳可分为周山、王城和金村3个陵区。周山陵区在洛阳西南周山附近，其中3座大土冢俗称“三山”，传为周敬王、周悼王、周定王陵。其西750米处又有一大冢，传为周灵王陵。王城陵区位于王城广场为中心的西工区一带，20世纪50年代在陵区西部发现4座积石积炭的甲字形大墓，在1号墓出土的石圭上有“天子”二字。在陵区南部今洛阳二十七中学校内，发掘了两座特大型东周墓，一座为双墓道的中字形大墓，另一座为四条墓道的亚字形大墓。出土青铜鼎、鬲上均有“王作鼎彝”铭文，应为天子墓。近年在王城广场发现特大型甲字形墓，还发掘出大型车马坑，内有一车六马驾驭的遗存。依据《诗经·鄘风·干旄》孔颖达疏引《王度记》曰：“天子驾六，诸侯与卿同驾四，大夫驾三，士驾二，庶人驾一。”由此可知，该大型车马坑当属天子规格，应是天子墓所陪葬。金村墓区在洛阳老城东北的金村一带。这里有8座大墓，1928年，因雨后地陷暴露，墓内被盗出一大批极为精美的错金银青铜礼器、玉器等，大部分流失海外，其中一件铜盘口沿上有“国君”二字铭文。1962年，又在这里探出一座特大型墓葬。据文献记载，这一带有周景王、周威烈王陵。

民间自古流传“生在苏杭，葬在北邙”。昔日文人笔下又有“邙山墓多，无卧牛之地”的记述。唐人王健《北邙行》诗中也说：“北邙山头少闲土，尽是洛阳人旧墓。旧墓人家归葬多，堆着黄金无买处。”洛阳北邙一带地势轩然，风景绝佳，确为人们死后归葬的一方宝地。邙山陵墓群就位于洛阳、孟津、偃师的邙山上下，在东西长50千米、南北宽20千米的范围内，埋葬着大量东汉至北魏期间的帝王后妃、皇亲国戚和达官显贵，时间跨度长达500余年。帝陵中有东汉光武帝原陵、安帝恭陵、顺帝献陵、冲帝怀陵、灵帝文陵；曹魏文帝首阳陵、废帝高贵乡公陵；西晋宣帝高原陵、景帝峻平陵、文帝崇阳陵、武帝峻阳陵、惠帝太阳陵；北魏孝文帝长陵、宣武帝景陵、孝明帝定陵、孝庄帝静陵。目前分布在邙山上这些帝陵，有的已做过较详细的考古钻探与发掘，具体地望已确定或基本确定，有的具体地望有了一些线索，有的具体地望尚不能确定。其中东汉光武帝原陵，位于孟津铁谢村西南，南倚邙山，北临黄河，陵区包括祠庙、方丈院、陵园三部分，陵冢为圆形土丘，高20米，周长487米。陵园西侧有光武帝祠庙，并有形制高大的宋开宝六年（973年）“新修后汉光武帝庙碑”，还有一些元、明、清及民国年间的碑刻。陵园内现存古柏近1500株，郁郁葱葱，粗犷古朴。北魏孝文帝长陵，位于孟津官庄村东南，俗称“大冢”。冢高14米，周长350米。其西北50米处，有文昭皇太后陵，高10米，周长170米，俗称“小冢”。1946年2月，小冢被盗，出土有“魏文昭皇太后山陵志铭并序”。近年调查钻探获知，大冢和小冢范围东西长443米，南北宽390米，面积约17.3万平方米。发现有陵墙、西门和南门、壕沟、排水设施、建筑基址、路土、水井和大冢的墓道，出土有瓦当、板瓦、筒瓦等建筑材料。北魏宣武帝景陵，位于洛阳冢头村，北距孝文帝长陵约5千米。冢高24米，直径105—110米。经发掘得知，是一座坐北面南的砖室墓，平面略呈甲字形，全长54.8米，由墓道、前后甬道和墓室组成。墓室内有石棺床。该墓被盗严重，仅出土龙柄盘口壶等瓷器，罐、盆、四足砚等陶器，灯、帐插座等石器，锤、镞等铁器。墓葬建筑形制保存较好，现为洛阳古墓博物馆的一部分。

唐恭陵位于偃师滹沱村西南景山上，南望嵩岳，北临洛河。恭陵是唐高宗李治的太子李弘之陵墓，俗称“太子冢”，又称孝敬皇帝陵，恭陵规模宏大，布局规整，陵园坐北面南，平面为正方形，长、宽均为440米。据钻探得知，四周原有神墙围护，神墙四角有角楼建筑，四面神墙中部各置一神门，以喻青龙、白虎、朱雀、玄武四神，门外土阙尚存，土阙四周亦有砖墙围护。神门皆宽30米，门阙外10米有石狮分列左右。神道在南神门外正南方向，宽50米，两侧自北而南依次排列有石翁仲3对、天马1对、望柱1对，左右两两相对。在左侧第一与第二翁仲之间，有唐高宗李治亲自撰文并书丹的“孝敬皇帝睿德记”巨碑。陵台位居陵园中部，平面呈覆斗状，现存东西长150米，南北宽130米，残高22米。经钻探获知，原封土的长、宽应在160—180米之间，高度也在30米以上。在陵台东北还有一座方锥形土冢，俗称“娘娘冢”。底边长、宽各40—50米，残高13米，为李弘之妃哀皇后陵墓，曾盗掘出土一批精美绝伦的红釉、蓝釉陶器。恭陵是我国唐代陵墓中保存较好的一座。

五代后梁宣陵，为五代后梁太祖朱温的陵墓。位于伊川常岭村，陵区规模较大，占地6500平方米。由于人为和自然的破坏，现存陵冢高10米，底边东西长30米，南北宽25米。陵前神道尚有石翁仲、石羊等石刻。五代后晋显陵，系五代后晋高祖石敬瑭之陵墓。位于宜阳石陵村，该陵坐北朝南，有高大封土，呈覆斗形，陵冢高20余米，底部周长100多米，系用夯土筑成，每两夯层之间填筑一层礓石，夯打坚实，保存完好。墓前有清雍正二年（1724年）九月所立的晋高祖墓碑。墓前神道长约300米，宽为25米，还存有石虎、望柱等石刻。五代后汉睿陵，为五代后汉高祖刘知远的陵墓。位于禹州柏村之柏嘴山右侧的大龙山之阳，颍河、荟萃河在远处环绕。现存冢高近10米。在陵冢东西南北四面100—200米处，有陵园的四阙。陵前神道长约80米，宽约40米，原立有石翁仲、石兽，在“文化大革命”中被砸毁。在睿陵东12千米处，有其皇后高后陵，陵前部分石刻尚存。在睿陵西南5千米处，有其子后汉隐帝刘承佑的颍陵。睿陵、颍陵、高后陵，构成了五代后汉王朝完整的帝、后陵墓群。五代后周皇陵，位于新郑郭店村西，现存有陵墓4座，即后周太祖郭威的嵩陵，后周世宗柴荣的庆陵，世宗符皇后的懿陵，恭帝柴宗训之顺陵。其中嵩陵冢高10米，周长105米。太祖临终告诫曰：“不得用石人、石兽……只令着瓦棺纸衣葬。”嵩陵内是否真用瓦棺纸衣，不得而知，但现今陵前确没有石人、石兽诸物。庆陵现存冢高约10米，周长105米，冢前还有明、清御制祭（祝）文碑33通。周世宗柴荣，神武雄略，励精图治，改革内政，整顿军事，奖励生产，力图统一中国，也为北宋王朝的繁荣奠定了基础。

北宋皇陵位于巩义市区及芝田镇、回郭镇一带，占地156平方千米。北宋九帝除徽宗、钦宗被金所掳囚死五国城（黑龙江依兰县）外，太祖、太宗、真宗、仁宗、英宗、神宗、哲宗及宣祖（太祖之父赵弘殷）均葬于此，统称“七帝八陵”。陵丘高耸，陵区祔葬皇后陵、皇室宗亲墓、名将勋臣墓。各帝陵大致相同，以仁宗赵祯永昭陵为例，陵园坐北向南，南北长340米，东西宽230米。陵园北部有方覆斗形陵台，陵园四周皆有神门及镇门石狮，南神门外为神道，两侧立有石人26、石羊4、石虎4、石马4、石角端2、石瑞禽2、石象2、石望柱2等石刻仪仗46件。还有乳台、鹊台等建筑。陵园西北有曹皇后陵，形制与帝陵相近，唯规模小一些，石刻少一些。北宋皇陵的仪仗石刻，均出自能工巧匠之手。他们用变化无穷的刀法和炉火纯青的技巧，创造出精美无比的艺术瑰宝。

河南古墓葬中有一批名人墓。历代著名的思想家、政治家、军事家、科学家、医学家、理学家、文学家、文字学家……有不少都归葬在河南。其中东周时期的子路是孔老夫子的大弟子，对创建儒学很有贡献。子路墓位于濮阳建设路南面，《水经注》中就有记载。墓冢高4.3米，直径29米。并建有纪念性祠堂，现今又进行维修。庄周是战国时代著名的哲学家、思想家、文学家，著有《庄子》一书，千古流传。庄周墓位于民权唐庄村东，圆形墓冢高约9米，周长约88米。墓前有清乾隆五十四年（1789年）所立墓碑，碑阳刻“庄周之墓”4个楷书大字，碑阴刻重修庄周墓碑记题名，从州、县长官到黎民百姓计326人姓名，并建有碑亭。李斯是杰出的政治家、文学家，书法家，辅助秦始皇统一六国，建立中国历史上第一个封建集权制国家。坚持实行郡县制，废除了分封制，统一文字，统一度量衡，功不可没。李斯墓位于上蔡李斯村，封冢近覆斗形，高12米，顶近方形，每边长5.8米，底部每边长38.5米。墓前有碑刻3通。陈胜是中国历史上第一位农民起义领袖，安葬于永城芒砀山主峰西南。西汉时置30守陵户，免其赋税杂役，专门为其守墓。至今该墓西南芒山镇丁窑村的老人们，还自认为是陈胜墓守护人的后代。墓园占地4000余平方米，遍植苍松翠柏，圆形墓冢高5米，下部用青石围券，冢前立墓碑1通，正面镌刻郭沫若先生手书“秦末农民起义领袖陈胜之墓”。张衡为东汉时期著名科学家、文学家，创造发明了浑天仪、地动议，著有《浑天仪图注》《灵宪》等天文著作，写过《两京赋》等经典文学作品。其墓地在南阳小石桥村，墓冢高8米，周长79米，四周砌花墙。墓前月亮门外侧建碑楼2座，其东为明嘉靖四十三年（1564年）“重修汉征尚书张公平子墓碑记”，其西为清光绪八年（1882年）重刻明碑。墓冢前有郭沫若题词碑。墓园占地1.5万平方米，已辟为张衡博物馆。张仲景为东汉伟大医学家，著有《伤寒杂病论》，被尊为医圣，影响至国内外。其墓及祠位于南阳市内医圣祠街。有方形仿汉砖石结构墓冢及墓亭和拜殿，还有一些碑刻，其祠堂则包括正院、偏院多组建筑。今已辟为张仲景纪念馆。许慎为东汉经学家、文字学家、训诂学家、音韵学家，所著《说文解字》为中国乃至世界上第一部大字典。许慎墓位于漯河市许庄，墓冢高5米，周长近40米，墓前立有清代墓碑3通。四周植古柏182株，已修建为许慎陵园。曹操集大政治家、军事家、文学家于一身，统一北方是其最大的历史贡献，所写的《短歌行》等为千古不朽的诗篇。曹操墓位于安阳西高穴村，为平面呈甲字形的砖室墓，占地740平方米，由墓道、砖砌护墙、墓门、封门墙、甬道、前后墓室及4个侧室组成。墓室、甬道和侧室，均为青石铺地，并由长48厘米、宽24厘米、厚12厘米的大砖垒砌而成。从墓葬形制、出土遗物并结合历史文献记载，可推断墓的年代为东汉末期，墓主人就是魏武王曹操。尽管有一些争议，但还是得到学术界的普遍认可。曹操墓的考古发掘，先后入选中国社会科学院评选的“2009年全国六大考古新发现”和国家文物局主办的“2009年全国十大考古新发现”。杜甫和白居易是名满古今的唐代大诗人。杜甫被尊为诗圣，归葬于偃师杜楼村北的杜氏祖茔。其先祖杜预、祖父杜审言等均葬于此。杜甫墓冢呈八角形，高近3米，周长32米，青砖绕以短墙。墓前有清乾隆年间所立墓碑，上书“唐工部拾遗少陵杜文贞公之墓”，另有重修、拜谒杜甫墓的清代碑刻10余通。白居易葬于洛阳龙门东山琵琶峰，圆形墓冢，高约3米，直径19米，四周砌砖石。墓前有清康熙四十八年（1709年）所立墓碑，上书“唐少傅白公墓”。另有清代重修碑刻多通。这里风景绝佳，被称为白园。随龙门石窟被列入世界文化遗产名录。韩愈为唐代文学家，被列为唐宋八大家之首。其墓地位于孟州韩庄村北，包括山门、飨堂和墓冢，十分壮观，被称为韩园。墓冢高10米，周长60余米，墓旁有两株唐代桧柏，并有清代墓碑和谕祭碑10余通。欧阳修为宋代著名政治家、文学家、史学家，被列入唐宋八大家之一。著有《新唐书》《新五代史》《毛诗本义》等经史著作，又撰有《醉翁亭记》等名篇。24岁考取进士，累官枢密副使、参知政事，历真宗、仁宗、英宗、神宗四朝，是北宋中叶重要政治人物。其墓在新郑欧阳寺村，为面积1.1万平方米的家族墓地，墓冢高约5米，立有“宋太师欧阳文忠公之墓”碑。范仲淹为北宋著名政治家、军事家、文学家，曾任枢密副使、参知政事、河东陕西宣抚使。在所著的《岳阳楼记》中提出“先天下之忧而忧，后天下之乐而乐”，是古今当政者的至理名言。范仲淹墓在伊川许营村，为面积近2万平方米的家族墓园。墓冢高近5米，立有清雍正年间墓碑，上书“宋参知政事范文正公墓”。李诫为宋代大建筑学家，历任将作监主簿、监丞、少监和将作监，主持营建了诸如宫殿、王邸、太庙、辟雍、尚书省、城门、寺庙、明堂等大型建筑工程。他撰写的《营造法式》一书，是我国流传下来的有关古代建筑最详尽、最完备的专业巨著。其墓地在新郑于寨村西，墓前建有李诫纪念亭和纪念碑。朱载堉为明代杰出的科学、艺术巨匠，著名乐律家、算学家和历学家，被列入世界历史文化名人。朱载堉为朱元璋九世孙，郑藩第六代世子，终生淡泊名利，七次上疏辞爵让国。潜心研究音律、历算，在世界律学史上首创了十二平均律的理论。其墓园在沁阳张坡村东的九峰山南麓，占地6000多平方米。圆形墓冢，用鹅卵石围砌墓周。冢前有墓碑，上书“朱载堉之墓”。墓前有长120米、宽10米的神道。墓园南门有严济慈先生亲题楹联：“九峰隐名宦，七疏让国高风仰九州；丹水扬翰墨，十二等律历算闻四海。”

河南境内发现的古墓葬，除上述史前古墓、帝王陵墓、名人墓之外，更多的是另一类的其他历代古墓葬。夏代是我国第一个奴隶制王朝，在偃师二里头夏代晚期王都的二号宫殿北侧，发现一座王室大墓，墓口东西长5.35米，南北宽4.25米，墓深6.1米。墓内有生土二层台，填土经过夯筑。该墓早年被盗，仅存少量朱砂、漆皮、蚌饰、涂朱陶龙头和一具装入红漆木匣内的狗骨架。近年在二里头遗址又发现大量墓葬，其中有一座铺朱砂的贵族墓，随葬有一条极为罕见的由2000余片各种形状绿松石片组成的龙形物，总长70.2厘米，色彩艳丽，形象生动，当为中华民族古代图腾的标志。

商代是我国奴隶社会大发展的历史阶段。在安阳殷墟发掘出多座贵族大墓，如小屯北地的妇好墓，出土青铜礼器210件，多有“妇好”“司母辛”等铭文，还出有大量精美的玉器、石器、象牙器，墓内还有16个殉人和8只狗。根据甲骨文记载，妇好是武丁时的一员女将，地位显赫，常领兵出征，还代商王主持过祭祀，武丁的配偶谥号“妣辛”，墓主人当为妇好本人。妇好墓是殷王室墓葬中保存最完整的一座，也是唯一一座能与甲骨文联系而推定墓主人的商代王室墓葬。对研究商代历史，尤其是武丁时期的社会经济、手工业、方国、礼制、文化艺术及青铜器断代和殷墟布局等问题，都有重要的学术价值。罗山后李村发现一批商代晚期墓葬，形制较大，多有二层台、腰坑和棺椁葬具，棺顶见有青膏泥，底有朱砂铺垫。出土大量青铜礼器、兵器、玉器、漆木器等，多数铜器上均有“息”字铭文，结合甲骨文中“妇息”记载，可知这里是商代息国贵族之墓地，为商王朝偏南的异姓方国之一，曾与商王通婚，双方关系十分密切。

两周时期奴隶制由强盛到衰落，最后完成了向封建社会的过渡。鹿邑太清宫镇发现西周初年的长子口大墓，出土多种青铜礼器、乐器和兵器，还有大量精美的玉器、原始青瓷及陶器，青铜礼器上多有“长子口”铭文当为大墓主人。这里地处苏鲁豫皖交界，介于古代黄河中游中原文化区、黄河下游海岱文化区和长江下游宁镇文化区之间，在东西南北文化交流中起着十字路口的作用，古文化面貌相当复杂。商代晚期这里是商王东征人（夷）方的必经之地。西周初年，周王室与淮夷势力在这里犬牙交错，地理位置十分重要，彰显了长子口墓的特殊地位。虢国墓地位于三门峡上村岭一带，虢国于公元前655年为晋所灭，墓地跨越西周晚和春秋早两个时期。墓地总面积约32万平方米，是一处大型的诸侯国公墓。除出土大批青铜器和玉器之外，还出有一件玉茎铜芯铁剑，这是目前全国仅见的绝品，把我国人工冶铁的历史从春秋提早到西周晚期。平顶山应国墓地涵盖西周早期到春秋中期，所出大量青铜器、玉器，同样精美无比。豫西南和豫南许多地方，发掘出大量的楚墓，出土大量的青铜器、乐器、玉器、漆木器和竹简等珍贵文物，对研究楚文化与中原文化交融所形成的淮河流域文化有重大学术价值。

两汉是我国封建社会经济文化发展的时代，中华人民共和国成立之后在河南洛阳、新安、三门峡、禹州、泌阳、灵宝、济源、焦作、南乐、郑州、中牟、柘城和淮阳等许多地方，发现有汉墓群或大型汉墓；在南阳各地和洛阳、偃师、新密、襄县、浚县、永城和郑州等地发现有许多汉代画像石墓、画像砖墓及壁画墓。使人们对汉代的埋葬制度、墓葬形制和出土器物及墓葬分期，都有了新的认识。这些汉墓如同一座座博物馆，展现在世人面前。墓内随葬的建筑模型、陶风车、桃都树、盘龙砚、透光镜、戏车画像砖、丰富多彩的画像石和壁画……彰显了汉代文化的博大精深。与此形成极大反差的是汉魏洛阳城发现的刑徒墓地，他们是各种罪名的刑徒，负担了修筑陵墓、建造宫宛、筑城、挖河、开凿栈道、修路架桥、冶铁采铜、伐木和漕运等各种苦役，在繁重的体力劳动中死去，草草埋葬，陪伴他们的仅是一块墓砖而已。

魏晋南北朝时期，居住在北方边远地区的少数民族陆续内迁南下，形成各民族的大融合，前后达300年之久，共同推动了经济、文化的逐步发展。孟津北魏元乂墓穹隆顶绘有“天象图”，天河纵贯南北，两侧绘有星辰300颗左右，星象呈小圆形，较多有线相连，绝大多数星宿名称可以辨识，是研究我国古代天文学极为珍贵的实物资料。洛阳北魏元邵墓随葬的陶俑群，有很高的艺术价值。邓州学庄南朝彩色画像砖墓，画像内容有墓主出行、神话传说、历史故事、珍禽异兽等，虽出自民间无名工匠之手，但却有很高的艺术造诣。画像砖“郭巨埋儿”中郭巨之妻，褒衣长裙，衣带飘飘，和东晋大画家顾恺之所绘《女史箴图》中的人物相近；画像砖“仕女出游”里的纨扇仕女，酷似顾恺之所绘《洛神赋》中的洛神。这些画像砖对研究南朝社会生活、舆服制度、音乐舞蹈、造型艺术等都是不可多得的珍贵资料。安阳洪河屯北齐范粹墓和固岸的一批东魏、北齐墓，以及濮阳北齐李云墓和李亨墓，都出有一批北朝青瓷，弥足珍贵。

隋唐和宋代是我国封建社会的鼎盛时期，经济发达，文化繁荣。在安阳发现有隋卜仁墓、张盛墓、宋循墓和其他许多隋墓，出土一批精美的青瓷和白瓷。其中张盛为隋开皇年间征虏将军，春秋九十有三，可谓长寿。出土瓷器包括侍吏俑、仪仗俑、伎乐俑、镇墓兽和各种生活用具及建筑模型，还有19道瓷围棋盘，颇为少见。唐墓的发现在河南较为普遍。伊川鸦岭发掘出唐齐国太夫人吴氏墓，出土一批珍贵的金银器、玉器和宝石饰物。其夫其子两《唐书》均有传，吴氏墓志也很有史料价值。洛阳龙门发现有唐睿宗贵妃豆卢氏墓、唐安国相王（唐睿宗李旦即皇帝位前封号）孺人唐氏和崔氏墓，均有墓志和壁画，这是与唐皇室有关的墓葬。洛阳龙门还发掘出西域“昭武九姓”国之一的安国大首领安菩墓，出土有大量三彩胡俑和驼俑，还有一枚东罗马金币。可以看出唐代洛阳在中西交通史所占的重要地位，洛阳应是古代丝绸之路东端的起点。孟津邙岭西山头发现一批唐墓，包括武周天授二年（691年）屈突季札墓和大足元年（701年）岑氏墓。屈突季札卒时年仅13岁，出身名将高官之门，其曾祖屈突长卿、祖屈突通、父屈突诠在两《唐书》中均有传。岑氏为清宛公刘府君夫人，其曾祖岑善方、祖岑之象在《周书》和《北史》中均有记载。其父岑文照系唐太宗重臣岑文本之弟，亦见于《旧唐书》中。两墓随葬的三彩器十分精美，还出土6件女乐俑和2件女舞俑，更是生动传神，再现了盛唐乐舞的风采。河南是北宋京师与皇陵所在地，也发现许多宋代墓葬。主要分布在河南中部和豫西、豫北、豫南地区，如巩义、荥阳、郑州、新密、禹州、登封、洛阳、新安、伊川、偃师、三门峡、宜阳、嵩县、洛宁、安阳、林州、滑县、新乡、温县、郏县、上蔡、方城、遂平、南阳和南召等地均有发现。除了个别石室墓和一些土圹墓之外，绝大多数都是砖室墓，砖室墓中大多是仿木结构砖室墓和少量砖券墓。砖室墓的平面有圆形、方形、圆角方形、六角形、八角形，还有双门双室或前后室等。这些宋墓中有一些带纪年，有些绘有彩色壁画，有一些有杂剧雕砖或反映生产、生活的雕砖，有些随葬有石俑和一些瓷器，有些有精美线刻画的石棺，有些墓主人位居高官，出土有长篇重要史料价值的墓志，有些还出有反映一定葬俗的买地券……这些都为研究宋代的政治、经济、文化艺术和社会生活提供了重要的资料。

金元明时期，是中国封建社会由高到低的下滑阶段，对考古学来说也是属于中国考古学的晚段了。金灭北宋，入主中原。河南发现的金墓主要集中在豫北的焦作一带，在辉县、义马、孟津、洛阳、禹州和登封等地也有发现。河南金墓多半是一些平面呈八角形或长方形的仿木结构砖室墓，也有少量土圹墓和个别仿木结构的画像石墓。其中砖室墓上承北宋，下启元代，不少墓内绘有壁画或砖雕，内容有各种行孝图以及戏剧图和社会生活图像。墓内多有纪年题记，这样与宋墓可以区别开来。元代墓葬在洛阳、伊川、三门峡、孟州、平顶山、焦作、温县、新乡和信阳等地均有发现。元墓分为石室墓、砖室墓和土圹墓三类，墓内壁画人物服饰，带有明显的蒙古族特征。孟州出土大元镇国上将军、前浙西道行军都元帅宁玉墓志，志文长近1500字，为研究元代官制、军事史和航海史提供了重要资料；而平顶山北渡镇荆山村北，有元昭勇大将军、枢密院事、范阳郡侯马秃塔儿墓。墓前神道、翁仲、华表、神道碑列置齐备，植松柏数百株覆盖墓地，墓侧还立有清雍正年间“恩赐坊”石牌坊和乾隆年间“经元坊”石牌坊，十分罕见；温县五里远村北，有元康定国公关关墓。关关以镇压农民起义红巾军起家，官至枢密院事、河南平章政事。墓前有石翁仲和元末丞相脱脱篆书的墓碑“荣禄大夫河南省平章掳忠协义宣力功臣康定公碑”，碑高5.82米，碑文1365字，对研究元史和元末农民起义的斗争均有重要价值。在河南杞县、郏县、扶沟、洛阳、汝州和灵宝等地，还发现有一些明代的墓葬。在杞县高高山有明嘉靖三年（1524年）墓和嘉靖九年（1530年）墓，均为竖穴土圹墓，二者相距仅19米。嘉靖三年墓为单人葬，墓室西侧有一壁龛内置陶院落，墓内出土墓志一方，知墓主人为昭勇将军、河南宣武指挥使张廷恩。嘉靖九年墓为夫妇并穴合葬，墓主人是张廷恩之子张希义及其妻秦氏。两墓室北部有一龛，放置陶院落。在西室南部竖放一方墓志，东室椁盖纱上有“三品服兵马指挥使”的字痕。两墓出土的陶院落基本相同，皆有前后两进院落，门前立有男、女俑侍奉，院内有井、磨、杵、灶、轿、马等物，用品齐全，制作精致。郏县前冢王村有明万历五年（1577年）夫妇合葬墓。单室砖券，东西两壁和墓顶绘有壁画，墓室中部用一道墙分作两个棺室，中间留有窗户相通。两棺室前面放有石墓志一盒和陶院落两座。陶院落规模很大，均为三进院落，有房屋10所，大门外列俑群侍奉。正房屋顶皆作悬山式，安有兽头鸱吻。其中一座院落全长1.4米，宽0.8米，大门外建有歇山顶牌坊，牌坊前置骑马俑3对和陶马2匹，牌坊后有10个年轻女俑侍立，院落内还有男陶俑18个；另一座陶院落第一进院落正房处为两层碉楼，其上层的四面各设洞窗，用以守卫和瞭望。根据墓志记载，墓主人王韩，是当地的一个豪门地主，曾于明嘉靖壬戌年（1562年）“出粟豆四百石以赈饥”。杞县、郏县及扶沟明墓中发现的陶院落，显然是墓主人生前居所的写照，也是明代封建地主封闭家庭庄园的缩影。此外，灵宝南营发现许进家族墓，这是明代中叶当地的望族，先后有4人荣登进士，官居要职。许氏墓地曾出土彩绘铜俑60件，俑的身份可分为仪仗俑、武士俑、侍奉俑和女乐俑等，姿态各异，生动传神，表现了明代雕塑艺术家敏锐的观察力与高超的雕塑艺术。

考古札记——晋文化和三晋文化在河南的发现与传播

根据史书记载和对青铜器铭文的解读，参照国家夏商周断代工程专家组公布的“夏商周年表”，可以推断在公元前1046年，周武王联合诸多方国部落，师渡盟津，决战牧野，一举灭商，建立了周王朝。因其都城在陕西丰镐，史称西周。周立伊始，为了巩固迅速扩大的疆域，吸收了商王朝覆灭的教训，周王室大量封邦建国。其中叔虞封于晋南大夏之地的唐（《史记·晋世家》记有：“遂封叔虞于唐，唐在河、汾之东，方百里，故曰唐叔”），其子燮父又改号为晋（《史记·晋世家·正义》引《毛诗谱》云：“叔虞子燮父以尧墟南有晋水，改曰晋侯”），这是西周时期晋国以晋为国号之始。最初晋的疆域不大，从春秋早期开始，晋国大规模向外扩张，吞并周围许多小国。春秋中期，晋国都邑西迁新田，国力更盛，拥有晋阳和长治地区，并越过太行山占据邯郸、朝歌等地，最终形成了北有代，西逾河，南与周郑接壤，东与齐鲁毗邻，疆域辽阔的诸侯大国，孕育创造了光辉灿烂的晋文化。与中原的周文化、东方的齐鲁文化、北方的燕文化、西方的秦文化、西南的巴蜀文化、南方的楚文化、东南的吴越文化交相辉映。

多年来在晋南曲沃与翼城相邻的曲村、天马一带，发现了面积约6平方千米从西周初年延续到春秋早期的大型遗址，找到了晋的始封之地。遗址内发现有同时期的“邦墓”和“公墓”区，已发掘出上自晋国君侯，下至普通庶民等不同阶层墓葬1000余座。其中有晋侯和夫人墓9组19座、陪葬墓4座、祭祀坑10余座、车马坑10座，出土了一大批带铭文的青铜礼器、车马器、兵器和富贵华美的玉石器等，建立了早期晋文化的编年体系，为研究周代的埋葬制度提供了弥足珍贵的实物资料。在侯马又找到了晋国后来西迁的都城新田遗址，范围近40平方千米。发掘出多座相邻的古城组合，发现有宗庙建筑遗址，祭祀和盟誓遗址，以及铸铜、制圭、烧陶、制骨等手工作坊遗址，还发现有墓地。出土了大量的陶器、青铜器、骨器、玉石器和闻名遐迩的侯马盟书。青铜铸造工艺高度发达，青铜器纹饰诡谲华丽，由平面到浮雕、立雕、透雕，精妙无双，展示了晚期晋文化繁荣昌盛的风采！

1963—1964年，按照国家文物局的部署，除山西本省考古专业人员之外，还抽调北京、上海、天津、河南、山东、陕西、甘肃、江西、福建和广东等省市的几十位考古专业人员，配合侯马平阳机械厂的建设，集中发掘晋国晚期都城新田的大型铸铜作坊遗址，笔者有幸参加了这次考古大会战。这里文化层堆积丰厚，发掘出房基、水井、灰坑、窖穴、作坊活动面、窑址和路面等遗迹，出土大量的陶器，一些器物的早晚变化及特点十分明显，根据地层关系和陶器演变并结合其他遗迹和遗物的变化，遗址的时代可分为三期六段，涵盖了春秋中期至战国早期即公元前6世纪初到前4世纪的200余年间。遗址出土铸铜陶范（范、芯、模）5万多块，其中完整或配套的近千件，还有大量的熔炉和鼓风管残片及炼渣等，由此可以了解到从选料、制范到合范、浇铸等工艺流程。在数千块陶范上刻有几何纹、动植物纹达25种之多。这些为研究遗址的年代和地望，晋国文化的特点，青铜铸造工艺的水平，以及当时手工业的分工和产品的商品化等问题，提供了重要资料。这是笔者大学毕业后第一次参加大型遗址的考古发掘，也是极好的锻炼机会，大大提高了自己的田野考古发掘水平和分析遗迹遗物现象的能力，收益多多，为终生的考古工作打下了一定的基础。令人高兴的是，自己在工地发掘的田野记录和整理的考古资料，相当一部分被写入《侯马铸铜遗址》考古大报告中。1985年11月，在山西侯马召开了为期一周的晋文化研究会，会上考古学泰斗苏秉琦先生以《晋文化研究问题》为题做了长篇主旨发言，指出以晋南为中心的晋文化包括三项内容：一是作为中原地区古文化的一部分，二是作为北方古文化的一部分，三是作为北方和中原两大古文化

▼ 山西侯马晋文化会（前排左五张政烺、左六苏秉琦，三排左四作者）

区间的枢纽部分。晋南是晋文化的摇篮地区，这里有仰韶文化、龙山文化、夏商和西周文化，更有春秋战国文化，这中间不但没有短缺的环节，而且具有自身的特征。所谓晋文化，既非单纯土著文化的继续，也非叔虞封晋之后西周文化的简单迁徙，而是周文化与当地土著文化相结合的产物。也就是说周人到这里以后，“启以夏政，疆以戎索”，使当地土著文化继往开来，诞生了光辉灿烂具有特色的晋文化，晋文化不仅在晋南一地，其后继者韩、赵、魏的三晋文化又扩大到山西全境、河北和河南。1994年8月末至9月初，又在山西太原举办了丁村文化与晋文化考古学术研讨会。2003年10月，还在侯马召开了晋学研讨会。2006年10月，在侯马举办了纪念山西省考古研究所侯马工作站建站50周年学术研讨会。笔者参加了上述四次关于晋文化的学术会，在会上都作了发言，还写了有关晋文化的论文，收录在会后的论文集中。这展示了我这位老考古人对当年侯马大会战的眷恋和对晋文化研究的殷殷之情。春秋中期之后，晋公室势衰，六卿占据大片土地，内争外斗，先是三家灭智，最后导致三家分晋，晋国变成韩、赵、魏三国，晋文化也衍生发展为三晋文化。豫西和豫北曾属晋国的范围，韩、魏两国版图主要在河南，赵国也涉及豫北的一部分。因此晋国和后来的韩、赵、魏三国均与河南关系密切，晋文化与三晋文化自然也在河南发展与传播，有不少重要的考古发现。

据史书记载，晋献公二十二年（公元前655年），晋军攻破虢都上阳（今河南三门峡），北虢为晋所灭，著名的“假虞灭虢”历史故事就发生在这里，并给后人留下了“辅车相依，唇亡齿寒”的千古遗训。晋国的势力到达了豫西地区，控制了当时中原重要的东西通道。到了晋文公二年（公元前635年），周襄王以周南阳之地八邑赐晋文公。《国语·晋语四》记有：“赐公南阳樊、温、原、州、陉、絺、组、攒茅之田。”而《左传》僖公二十五年（公元635年）也有相同的记载：“与之（南）阳樊、温、原、攒茅之田，晋于是始起南阳（约在今河南济源、沁阳、温县一带）。”晋国的版图扩展到豫北地区。在温县武德镇西张计村附近发现有春秋时期晋国的州城遗址，北依沁河，城址平面呈长方形，南北长约1700米，东西宽约1400米，面积约2.38平方千米。大部分城墙今已无存，地面之上尚有东城墙残段，东南城角城墙高有10余米，还有一些城墙埋在地面之下。现为河南省级文物保护单位。

1979年3月，在州城遗址东北200米处，发现了东周盟书遗址，采集到墨书文字的圭形石片。1980—1982年，我们河南省文物研究所郝本性、赵世纲先生负责对该遗址进行考古发掘，在16个土坑内出土书写盟书的石片1万多片，由于出自多人之手，字体风格不一。盟书是天子与诸侯、诸侯与诸侯、诸侯与大夫、诸侯与国人之间的约束文书，温县盟书大体属于后二者，一部分是诸侯盟大夫，大部分是诸侯盟国人，盟国人即国人宣誓效忠主盟者，国人多达数千人，而且姓名俱在，这是研究一城一地难得的实物例证。这次所出盟书中许多首句有“十五年十二月乙未朔，辛酉”的纪年。“乙未朔”是说十二月初一这一天为乙未日，“辛酉”据干支推算是指二十七日。这一纪年表明，在晋国某一位国君十五年十二月二十七日举行了这次盟誓仪式。考古发掘者据朔闰干支推算，盟书中“十五年十二月乙未朔，辛酉”可能是晋定公十五年十二月二十七日（公元前497年1月16日）。这次盟誓举行之时，尚未三家分晋，州城归晋国六卿中的韩氏管辖，因此，温县盟书的主盟者应为当时的韩氏宗主韩简子（名不信）。中华人民共和国成立以来，除1965年在山西侯马发现晋国盟书之外，温县是第二次发现，两地相距不远，又均属晋国，因此它们之间可能有着较为密切的关系。先秦时期古文字资料，有殷商时期大量的甲骨文，西周也有一些甲骨文和不少青铜器较长的铭文，东周战国简帛也较多发现，但东周春秋时期古文字资料较为缺乏，而侯马朱书盟辞和温县墨书盟辞正好填补了这段空白。温县盟书是河南晋文化的重要考古发现，为研究东周盟誓制度、古文字和书法艺术以及晋国的历史，提供了不可或缺的实物资料。

2000年，在温县的北平皋村，发掘了晋国时期的邢丘故城。城址平面呈方形，边长约1000米，城墙夯筑，残高6米，南城墙保存较完整，西墙和北墙多有残留。在城内发掘出多组大型房基，还有烧陶作坊遗址，出土的大批陶器上有的印有“邢公”“邢”等字样的戳记，印证这里是《左传》记载的晋国邢邑遗址，亦即邢丘故城。在20世纪60年代豫北考古调查中，笔者曾踏察这座城址，当时只认为是春秋时期的古城址，还没有与晋国邢邑联系起来。

三家分晋后之韩国，原在山西平阳，后迁河南宜阳，再迁至阳翟（河南禹州）。韩哀侯二年（公元前375年）韩灭郑后，把都城又迁到新郑，直到秦始皇十七年（公元前230年）被秦所灭，韩在新郑建都145年之久。郑韩故城是全国考古发现最丰富的东周都城之一，也是两周文化和晋文化的重要传承者。1964年下半年，笔者参加了新郑郑韩故城的考古调查、文物勘探和田野发掘，陆续找到了地上和地面下东城（外城）和西城（内城）的城墙和城门缺口，基本弄清了宫殿区和手工作坊及墓葬的分布，为以后划分文物保护区，进行考古发掘和科学研究，制订城市发展规划，加强文物保护创造了条件。1965年春，在韩国宫殿区发现地下建筑和冷藏井。地下建筑是从地面向下挖成一处南北长8.9米，东西宽2.9米，深3.4米的长方形土坑，土坑四周地面上有圆形柱洞，说明当时上面建有屋顶。坑内东半部有一条13级台阶的走道，可以上下出入。地下建筑四壁用夯土筑成，墙脚嵌着正面饰米字格纹背面有凹槽的方砖，西部地坪铺有同样的方砖，东部地面有南北成行的五眼井，全是用预制的陶井圈套叠而成，口径1米，深约2米，在井中和地下建筑内出土有许多陶器和大量的牛、羊、猪、鹿和鸡等骨骼，有些陶器上还刻有“仓公”“左厨”“吏”“私官”“啬夫”等陶文，这可能是韩国王室用于宫廷祭祀和日常生活需要的一处冷藏肉类食品的地下建筑。

1971年11月，由我所郝本性先生带队在东城内发掘一座韩国兵器窖藏。在口径约0.6

米、深约0.36米的一个不规则土坑内，堆放着大量铸造精良的铜戈、矛、剑等兵器，其中有铭文者达170多件。包括有“郑”“阳人”“梁”“阳城”“雍氏”“平陶”“安成”“格氏”“东周”“长子”等诸多地名，还有“郑令”“司寇”“工师”“冶尹”等官名。“郑令”即郑城县令；“司寇”主刑罚，中国古代兵与刑无别，司寇兼管兵器和刑具；《国语·晋语六》记有：“今吾司寇之刀、锯日弊而斧、钺不行。”郑令和司寇可能就是兵器的督造者和监管者，而铸造兵器时有一些刑徒参加劳动，刑徒也归司寇管理。“工师”可能就是兵器铸造的监工者；《荀子·王制篇》记云：“论百工，审时事，辨功苦，尚完利，便备用，使雕琢文采不敢专造于家，工师之事也。”文中所指与此近同。“冶尹”或称“冶”，应是当时铸造兵器的直接掌管者，掌握兵器合金比例和冶铸技术。在一些铭文中还有纪年，从不同兵器铭文中相同的郑令、工师、司寇和冶尹的名字，由此可以推测出兵器的铸造时间当在韩襄王二年之后，直到韩王安九年亡于秦为止，即公元前310—前230年之间。这批韩国铜兵器的出土，在三晋考古上有重要意义，不仅数量多而且铭文内容丰富，这对研究战国时期韩国的地理、文字、冶铸官职、兵器形制和铸造工艺都有重大学术价值，从中也可以看出韩国继承和发展了晋国的青铜铸造工艺。

在东城内发现有韩国的铸铜、冶铁、制陶、制骨和制玉等作坊遗址。其中在仓城村南发现面积约4万平方米的冶铁遗址，出土有熔炉、烘范窑和大量铸造各种生产工具、兵器和生活用具的陶外范与范芯，还出有镢、锄、镰、铲、锛、刀、削和锥等铁器，反映出战国前期韩国的冶铁业相当发达，已采用了卧式叠铸等铸造方法，在对铁器的金相分析中发现了我国最早的球墨可锻铸铁，表明当时已掌握了退火脱碳处理技术。2002年8—11月，在东城北部发现一处战国晚期大型制陶作坊遗址，面积约5万平方米。发掘多处作坊建筑、陶窑、排水管道、淘洗池、囤泥池和道路等遗迹，出土了大量完整的筒瓦、板瓦和长方形砖、楔形砖、陶水管道等建筑材料，还有少量的盆、瓮、罐等大型容器，在一些板瓦、筒瓦及瓮、罐上发现有印章痕迹，是在陶坯未烧前戳印的，印章多是一个字，有“同”“郑”“有”“言”等近30种，不少瓦上往往有两个不同的印章，这些可能是陶工的姓氏。在3件罐上发现有5个字的印章“郑城右司工”应是韩国的司工衙门印章记号，当为作坊专用。在一件大瓮肩部陶片上刻有“新郑”两个篆书文字，这些与新郑兵器窖藏坑中出土兵器铭文“郑令”相对照，可以看出即使在韩灭郑之后这里王都的名字仍是“郑”或“新郑”。这是一处生产建筑材料为主由韩国司工衙门管辖的官营制陶作坊，其保存状况之良好，在东周列国都城考古中实属罕见。与此同时，在西城东南隅外的双洎河南岸，又发现一处从春秋到战国时期的大型制陶遗址，面积约20万平方米。发现27座陶窑，出土数千件鬲、豆、罐、钵、碗和盂等陶器，还有过去只在瓷窑遗址内才见到的三角形支架、垫饼、垫圈等窑具，这些窑具用在个体商品生产的小型窑内，以有限的空间尽量一次叠烧出更多的陶器。令人惊奇的是，有些窑内还满放着烧制变形的完整陶器，器物的时代特征明显，与山西侯马出土的陶器有一些相似之处，可以比照进行分期断代。有些窑具陶器上有“华”字的印章，或刻写有“彭”“沱成”的字样，这是一处始于春秋时期郑国延续到战国时期韩国的民间家族生产的制陶作坊。

2006—2008年，配合南水北调中线干渠工程，发掘了新郑西北胡庄的一处韩国王陵。陵墓由东西并列的两座巨大封土墓冢组成，均为南北向竖穴土坑墓，积石积炭，墓内有大型重棺重椁，墓顶有陵寝建筑遗存，如柱洞、柱础石、塌落的屋顶瓦砾层，四周还有卵石铺筑的散水，周围有3条围绕大墓的环形壕沟，墓西侧有矩尺形大型夯土基址，这些构成了一个较完整的陵园布局。这是某位韩王与夫人的并穴合葬墓，虽被严重盗掘，仍出土了一批制作精美的青铜器、银器、玉器、陶器、骨器、石器和玛瑙环等，在一些铜器和银箍扣上发现有“王后”“王后官”“太后”的刻铭，以及“少府”“左库”等韩国官署名称，证实了墓主人的身份。

宜阳故城为韩国的都城之一，既是军事重镇，又是著名的商业城市，位于今河南宜阳县韩城镇东侧，平面略呈长方形，分为宫城和郭城两部分，宫城位于郭城西北隅外侧，其南墙有一门与郭城相连。郭城的夯筑城垣东墙长1579米，南墙长1680米，西墙长2050米，北墙长2010米。发现有北门和东门的遗迹，北墙外侧发现有5个马面遗存，每个长36—51米，宽35—50米，残高0.5—2.5米。这是我国目前所知最早的马面。城内有纵横大道各3条，还有手工作坊区。城北不远有王陵大墓。宜阳故城在韩襄王五年（公元前307年）被秦攻占。在河南登封告成镇东北，有韩国的通都大邑阳城，平面为纵长方形，周长约5400米，北城墙沿着丘陵坡地修筑，残存近8米高。城内有地面铺砖的大型夯土建筑基址，还有长达500米以上的陶水管道输水设施。城内出土的陶器上有“阳城仓器”4字的印记。南城墙外有大型冶铁遗址，从出土的一次铸造6枚或更多带钩的陶范可以看出，当时已采用一范多器薄壳铸造法，显示了韩国高水平的铸铁工艺。

三家分晋之魏国，原在山西安邑，后将国都迁到大梁（今河南开封）。虽然大梁城因历年水患早已深埋地下尚未探明，但据零星的文献记载和地面考察可以推断其位于今开封城的西北一带，南北长约6400米，东西宽约5800米，城门12座，至今有线索的为东门（夷门，在今开封北门及铁塔公园附近）和西门（高门，今城西东陈庄一带），据此可以大致勾画出大梁城的轮廓。其中夷门因门外有夷山而得名，开封铁塔即建在夷山上。夷门之所以著名，是因为当年信陵君窃符救赵，夷门监者侯嬴慷慨相助，推荐朱亥椎杀晋鄙，夺取军权，解救赵危。司马迁曾专程访求大梁之墟并凭吊夷门旧址，在《史记·魏公子列传》中将这一段历史形象生动写出来，使夷门名扬天下。后世文人墨客竞相题咏，唐代高适有《夷门诗》、王维有《吏门歌》、宋代无名氏绘有东京市肆风情画《夷门市廛图》、金代李汾更写有“琪树明霞五凤楼，夷门自古帝王州”的佳句，传颂千古。魏国在河南的遗存考古发现主要是大量的墓地。在辉县、汲县、汤阴、陕县、郑州和禹州等地均有发现。20世纪50年代初期，在辉县固围村发掘出魏国王室大墓，墓地坐北朝南，背倚山冈，中部为长150米、宽135米、高2米多的长方形平台，平台上并列三座大墓，规模最大的2号墓居中，稍小一点的3号墓和1号墓分列东西两侧，其西另有南北并列陪葬的中型5号墓和6号墓。三座大墓的上部都覆盖有气势恢宏的享堂建筑，其建筑基址范围大于墓室，2号墓的享堂包括周边的砾石散水每边长27.5米，堆积有厚约0.5米的瓦片层，还残存有柱础，推测这座享堂应是七开间四角攒尖顶的长方形瓦顶建筑。3号墓的享堂每边长19米，1号墓的享堂每边长18米，均约是五开间的建筑。大墓墓室的南北两端都有较长的墓道，通长超过150米，深约15米。由于早年被盗，墓室已遭破坏，从2号墓残存的部分看，墓室的结构是先在墓圹底部平铺以厚1.6米的8层巨石，再用木枋垒砌长9米，宽8.4米，高2米的近方形椁室，椁室放置套棺，外椁内填塞木炭以防潮，椁室两侧和靠近墓道处以巨石筑墙，墙内充填细砂，最后填土夯实。随葬品大多无存，也有一些精品的残留，例如1号墓有一件长20.2厘米的大玉璜，由5块洁白的美玉和两个鎏金兽头组成，布局匀称，雕工剔透，实为上品。另一件错金银马头形车辕饰，面目头额上均满饰错金银卷毛纹、夔纹、鳞纹和平行曲水纹，极为细致精巧。5号墓出土一件包金镶玉银带钩，呈琵琶形，长18.4厘米，中宽4.9厘米，底为银托，面为包金组成的浮雕蟠龙，嵌以白玉和料珠，钩部则用白玉雕琢成鸭头状。这样纹饰复杂、剔透玲珑的带钩，代表了当时工艺技巧的最高水平。这5座墓内还出有铲、锄、犁、镢、斧和削等93件铁质生产工具，经金相学鉴定，系用固体还原法冶炼而成，当为中国第一次出土成批的战国铁器。这里是目前所知魏国规格最高的墓葬，很可能是魏国王陵，对考察当时三晋地区高级贵族的埋葬情况有重大学术价值。在卫辉山彪镇发掘有魏国的贵族墓地，其中一座大墓为积石积炭的长方竖穴土坑墓，墓口东西长7.8米，南北宽7.2米，深11.49米。墓内出土青铜器1447件，包括礼器、乐器、兵器、车马器，杂器等，还有陶器、玉器、石磬等文物。青铜器中有两件著名的水陆攻战纹鉴，每件器表分上中下三层，镶嵌红铜水陆攻战图案，画面可分9组286人，展现了丰富的东周陆地和水上战争场面，具有重要的历史、科学和艺术价值。

三家分晋之赵国，原在山西晋阳，赵献侯元年（公元前423年）把都邑迁往豫北的中牟。到赵敬侯元年（公元前386年）又迁至河北邯郸。不但赵国都邑一度在豫北，而其国土南界，也一直在这一带进退。赵都在中牟历三世四君凡37年。中牟的地望一般认为在鹤壁，鹤壁位于汤阴县西20千米处，曾归汤阴管辖，故鹤壁说亦即汤阴说。《史记·赵世家》记有："献侯少即位，治中牟。"此条后面唐代张守节《正义》按云："五鹿在魏州元城县东十二里，邺即相州荡（汤）阴县西五十八里，有牟山，盖中牟邑在此山侧也。"鹤壁市西10千米处确有牟山。《金史·地理志》也记有："汤阴有牟山、美水、荡水、通槽、美里。镇一，鹤壁。”经实地调查得知，牟山地处太行山东麓，其南、北、西皆山岭连绵，难为国都之地。牟山向东虽地势渐缓，但仍然丘陵起伏，沟壑纵横，水源缺乏，也不具备建都条件。但在鹤壁东南2.5千米的鹿楼镇故县村一带，发现有大规模的战国中期和晚期的冶铁遗址，这在当时是都城或大邑的重要标志。在其不远的胡丰村曾发现清代门楼石匾额“中牟古地，淇澳山村”，有学者据此提出赵都中毕应在鹤壁鹿楼故县及其周围。虽然中牟地望无法确指，但在豫北地区是没有争议的。据此赵国在河南北部的都邑中牟没有什么考古发现，而赵国的墓地资料也乏善可陈，现存最重要的遗迹是赵南长城。经过多年的考古调查，在林州西侧自北向南到辉县、鹤壁、卫辉等地，发现沿山用石块叠砌的长城断续长约近百千米。由于历年自然和人为的破坏，现存高度多为1—2米，宽度为2—4米，个别地段宽11—12米。还发现有城障、烽燧等遗址，也采集到战国时期的绳纹板瓦、筒瓦、铜镞、陶豆等遗物。该长城与河北磁县、涉县交界处南北走向的石砌长城相对应，明嘉靖《彰德府志·林县》载：“秦王堤在县西一十里，南接河内，北至滏阳，古老传云秦、赵分界堤。”《重修林县志》云：“关墙岭，在县西南与辉县接界之分水岭上，垒石为之，或有或无，或高或低，长数十里，盖昔人防戍所设，然时代不可考矣。”豫北的战国长城位于赵境，当是东南拒齐、魏，西则防秦、韩，环卫中牟旧都，以长“南藩之地”。这些长城遗迹的发现，充分显示了战国时期在中原三晋地区军事斗争的历史大变革。笔者到豫北长城遗址进行过考古调查，站在两千多年前修建的长城遗址上，与先辈们隔空对话，既有几分敬畏，更有几分自豪，那赵武灵王胡服骑射，蔺相如在秦赵会盟时大无畏的气概，一下子涌上心头。

综上所述，从晋文化到三晋文化，由晋南一隅走向大中原，经过漫长的历史岁月，自西周初叔虞封于唐，从唐伯到晋侯，由晋侯到晋公，晋公势衰，六卿强大，三家封侯，三家分晋，三家称王，直到战国末期魏国最后为秦所灭，前后延续800余年而长盛不衰。东周时期遍及华夏的同姓或异姓诸侯国，矛盾尖锐，战争迭起，兄弟阋墙，同室操戈，在中原尤为惨烈。长达数百年的战争、开放、发展、融合进程中，晋文公春秋称霸在前，韩赵魏战国称雄于后，最终催生了中国历史上第一个统一的中央集权封建制大帝国秦朝的建立，随后又诞生了强盛的大汉帝国。晋文化和三晋文化就成为秦汉帝国文明不朽的基石，融入亘古不灭的华夏文明之中。

考古摭拾——从夏商周断代工程到中华文明探源工程

学习了解和珍重自己的历史，是每个国家和人民的共同追求。中国是世界著名的文明古国之一，以其悠久的历史、广袤的地域和深厚的文化底蕴，处于人类古代文明金字塔的顶端。中华文明又是独立起源，绵延流传，从未中断，为全世界所罕见。无论是战乱、暴政、水患灾疫或外敌入侵，都未能阻止中华文明的进步和持续发展。我们赖以生存的祖国虽然经过了多次分裂，但继之而来的是又一次的大统一。历史的长河培育了伟大的民族精神，造就了民族的伦理道德，形成了强大的凝聚力。自古以来，中华民族就是中国大地的主人，是中国文明的创造者和传承者，从而对全世界做出了极为重要的贡献。

事物总是有两面性的，在如此辉煌的中国历史背后，还缺少夏商以前和夏商及部分西周的确切年代，我国古书记载上古历史的确切年代，只能依照司马迁的《史记·十二诸侯年表》追溯到西周共和元年即公元前841年，再往上就说法不一，成为有王无年，出现了"五千年文明，三千年历史"的不正常现象。历史是按照年代的顺序来记述的，年代学是历史学的骨架，没有准确的年代，历史学就无法建立起来。夏商周被人们尊称为"三代"，在我国古代历史上占有重要地位。夏商周是中国古代文明形成、发展和繁荣的重要阶段，向前可上溯中国古代文明起源，向后可了解中国古代文明的基本走向，但其年代学始终是一个学术难题。历代学者薪火相传，试图解读这个古史研究中的核心问题，但由于涉及的领域很广，而研究又大多是分散进行，研究的资料和手段也较有限，所以在一些关键的问题上始终没有突破，学术界也一直未能达成共识，这已成为我国乃至世界古史研究中的重大缺憾。

中华人民共和国成立之后，尤其是改革开放以来，国家的经济大发展，为各项事业提供了不可或缺的物质基础。中国的考古学、历史学、古文字学、天文学和科技测年等都有了长足的进步，这一切为综合研究夏商周年代创造了良好的条件。1996年5月，国家夏商周断代工程由科技部组织领导开始启动。这是由历史学、考古学、天文学和测年技术等学科200多位专家联手实施的系统工程。

历史学家将从历史文献上把中国历代典籍中有关夏商年代和天象的材料尽量辑集起来，建成资料库，加以分析整理。对其中有代表性的重要文献进行详细考证，逐一判断其可信程度和使用价值。在历史地理学方面，要在前人研究的基础上，着重研究文献中有关夏代和商代前期各都城的地理位置，并与考古调查相结合，为进一步探索夏代和商代前期都城提供依据。还要从古文字上结合考古学研究做好殷墟甲骨文和西周金文的分期，选取有年代学意义的标本，以供天文历法研究或进行^{14}C测年。在研究中要特别注意发现新的有价值的材料，消除过去研究中的误解。

天文学家要全面总结天文年代学前人已有的成果，推断若干绝对年代，为夏商周年代确定科学准确的坐标。在历史文献和古文字学工作的基础上，利用天文数据库和天文计算重新核查对断代特别有用的古代天象记录。从天文学角度进行殷墟甲骨文、西周金文历法的研究，改订甲骨文、金文历谱，推定商武丁以后商周各王世的绝对年代，这些年代将与若干测年结果互相比照。

考古学家将对与夏商周年代有密切关系的考古遗存进行系统研究，建立相对年代系列和分期，为利用现代化手段测定夏商周绝对年代提供层位明确、文化属性明确、相对年代清楚的系列测年标本。研究重点是中原地区夏商周时期具有典型性和代表性的考古学文化，同时兼顾周邻地区与夏商周文化关系密切的其他考古学文化。

测年技术科学家主要采用^{14}C测年方法，包括常规法和加速器质谱计（AMS）法。常规法将做若干条件试验，达到高精度测定。加速器质谱计（AMS）法将做重大改进，提高精度和可靠性。在制样方面也要做若干条件试验。测年样品的采集要与考古学家联手进行，尽量系统广泛采集可靠而又合适的标本。所有测试的年代数据都要同考古学家共同分析研究，以确定文化的分期和比较细致的年代学框架。对重要的坐标点，还要同历史学家取得共识。

夏商周断代工程就是以人文社会科学与自然科学相结合，集中相关学科的优势，力求做出能反映20世纪年代学研究最高水平的成果，制定有科学依据的夏商周年表。根据各个历史阶段材料的不同情况，夏商周年表要达到对西周共和元年（公元前841年）以前各王，提出准确的年代；对商代后期武丁以下各王，提出比较准确的年代；对商代前期提出比较详细的年代框架；对夏代提出基本的年代框架。

为了达到上述目标，经论证设立了九大课题：“有关夏商周年代、天象及都城文献的整理及可信性研究”“夏商周天文年代学综合性问题研究”“夏代年代学的研究”“商前期年代学的研究”“商后期年代学的研究”“武王伐纣年代的研究”“西周列王的年代学研究”“^{14}C测年技术的改进与研究”“夏商周年代研究的综合和总结”。这九大课题下面又分设36个专题，其后在启动过程中，根据研究需要和新的考古发现，又滚动增设了8个专题。例如“商前期年代学的研究”课题包括有“郑州商城的分期与年代测定”“小双桥遗址的分期与年代测定”“偃师商城的分期与年代测定”3个专题，其后又滚动增设了1个“邢台东先贤文化分期与年代测定”专题。

夏商周断代工程吸引了9个学科12个专业的200多位学者参与攻关，这支庞大的研究团队具有如下特点：第一，学科广泛而目标一致，大家都有共同语言，随着研究的深入，共同语言越来越多；第二，强手如林而彼此互相尊重，夏商周断代工程在若干学科中容纳了若干不同观点，并始终保持学术空气的自由；第三，少长咸集而同心同德，人人都珍视机遇，力求贡献，不计得失。这些特点是在夏商周断代工程的感召下形成的，并且在夏商周断代工程中蔚然成风。集合这样一支攻坚认伍，才是夏商周断代工程目标任务能够完成的最基本条件。

笔者有幸参加了夏商周断代工程“商前期年代学研究”课题组，作为课题组的一位副组长，与多位学者在一起进行研究攻关。笔者虽然没有夏商周断代工程专家组诸公的智慧，也没有夏商周断代工程项目办公室先生们的繁忙，又没有青年学者在考古工地第一线的辛劳，但毕竟还是在完成河南省文物考古研究所所长工作的同时，全力以赴投身到课题研究中去。这反映在10多万字的课题和专题项目的结题报告上，又反映在《考古》《华夏考古》《中原文物》《殷都学刊》《中原文史》《寻根》等学术刊物和多部论文集发表的文章上，还反映在多次夏商周断代工程和殷商文明学术研讨会上的发言中，更反映在偃师商城、郑州商城、郑州小双桥遗址、邢台东先贤遗址等考古发掘工地留下的足迹上。个人对此无怨无悔，非常自豪。

经过五年的努力，夏商周断代工程仅多学科的学术讨论会就召开了52次，夏商周断代工程从没有偏离项目设置的课题及专题轨道，各个课题和专题的目标基本上都得以实现，终于结下了丰硕的成果。2000年9月15日，夏商周断代工程通过国家验收。2000年11月9日，夏商周断代工程专家组举行新闻发布会，正式公布了夏商周年表。这是我国迄今最有科学依据的古代历史年表，标志着夏商周三代年代学的研究达到前所未有的新水

▶ 与杨锡璋先生（左）开会在一起

平。这个年表为我国西周共和元年之前的历史建立起1200余年的三代年代框架，夏的始年为公元前2070年，商代始年为公元前1600年，盘庚迁殷为公元前1300年，周代始年为公元前1046年。年表排出了西周共和元年之前西周十王具体在位年，排出了商代后期从盘庚迁殷后十二王大致在位年。其中对夏代始年、夏商分界的年代、武丁在位年代和武王克商年代的估定，具有重要的创新意义。这不但为进一步使夏商周的年代精确化开创了良好条件，还为继续探索中华文明起源及其早期发展，为揭示五千年文明史起承转合的清晰脉络，打下了坚实的基础。

夏商周断代工程的实施，对历史学、考古学、天文学、科技测年等有关学科自身的发展，都起到了明显的推动作用。在考古学上，对北京房山琉璃河遗址，河北邢台东先贤遗址，山西天马和曲村遗址及晋侯墓地，陕西丰镐遗址、周原遗址、商州东龙山遗址，河南登封王城岗遗址、禹州瓦店遗址、新密新砦遗址、偃师二里头遗址、偃师商城遗址、郑州商城遗址、郑州小双桥遗址和安阳殷墟遗址等进行了考古发掘，有许多重要考古发现。其中登封王城岗发现龙山文化晚期大城，证明了这里是夏代早期“禹都阳城”之所在。新密新砦龙山文化晚期和新砦期文化城址，也属于早期夏文化范畴。在偃师商城中部和南部发掘出一座时代更早一些的小城，这样就把偃师商城的始建年代提早到二里头文化四期，早于郑州商城一个阶段，当成为商代最早的“汤都西亳”。在郑州商城发掘出二里岗上层二期的宫殿建筑、绳纹板瓦和与祭祀有关的青铜器窖藏，证实了郑州商城使用时间很长，而近在咫尺的郑州小双桥遗址则是商王室的大型祭祀场所。在安阳殷墟东北隅发现面积约4平方千米的洹北商城，已成为夏商周断代工程标志性成果之一，很可能是盘庚最初迁殷之地。在陕西丰镐遗址发掘出极为难得的先周文化晚期、西周初期、西周早期和西周中期叠压打破的地层和灰坑的遗迹现象，提供了各期珍贵理想的测年标本。北京房山琉璃河发掘出M1193西周大墓，出土青铜器克罍、克盉，铭文记载了燕国的始封，其墓主为第一代燕侯，当在周成王时期；还在西周早期的H108大灰坑内，出土1片刻有“成周”2字的龟甲，成周营建于成王初年，当不会早于成周的建成，即其上限不得超过成王时期。H108地层关系明确，是琉璃河遗址中时代最早的西周遗存之一。这两次考古发现对确定西周始年有重要断代意义。此外，山西天马、曲村遗址和晋侯墓地的考古发掘，对西周中期和晚期断代非常重要。对上述这些夏商周遗址的考古新发现进行考古学文化分期研究，既为科技测年提供了系列样品，又为有关考古学文化的研究提供了重要的参照。

在测年技术上，改进常规法与加速器质谱计（AMS）法^{14}C测年设备，改进样品制备及测试方法，使常规法测量精度达到千分之三（相当于±24年），AMS测量精度达到或优于千分之五（相当于±40年），已具备国际先进水平。过去常规法测年是用单个标本进行的，测出年代后面的±年数，少则80、90年，多则100年甚至200年，这样大的误差只能作为参考数据。而这次夏商周断代工程常规法测年，采用了大量的系列标本，并充分运用标本的文化分期和样品之间的先后顺序等考古信息，在进行日历年代校正时与树轮曲线的扭摆进行匹配拟合，从而减小标本日历年代的误差，使测出年代后面的±年数达到24年，显然准确多了。而某些标本的测年，由于标本的条件较好，更可以达到±8年即千分之一的精确度。例如位于郑州商城中部偏东的郑州电力高等学校院内发现一座商代二里岗上层一期的大型水井T1J3，水井底部有保存完好的用于做支护的井圈圆木，这能够采集典型的测年系列样品即树轮样品，一共在圆木上从树芯到树皮取了9组系列标本，用常规法进行^{14}C测年，圆木最外层的年代为公元前1400±8年，即从公元前1408—前1392年之间，就是这座水井建造的年代，亦即商代二里岗上层一期的年代，误差仅为千分之一，十分精确。该测年结果已为夏商周断代工程专家组首席科学家、中国社会科学院考古研究所测年专家仇士华研究员和夏商周断代工程专家组成员、北京大学考古系测年专家原思训教授共同认可。夏商周断代工程也是一次全民普及历史知识的教育运动，得到了大量的支持和赞誉，也受到个别学术问题上的质疑和争论，最终还是取得了丰硕的成果。为此，作为夏商周断代工程主要承担单位的中国社会科学院考古研究所、北京大学考古文博学院和我们河南省文物考古研究所同时获得国家科技部等4部委联合颁发的“九五”重大科技攻关优秀成果奖。公布的夏商周年表，已逐渐为人们所接受，许多博物馆的历史陈列和一些古代历史的研究学术专著，都正面展现了这个年表的科学性。先后出版了《夏商周断代工程1996—2000年阶段成果报告（简本和繁本）》《禹州瓦店》《安阳小屯》《周原甲骨文》《郑州商城》《郑州小双桥》《偃师二里头》《西周青铜器分期断代研究》《西周诸王年代研究》《武王克周之年研究》《夏商周时期天象和月相》《五星聚合与夏商周年代研究》《商末周祭祀谱合历研究》《月龄历谱与夏商周年代》《夏商周年代学札记》《世界诸古文明年代学研究的历史与现状》等一大批涵盖历史学、考古学、天文学的夏商周断代工程丛书和与之相关的考古大报告，从而引起学术界的关注。这使得老一辈的专家们，学力更加深厚；使步入中年的业务骨干，事业有成；使得初出茅庐的年轻人，日益有所进步，成为名副其实的后起之秀。他们学位的提高，职称的晋升，科研成果的取得，可以说是与夏商周断代工程息息相关。这无疑也为夏商周断代工程结束之后，再从事其他科学研究，创造了更好的环境和条件，产生了深远的影响。

探索遥远的古代文明，是人类一个永恒的主题，而历史和考古工作者就是实现这个主题的使者。中华古文明属于全人类的文化宝库，对其相邻地区甚至全世界产生过巨大的影响。夏商周断代工程的实施，反映了伟大的中华民族对拥有五千年文明史的自信心和自豪感，对海内外亿万炎黄子孙都是一件普遍牵动情感的大事，对学术界既是一个责无旁贷极富挑战的攻关项目，又是一个特别具有感召力和凝聚力的研究课题。在夏商周断代工程取得丰硕成果之后，学术界又开展了中华文明探源工程，这可视为夏商周断代工程的继续，又是一个新征程的起点。由已知推导未知，再上溯一千年，完整彰显中华五千年的文明史。历史与考古资料表明，距今5000—4000年，正是华夏文明起源与早期发展的时期。开展这项大课题研究，涉及考古学、历史学、古文字学、天文学、地理学环境学、自然科学史及现代分析技术、现代测年技术等多种学科。中华文明探源工程由科技部立项，国家文物局作为组织单位，中国社会科学院考古研究所和北京大学考古文博学院为主要承担单位，联合国内近70家科研院所、高等院校和文博机构的400多位专家学者进行的长期科技攻关工程。其规模和范围、时间和空间，都超过了夏商周断代工程。包括笔者在内，我们河南省文物考古研究所、郑州市文物考古研究所和郑州大学历史文化学院的多位学者，参加了中华文明探源工程部分课题的研究工作。

中华文明探源工程共分为四个部分，即预研究、第一阶段、第二阶段、第三阶段。

（一）探源工程预研究（2002—2003年）

由于这一项目涉及的时间和空间范围广，参与的单位和学科多，研究的内容复杂，项目的组织和实施难度较大，按照科技部的指示，首先于2002—2003年进行了为期两年的“中华文明探源工程预研究”，设置了九个课题：“古史传说和有关夏商时期的文献研究”“上古时期的礼制研究”“考古遗存的年代测定”“考古学文化谱系研究”“聚落形态所反映的社会结构”“古环境研究”“早期金属冶铸技术研究”“文字与刻符研究”“上古天象与历法研究”“中外古代文明起源的比较研究”，共有相关学科的几十位学者参加。预研究最大的收获是初步摸索出一套多学科结合，研究文明起源的技术路线和实施方案，预研究的各个课题获得了不同程度的成果，或取得了一些重要线索。为正式开展中华文明探源工程奠定了坚实的基础。

（二）探源工程第一阶段（2004—2005年）

在探源工程预研究取得成果或重要线索的基础上，继续向前推进。总体是关于公元前2500—前1500年中原地区文明形态研究。设置了如下五个课题：“公元前2500—前1500年中原地区相关考古学文化谱系的精确测年”“公元前2500—前1500年中原地区的自然环境研究”“公元前2500—前1500年中原地区聚落形态所反映的社会结构研究”“公元前2500—1500年中原地区经济、技术发展状况研究”“综合与总结，公元前2500—前1500年中原地区文明形态研究”。

（三）探源工程第二阶段（2006—2008年）

在探源工程第一阶段基础上，把研究的时间范围扩展到公元前3500—前1500年，空间范围从黄河中游扩展至黄河上中下游、长江中下游和辽河流域，研究该时间段中各个地区考古学文化的年代、环境、经济技术和社会结构。第二阶段设置了四个课题："公元前3500—前1500年各地区考古学文化谱系的精确测年""公元前3500—前1500年各地区自然环境的变化""公元前3500—前1500年各地区经济技术的发展""公元前3500—1500年各地区社会与精神文化的发展"。探源工程第二阶段的经费数量比第一阶段显著增加，参加工程的单位和学者数量也数倍于前。

（四）探源工程第三阶段（2009—2015年）

2009年国家文物局组织实施了中华文明探源第三阶段，主题是"中华文明探源及其相关文物保护技术研究"，针对中华文明探源研究和文物保护存在的共性、关键技术问题，开展了三个研究方向共18个课题研究。其中"中华文明起源与早期发展综合研究方向"共设了7个课题。即在公元前3500—前1500年期间，"黄河、长江及西辽河流域的考古学文化年代谱系的完善和文明化进程中重大事件的年代学研究""人地关系研究""技术和生业及资源研究""都邑性聚落和各个区域中心性聚落的综合研究""精神文化的发展状况研究"和"中华文明形成及早期发展的整体性研究"；此外，还有"中华文明探源工程中现代科学技术、应用与支撑研究"方向的7个课题，"文物保护与展示关键技术研究"方向的4个课题。

十年磨一剑，如今，中华文明探源工程各阶段的诸多课题都取得了丰硕的成果。依据中华文明探源工程双组长制中国社会科学院考古研究所所长王巍学部委员、北京大学考古文博学院院长赵辉教授两位组长的总结，中华文明探源工程取得了七项重大收获：

（1）初步建立起在精确测年基础上各个地区公元前3500—前1500年期间考古学文化的年代序列，以及各个都邑遗址及其考古学文化兴衰的绝对年代范围。

（2）对公元前3500—前1500年期间各地区自然环境的变化有了较为系统的了解，对各地区文明兴衰演进的关系有了总体性的把握。

（3）对各地区公元前3500—前1500年农业和手工业的发展状况有了具体的了解，对文明形成和发展过程中经济和资源所发挥的作用有了较为清晰的认识。

（4）各地区中心性遗址的考古发现及其周围聚落分布调查的资料，揭示了公元前3500—前1500年期间，各地区文化的发展和阶层分化、权力出现并逐渐强化，社会向文明社会演进的过程。

（5）根据中国自己的考古资料，提出了既具有自身特点，又具有一定普遍意义判断文明形成的标志：农业的发展和手工业的进步；某些先进手工业的专业化；珍贵物品的制作和稀缺资源被权贵阶层所控制；人口增加和人口的集中，出现了政治、经济和文化中心的都邑；社会分化加剧，出现了集军事指挥、宗教祭祀和社会管理于一身、凌驾于全社会之上的王权和区域性政权政体即早期国家，其在考古学上的具体物化表现是：反映农业发展和手工业进步的考古资料；需组织大量劳动力才能完成的巨型都邑和公共设施的兴建；表明王权显贵身份的宫殿或庙宇的营建；制作精美、表明等级身份的各类礼器的出现；规模大且随葬品丰富的权贵墓葬的出现等。

（6）对中华文明形成和早期发展的过程和阶段性有了总体性的认识。①距今6000年前，在中原、长江中下游等地区，在生产发展的基础上已经开始出现社会的分化，文明进程呈现出加速度的状态。②辽宁牛河梁、安徽凌家滩等年代在距今5500年左右，随葬精美玉器的高等级贵族的大型墓葬和规模宏大的祭祀遗迹的发现，反映出距今5000多年前一些地方的阶层分化已经相当严重，权贵阶层业已形成，他们通过对宗教祭祀权力的垄断，已经掌握了对社会的控制权。可以推测当时已经出现王权或其雏形，可能已经步入文明社会的门槛，中华文明五千年恐非虚言。③良渚、陶寺等年代在公元前3000—前2000年之间的巨型都邑、大型宫殿基址、大型墓葬的发现表明，早在夏王朝建立之前，一些文化和社会发展较快的区域，已经出现了早期国家，进入了古国文明的阶段。④在夏代后期，以二里头遗址的宫城内具有中轴线布局的宫殿为代表的宫室制度，以青铜礼器和影响远及华南等周边地区的大型玉石仪仗器具为代表的礼器制度，由王权直接控制的青铜礼器和绿松石制作作坊的出现等为标志，中华文明进入了王国文明的新阶段。

（7）对各区域间的文化互动和以中原地区为中心的中华文明多元一体格局形成的过程及其原因和机制有了总体性的认识。中华文明经历了公元前2000年之前的多元并进，百花齐放，到进入夏王朝之后，特别是商周王朝时期，中原地区的华夏集团持续崛起，核心地位逐渐形成和巩固的一体化过程。

除了上述的重大收获之外，对我们这些老考古人来说，中华文明探源工程进程中，全国各地的重大考古发现更令人关注和激动。河南地区的灵宝西水坡、郑州西山、登封王城岗、新密新砦和古城寨、禹州瓦店、偃师二里头等诸多遗址自不必说。周边地区的辽西牛河梁遗址群，发现距今5500年、面积达上万平方米的巨型石砌平台，平台附近发现存有大大小小女神像和动物塑像的神庙，许多山头有用石块堆砌的三重圆形祭坛以及出土精美玉龙、玉人等的大型方形积石墓，据此推断应当存在一个影响遍及辽西和内蒙古赤峰地区的神权王国。在与牛河梁遗址大体同时的安徽含山凌家滩遗址中，也发现大型祭祀场所，附近的墓地中随葬有大量精美的玉器，令人目不暇接。反映出距今5500—

5300年前后各地区都相继迎来了文明的曙光。距今5000年的浙江良渚古城，内城和外城的面积分别达到300万和630万平方米，并在城北修建了长达5千米的防洪堤坝。内城几处大型祭坛上发现了象征墓主人掌控祭祀权力的玉琮、玉璧和掌管军事权力的玉石钺。良渚文化分布在江苏南部、浙江北部和上海一带，表明当时在长三角地区已经出现了以良渚古城为都邑的早期国家，进入古国文明的社会。2019年7月，浙江良渚古城被联合国教科文组织列入世界文化遗产名录。在山西襄汾陶寺遗址发现距今4300—4000年的大型古城，面积约300万平方米。发掘出屋顶用瓦、室内墙壁施彩绘装饰的宫殿基址，还发现有随葬数以百计高等级随葬品的大型墓葬和大量没有随葬品的小墓，这表明当时黄河中游地区的阶级分化已经十分严重。在陶寺遗址还发现了观测天象、决定农村时令节气的观象台，是当今世界能够确认年代最早的观象台。陶寺古城的方位、年代、文化面貌和观测天象的设施都与文献记载中尧的都城平阳十分吻合，与之不远的临汾，在清代还建有规模宏大的尧庙，一直完好地保存至今，彰显了人们对先祖的祭祀与怀念。更令人激动的是在陕西北部神木石峁遗址发现了一座石峁古城，距今约4000年，古城面积达400万平方米。城址中心部位皇城台周围有高大的护墙环绕，台上有大型宫殿基址和广场，发掘出土了大量的石雕神像、大型陶鹰、彩色壁画、卜骨、骨制乐器口簧和1.4万余枚骨针。还发掘了东门遗址和贵族墓地。最重要发现莫过于直径约50厘米、高近1米的神面纹圆形石立柱。立柱面上浮雕有立体感的巨目神像，可以视为古城的城徽和石峁人的图腾。这是一处不见于文献记载强大的文明古国。2019年9月27日，《中国文物报》的报道中，采用了《石峁遗址：石破惊天的新发现不断颠覆传统》的大字醒目标题，令人点赞！

考古断想——中国古代文明起源与发展的学术思考

中国是世界著名文明古国之一，有着五千年的文明史，对全人类的发展和进步作出了极为重要的贡献。中国地域辽阔，人口众多，地理环境千差万别，经济文化类型非常丰富。从遥远的古代起，就形成了采集、渔猎、畜牧、游牧和农业等各种各样的经济生活，先民们居住在平原、山地、草原、水边、海滨……产生了不同的生活方式和不同的文化内涵，这对研究人类历史文化来说，其多样性和丰富性为世界各地所罕见。层出不穷的考古发现，为古代文明起源的研究提供了无可替代的资料。这既涉及史前诸多新石器时代文化，又与夏商周三代文明息息相关。既包括位于黄河中下游的中原地区，也与北方内蒙古草原、东北辽河盆地、南方长江中下游和珠江流域紧密相连。真可谓纵横数万里，上下几千年。于是，研究中国古代文明起源，中华文明形成的基本模式与发展历程，中华文明的特点与长盛不衰的原因等，都是迫切需要阐释的重大学术问题。在笔者的考古学研究中，关于中国古代文明起源的研究也是备受关注的课题之一。

我们理解中国古代文明起源，就是在原始社会末期，由于生产力的发展，生产品有了剩余，使得一部分人通过不平等交换或强行掠夺，导致私有制产生和贫富分化，使人与人由相对平等变成统治者与被统治者的关系，氏族社会解体，产生了阶级，出现了国家。于是，国家就成了文明社会的概括。当然，这里面包括政治、经济、文化、科学技术和宗教等许多方面的发展和社会进步。人类产生的历史已经有几百万年，而进入文明社会的历史只有几千年。在这几千年中，世界上出现了古埃及文明、古巴比伦文明、古印度文明和古中国文明，另外还有诸多的克里特文明、迈锡尼文明、玛雅文明和印加文明等。这些古代文明所占面积为地球陆地面积的很小一部分，可是就在这些古老文明产生之后，人类社会便大大加快了前进的步伐，不断改变着世界的面貌。

研究中国古代文明起源，一方面要靠历史文献，另一方面更要靠考古发掘。国家夏商周断代工程和中华文明探源工程所取得的成果表明，现代学术的发展往往需要人文社会科学与自然科学的交叉相结合，这也是研究中国古代文明起源的必经之路。从20世纪90年代初开始起至今，全国许多文物考古机构和高等院校先后举办了20余次关于中国古代文明起源的学术研讨会。其中笔者就参加了山东省考古学会与山东省考古研究所举办的纪念城子崖遗址发现60周年国际学术讨论会（1991年10月，济南），河南省文物考古研究所建所50周年举办的华夏文明的形成与发展国际学术研讨会（2002年7月，郑州），中国社会科学院古代文明研究中心和郑州大学联合召开的中原地区文明化进程学术研讨会（2004年9月，郑州），中国社会科学院古代文明研究中心和江苏省考古学会举办的淮河流域古代社会文明化进程学术研讨会（2004年10月，徐州），中国社会科学院古代文明研究中心、河南博物院和河南省文物考古研究所联合召开的文明探源考古与历史的整合学术研讨会（2005年11月，郑州），中国社会科学院考古研究所、郑州市考古研究院和新密市人民政府联合召开的中国聚落考古的理论与实践——纪念新砦遗址发掘30周年学术研讨会（2009年12月，新密），郑州中华之源与嵩山文明研究会举办的中国早期城市文明暨2012年中华之源与嵩山文明论坛（2012年12月，郑州），中国社会科学院古代文明研究中心、郑州中华之源与嵩山文明研究会共同举办的中原地区文明起源与形成研究新进展学术研讨会（2013年10月，郑州），郑州中华之源与嵩山文明研究会举办的2014郑州中

▲ 山东城子崖发掘60周年学术会，同班11人（左起朱非素、王恩田、李晓东、李家和、齐心、作者、张学海、李伯谦、李先登、何介钧、郑杰祥）

▲ 主持中原地区文明化进程学术研讨会

▲ 参加五帝时代与中华文明研讨会(左起郑杰祥、李伯谦、郝本性、作者)

华之源与嵩山文明研究会年会暨嵩山文明与中国早期聚落学术研讨会（2014年9月，郑州）。郑州中华之源与嵩山文明研究会、郑州嵩山文明研究院、黄帝故里与黄帝文化研究会等单位联合举办的五帝时代与中华文明学术研讨会暨2019郑州中华之源与嵩山文明研究会年会（2019年10月，郑州）……在参加的这些关于中国古代文明起源的学术研讨会上，笔者都在大会上或分组会上做了发言，并认真撰写了相关的研究论文，收录在会后出版的论文集里。通过多年的考古发掘、资料积累和学术研讨，使笔者在中国古代文明起源的研究领域里，既有所学习、有所建树、有所坚持，更有所创新、有所发展、有所提高。了解中国古代文明起源与形成的内涵、发展历程、探求规律，找出阶段性的演变标识，总结出完整性、连续性和开放性三大鲜明的特点，得到同行们的一些口碑。

完整性——最丰富最完美的中国古代文明

在研究古代文明起源的时候，学术界很看重古城址、青铜器、文字、祭祀及礼制遗存，称之为古代文明的四个要素。但也有学者认为这些要素并不都是古代文明的必备条件，世界上一些古代文明，限于主客观的条件，有的并没有古城，有的没有青铜器，有的没有文字，有的没有祭祀与礼制遗存，缺少一种甚至两种要素，但仍有很高的发展水平，并被人们称为古代文明而载入史册。这也的确是历史事实，不能把上面提到的四种要素都硬套进每一个古代文明之中。但我们换一个另外的角度来思考，缺少一种或两种要素的古代文明，终究是有缺憾的文明，如果那些缺少古城的、缺少青铜器的、缺少文字的、缺少祭祀和礼制遗存的文明能够补齐的话，岂不是发展水平会更高，文明内涵会更丰富、更完整！引以为自豪的是，我们祖先留给世界的就是这四种要素齐备的最丰富、最完美的中国古代文明。

城是人类聚落生活发展的高级形态，源于私有制的产生和贫富分化的加剧,与文明时代息息相关，恩格斯对此有过精辟的论述。中国传说黄帝时代已经筑城，又说夏鲧筑城，各地的考古发现也与之基本相吻合。在河南发现有仰韶文化郑州西山古城和登封王城岗等多座龙山文化古城，在山东发现有大汶口文化滕州西康留古城和一批龙山文化古城，在江苏发现有连云港藤花落龙山文化古城，在山西发现有襄汾陶寺龙山文化大型城址，在内蒙古南部发现一批依山坡而建的龙山文化城址，在湖南发现有大溪文化的澧县城头山古城和一批屈家岭文化古城，在湖北发现有多座屈家岭文化古城和石家河文化古城，在成都平原也发现了一批龙山文化古城。如此众多城址的考古发现，反映了当时华夏大地正处于文明起源与早期发展的大变革时代。

这些古城有高大的城墙、较宽的城壕、较窄的城门和个别的门卫房，城内有夯土建筑基址、地下排水管道、灰坑、窖穴、道路、陶窑及其他手工作坊、墓葬、奠基牺牲和祭祀遗存，展现了这些古城有军事防御、治理人民、生产和生活的诸多职能。依照当时的生产技术水平，修建这些古城绝非易事，更不是少数人能够完成的，筑城的本身就足以反映社会结构的变化，说明当时存在着掌握政治、经济、宗教和军事大权的统治集团，古城的建造不仅仅是建筑工程的行为，更重要的是一种政治行为。这些古城既不同于一般的大型聚落，也不同于后世经济发达、货币关系活跃的城市，而主要是作为维护统治阶级权力的政治和军事中心。这些古城都不是单独存在的，在它们的周围或多或少，或远或近都分布有一批聚落，构成一个关系密切的网络，成为一个初级国家的规模，开启了早期的方国文明。到了夏商周三代，进入了王国文明，夏商和西周出现了规模巨大、古城繁荣的王都。而东周时期遍布各地诸侯国的通都大邑比比皆是。古城一直是中国古代文明起源与形成过程中的一个首选要素。

从古城出现所带来的历史性变化，又是以生产力有较大发展为前提的。生产工具的改进，为农业增产提供了条件；水井的开凿为水利灌溉提供了保证；储粮窖穴的增加，酒器品类的增多，说明了粮食总量的丰富；制陶、制骨、磨玉、纺织、漆木器、建筑等手工业也有较大的发展，其中最重要的莫过于青铜器的冶铸和使用了。青铜器的出现标志着古代社会由新石器时代发展到青铜时代，使生产力有了更大提高，为改变生产关系提供了必要的条件。冶铸青铜器本身就体现了生产力的进步，而冶铸生产的组织工作又反映了生产关系的变化。在仰韶文化时期陕西临潼姜寨和马家窑文化的甘肃东乡林家就有很少量小件青铜器的出土；在河南、山东和山西十多处龙山文化遗址发现有青铜器遗物或与冶铜有关的遗存，其中河南登封王城岗出土一件青铜鬶残片，山西襄汾陶寺发现一件铜铃，都是用复合范铸造成型的青铜容器，显示了较高的铸造工艺水平。这些考古发现也与文献记载较相一致。如《左传》宣公三年："昔夏方之有德也，远方图物，贡金九牧，铸鼎相物，百物而为之备。"《越绝书》卷第十二："禹穴之时，以铜为兵。"《史记·封禅书》："黄帝作宝鼎三，象天地人。禹收九牧之金，铸九鼎。"到了夏商周三代王国文明时期，青铜器制作由发展而达到顶峰。河南偃师二里头出土夏代青铜器；偃师商城、郑州商城和安阳殷墟出土商代青铜器，湖北、江西、湖南、四川、安徽和其他一些地方也出有商代青铜器；至于周代特别是东周时期的青铜器可以说遍布河南、陕西、山西、河北、安徽、湖北和湖南等诸多地区。这些大量的青铜器除少量生产工具之外，更多的还是青铜礼器、乐器和兵器，主要用于祭祀和打仗。青铜器与当时的政治、军事和宗教等活动关系密切，被称为"国家政权与等级制度的物化形式"。这样青铜器就成为中国古代文明起源和发展进程中另一个无可替代的要素。

文字是记录语言的书写符号，是人类社会相互交往的重要媒介，是社会生产力和生产关系发展到一定阶段的产物，也是一种特殊的文化现象。众所周知，安阳殷墟甲骨文已是六书俱全、相当成熟的文字了，在此之前应有一个漫长的产生和发展的过程。从考古发现看，早在裴李岗文化时期，河南舞阳贾湖出土的龟甲、骨器和石器上，就发现一些近似于文字字形的契刻符号；在陕西西安半坡和临潼姜寨发现仰韶文化时期许多陶器刻符，被视为文字的先驱；山东大汶口文化陶器上刻有一些可以释读的象形文字；在山东邹平丁公古城和登封王城岗古城发现龙山文化陶器上的刻字，其中前者刻有5行11字，排列较为规则，刻写也有一定章法，是一些象形字和会意字，有一定的进步性；陕西长安花楼子出土一批骨刻字符，有几个字还能辨识出来；山西襄汾陶寺出土一件龙山文化陶扁壶上有毛笔朱书的一个“文”字，张政烺先生指出：“这个字同大汶口文化陶文、殷墟甲骨文和现在通行的汉字同属一个系统。”鉴于中国文字产生的动力不是来自经济或贸易的需求，而是来自当时普遍、频繁、日趋强烈和制度化的宗教召唤，所以在文字的初创阶段只被极少数人掌握，那么考古发现就会非常困难，能找到以上关于古文字的线索，已实属不易。即使到了商代后期，能够使用甲骨文的也只是限于大奴隶主王室贵族和占卜的贞人之类，广大平民和奴隶均与此无缘。若此推测无误，则当时文字所起的作用也只限于占卜记录等，用于维护王权的统治。这与青铜礼器用于祭祀，青铜兵器用于战争，具有相似的作用。随着历史的发展，政治、经济、科学文化和各方面的需求，文字逐渐走下神坛，面向社会。商代甲骨文之后，周代有金文和大篆，秦始皇统一文字为小篆，其后是较为简化的汉隶……用于保存历史典籍，传承古代文化，意义非常。文字随着古代文明的产生而产生，随着古代文明的发展而发展，遂成为中国古代文明起源和发展进程中又一个不可或缺的要素。

中国是世界上著名的礼仪之邦，中国古代文明起源和发展进程自始至终都与祭祀和礼制紧密联系在一起，可谓博大精深,源远流长。其突出表现至少有三：其一是遗迹。北方神权主导的红山文化就有辽宁喀左东山嘴大型祭坛和建平、凌源交界处牛河梁的大型女神庙、祭坛及积石冢；中原地区仰韶文化的河南郑州西山古城就有大量的祭祀和奠基的遗存；长江下游太湖流域的浙江良渚文化古城，发现多处大型祭坛；安徽含山凌家滩也发现有大型土筑祭坛和红陶块构筑成的大型宗庙遗迹；在龙山文化时期，河南登封王城岗发现有祭祀和奠基遗存，禹州瓦店也发现有宗庙、奠基坑和祭祀遗址；到了夏商周时代，河南偃师二里头夏都宫城区发现有宗庙建筑，宫城以北有祭祀区；偃师商城宫城内有早商祭祀区，郑州商城有多处大型祭祀青铜器窖藏坑，郑州小双桥有商代前期王室祭祀遗址，安阳殷墟更有大型宗庙建筑和王陵祭祀区；陕西岐山、扶风周原遗址和长安丰镐西周王都发现的宗庙建筑及祭祀遗址更是不胜枚举。其二是遗物。这表现在为数众多的礼器上。在仰韶文化河南三门峡庙底沟遗址就有用精美彩陶作为祭祀礼器的现象；山东大汶口文化时期有整套的陶礼器组合出现；北方红山文化有各种各样的玉礼器；河南禹州瓦店出土有龙山文化成组的带盖封顶盉、爵、觚、鬶和蛋壳杯等精致陶礼器和大玉璧、玉铲、玉鸟等玉礼器；南方良渚文化和安徽含山凌家滩有品类不同多姿多彩的大量玉礼器。夏商周时期精美的青铜礼器和玉礼器更是司空见惯，比比皆是。其三是文献。殷墟甲骨文的内涵无一不与古代礼制有关，礼制的探索正是研究甲骨文的重要内容，而两周的金文同样也是礼制的反映。先秦的典籍，被号称十三经的《周易》《尚书》《毛诗》《周礼》《仪礼》《礼记》《春秋左传》《春秋公羊传》《春秋谷梁传》《论语》《孝经》《尔雅》《孟子》，详细记录了越来越繁缛的夏商周三代礼制。从西汉司马迁《史记》开始的历代二十五史，也有两千年中国封建社会的礼制记录。祭祀和礼制，在中国五千年文明史中起着维系和纽带的作用，这也是中国古代文明起源与发展进程中不能缺少的要素之一。以上四种要素齐备，构成了世界上最完整、最丰富完美的中国古代文明。

连续性——独树一帜从未中断的中国古代文明

绵延流传五千年的中国古代文明，以其漫长的岁月、广袤的地域和丰富的内涵，而处于人类文明史的最前列。在这里简单地梳理一下中国古代文明起源与发展的历程。经过几十万年、上百万年旧石器时代的铺垫之后，迎来了距今1万余年的新石器时代。那时农业刚刚起步，出现了河北徐水南庄头、湖南道县玉蟾岩、广西桂林甑皮岩、河南新密李家沟、江西万年仙人洞和吊桶环等原始的小聚落，并出有当今世界最早的稻作遗存，还烧制非常粗糙的陶器，这应该是中国古代文明起源的孕育阶段。

其后在距今9000—7000年时，华夏大地出现了并存的河南裴李岗文化、河北磁山文化、陕西老官台文化、内蒙古兴隆洼文化、浙江河姆渡文化等多种文化。发现有河南新郑裴李岗和舞阳贾湖、河北武安磁山、陕西华县老官台和临潼白家村、内蒙古敖汉旗兴隆洼、辽宁阜新查海、湖南澧县彭头山和八十垱、湖北枝城（宜都）城背溪和浙江余姚河姆渡等许多聚落。有的聚落周围挖有壕沟，有的居住地址和作坊地址已经分开，有的发现排列有序的氏族公共墓地。农业有了一定的发展，黄河流域耐旱的粟、黍和长江流域的水稻已经较为普遍种植。出土有一整套种植、收割和加工农作物的工具，又出有龟甲刻符、七声音阶的骨笛和叉形骨器，还有一些玉器、绿松石饰品和陶塑人形或动物形的艺术品。这些遗物与当时的农业、文化、音乐和原始宗教有关，反映了中国古代文明起源的萌芽。

在距今7000—5000年时，中国处于仰韶文化时代，与之同时并存的有辽宁红山文化、甘肃马家窑文化、山东大汶口文化、长江中游西段的大溪文化等多种文化。在中原，发现有陕西西安半坡和临潼姜寨等大型聚落，河南三门峡庙底沟、灵宝北阳平和西坡、巩义双槐树、郑州大河村和西山古城等大型遗址，聚落内有成组房址围成的中心广场，或有面积达数百平方米的大型房址，有的周围数道环壕拱卫，有的筑有夯土城墙，又有氏族公共墓地和手工坊区，出土精美的彩陶、陶文符号和玉器，农业有了更大的发展。在北方，辽宁喀左东山嘴和建平与凌源交界的牛河梁，发现红山文化祭坛、女神庙和积石冢，出土精美龙形或猪形玉器。在东方，山东泰安大汶口文化遗址和墓地，出土有精美的红陶、彩陶、黑陶和白陶器，以及玉器、玉饰和象牙器，在一些陶尊上刻有可释的象形文字。在西方，有甘肃秦安大地湾马家窑文化殿堂性质的大型建筑和罕见的地画。在南方有湖南澧县城头山大溪文化古城……这些重大的考古发现表明，中国古代文明起源的步伐明显加快，距离文明社会已经不远了。

距今5000—4000年时，中国处于龙山文化时代，与之并存的还有屈家岭文化和良渚文化。如前所述，在黄河流域和长江流域出现了一大批古城，中国古代把城垣称为国，这与聚落址在性质上和功能上有很大的区别。此外，在山西襄汾陶寺、山东临朐西朱封发现大型墓葬，出土一批精美玉器、陶器和漆木器；浙江余杭良渚文化遗址发现有大型祭坛和贵族大墓，出土大量的精美玉器，其上线刻有神徽，为其一大特点。这时候古国林立，《吕氏春秋·离俗篇》记有："当禹之时，天下万国。"《左传》哀公七年云："禹会诸侯于涂山，执玉帛者万国。"所谓的"万国"是形容其多。到商代仍有三千，武王伐纣时还会聚八百诸侯。这时候中国已经进入了文明社会，尽管还是初级的不够成熟，可以称之为方国文明。中华五千年文明史就这样开始了。其后夏王朝建立，中国进入了高级的王国文明。经过商周一千多年的发展，到秦始皇统一中国，进入了完全成熟的秦汉帝国文明，进而又发展到更加辉煌的唐宋文明……我们骄傲地看到今天的汉字是从商代甲骨文继承发展而来的，今天的核心价值观也与古代的礼制有所关联，自古到今，中华民族从来都是中国古代文明的创造者、发展者和传承者，是中国大地的主人。这体现了一种以深厚文化底蕴为基石的强大凝聚力，随着时间的推移，这种凝聚力就越来越强，几千年来，中国虽然有过几次分裂，但从没有灭亡中断，继之而来的是又一次的大统一，中国古代文明起源与发展中的连续性，在全世界四大文明古国中是独一无二的。

开放性——海纳百川交流互动的中国古代文明

伴随和维系中华五千年文明史的还有世袭制的王权统治。《尚书·洪范篇》云："谋及卿士，谋及庶人，谋及卜筮。"把天或神的意志和人的意志放在同等地位。而中国历代统治者均视君权神授，受命于天，自居于子之位，王权高于神权。夏商以降，特别到了周代，中国形成了以血缘为基础的宗法社会，也成为中国古代文明有别于世界其他古代文明的地方。但这并不是故步自封，而是有助于自身的发展。说到中国古代文明的传播、交流与发展，可以用中原地区为例进行解读。以华夏族为主体的中原地区，历来古代经济文化的平均发展水平就很高，并向四周辐射产生积极影响。又具有很大的开放性，能够兼容并蓄，吸收四面八方有利于自身的因素,创造出气势磅礴、异彩纷呈的文化面貌。与此同时，古代方国部落之间频繁的冲突和征伐，以及治理洪水抵御自然灾害的斗争，迫使中原地区要更快提高生产力，改变和完善社会组织，使中原地区居于中国古代文明起源与发展的中心地位，率先建立高于各地方国文明的王国文明，我国第一个奴隶制王朝夏之所以诞生在中原地区绝非偶然，而是历史发展的必然结果。

中原地区的开放、交流是很早的，在河南的裴李岗文化时期，就曾与北边的磁山文化、西边的老官台文化关系密切，相互影响而又各自独立发展。裴李岗文化的贾湖类型一部分向东迁徙，在安徽北部与当地文化相结合发展为石山子文化；另一部分到达淮南丘陵地区发展为侯家寨文化；还有一部分东迁后又沿淮河支流泗水、汶水北上，到达鲁中南山前平原，作为重要源头演变为北辛文化，其后又发展为大汶口文化。裴李岗文化东迁的另一支，到达江苏中部的高邮一带，其中包括著名的龙虬庄遗址，尤虬庄的古稻作遗存由河南舞阳贾湖传来，再经由山东半岛传到韩国，最后又传到日本。在仰韶文化早中期时，强烈影响到山东的大汶口文化，到了仰韶文化晚期则又从东方吸收了大汶口文化的精华，不断丰富和补充自身的文化内涵；仰韶文化中期还影响到西方的马家窑文化和西南方的大溪文化；到仰韶文化晚期和龙山文化早期时，又与南方的屈家岭文化、石家河文化相互影响。中原地区这些开放和融合，促使了中原地区二里头文化的产生和二里头时代的到来，从而彰显了中原地区在中国古代文明起源与发展过程中的核心地位。

放眼整个华夏大地，古代文明的交流影响可上溯数千年。相传远在商代的人们，足迹跨过白令海峡，向东、向南抵达南美大陆，带去了先进文化的种子；商代晚期还有人远赴朝鲜半岛和日本，而秦始皇时代更有人东渡日本，丰富了当地的古代文化。其后汉唐时期，通过陆上丝绸之路和海上丝绸之路，联通了中亚、东南亚、阿拉伯世界和更遥远的地方，大批的中外商队往来，带走了中国的丝绸、瓷器、茶叶和许多其他产品，带来了东方缺少品种的果蔬与粮食种子、精美的手工艺品和东罗马与波斯的金银币……在唐代，不少外国使节和胡商长期住在繁华的长安和洛阳，甚至还有外国人在唐朝作官，死后就埋葬在中国，洛阳龙门发现有西域“昭武九姓”国之一的安国（今乌兹别克斯坦的布哈拉）大首领安菩夫妇墓，安菩任唐“五品京官、定远将军”。出土有记载历史的墓志和精美的唐三彩俑、陶瓷器和东罗马金币等随葬品。唐代中国的鉴真大师东渡日本，传播先进的中华文化；也有日本的遣唐使和留学生来中国学习和交流。甚至到了明代，中国的郑和还率领强大的船队七下西洋，走遍了东南亚、南亚和东非当时的30多个国家，进行经济文化交流，这也是世界航海史上一大盛事。笔者前些年与老伴参团新马泰三国游，在马来西亚马六甲就参观了当地的三宝庙和三宝井，以此纪念郑和航海的不朽功绩。

笔者因为学习和工作的关系曾多次到过甘肃敦煌、山西大同云岗和洛阳龙门，这些大型石窟都是闻名世界的艺术宝库，这也是中国古代文明大开放的实例。其中敦煌艺术具有文化艺术的多元性、世界性的特征，莫高窟艺术是以汉民族的文化艺术为主，汇聚鲜卑、吐蕃、回鹘、党项、蒙古等多民族的文化艺术，还有外来的南欧古希腊、古罗马和南亚印度、西亚波斯、中亚粟特等国家和地区艺术在内的艺术综合体，是多种文化、多种文明交汇融合的结晶。敦煌壁画的飞天有印度神话的影子、中国神话的影子，是印度文化、西域文化和中原文化共同交融汇合而成。敦煌十六国北朝时期的彩塑，是古印度犍陀罗、马图拉佛教艺术风格和中国本土艺术风格的结合。进到敦煌石窟的佛洞，满眼古代壁画、彩塑，让人们感到震撼。

历史的长河奔腾呼啸而去，纵观中国古代文明的起源与发展，新石器时代早期文化—裴李岗时代文化—仰韶时代文化—龙山时代文化—夏商周时代文化，可谓脉络清楚，环环相扣，掷地有声。数千年来，从陆上和海上古丝绸之路到今天的一带一路，中华民族以海纳百川开放的博大胸怀，与全世界进行经济文化交流，促进共同的和平、发展与繁荣，为全人类做出了不可磨灭的伟大贡献。

泱泱夏都——一次载入考古学史册的学术盛会

2019年是新中国成立70周年，也是偃师二里头遗址科学发掘60周年。10月中旬，中国社会科学院考古研究所、河南省文物局和洛阳市人民政府等单位，在洛阳和偃师隆重举行了纪念二里头遗址科学发掘60周年学术研讨会，与此同时，还举行了二里头夏都遗址博物馆开馆仪式。笔者应邀到会并在大会上发言。在发言中主要讲了三个问题：一是对二里头遗址的调查发现、考古发掘和科学研究的回顾，其中令人高兴的是，我们河南省文物工作队1959年也在二里头遗址进行了一段难忘的考古发掘。二是1977年11月，国家文物局在登封召开了王城岗遗址考古发掘现场会，笔者也有幸到会，学术界第一次把登封王城岗龙山文化晚期古城址与“禹都阳城”联系起来，提出了这是属于早期夏文化的概念。从而丰富和推动了偃师二里头遗址属于晚期夏文化的范畴。三是国家启动夏商周断代工程，其中就有“夏代年代学研究”课题，这个课题包括“早期夏文化研究”“二里头文化分期与夏商分界”等专题。笔者作为夏商周断代工程专家的一员，除参与“商代前期年代学研究”课题之外，对夏文化相关课题，包括二里头遗址的发掘与研究也很关注。二里头遗址60年来的发掘和研究，特别是夏代晚期王都的确定，让考古界感到骄傲与自豪。

偃师二里头遗址是1959年徐旭生先生等在豫西调查“夏墟”时发现的，其后开始了长期的考古发掘与科学研究，这是新中国考古的重大收获之一，在中国早期国家和文明形成的研究中占有重要的地位，也是探索夏文化的一座里程碑。1963年，偃师二里头遗址被河南省公布为省级文物保护单位；1988年，国务院把二里头遗址公布为全国重点文物保护单位；2001年，二里头遗址被评为“中国20世纪100项考古大发现”；2009年，又被评为“全国最具中华文明意义的百项考古大发现”。笔者有幸参加这两次考古大发现的评选活动，并认真投了偃师二里头遗址的入选票。

二里头遗址位于偃师城西9千米处，包括二里头、四角楼和圪垱头等村落及其附近，面积近4平方千米。考古发掘证实，遗址中心为多座有明显中轴线的大型夯土建筑宫殿区，展现了主要坐北朝南并以廊庑组成四合院建筑的宫室形制，宫殿区周围增筑了城墙，形成了中国最早的宫城，平面大致为长方形，面积约10.8万平方米。沿宫城四周城垣向四处延伸有两纵两横的井字形大道，把整个二里头遗址分为九大块。宫城北面有祭祀遗址区和一些随葬青铜器的墓葬；宫城南面是铸铜、烧陶、制玉和绿松石器的作坊区，并围以夯土墙。这样祭祀区、宫城和手工作坊区构成了一条南北大中轴线。宫城东面有大中型夯土建筑基址和一些随葬青铜器、玉器的墓葬；宫城西面也发现有同样的夯土建筑遗迹。表明宫城东西两侧大片地域均为贵族盘踞之所，加强了对宫城的拱卫。偃师二里头遗址是我国最早规划明确、布局严整而又规模空前的王都遗址，开启了中国古都营造“宫庙分置”等礼仪建筑布列制度的先河。

二里头遗址出土了相当数量的青铜器，有爵、斝、鼎、盉等容器，凿、刀、锛、锥、鱼钩等生产工具，戈、戚、钺、镞等兵器，还有铜铃等乐器，以及圆形铜牌、兽面纹铜牌等杂器。容器多为素面，也有乳钉纹、带状网格纹和条形镂孔等装饰，戈的内部饰有云纹或齿状纹，圆形铜牌有类似钟表盘的刻度，兽面纹铜牌用绿松石镶嵌，异常精美。上述青铜器从器类、器形、纹饰和铸造工艺方面均已构成中国古代青铜文化及冶铸技术的基本格局。青铜礼器的出现，改变了过去以玉器或陶器为主要礼器的状况，开启了以青铜器为中心的礼器群，影响到商、周后世，青铜礼器成为中国古代青铜文明的核心和标

▲ 夏都二里头遗址出土绿松石龙形器

▲ 偃师二里头发掘60周年学术会（前排右16作者）

博物馆开馆留念
of Erlitou Site Museum of the Xia Capital

志。二里头遗址还出土了较多的玉器，包括有圭、璋、戚、钺、斧、戈、琮、璜、铲、刀、箍（镯）、坠、磬、柄形器、版、镞、贝、管、铃舌等，大多为礼器，也有工具和装饰品，其品类和数量较前大增，并有不少精美的线刻花纹、钻孔、扉牙等装饰，制玉工艺有了很大的进步。在这些玉器中不乏大型宏制之器，对周边和后世产生很大影响。二里头遗址出土的各类陶器，完整的、可复原的有数千件之多，以灰陶为主，也有一些黑陶、白陶，有泥质陶、夹砂陶、印纹硬陶及原始瓷器，反映了当时社会生活的重要侧面。有的形制较大，有的纹饰精美，显示了王者气派。还出有漆器、骨器、象牙器、绿松石器和纺织品等。尤其是在1座贵族墓内，出土了一件由2000多片各种形状的绿松石组成的龙形器，龙身长64.5厘米，中间最宽处4厘米，龙首略呈浅浮雕状，以三节实心半圆形的青、白玉柱组成额面中脊和鼻梁，龙身是波状起伏，尾尖内蜷，跃然欲生，色彩绚丽、形象生动，可谓是中华民族古代图腾的标志。联系到二里头遗址过去出土的龙纹装饰陶片，嵌绿松石兽面纹铜牌，以及新密新砦遗址出土的饕餮纹陶器盖，其纹饰造型与绿松石龙形器有某些近似之处，若再上溯至濮阳西水坡仰韶文化遗址蚌壳组合的龙，就可以看出中国作为龙的国度与中华儿女作为龙的传人是多么久远。二里头遗址这些遗迹和遗物的考古发现，以其重要的历史价值、科学价值和艺术价值而引起国内外学术界的极大关注。

二里头文化晚于河南龙山文化晚期而早于郑州二里岗期商文化，是当时华夏大地上最重要的考古学文化，有学者提出“二里头时代”的概念。二里头文化的分布所至，包括河南全省、山西西南部、河北南部、陕西东部和豫鄂交界地区甚至更南，涵盖了整个大中原的范围，正与夏王朝的疆域大致相吻合，而二里头遗址就是这个辽阔地域的中心，亦即是夏王朝最繁荣的王都。《逸周书·度邑解》载：“自洛汭延于伊汭，居易无固，其有夏之居。”指的就是今洛阳一带。古本《竹书纪年》云：“太康居斟鄩，羿亦居之，桀又居之。”今本《竹书纪年》说：“仲康元年己丑，帝即位，居斟鄩。”《史记·孙子吴起列传》记载了战国军事家吴起与魏武侯之对话：“夏桀之居，左河济，右泰华，伊阙在其南，羊肠在其北。”从考古发现并结合这些文献记载，可印证二里头遗址应是夏代多位王之都的斟鄩。

夏王朝的近畿地区，地肥水美，农业和林业十分发达，但一些矿产资源却相当贫乏。“国之大事，在祀于戎”，无论是祭祀或是战争，都离不开青铜器的制造。人们的日常生活，更离不开食盐。铜矿、锡矿、铅矿和食盐这些重要的战略物资，都产自外地。于是较近的中条山铜矿、运城盆地的食盐，更远的长江中下游之铜矿、锡矿、铅矿都成了夏王朝扩张、控制的目标。

在二里头遗址的考古发掘中，至今还没有发现夏代的文字，这着实是一个缺憾。如果说能像安阳殷墟发现甲骨文那样，把商代的存在确定为信史，当然最好不过。但事实上发现夏代文字并能证实夏代历史，在当前看来似乎是可望而不可即的事情。但这并不过分妨碍对夏王朝的定性的推断，如同早于安阳殷墟的偃师商城和郑州商城，虽然没有发现当时的文字和对商代历史的叙述，但通过历史文献记载和考古发掘的重要发现，仍然可以认定为商代的亳都或隞都。二里头遗址的考古发掘，真真切切证明了夏王朝的存在，圆了一代又一代中国人的一个梦，这实在是一件很不容易的事情，也是一件十分了不起的事情。

远在20世纪20年代，国内历史学界疑古学派就否定古代有个夏王朝，在学术界引起很大的争论。多年来，国外学者对夏王朝更是持怀疑态度，甚至夏商周断代工程启动之后还认为“夏朝仅是一个传说的朝代，即使有考古证据显示中国的文明在商朝建国前即已萌芽，然而所谓的夏朝并不是一个所谓的政治国家”。进入新世纪之后，国外学者对夏王朝的认识有了些松动，开始认可和支持中国夏王朝的存在。

在纪念二里头遗址发掘60周年开会期间，与会代表还参加了二里头夏都遗址博物馆开馆仪式并进行参观。博物馆规模宏大，建筑面积3.2万平方米，是全国大遗址保护、展示和利用的示范区，也是中国早期国家形成和发展研究展示中心。博物馆共设置五个基本陈列展厅，基本陈列展厅包括“第一王朝”“赫赫夏都”和“世纪探索”三大部分，以大量珍贵精美的文物、动人心弦的复原实景、清晰引人的图片和简洁流畅的文字，系统展示了夏代历史、二里头遗址考古成果、夏文化探索历程、夏商周断代工程和中华文明探源工程的研究成果。

“第一王朝”部分，占有一个基本陈列展厅，分别由“茫茫禹迹，九州攸同”“赐土命氏，祚以天下”和“夷夏东西，夏道兴衰”三个单元组成。展出了王城岗遗址、禹会村遗址、肖家屋脊遗址、新砦遗址、灰嘴遗址、王湾遗址、瓦店遗址、偃师商城遗址和二里头遗址等一系列与探索夏文化密切相关遗址的考古发现，并节选《史记》《竹书纪年》等历史文献，使地下文物和地上文献相结合，较为科学、系统地、全景式揭示了夏王朝的发展脉络及历史意义，强调了夏代作为中国第一王朝的历史地位。

▲ 参观二里头夏都遗址博物馆

“赫赫夏都”部分是展览的主体，占有三个基本陈列展厅，由五个单元组成。其一是“国之大事”，采用正副两条展线的方式展示，正线围绕二里头文化时期祭祀与战争这两件大事，集中展现了夏代的祭祀文化、酒文化、乐文化、鼎文化、玉文化、墓葬制度和兵器制度，陈列上则使用了二里头遗址历年来出土的青铜器、玉器、绿松石器、陶器、石器等精品。副线则以考古大事记的方式，展现了二里头遗址科学发掘60年来的主要成就。其二是“建中立极”，主要以二里头文化的自然动植物遗存、城市遗迹和手工业为主体，全面展示夏王朝晚期都城的环境、地理、城市布局、国家结构与生产生活风貌。其三是“回望大都”，以城市考古和聚落考古为知识背景，充分运用多媒体数字技术，使观众对二里头夏都遗址及其时代背景有一个全面深刻的认知。其四是“厥土生民”，以二里头遗址出土的骨、角、牙、蚌、陶器进行展示，结合围绕二里头文化的各等级聚落遗存，较为全面显现了夏代王都地区人民生产生活的画面。其五是“巍巍华夏”，全面讲述了位于中原大地的二里头文化，在较短的时间内吸收了各区域的文化元素，再辐射周边地区，开启了辉煌的王国文明。

“世纪探索”部分占了一个基本陈列展厅，展现了从1996年开展的国家夏商周断代工程和2002年开展的中华文明探源工程的研究成果，公布了有科学权威的“夏商周年表”，把中国的信史又提早到了夏代早期。通过对中原地区和周边长江流域、黄河流域和辽河流域的考古发现，夯实了连续不断的中华五千年古代文明。

走进二里头夏都遗址博物馆如同走进考古的时光隧道，给观众留下了满满的收获和激情四溢的自豪感。其中印象特别深的有两点：一是人物。以不少照片、实物和少量雕塑，展示出徐旭生、夏鼐、安金槐、邹衡等为代表的老一辈考古学家们，在中国考古学包括探索夏文化的考古发掘和科学研究上，成了无可替代的开拓者。而赵芝荃、郑光、许宏等历任偃师二里头考古队的队长，年复一年奔波在田野发掘工地上，为二里头夏都的考古发现和出版大部头的考古发掘报告，贡献出自己的青春年华。而以李学勤、席泽宗、仇士华和李伯谦为首席科学家的夏商周断代工程专家组，以王巍、赵辉为双组长的中华文明探源工程专家组，在完成国家夏商周断代工程和中华文明探源工程大项目中，作出了积极的贡献。历史不应忘记他们，这一切都载入了中国考古学的史册。二是文物。博物馆内展出了二里头夏都遗址出土精美的青铜器、玉器、骨器和陶器等。其中乳钉纹青铜爵，通高22.5厘

▲ 二里头出土青铜爵

▲ 二里头出土青铜鼎

▲ 二里头出土青铜盉

米，流尾长31.5厘米，壁厚0.1厘米。椭圆形口，窄长流，流口处有一对钉帽形矮柱。束腰，平底，下附三个细长的三棱锥状足，足向外撇。器身一侧有鋬，鋬有长条形镂孔。腹部一侧有两道凸线，中间排列五个乳钉装饰。造型高雅，舒展匀称，很有平衡感。网格纹青铜鼎，通高20厘米，口径15.3厘米。敛口，折沿，薄唇内附一加厚的边。口沿上立二环耳，一耳与一足呈垂直线。空心四棱锥状足。腹饰一周带状网格纹。器壁甚薄，壁内一侧近底处有铸残后修补的痕迹。此鼎为目前所见唯一的一件二里头文化青铜鼎，也是迄今为止发现中国青铜器中时代最早的一件铜鼎。素面青铜斝，通高26.8厘米，口径14.6—14.8厘米。敞口，薄唇内附一加厚边，沿上立二钉帽状矮柱，长颈束腰，腰下圆鼓，圜底，扁圆状空锥足。侧附一鋬，其上部较平而宽，下与一足相连。器壁较薄，华素无纹。素面青铜盉，通高24.5厘米。头部上大下小，顶有一桃形大口，口前立一筒形短流。四棱锥状袋足，较瘦矮。器侧有鋬，其上有长条形镂孔。器壁较薄，通体素面无纹饰。该器与二里头文化陶盉相似，是迄今所见中国青铜器中最早的一件铜盉，铸造虽不甚精但程序复杂。玉器中有七孔玉刀，长65厘米，宽9.5厘米，最厚处0.4厘米。刀身扁平呈墨绿色，局部有黄色沁。纹饰精美，保存完好。刀身上有七个等距排列的圆孔，是二里头遗址目前所出土最大的一件玉器，当为力量和王权的象征。玉牙璋，长46—48厘米，宽4厘米。由器身、柄部及二者之间的阑组成。造型优美，气势恢宏。牙璋作为二里头文化典型玉礼器之一，随着二里头文化的扩张，将王权礼制和影响辐射到南中国和更广大的区域。牙璋犹如后世的虎符一样，作为君主给将军带兵之权的信物。另有前面已经介绍过的绿松石龙形器，更是工艺高超，精美绝伦，有着重要的文物价值。

此外，在二里头夏都遗址博物馆的参观过程中，也遇到了意外的惊喜：在一块大展板上列有夏商周断代工程专家组名单，笔者也赫然在册。在另一块展板上有一幅笔者在夏商周断代工程专家组工作汇报会上发言的照片，这表明了国家对笔者在夏商周断代工程中十年辛勤工作的认可，我知足了！

▲ 博物馆展板上方正中有笔者发言照片

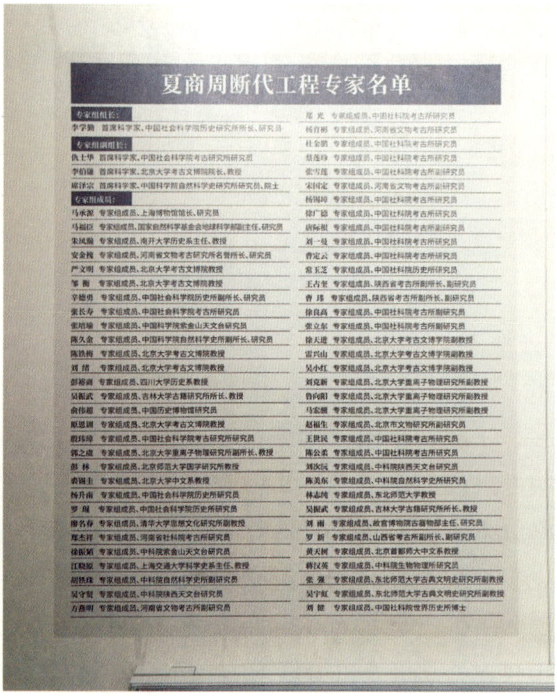

▲ 夏商周断代工程专家名单（右2行作者）

考古钩沉——古老的商丘大地

河南商丘为豫东门户，位于苏鲁豫皖四省相邻的地方，正处在东西南北多种文化交汇、碰撞、渗透、融合、影响及分界的十字路口。自遥远的古代起，就有人类在这里居住。20世纪30年代，考古的前辈们就调查发掘了商丘地区永城县的造律台、黑孤堆、曹桥三处古文化遗址，出土了一批龙山文化的遗物。主持发掘的李景聃先生很有预见地指出："在豫东商永一带河患淤没、沙田弥漫的地段里，找到了这样的遗址，至少在龙山文化分布的链锁上，给寻出了一个重要的脱落了的一环……在龙山文化的传播上，淮河流域尤其是河南的东南，安徽的西北，是一个很重要的联系，这一带必有更大的遗址可寻，说不定殷商文化前身的问题，可以得到相当的解决，这就有待于考古界的努力了。"这是商丘地区第一次的考古发掘，在中国考古学史上也占有一定的地位。

由于历史上黄河频繁改道、决溢和泛滥，完全改变了商丘一带自然地貌和景观，把古代的文化遗存深深地掩埋在现今的地面之下。在20世纪70年代，因商丘大规模挖河水利工程，笔者和几位同事曾到工地进行考古调查，在距地表8—9米深处，还堆积着汉唐遗物，想找到更早的商周和新石器时代遗存是很不容易的。新中国成立之后，商丘一带的文物调查和田野考古发掘工作在相当困难的条件下陆续开展。发现了仰韶文化遗址、大汶口文化遗址、龙山文化遗址和先商文化遗址，以及商周文化、汉唐文化遗址，已经建立了6000年以来的考古学编年框架。据历年来全省多次文物普查的资料，在古老的商丘大地上布满了古遗址、古城址、古墓葬、古建筑、古石刻及近现代重要史迹，其中包括商丘宋国故城、归德府古城、中国古老天文台遗址阏伯台和"宋州八关斋会报德记"唐碑，柘城李庄遗址，民权白云寺，永城王油坊遗址、汉梁王陵墓群和崇法寺宋塔等。有一批是全国重点文物保护单位，还有更多的是省级文物保护单位。如此丰厚的文化底蕴，也成就了商丘这座国家级的历史文化名城。在考古界最引人瞩目的莫过于古老的商文化和光彩夺目的汉文化了。多年来，在商丘召开过多次文物普查会、先商文化学术研讨会和汉梁文化学术研讨会，笔者均悉数到会并在会上发言，对商丘文物考古留下了深刻的印象。

商文化的源头

商文化包括商灭夏前的先商文化和灭夏后的商文化，这是中国青铜文化的上升发展时期，在中国古代文明起源及早期发展进程中，从初级的方国文明迈入高一级的王国

▲ 考察河南永城梁国陵墓（左起刘庆柱、作者）

▲ 商丘开会田野调查（前排站立者左二黄景略，后排右三作者）

文明。涵盖政治、经济、科学、文化艺术各个领域，对后世产生了极其深远的影响。商族是古老的部族，并有图腾神话的传说，《诗·商颂·玄鸟》云："天命玄鸟，降而生商，宅殷土茫茫。"图腾玄鸟有说是燕子，有说是凤凰，笔者认为也有可能是古代朱雀之所本，流传了几千年。永城汉代梁国陵墓内大型壁画上的朱雀，也许就是玄鸟之传承。

商的始祖名契。《史记·殷本纪》就记有："契长而佐禹治水有功。帝舜乃命契……封于商，赐姓子氏。"《左传》襄公九年，宋灾，答晋侯问，曰："陶唐氏之火正阏伯居商丘，礼大火，而火纪时焉。相土因之，故商主大火。"相土是商始祖契之孙，《史记》集解、索隐均谓"是始封商也"。《史记·殷本纪》："汤始居亳，从先王居。"集解引皇甫谧曰："梁国谷熟为南亳，即汤都也。"正义称："商丘，宋州也。汤即位，都南亳，后徙西亳也。""河南偃师为西亳。"在商丘先商文化研讨会上，商丘当地的学者很坚持梁国谷熟（在商丘南部）为南亳，商灭夏后王都又徙偃师为西亳的认知。在会上对郑州商城是亳都还是隞都，偃师商城是西亳还是桐宫或军事重镇，专家们也在争论。商丘的先生们说：你们郑州郑亳说或偃师西亳说可以争论，但不要把商丘的南亳给争掉了。会下，我笑着对商丘的同志说，我们坚持郑州商城隞都说学者的观点与你们一致，认同商丘南亳的存在；只有郑州郑亳说者才否定有个南亳，认为"汤始居亳，从先王居"，不在商丘而在郑州。这是一个小插曲吧。文献记载，商族是个经常迁徙的部族，自契至汤八迁，这八迁中不少是在商丘附近。由上述可知，从先商的先王始封到商汤灭夏之前，商一直在商丘附近，也包括鲁西南和豫北、冀南的范围内活动。

商丘的商是商部族，丘谓之墟，是旧地也，商丘是商文化的故土，汤灭夏前所居的亳应该在这里，扩大一些说应该在东方。对此，中国社会科学院历史研究所罗琨先生和张永山先生通过文献和甲骨文又进行了一番考证，认为"汤始居亳应该在东方"。北京大学孙淼先生也提出"商汤灭夏以前的那个亳位置大致在商王朝的东部"。北京大学李零先生曾在我们河南省文物考古研究所做题为《三代考古的历史断想》学术报告，讲到以北方黄河流域而言，在北纬34—35度一线，即今曲阜、商丘、郑州、洛阳、西安、宝鸡、天水一线，可称为三代王都线（历代王都多集中在这条线上）。可分为三大块：周、秦之城在西，夏、晋、东周之城在中，商及宋、卫、齐、鲁之城在东。这也可说明，商在东方，源于商丘。此外，《史记·宋微子世家》记载："武王崩，成王少，周公旦代行政当国。管、蔡疑之，乃与武庚作乱……周公既承成王命诛武庚，杀管叔，放蔡叔，乃命微子开代殷后，奉其先祀……国于宋。"也就是说武王克商之后，武庚等作乱被诛，封微子到商丘建立宋国，以续商祀。商丘原本就是商之老家，这实际上有叶落归根之意。也就像淅川丹江库区的下寺、和尚岭及徐家岭一带，发掘出大量楚国高级贵族的墓葬，这亦是魂归故里。虽然那时楚国都城在湖北江陵的郢地，但楚源于淅川，其早期都城丹阳就在淅川境内，因此许多高级贵族就回葬故地，这又从一个侧面说明商源于商丘。

商代属于青铜器时代，是以生产和使用青铜生产工具、兵器和容器为其标志的。20世纪60年代，商丘地区出土一件青铜爵，现藏天津艺术博物馆。通高19.7厘米，流尾长17厘米。窄长流，尖尾，流口间无柱，束腰，平底。器身上腹较长，下腹外鼓呈覆盂形。器侧有八字形大鋬，鋬上有长条形镂孔。下腹有等距4个镂孔。器底有3个锥状尖足，略向外侈。该爵与二里头文化晚期青铜爵相似，又有自己的特点,可视为先商文化之遗物，有重大学术价值。

▲ 商丘地区出土先商文化铜爵

在商丘柘城李庄龙山文化晚期遗址发掘出东西相连的5间房基，在房基南侧30米处有略呈圆形的大祭祀坑，坑内置有九头整牛和一个鹿头，为等级最高的大牢祭祀。这个重要发现，把先商文化与豫东龙山文化联系在一起。发掘者认为这可能就是殷商文明的前身。由此，笔者支持商灭夏的亳邑（因尚未建立商王朝还不能称为亳都）应该在商丘的说法，似无差错。而有的学者提出商灭夏之前的亳不在商丘而在郑州则值得商榷。

众所周知，商灭夏是中国古代历史进程中一座重要的里程碑，商汤发轫于商丘，《孟子·滕文公下》载：“汤居亳，与葛为邻。”据《元和郡县图志》宋州宁陵条云：“故葛城在县北十五里，古葛伯国，以不祀，为汤所灭。”葛在商丘附近宁陵的观点为许多学者采纳，郭沫若主编的《中国史稿》、朱绍侯主编的《中国古代史》、谭其骧主编的《中国历史地图集》等一批有权威性的学术著作均如是说。李学勤先生更直言道：“葛在河南宁陵，谁也不能把葛搬到郑州或偃师边上去，所以《孟子》说的亳肯定还在商丘一带的谷熟集或别的什么地方。”商灭夏其势力由小到大，从“七十里为政天下”，到“十一征而无敌于天下”。从“始伐于葛”，到“韦顾既伐，昆吾夏桀”。最后建立了幅员更加辽阔、国力更加强盛的商王朝。商灭夏的进军路线总体上是自东向西的，只能是从商丘出发进行攻战，而不可能是从仅距夏都90千米的所谓郑州的亳开始出发的。

商灭夏之后，为了控制迅速扩大的疆域领土，为了镇抚夏王朝的残余势力，商汤就在夏都二里头旁边另建新的亳都偃师商城，亦即文献中所记载的“汤都西亳”。这也昭示着夏商政权更迭已经完成，偃师商城遂成为夏商文化分界的界标。偃师商城是商灭夏后所建商朝最早的王都，始建于二里头文化四期，据^{14}C测定距今3600年。而郑州商城则始建于二里岗文化下层时期，晚于偃师商城一大阶段，^{14}C测年距今3500年。郑州商城最初是作为防御东方的军事重镇而修建的，直到二里岗文化上层时期，商代王都才由偃师迁到这里。从文献上看，商灭夏后只新建了一个亳都，而再晚的都城就不再称作亳了。所以紧随偃师商城之后晚一些的郑州商城，就不会有亳都的称谓了。

源于商丘的商文化随着商王朝的建立而传向全国。从考古发现看，有偃师商城、郑州商城、安阳殷墟（包括与之相连的洹北商城）等商代王都，有焦作府城村商城、洹曲商城、夏县东下冯商城、武汉盘龙城商城、济南大辛庄、益都苏埠屯、江西吴城、广汉三星堆等方国都邑或军事重镇，更有遍布各地的商代遗址和墓葬群，仅在河南就发现近700处，在山东有400多处。商文化不仅表现在诸多的商代王都、城邑、遗址和墓地内，而且还表现在出土的商代遗物上，尤其以甲骨文、青铜器和玉器等最为突出。

今天我们所看到的先秦典籍中保留商代史料较多的只有《尚书》里的《盘庚》《高宗肜日》和《微子》等篇，加上《史记·殷本纪》，总共不足五千字。殷墟大量甲骨文的发现，把我国有文字可征的历史上推了好几百年。甲骨文内容非常丰富，反映了商代的历史、政治、经济、科学技术、社会生活和宗教信仰的方方面面，其中有不少对祖先的崇拜，对自契以来围绕先公、先王和先妣频繁而又隆重的祭祀，其重大历史和学术价值绝对不可低估。

在商代，青铜器和玉器以其特有的品位和属性，融入政治、军事、经济、文化思想、伦理道德、宗教活动和社会生活的各个领域，特别是作为商代礼制的重要载体，已成为中华民族古文化摇篮中璀璨的明珠。

商代的铜矿和锡矿主要在南方。商王朝经略南方大致是由中原地区经南阳盆地，沿汉水走水路南下至鄂东；或经随（州）、枣（阳）走廊一线，通过陆路到达鄂东；另外也可由中原地区直下信阳，经武胜关或大隧关穿越大别山南抵鄂东。在鄂东均汇集在武汉盘龙城，然后沿长江而上可到鄂西、湘北；顺长江而下可到皖南，再越江南行可到鄱阳湖和赣水流域。这些地方多有丰富的铜矿和锡矿，商王朝的青铜器原料主要依赖于此。商代的玉器中有不少是北方辽宁的岫玉和西方新疆的和田玉，走当时已经开通了的东西古玉道，那是通过南疆和北疆两路穿越甘肃河西走廊到达中原地区的。这也可能是古代丝绸之路的前身。

由于商文化的南渐、西进和北上，加速了周边地区原始文化的解体和青铜文化的出现。与此同时，南方的印纹硬陶和原始瓷器开始传到中原，大量铜、锡和其他矿产资源也运至中原，西方、北方的玉料和北方、东南方的制玉技术，也传到中原，共同促进了商代文明的发展。当我们看到光辉灿烂的商文化由中原向全国各地传播时，不能忘记豫东古老的商丘大地是商文化的源头。

汉文化的高峰

永城芒砀山西汉梁国王陵的发掘，是商丘考古的又一亮点。在芒砀山周边20多平方千米的范围内，除了主峰芒砀山及其北面的磨山之外，其余各个山头均发现有大型陵墓，共有8处14座。大致可分为保安山陵区、僖山陵区和夫子山陵区等。陵墓形制为大型双墓道多室崖洞墓、大型单墓道多室崖洞墓或大型单墓道竖穴石室墓。墓顶均有高大的封土，墓室结构复杂，气势恢宏。1978年以来，我们陆续在这里进行文物调查，笔者的足迹也走遍了芒砀山的各个山头。其后我们河南省文物研究所与商丘地区文管会的同志一道进行考古发掘，先后清理了保安山1号墓、僖山墓、柿园墓和保安山2号墓等多座西汉梁国王室陵墓。其中保安山1号墓即著名的梁孝王墓，许多历史文献均有记载，“斩山作廓，穿石为藏”。该墓全挖在石头山体之中。全长90米，最宽处30余米，高4米。由墓道、耳室、车马室、甬道、主室、回廊、角室和排水设施组成，墓内面积700平方米，容积为2800立方米。虽早年被盗一空，但墓室规模宏大，形制和结构复杂多变，令人惊叹！

梁孝王墓北200米处有保安山2号墓，从出土的“梁后园”铜印等文物推断，墓主人应是梁孝王配偶李后。这也是一座开凿在山岩之中的大型崖洞墓，由东西2条墓道、3个甬道、前庭、前室、后室、34个侧室及回廊、隧道、排水设施和灯龛等组成。东西全长210.5米，南北最宽处（北回廊至隧道南端）72.6米，墓内最高处4.4米，最大落差（东墓门口至隧道南端）约17米，总面积约1600多平方米，容积达6500余立方米。这是我国迄今所见西汉诸侯国中规模最大、结构最复杂的陵墓，其规模均超过梁孝王墓和河北满城的中山王墓、山东曲阜的鲁王墓、江苏徐州的楚王墓。其墓道、甬道、前庭及各侧室门道均用巨型塞石封堵，每块塞石重1吨左右，已清理出近3000块，若按未盗掘前计算约有6000块左右。仅此一项就十分惊人。

与此同时，在保安山发现有陵园遗址，南北长900米，东西宽750米，周边有夯土墙环绕。陵园内有梁孝王墓、李后墓和一些陪葬墓。此外，陵园内还发现有梁孝王的寝园遗址，位于梁孝王墓东侧，为长方形，南北长110米，东西宽60米。包括围墙、寝殿、堂、室、回廊、院落、石台阶和排水道等，完全体现了前朝后寝制度。而后寝部分又分为前堂与后室。梁孝王寝园内还出土有一些印有篆体“孝园”二字的筒瓦和一些花纹圆瓦当。

西汉自景帝开始，在帝陵和后陵外围均筑有陵园，这应是宫城的缩影。西汉早期的寝园就在陵园内，位于陵墓的附近，应属于陵墓的主要礼制建筑，又称“陵寝”。寝园主要用于祭祀，亦即所谓侍奉墓主人灵魂日常起居的处所。西安汉宣帝刘询的杜陵，就发掘出保存较好的陵园遗址。而永城芒砀山梁孝王寝园，虽然比不上西安诸帝陵，但在诸侯国王陵寝园中却是规模最大、保存较好的一处。

▶ 永城芒砀山梁孝王墓“孝园”瓦当

在保安山2号墓即李后墓的塞石上，发现有多达1万多个刻字，加上其他陵墓内发现的刻字，不可胜数。其中有塞石的序号刻字，如“第八五十八”表明为自下而上第八层，自西而东第五十八号。有塞石尺度刻字，表示长度的有“长、广、厚”，表示面积的有“方”，表示尺度单位的有“尺、寸”。有干支记时刻字，如“甲辰、癸卯、癸亥、丙寅、戊子”等记

▲ 永城梁孝王李后墓甬道

日文字，有“四月丙辰、十二月丙寅”等干支记月和记日文字。有崖工名字刻字，如“佐崖工禄、佐崖工偃、何徒王”等。有宫室方位刻字，如“东宫东南旁第三一、西宫西北旁第三五、西宫西南旁第三二、西宫西南旁第一二”等。墓内一些地方还有朱书文字，有干支纪时，有墓葬部分尺度，还有一些写在塞石上的序号等。上述塞石的刻字，有的端正大方，有的凝重浑朴，有的字大盈尺，显得粗犷豪放。而朱书文字由于是书写的，要比塞石刻字更规整流畅。汉代文字流传至今的有汉简等书写文字，有汉碑、汉石经等石刻文字，还有汉代刑徒墓砖上的砖铭等。而芒砀山西汉梁国陵墓的塞石刻文，均出自普通工匠之手，数量很多，也是西汉石刻文字中的重要组成部分。这些塞石刻文和朱书文字，除对建筑考古学、历法、尺度等历史考古研究不可或缺之外，对古代书法艺术和古文字学研究的重要价值也是不言而喻的。

柿园汉墓是单墓道多室崖洞墓，其结构为墓道、甬道、主室、便房、厕室、更衣室和诸多侧室组成，全长（从墓道口至侧室7东壁）95.7米，最宽处（从侧室4南壁至侧室8北壁）13.5米，最高处（主室）3.1米，总面积384平方米，总容积1738立方米。规模虽小于保安山的两座墓，但仍然相当可观。发掘者推测墓主人可能是梁孝王之子梁共王刘买。墓内有2500多块塞石，有陶俑、车马饰等大量文物出土，还有铜钱200多万枚，总重5.5吨。更引人注目的是主室墓顶和两侧石壁上绘有大面积的龙、虎、朱雀、怪兽及云气装饰壁画，色彩鲜艳，线条流畅，整个画面栩栩如生，实为罕见的艺术瑰宝。

发掘的僖山汉墓规模就更小些，那里应是西汉晚期梁国的一位国君墓，梁国代代相传，越分越小，值此国势已经大衰，但僖山墓内仍出土了一大批精美的玉器和可以复原的显示墓主人诸侯王身份的金缕玉衣，堪称弥足珍贵。

梁国是西汉众多刘姓诸侯国中实力很强、疆域很大者之一。梁孝王刘武是汉文帝和窦太后之子，汉景帝之弟。《史记·梁孝王世家》载：“（梁）为大国，居天下膏腴地。地北界泰山，西至高阳，四十余城，皆为大县。”“梁多作兵器弩弓数十万，而府库金钱且百巨万，珠玉宝器多于京师。”梁国在镇压吴楚七国之乱中起到了重要作用。“梁孝王城守睢阳，而使韩安国、张羽等为大将军，以距吴楚。吴楚以梁为限，不敢过而西，与太尉亚夫等相距三月，吴楚破，而梁所破杀虏略与汉中分。”从上述文献记载，再结合考古发现，包括巨大王陵的建造和丰富随葬品的出土，可以看出梁国的冶铁技术多么先进，青铜器铸造多么精良，经济实力多么富有，军事力量多么强大，文化积淀多么深厚。展示了梁国是西汉时期最富庶、最繁荣的地区之一。梁国是汉文化向东、向东南传播的桥头堡，芒砀山梁国王陵代表了博大精深汉文化的高峰。

未来的商丘考古将是困难与机遇并存，事在人为，前景光明。如果能够采用传统的考古方法和新的科技手段，揭开地下层层的堆积，找出历史的本来面目，就能取得突破性进展。前些年，中国社会科学院考古研究所与美国哈佛大学人类学系联手，为寻找先

▲ 永城芒砀山柿园墓四神壁画（局部）

商和早商文化在商丘进行田野调查与考古发掘，也已取得阶段性成果。就像张长寿先生和张光直先生所预期的那样："下一步的工作一方面是从龙山文化向下走，走到殷商文明的巅峰；另一方面从宋城往上推，一直推到岳石和龙山文化。在推的过程中也就将早商和先商给挤出来了。"与此同时，笔者也希望商丘能在仰韶文化、大汶口文化、龙山文化、岳石文化、二里头文化、商周文化和汉代文化有更多的考古发现，让商丘考古在河南从文物大省向文物强省发展的过程中，作出更多的贡献。

春华秋实——参加国家文物局考古领队培训班活动纪实

1949年10月1日，北京天安门前升起了第一面五星红旗，中国人民从此站起来了，当家做了主人。全国开始努力恢复国民经济生产，开展了轰轰烈烈的大建设，各个战线都取了辉煌的成就，考古工作也迎来了黄金时代，各地配合大规模的经济建设进行考古发掘，有了许多重大发现。从20世纪20年代到中华人民共和国成立之初，一些由国外留学归来的学子李济、梁思永、夏鼐等人和一批国内大学毕业的学子徐旭生、黄文弼、郭宝钧、董作宾、石璋如、裴文中、尹达和苏秉琦等人，承担了当时国家的许多考古发掘任务。中华人民共和国成立之后，一些高等院校建立了考古专业，每年都培养许多考古专业人才，薪火相传，投入到文物考古工作中去。即使这样，由于各地配合基本建设任务太大，仍深感考古专业人才不足。于是国家陆续举办了许多文物干部考古培训班，从另一个方面开辟了培养考古人才的途径。举办文物干部培训班分有不同的层次，一种是国家一级全国性的文物干部考古培训班，另一种是地方上各省办的文物干部考古培训班。后一种以河南省为例，从1953年起，河南省文化局在郑州和开封举办了四期全省文物干部培训班，约有200多位省直与地、市的文物干部受到业务培训；其后省和地、市又分别举办了30多期文物干部培训班，培训各地、市、县的文物干部500多人。这些省、地、市、县的文物干部在业务上有所提高，有力地促进了全省文物考古工作的开展。

国家级办的文物干部考古培训班也分为不同的形式。其中1952—1955年，由文化部社会文化事业管理局、中国科学院考古研究所和北京大学历史系联手举办了四期全国考古工作人员训练班，共有全国各地229位学员受到培训，他们被学术界戏称为“老黄埔”（考古界的黄埔军校）。每一期训练班为时3个多月，包括在北京大学请许多位专家讲课，内容有田野考古基础、从旧石器时代到魏晋南北朝考古学通论、古代青铜器、古代陶瓷器、善本书籍与绘画鉴定、古代石窟、古代建筑、古代陵墓……课堂学习之后，学员们又到郑州商代遗址、洛阳汉代墓地进行田野教学和考古发掘实习，并对考古发掘记录资料和出土文物进行整理，其间还到北京周口店北京猿人发现地和山西大同古代建筑及云冈石窟进行现场教学。全国考古人员训练班时间很短，内容丰富，学员们收获满满。他们是一大批国家急需的考古专业人才，日后大都成为全国各地文物考古单位的领导和业务骨干，在配合国家大规模经济建设中，进行田野调查，考古发掘和文物保护，发挥了不可或缺的重要作用。

在20世纪70年代末，为克服十年“文化大革命”对文物考古工作造成的灾难性影响，文化部文物局在郑州、长沙、扬州等一些地方建立培训中心，分别对全国各地文物考古干部进行考古、古陶瓷、青铜器、古钱币、考古绘图等专业培训。以郑州培训中心为例，先后举办了三期4—6个月的文物干部培训班，两期各4个月的古钱币培训班，一期4个月的考古绘图培训班，一届为期2年的考古大专班和一届为期2年半的文博中专班，为来自全国27个省、自治区培训了350多位文物专业干部，成为全国文物考古工作中一支重要的力量。值得骄傲的是，笔者曾几次在郑州培训中心、两次赴长沙板仓培训中心讲了考古课，为培养文物考古人才尽心尽力，学员们反映良好。

最值得称道的是1984—1995年，文化部文物局（后称国家文物局）分别在山东兖州西吴寺遗址和河南郑州西山遗址连续举办了九期田野考古工作领队培训班。田野考古工作水平的高低，考古发掘收获的大小，最关键的问题在于考古工地负责人文物考古的业务能力和对整个考古工地工作的掌控。考古工地负责人通常被称作田野考古领队，近似于学术职称一样，既是一种考古发掘的专业资质，也是一种担负整体考古工作的责任。参加田野考古领队班的学员们，都是一些“文化大革命”后近年毕业的考古专业本科生或硕士研究生，他们虽然已经参加了数年的文物考古工作，但在田野发掘技术水平和工地遗迹现象的分析能力上，在考古资料整理和出土文物的研究上，都存在一定的差距，需要进行一些补课和提高。每一期年轻的学员们，都要进行为期半年的田野考古发掘和资料整理封闭式的强化训练，在专家指导和学员们的努力下，通过严格考核、答辩、筛选和末位淘汰，全国有200多位学员取得了田野考古个人领队资格，我们河南省多个文物考古部门也有20多位幸运儿跃过龙门。全国这些被学术界戏称为“新黄埔”的佼佼者，较大幅度地提高了考古发掘水平和科学研究的能力，长江后浪推前浪，很多都走上了省、地、市文物考古单位的业务领导岗位。

当时国家文物局考古领队培训班设计有班徽，由于最早在山东举办，山东大汶口文化出土有陶文，其上为太阳，其下为山峰大地，合起来就是“旦”字的繁体，以此作为班徽。

▲ 国家文物局考古领队培训班班徽（旦字的繁体）

国家文物局田野考古领队培训班前六期（1984—1992年）在山东兖州举办，第七、八、九期（1993—1995年）在河南郑州举办，一直由国家文物局黄景略副局长负责组织领导，先后有俞伟超、张忠培、高广仁、郑笑梅、叶学明、吴汝祚、巩启明、孔哲生、张学海、邹厚本、李伯谦、郝本性、张文军和韩榕等先生担任培训班的顾问、考核委员、指导教师，最后在郑州西山办的七、八、九期，又增加了张玉石和杨肇清两位先生。笔者在这一长段时间内，一直在河南省文物局副局长或河南省文物考古研究所所长的岗位上，也被国家文物局聘为田野考古领队培训班的考核委员，连续九期往返于山东兖州和郑州西山的考古工地。每一期对学员们的考核，笔者都要去考察田野考古工地的地层关系划分、各种遗迹现象的分析，出土遗物的分类排队，以及编写考古发掘报告初稿。一方面要在室外田野考古工地对学员们现场的各种提问；另一方面和研究生论文答辩一样，在室内提出若干问题，考核学员们对田野考古的认知，对新石器时代以降学术问题的答疑，以期了解学员们的综合业务能力。这对于老师们和学员们都是一次严格的考试，笔者也从中收获多多。

国家文物局举办的九期田野考古领队培训班，不但为国家培养了大批高层次的考古专业人才，而且在考古实践中长期发掘两处重要的古文化遗址，成为中国考古学发展进程中的亮点。其中，第一期到第六期的田野考古领队培训班发掘的是山东兖州西吴寺遗址，为省级文物保护单位。该遗址位于泰山和沂蒙山系西南麓向平原的过渡地带，地

▼ 国家文物局考古领队兖州班（前排左起作者、李伯谦、郝本性、巩启明、郑笑梅、黄景略、高广仁、张学海、邹厚本、叶学明、孔哲生）

势高亢开阔，交通便利，泗河水系贯穿其间，是古代遗址发育繁茂的地区。西吴寺遗址面积约10万平方米，文化层堆积丰厚，最下面为龙山文化遗存，可分为三期5段。其中龙山文化一期（即第1段）是作为大汶口文化后继者的山东龙山文化早期遗存。西吴寺遗址的龙山文化二期（即第2、3、4段）与三期（即第5段）均属山东龙山文化中期。发现有方形或长方形半地穴式、室内有灶的房基，平面为圆形、椭圆形、方形（长方、正方、圆角方形）灰坑，还有水井和长方形竖穴土坑墓等遗迹；出土了大量的陶器和少量的石、骨、角、牙、蚌器等遗物，其中陶器最为丰富，完整的和经过修复可以还原的有880件，器形有鼎、鬶、甗等三足器，罐、瓮、匜、盆和盘等平底器，高柄杯、豆等圈足器，还有大量的器盖等，其中蛋壳黑陶高柄杯代表了此时此地制陶工艺的最高水平。出土的生产工具中有用于农耕和手工业的角锄，石刀、斧、锛、凿，骨锥、针，陶拍、纺轮等，也有用于渔猎的石镞，骨镞、镖、矛，陶网坠等。孢粉分析结果表明这一时期气候暖湿，植被相当茂盛，生长着松、栎、桑、漆树等科属的乔木和藜、蓼、蒿等科的草类，以及生长于静水或缓流湖泊、小溪中的环纹藻。还发现有一定数量小麦的孢粉存在。兽骨鉴定的结果也显示了当时森林覆盖度较好，间有沼泽与草地。兽骨按种类出现频度依次是家猪、梅花鹿、麋鹿、家犬、鸡、獐、龟、牛和豹猫。这些都证明当时的经济生活是定居的农耕畜牧为主，渔猎仍占一定比重。制作石器的石料多数不是本地产的，来源于东面的泗水、平邑山地老变质岩区，说明已经走向平原的人们与山地还保持着一定联系。西吴寺遗址的龙山文化经历了较长的发展时间，当时应是一个较大的聚落中心所在。发掘者认为，这里应是山东龙山文化分布在泗水中上游区域的一个地方类型，可称之为“西吴寺类型”。

西吴寺遗址上面为周代文化层，有多个地层和大量灰坑等遗迹单位相互间构成多组叠压、打破关系，提供了丰富的层位序列依据。可以分为五期8段，周文化一期（即第1、2段）、周文化二期（即第3、4段）、周文化三期（即第5段）、周文化四期（即第6、7段）和周文化五期（即第8段）。上述五期8段是连续发展的，可以作为一个整体来考虑。即一期为西周早期，二期为西周中期，三期为西周晚期，四期是春秋早中期，五期为春秋晚期。遗迹发现有方形和圆形的半地穴式房基，平面为圆形、椭圆形、方形等大量灰坑和窖穴，多条灰沟，多座陶窑，多口水井，多条隧道，多座长方形竖穴土坑墓。其中一些灰坑内埋有完整的兽骨架，包括牛或羊或鹿或猪，另在3个灰坑内埋有狗头，5个灰坑内堆满兽骨，这些可能是有意识祭祀活动之遗迹，可以看出有完整的牛和猪同祭，有只用整牛、猪、羊、鹿分祭，还有身首分离的兽祭，以及一些散骨的堆祭。更引人注目的是遗址发现5条隧道，完整揭露了其中1条（S1），隧道长50米左右，平面呈S形走向，隧道高92—116厘米，宽65—120厘米，有10个出入口：有的从地面挖下竖井，有柱洞，可能顶部有覆盖物；有的沿台阶而下，有地下厅室，有分岔，有盲洞；有的出入口干脆利用水井水面上的部分，汲水也很方便。S1营筑在西周初期，一直使用到春秋晚期才废弃。这样庞大的地下工程，究竟是与军事活动有关，还是与祭祀活动有关，或另有其他用途，目前证据尚不充足，有待于今后进一步研究。西吴寺遗址周代遗物最多是陶器，其形制有鬲、三足钵、鼎等三足器，盆、罐等圜底、凹底器，豆和簋等圈足器，盂、钵、杯等平底器。另有镞、刀、矛、带钩和环等青铜兵器和小件，表明当时在列国纷争的局势下，屏障曲阜鲁国都城西翼的西吴寺居民点具有强烈的军事色彩。还有斧、锛、凿、铲、刀、镰和砺石等石器，以及少量的骨、角器等。西吴寺遗址与曲阜鲁故城相距仅35千米，其文化内涵既有陕西丰镐西周老家的因素，又有与当地东夷文化相互影响的因素，应该就是典型的鲁国文化风貌。

第七期至第九期的考古领队培训班发掘了郑州西山遗址，这是全国重点文物保护单位。位于郑州古荥镇孙庄村西，遗址面积约为10万平方米，北距黄河约4千米。它北依西山，南靠枯河，处在豫西丘陵与东南黄淮大平原的交界点。附近邙岭逶迤，沟壑纵横，黄土发育丰厚，地理位置优越，正是古代人们繁衍生息的理想之地。西山遗址的时代跨越了仰韶文化早、中、晚期，遗址内发现了一座仰韶文化晚期的古城址，距今5300—4800年。城址的平面略呈圆形，直径约200米，城址南部因历史上枯河河道北移

▼ 考古领队郑州班（前左四作者）

被冲毁。西山古城的圆形平面布局，可能是先民们已经意识到站在圆形的城墙上视野开阔，宜于瞭望，便于防守。同时也可能是受到仰韶文化早期圆形聚落、圆形房屋影响的结果。现存半圆形西城墙北段、北城墙和东城墙北段约265米，墙宽3—5米，墙高1.75—2.5米，全部埋藏于现今地面之下。城墙的建筑方法是先在经过规划拟建区段内，挖筑略呈倒梯形的基槽，在槽内经过修整的基底平面上，分段逐层逐块夯筑建墙。城墙建筑采用先进的方块版筑法，版块大小不一，一般长1.5—2米，宽1.2米，所见最大的版块长3.5米，宽1.5米。版块厚度也不尽同，多为厚50厘米左右，最薄的版块厚20—25厘米，筑墙所用的夹板厚约5厘米。现存城墙平面一般排列3版，上下层版块间是交错叠压，并夹垫草类植物以更加坚固。城墙筑造过程中，还使用立柱以固定夹板，立柱直径多为6—8厘米。在西北城角解剖中，发现有保留于版块交界点夯土中清晰的穿棍痕，棍眼直径6—8厘米。城墙外有壕沟环绕，沟宽一般5—7米，西北段墙外更宽达11米左右。城门发掘出两座，一座位于西北隅，另一座位于东北隅，两座城门的结构并不相同。西北城门门道宽17.5米，城墙底宽约6米，城门南北两侧的城墙均由规整的方块版筑而成。从城门北侧现存城墙有规整的基槽，柱洞，而将城墙分隔成面积3—4.5平方米各自独立的封闭单元推测，这里或许应有望楼一类的建筑。西门外即为环绕城墙的壕沟，壕沟在这里的宽度约4米，而与门道正中相对应处仅宽2米左右，便于架设板桥以利内外通行。东北城门的形制颇为特殊，门道宽约10米，东西两侧有略呈三角形的城台，在门道外侧不远处横筑一道护门墙，护门墙长约7米，宽1.5米，夯筑十分坚硬。这样东北城门就形成进出分走护门墙两端偏门的结构。护门墙与城门形成了稍稍近似于我国后代发展起来的“瓮城”雏形。

在郑州西山城内发掘出大量的房基、灰坑、窖穴、道路、墓葬和瓮棺等遗迹，在房基底部的垫土层中埋有1件或数件完整的罐、鼎等陶器，少量的陶器内还有婴儿骨骼。在城墙的一些墙体内也发现有分层埋设了彩陶钵、鼎、罐等陶器，个别彩陶钵内也有婴儿骨骼。这些均为建筑过程中具有特殊宗教意义的一种祭祀礼仪，即奠基遗存。在一些较大的窖穴里扔弃有挣扎状的完整人骨架，还有弃置的猪骨架或牛骨架，这些现象或可说明是某种祭祀的牺牲。在城内发掘多座平地起建的长方形房基，在西北城门内东侧有一座大型夯土建筑基址，面积约110平方米。在其北侧是一片面积达数百平方米的广场。在城内北部和城外西部发现两处墓地，均为长方形竖穴土坑墓，除单人葬之外，也见有成年男女合葬墓，这反映出在西山城址仰韶文化晚期时，作为社会基本细胞的家庭结构，已经发生了深刻的变化。

城是人类社会生活的发展形态，对农村聚落而言，城在社会生活中处于主导地位，是社会的政治、经济、文化中心。城的出现与当时人口逐渐增多，农村聚落形态发生分化有关。亦即是古代人类社会发展到一定阶段的产物，源于私有制的出现和发展，与阶级和国家的产生密不可分。最早出现的城是统治阶级防御外敌和治理人民的设施。中国城的出现是很早的，传说黄帝时代已经筑城。《史记·封禅书》载：“黄帝时为五城十二楼。”《吕氏春秋·君守篇》说：“夏鲧作城。”这说的是夏王朝建立之前的事情，而考古发现也与之基本吻合。早期城址与农村聚落已有本质的不同，对研究中国古代文明起源能够提供出政治、经济、军事、文化、宗教和礼制等诸多方面最大的信息量，在筑城过程中所显示的人力、物力之集中，以及行政控制与组织管理之强有力，都是十分明显的，足以反映当时社会结构的变化。

西山城址是当时国内发现年代最早、建筑技术最为先进的古城，这在中国古代建筑发展史上是一件具有里程碑意义的大事，显示了巨大的进步和创造力。西山城址所处的公元前3000年前后，正是中华民族五千年文明史开创的重要时期。在经历了仰韶庙底沟文化类型长达数百年的繁荣发展之后，社会正迎来重新分化、改组的历史变革时期，许多早期文明的因素，在这一时期得以孕育和产生。因此西山古城址的发现，不仅仅对于探讨中国早期城市的起源，而且对于研究华夏文明的起源与早期发展，以及中原地区在其中所起的历史作用，都具有非常重要的意义。

20多年前，国家文物局考古领队培训班那一长段激动人心的岁月，早已远离我们而去了，对于亲历者来说，我这位老考古人一直铭记在心。春华秋实，当年培训班的学员们有些已经退休了，还有些仍然奋斗在文物考古的工作岗位上。笔者在省内外出差开会时，时不时还会碰见他们，亲切叫我一声：“杨老师！”这就足够了。

不负韶华——永恒历史的回声

1961年8月，当笔者从北京大学历史系考古专业毕业走上社会的时候，同学们提出了“为祖国健康地工作五十年”的豪迈誓言。这对学子们是一种责任和鞭策，也是儿女们对祖国母亲的感恩和承诺。如今，可以自豪地说：我做到了！半个多世纪以来，我不怕苦，不怕累，不避寒暑，栉风沐雨，足迹遍布河南一百多个县市，汗水洒满了中原大地，年复一年，日复一日，为祖国的文物考古事业贡献出自己的青春年华。这里面有许多喜悦，也有不少泪水，尝遍了人世间的酸甜苦辣，不忘初心，无怨无悔，在数十年的考古生涯中，我用手铲发掘出远古的遗址和墓地，用笔书写出一篇篇考古发掘报告和研究论文，还编著了一部部学术专著，天道酬勤，终于从一个普通的考古专业大学生，修炼成一位小有名气的考古学家。于是有了电视的镜头，记者的采访，在一些报刊上有了访谈录，在一些辞典、志书中有了笔者的简历和学术成果介绍。这是对以往考古发掘、科学研究和文物保护工作的认可与肯定，更是对未来的一种激励和鼓舞，成为一种永恒历史的回声。

最近，在网上看到一篇文章《老了，就要成为这样的人！连董卿、白岩松都赞不绝口！》，讲述95岁的艺术大师黄永玉笑对人生洒脱从容的老年欢乐生活。黄永玉说：“趁自己没有死，听听大家怎样夸我。”于是，我也就有了写这一篇回忆文章的念头，按发表的时间先后顺序，从我手头上存有的辞典和志书中摘一点儿夸夸我自己吧。

《北大人（1）》［北大人编辑部（董耀会主编），书目文献出版社，1993年］

位于中国首都西郊的北京大学，成立于1898年12月，是中国最早创建的大学之一。京师大学堂是清朝末年戊戌维新运动的产物，是当时中国的最高学府和最高的教育行政机关。辛亥革命后的第二年，即1912年5月，京师大学堂改名为北京大学，严复任北大第一任校长。1916年2月，蔡元培出任北大校长，在北京大学的革新和发展方面发挥了重要作用。北大曾经是中国新文化运动的中心和具有划时代意义的五四运动策源地，李大钊、陈独秀、毛泽东和鲁迅等人都曾在北大任教任职过。北大培养出了大批科学家、教育家和其他深有造诣的专家学者。“爱国、进步、民主、科学”成为一代代北大人毕生的追求和践行的信念。“对国家和民族怀有赤子之心，报国之志，是实现我们人生价值的最大定力。只有具备这样的定力，才能为国家和民族尽到自己的一份责任，贡献一份力量。”新中国成立之后，特别是改革开放以来，北大在学校结构、办学规模、教育和科研工作以及物质条件等方面，都有了巨大的变化和发展，北京大学正按照面向现代

▲ 《北大人》封面

Y 杨

杨应昌 Yang Yingchang

1934年生，北京人，北京大学物理系教授，固体物理专业博士生导师。1958年北京大学物理系毕业，毕业后留校任教至今。曾先后在法国国家科学研究中心Neel实验室做研究工作和美国密苏里大学材料研究中心任访问教授。研究物质的磁性，特别是结合我国资源特点，重点研究稀土一过渡族金属间化合物的结构与磁性。通过理论分析，并利用磁测量，X射线衍射，中子衍射和穆斯堡尔谱等实验方法，把物体的宏观磁性与微观结构联系起来，揭示了在稀土一过渡族金属间化合物中，有关晶体结构、饱和磁矩，磁晶各向异性和磁有序温度的规律。并在此基础上，探索形成具有应用价值的稀土-过渡族金属间化合物的新相。特别是在改善稀土-铁金属间化合物的性能和研制新型稀土-铁永磁材料方面获得突破性的进展。在国际上首开了具有$ThMn_{12}$型晶体结构的三元稀土-铁金属间化合物的研究。1980年他首先合成此系列的新相，并通过中子衍射研究，发现了该类化合物的结构有序性，阐明了二元RFe_{12}相不能形成的原因，指出为形成此结构要加添适当的第3元素，该系列化合物引起国内外同行的广泛重视，近几年来已形成研究热潮。对新型的$Nd_2Fe_{14}B$型磁体，杨应昌基于对其内禀磁性与晶体结构的研究，在1985年初研制成功具有高磁能积的$Nd_2(Fe,Ae,Co)_{14}B$型磁体，提高了$Nd_2Fe_{14}B$的矫顽力，并改善了磁体的温度性能。该项研究成果，在国际上已被广泛采用。杨应昌还在低温下研制成功具有强内禀磁硬度的$Nd_2Fe_{14}B$型磁体，为实现高矫顽力、开辟又一新的途径，对于研制新型和永磁体，具有理论意义和应用前景。在国内外发表论文近百篇。

杨育彬 Yang Yubin

1937年10月14日生。吉林长春人。1956年9月—1961年8月在北京大学历史系考古专业学习。1961年9月—1970年8月在河南省文化局文物工作队工作。1970年9月—1981年1月在河南博物馆工作；1981年2月—1983年7月在河南省文物研究所工作，任研究室副主任。1983年8月—1987年5月在河南省文物局任副局长。1987年6月至今在河南省文物研究所工作，任副所长、副研究员。在工作中，曾参加或主持山西侯马晋国都城，三门峡汉唐墓地，郑州商城遗址，黄河小浪底水库工程等大型考古工地的发掘。在全国或省级专业学术刊物上发表了《郑州商代城址发掘报告》、《河南文物考古工作四十年》等60篇文章；出版了《郑州商城初探》、《河南考古》、《郑州胜迹》、《河南出土商周青铜器》、《河南文物志选稿》、《中国文物地图集·河南分册》等6部专著，并4次获省社联等优秀成果奖。北大学风开放，校园美丽给他留下了深刻的印象。在社会实践中，他体验到仅有丰厚的业务知识是不够的，必须理论与实践相结合，才能取得好的成绩。他的爱好是阅读。

杨遇春 Yang Yuchun

1933年12月26日生于河北宛平(现为北京市郊区)的一个铁路工人家庭，祖籍保定。1954年就读于北京大学化学系，1958年毕业后分配到北京有色金属研究总院。因健康原因，一直从事科技情报工作。先后筹办并具体主持过《稀有金属》、《国外稀有金属》等期刊的编审工作。但生性偏颇，对跟踪国外高技术、新材料格外感兴趣。在平淡的工作中，参与编著《稀有金属应用》、《当代中国—新中国有色金属科学研究》、《电子信息材料》、《稀有金属手册》及翻译《半导体材料及其制备》等专著多种，近年来在各类刊物上发表论文近50篇。在编著、编审、翻译和涉及科技政策的软科学研究中小有所成。1986年获全国科技情报系统先进工作者称号。1982和1987年先后晋升为高级工程师和教授级高级工程师。现为中国冶金百科全书金属材料卷编委兼秘书，院学委会委员。他平生喜爱文史，嗜读《聊斋》与宋词，认为没有追求就没有希望，事业的成功比金钱更重要。安于平庸、淡泊、朴实无华。喜欢母校的学术气氛，感激母校的造就与培养。

杨再坤 Yang Zhaikun

1946年4月20日生，白族，云南昆明人。1965年9月入北大西语系，学习西班牙语专业，1970年3月毕业，分配到云南省曲靖一中从事中学政治和数学教学并一直当班主任。1979年8月入云南省

680

▲ 《北大人》内文

化、面向世界、面向未来的方向，朝着建设有世界水平的、有中国特色和北大自身特点的社会主义大学的目标迈进。今天的北大，一派生机盎然，培养着一批又一批的开拓者。历史上的燕京大学、西南联大、中法大学作为实体学校虽已成为历史，但在中国教育史上光辉的影响将一直绵延下去。《北大人（1）》一书，将数千位北大校友的事迹和贡献荟萃成集，向社会介绍他们不断地探求，将聪明、智慧献给社会的情况。书中第680页刊登了笔者的简历和学术成就：

杨育彬　Yang Yubin　1937年10月14日生，吉林长春人。1956年9月—1961年8月，在北京大学历史系考古专业学习。1961年9月—1970年8月，在河南省文化局文物工作队工作。1970年9月—1981年1月，在河南省博物馆工作。1981年2月—1983年7月，在河南省文物研究所工作，任研究室副主任。1983年8月—1987年5月，在河南省文物局工作，任副局长。1987年6月至今，在河南省文物研究所工作，任副所长、副研究员。在工作中曾参加或主持山西侯马晋国都城、三门峡汉唐墓地、郑州商城遗址、黄河小浪底水库工程等大型考古工地的发掘。在全国或省级专业学术刊物上发表了《郑州商代城址发掘报告》《河南文物考古工作四十年》等60篇文章；出版了《郑州商城初探》《河南考古》《郑州胜迹》《河南出土商周青铜器》《河南文物志选稿》《中国文物地图集·河南分

▲ 《中国当代历史学学者辞典》封面

460 文物考古

记辞典》》第22版、《The International Who's Who of Intellectuals》(《国际著名知识分子录》)第10版。被英国剑桥国际传记中心选为1992—1993年国际名人。现仍从事科学研究工作，近期课题为《清代工艺美术史》及《中国玉文化史》(与美国屈志仁先生合作，耶鲁大学出版社出版)。

杨赤宇 1942年2月生，江西湖口人。毕业于江西师范大学历史系文博专业。1982年以来历任石钟山文物管理所文物组长、副所长、所长，石钟山管理处副处长，鞋山风景名胜管理处处长。文博馆员职称。为国际农业考古学会会员。曾在鄱阳湖口先后发现石灰山、石钟山、文昌洑、史家桥、城墩坂、王狗墩等新石器时代晚期至商周时期遗址20余处。主要论文有：《鄱阳湖滨原始农业遗存的发现与研究》，《农业考古》1992年第2期；《江西湖口下石钟山发现商周时代遗址》(合撰)，《考古》1987年第12期；《江西湖口文昌洑原始农业遗址》，《农业考古》1988年第1期；《江西湖口文昌洑遗址调查》(合撰)，《东南文化》1990年第4期；《江西九江县马鸦岭遗址调查》(合撰)、《九江县龙王岭遗址试掘》(合撰)，《东南文化》1991年第6期等。现致力研究鄱阳湖原始社会文化、战争文化和石钟山文化等课题。

杨宝成 1939年9月生，江苏丹徒人。1963年毕业于北京大学历史系考古专业。分配至中国社会科学院考古研究所工作，长期在河南安阳殷墟从事田野考古与科学研究。1986年10月调至武汉大学历史系，从事商周考古教学与科研工作。现任武汉大学历史系教授、考古教研室主任。主要著作有：《殷墟青铜器》(合著)，文物出版社1985年出版；《湖北考古发现与研究》(主编)，武汉大学出版社1993年出版。代表性论文有：《从商代祭祀坑看商代奴隶社会的人牲》(合著)，《考古》1977年第1期；《1969—1977年殷墟西区墓葬发掘报告》(合著)，《考古学报》1979年第1期；《商代纪年新议》，《史学月刊》1983年第3期；《殷代车子的发现与复原》，《考古》1984年第6期；《商文化渊源探析》，载《华夏文明》第一集，北京大学出版社1987年出版；《试论随枣地区的两周青铜器》，载《中国考古学会第七次年会论文集》，文物出版社1992年出版。目前研究的主要课题为商周时期青铜器及楚文化考古。即将出版的著作有《楚国历史文化大辞典》(考古卷主编)、《楚史与楚文化研究》等。

杨秉礼 1938年11月生，陕西汉中人。1963年毕业于西安美术学院工艺系雕塑专业。曾任陕西省咸阳市博物馆陈列部副主任、技术部主任等职，副研究馆员。长期从事博物馆的陈列设计和文物标本复仿制品设计研究工作。主要论文有《浅谈汉兵马俑的艺术特征》、《绚丽多彩的西汉兵马俑服饰》等。1981年为陕西省医史博物馆创作了《药王》孙思邈塑像，1983年被中国科协古代科技史展览筹备委员会选送加拿大、美国参加"中国古代科技展览会"；1984年创作《张骞骑马像》，参加庆祝建国三十五周年陕西省美术作品展览；1992年为陕西省药物种植园创作大型《药王》雕像一组。今后将致力于馆藏秦汉文物的研究和历史人物形象的创作。

杨育彬 1937年10月生，吉林长春人。1961年毕业于北京大学历史系考古专业。曾任河南省文物局副局长。现任河南省文物考古研究所所长，研究员。兼任中国建筑考古学术委员会委员、河南省钱币学会常务理事、河南省文物局考古专家组成员。1993年获文化部优秀专家称号。出版学术专著6部，其中有：《河南考古》，中州古籍出版社1985年出版，获河南省社会科学优秀成果二等奖；《中国文物地图集》河南分册(主编及主笔)，中国地图出版社1991年出版，获河南省社会科学优秀成果三等奖；《河南出土商周青铜器》(合著)，文物出版社1981年出版，获河南省社会科学优秀成果三等奖；《郑州商城初探》，河南人民出版社1985年出版；《郑州胜迹》(合著)，中州书画社1983年出版；《河南文物志选稿》，河南省文化厅1989年内部发行。发表考古发掘报告和论文60余篇，主要有：《郑州商代城遗址发掘报告》，载《文物资料丛刊》(1)，1977年；《从建国后的考古发现来探讨夏文化的始末》，载《夏史论丛》，齐鲁书社1985年出版；《关于河南地区仰韶文化的两个问题》，载《中原文物》特刊(5)，1986年；《河南文物工作四十年》，《史学月刊》1989年第5期；《商代王都研究综论》，《中原文物》1991年第1期等。

杨绍舜 1935年2月生，山西汾阳人。1959年结业于山西省第二届考古训练班。现为山西省吕梁地区文物工作室主任，副研究馆员。任山西省考古学会理事、山西省石刻学会理事、山西省钱币学会理事。合著《毛主席在山西》，山西人民出版社1979年出版。主要论文有：《山西吕梁县石楼镇又发现了铜器》(合撰)，《文物》1960年第7期；《山西石楼义牒发现商代铜器》，《考古》1972年第4期；《山西柳林高红发现商代铜器》，《文物》1981年第3期；《山西石楼褚家峪曹家垣发现商代铜器》，《文物》1981年第8期；《吕梁地区文物考古工作概述》，载《山西省考古学会论文集》(1)，山西人民出版社1992年出版。现致力于黄河中游商代文化与方国文化的关系研究。

杨益清 白族，1931年2月生，云南大理人。1957年云南大学历史系肄业，主修云南民族史。1961年毕业后在县文化馆工作，曾任大理县文化馆副馆长、大理市文物管理所所长、大理市博物馆副馆长，副研究馆员。1992年退休。发表论文20余篇以及大理市文物志稿等著作，主要有：《云南大理收集到一批汉代铜器》，《考古》1966年第4期；《大理苍山中和峰李氏墓清理报告》，《考古》1966年第4期；《大理市荷花寺村西晋墓清理报告》，《考古》1989年第8期；《云南大理苍山明墓清理》，《考古》1986年第4期；《云南大理苍山玉局峰发现一座石室墓》，《考古》1991年第6期等。

杨锦新 1937年9月生，湖南新化人。1962年毕业于华中师范大学历史系。现为湖北省武昌县博物馆

▲ 《中国当代历史学学者辞典》内文

册》等6部专著，并4次获省社联等优秀成果奖。北大学风开放，校园美丽，给他留下了深刻印象。在社会实践中，他体验到仅有丰厚的业务知识是不够的，必须理论与实践相结合，才能取得好的成绩。他的爱好是阅读。

《中国当代历史学学者辞典》（周伟洲主编，西北大学出版社，1993年）

该辞典旨在反映中国当代历史学学者的基本状况，总结研究成果，提供学术信息。全书共收录目前在大陆和港台地区从事历史学及其他相关学科研究的学者3450人，简要介绍学者的生平，重点突出学术成果，兼具资料性与学术性。全书包括中国史、世界史、专门史、文物考古和历史地理学五大类。其中第460页有笔者的简历和学术成果介绍。

杨育彬　1937年10月生，吉林长春人。1961年毕业于北京大学历史系考古专业。曾任河南省文物局副局长。现任河南省文物考古研究所所长、研究员。兼任中国建筑考古学术委员会委员、河南省钱币学会常务理事、河南省文物局专家组成员。1993年获文化部优秀专家称号。出版学术专著6部，其中有《河南考古》，中州古籍出版社1985年出版，获河南省社会科学优秀成果二等奖；《中国文物地图集·河南分册》（主编及主笔）中国地图出版社1991年出版，获河南省社会科学优秀成果三等奖；《河南出土商周青铜器》（合著），文物出版社1981年出版，获河南省社会科学优秀成果三等奖；《郑州商城初探》，河南人民出版社1985年出版；《郑州胜迹》（合著），中州书画社1983

年出版；《河南省文物志选稿》，河南省文化厅1989年内部发行。发表考古发掘报告和论文60余篇，主要有《郑州商城遗址发掘报告》，载《文物资料丛刊（1）》1977年；《从建国后的考古发现来探讨夏文化的始末》，载《夏史论丛》齐鲁书社1985年出版；《关于河南地区仰韶文化的两个问题》，载《中原文物特刊（5）》1986年；《河南文物工作四十年》，载《史学月刊》1985年5期；《商代王都研究综论》，载《中原文物》1991年第1期等。

WHO'S WHO IN SOCIAL SCIENCES IN CHINA（《中国社会科学家大辞典》）［Edited by Zhang Dainian（主编张岱年），Liaoning University Press，1995（辽宁大学出版社，1995年）］

这是一部由中国哲学大师张岱年先生主编的《中国社会科学家大辞典》，辽宁大学出版社1995年出版。介绍了数千位中国社会科学各个学科著名的专家学者的简历和学术成就，用英文出版发行，宣传至全世界。其中第896页有介绍笔者简历和学术成就的条目。

Five Thousand Personalities of the World（《世界5000人士名录》）［The American Biographical Institute，1996（美国传记中心，1996年）］

这是一部由美国传记中心1996年编辑出版的《世界5000人士名录》，介绍世界各国5000位有学术贡献的专家学者。书中第316页介绍有笔者的简历和学术成就。

▲《中国社会科学家大辞典》（英文版）封面

Yang Youwu（杨友吾） b. 1922, Hebei Prov.; Graduated from Central Senior Party School of CPC., 1965; Now Prof. at the Graduate School, Chinese Academy of Social Sciences. Main publications: "To Seek Truth from Facts Is The Current Vital Issue for Study", 1984," Mao Zedong's Philosophical Thinking and Thorough Materialism", 1985; *The Encyclopaedic for Chinese Public Servants* (chief editor), *On Thorough Materialism*, 1989.

Add.: No. 131, Xi Ba Jian Fang
Dong Zhi Men Wai
Postgraduate School of Chinese Academy of Social Sciences Beijing, 100015

Tel.: 5024781 (Doinicile)

Yang Yubin（杨育彬） b. 1937, Jilin Prov.; Graduated from Peking Univ., 1961; Now Research Fellow and Director of the Institute of Cultural Relics in Henan Prov; Chief Editor of *Huaxia Archaeology*. Main publications: *Henan Archaeology*, 1985; *An Atlas of Chinese Cultural Relics: Henan Branch*, 1991; *Shang-Zhou Bronze Vessels Excavated from Henan*, 1981; *Exploration of the City of Shang Dynasty in Zhengzhou*, 1985.

Add.: Institute of Cultural Relics in Henan Prov.
Zhengzhou, Henan Prov., 450004

Tel.: (0371)5945892(H)
6252032(O)

Yang Yucai（杨毓才） b. 1924, Yunnan Prov.; Completed course in the Dept. of History, grade 4 of the National Yunnan Univ., 1947; Now Research Fellow of Yunnan Economics Research Institute, Director of Minority Nationalities Economy Research Institute of China and Member of East-West Center U. S. A.; Main publications: *Economic Development History of Nationalities in Yunnan*, 1989; *The Investigation Report on Territory Economics of Xishuang Banna* (one of the chief editors and chief writer), 1990; *The Brief History of the Lisus*, 1983; *The Brief History of the Nus*, 1987; "The Tribal Sheik System of the Chingpos and the Was", 1980; "A Study on the System of Clan, Family and Village Community of Nationalities in Yunnan Frontier", 1981; "The Economic Investigation of the Jinuos", 1982; "On the Strategy of Economic Development in the Regions of Yunnan Minority Nationalities", 1990; *An Outline of Jiangchuan County out of Poverty*, 1990.

Add.: Yunnan Economy Research Institute
No. 156 Dongfeng East Road
Kunming, 650041

Tel.: 3166296—0—50 3139773

Yang Yusheng（杨玉圣） b. 1963, Shandong Prov.; M. A. of History, Peking Univ., 1988. Now Associ-

896

▲《中国社会科学家大辞典》（英文版）内文

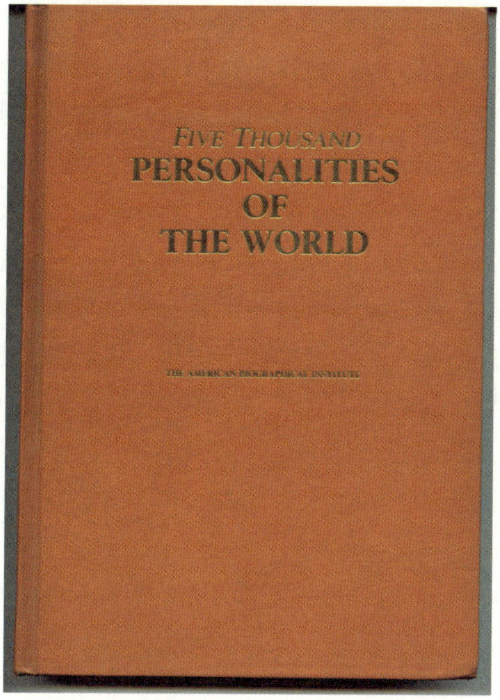

▲《世界5000人士名录》（英文版）封面

FIVE THOUSAND PERSONALITIES OF THE WORLD

316

▲《世界5000人士名录》（英文版）内文

▲《国际知名人士辞典》（英文版）封面

INTERNATIONAL DIRECTORY OF DISTINGUISHED LEADERSHIP

228

▲《国际知名人士辞典》（英文版）内文

The International Directory of Distinguished Leadership（《国际知名人士辞典》）［The Amercan Biograpnical Institute，1997（美国传记中心，1997年）］

这是一部由美国传记中心1997年编辑出版的《国际知名人士辞典》，介绍数千位世界各国的国际知名人士。书中第228页有笔者的简历和学术成就介绍。

《郑州市志》（郑州市地方史志编纂委员会编，中州古籍出版社，2000年）

《郑州市志》是列入全国地方志出版规划的重点项目，全书凡30卷600多万字，分为8大分册出版。全面系统翔实地记述了郑州上自远古，下至1990年，五千余年的历史发展进程。其中第8分册卷二十八为人物卷，人物卷中所载人物以郑州籍为主，同时收入在郑州活动工作并有重大影响的非郑州籍人士，分别以传记、事略、简介、名表形式反映。笔者在郑州生活工作逾半个世纪，为郑州建设增砖添瓦，做出了一定贡献。在《郑州市志》第8分册的179页，即卷二十八人物卷中，刊有笔者的简历和学术成就，作为一位郑州市民我感到莫大光荣。其内容为：

杨育彬（1937—），吉林省长春市人，1961年毕业于北京大学历史系考古专业。曾任河南省文物局副局长、河南省文物考古研究所所长、《华夏考古》主编，又是河南省文物考古研究所研究员、国家夏商周断代工程“商前期年代学研究”课题组副组长、国家文物局田野考古领队培训班考核委员、河南省文物考古学会副会长兼秘书长。先后参加和主持过山西侯马晋国铸铜遗址、三门峡汉唐墓地、新郑郑韩故城、郑州商城遗址、黄河小浪底水库区的考古发掘。独立和与别人合作出版有《郑州商城初探》《河南考

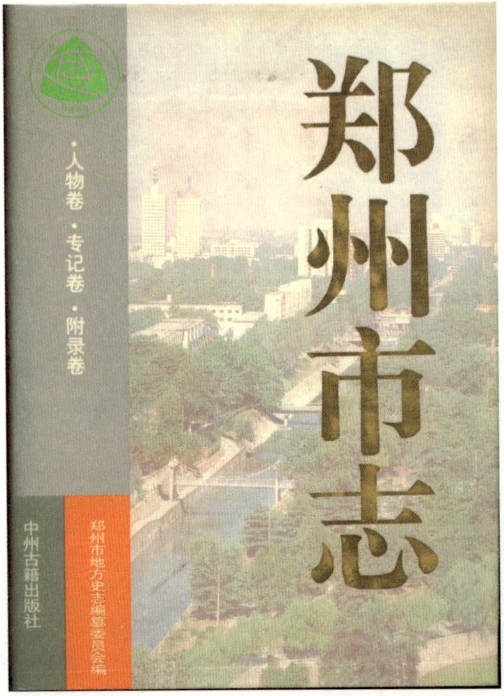

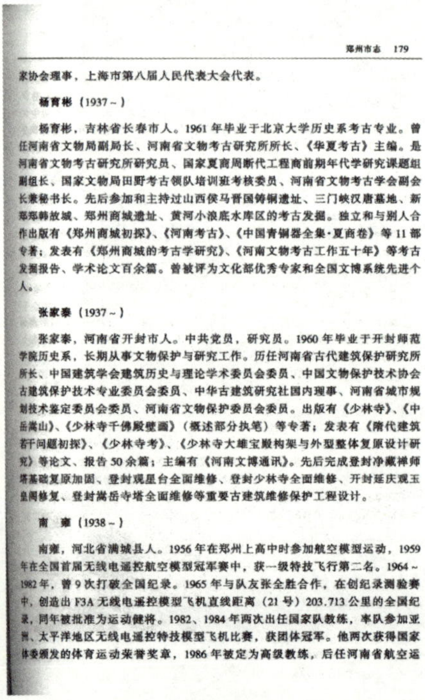

郑州市志 179

家协会理事，上海市第八届人民代表大会代表。

杨育彬（1937~）

杨育彬，吉林省长春市人。1961年毕业于北京大学历史系考古专业。曾任河南省文物局副局长、河南省文物考古研究所所长、《华夏考古》主编。是河南省文物考古研究所研究员、国家夏商周断代工程商前期年代学研究课题组副组长、国家文物局田野考古领队培训班考核委员、河南省文物考古学会副会长兼秘书长。先后参加和主持过山西侯马晋国铸铜遗址、三门峡汉唐墓地、新郑郑韩故城、郑州商城遗址、黄河小浪底水库区的考古发掘。独立和与别人合作出版有《郑州商城初探》、《河南考古》、《中国青铜器全集·夏商卷》等11部专著；发表有《郑州商城的考古学研究》、《河南文物考古工作五十年》等考古发掘报告、学术论文百余篇。曾被评为文化部优秀专家和全国文博系统先进个人。

张家泰（1937~）

张家泰，河南省开封市人。中共党员，研究员。1960年毕业于开封师范学院历史系，长期从事文物保护与研究工作。历任河南省古代建筑保护研究所所长、中国建筑学会建筑历史与理论学术委员会委员、中国文物保护技术协会古建筑保护技术专业委员会委员、中华古建筑研究社国内理事、河南省城市规划技术鉴定委员会委员、河南省文物保护委员会委员。出版有《少林寺》、《中岳嵩山》、《少林寺千佛殿壁画》（概述部分执笔）等专著；发表有《隋代建筑若干问题初探》、《少林寺考》、《少林寺大雄宝殿构架与外型整体复原设计研究》等论文、报告50余篇；主编有《河南文博通讯》。先后完成登封净藏禅师塔基础复原加固、登封观星台全面维修、登封少林寺全面维修、开封延庆观玉皇阁修复、登封嵩岳寺塔全面维修等重要古建筑维修保护工程设计。

南　雍（1938~）

南雍，河北省满城县人。1956年在郑州上高中时参加航空模型运动，1959年在全国首届无线电遥控航空模型冠军赛中，获一级特技飞行第二名。1964~1982年，曾9次打破全国纪录。1965年与队友张全胜合作，在创纪录测验赛中，创造出F3A无线电遥控模型飞机直线距离（21号）203.713公里的全国纪录，同年被批准为运动健将。1982、1984年两次出任国家队教练，率队参加亚洲、太平洋地区无线电遥控特技模型飞机比赛，获团体冠军。他两次获得国家体委颁发的体育运动荣誉奖章，1986年被定为高级教练，后任河南省航空运

◀《郑州市志》封面

◀《郑州市志》内文

▲ 《百年开高》封面

校友篇·著名专家、知名人士

烟台大学教授、副校长
杨富民

1937年11月出生，1953年至1956年在校学习。1962年毕业于北京大学物理系。留校从事原子核结构理论和热核聚变反应的研究及教学工作。参与了我国第一个托克马克热核聚变实验装置的研制。1977年至1985年在石油部华北石油研究所任油层物理实验室副主任、工程师。1985年调烟台大学物理系，从事教学和凝聚态物理的研究工作。译著有《高等物理光学讲义》、《多孔介质——流体渗移与孔隙结构》等多部，发表论文20余篇。1990年7月起任烟台大学副校长，兼任山东省人大代表、烟台市人大常委会委员、山东省物理学会常务理事等职。

考古学家、研究员
杨育彬

1937年10月出生，1953年至1956年在校学习。1961年毕业于北京大学历史系。长期从事文物考古工作，曾任河南省文物局副局长、河南省文物考古研究所所长、《华夏考古》主编。现任河南省文物考古研究所研究员，国家社科"十五"规划考古学组成员、夏商周断代工程"商前期年代学"研究课题组副组长、中国科学院古代文明研究中心专家委员会委员，国家文物局田野考古领队培训班考核委员，河南大学历史文化学院客座教授，中国考古学会理事，中国殷商文化学会理事，河南省文物考古学会副会长兼秘书长。先后参加或主持过山西侯马晋国铸铜遗址、三门峡汉唐墓地、新郑郑韩故城、郑州商城、黄河小浪底水库、焦作府城等地的考古发掘。多年来一直致力于夏商文化研究和其他考古学研究，出版考古专著10部，发表学术论文130余篇。

主任医师、教授
白振杰

1938年12月出生，1954年至1957年在校学习。1962年毕业于河南医学院医疗系。在河南省人民医院任教授、主任医师，从事临床医疗，教学和科研工作。在肝胆外科技术上有精深研究，擅长解决肝胆外科疑难技术问题。发表论文20余篇，参与了《胆石病》等书的编写。

河南省无线通信台台长、
高级工程师
李复华

1938年4月出生，1954年至1957年在校学习。1961年毕业于河南大学物理系，分配到密县从事教学工作。1980年调河南省地震局工作，历任郑州地震台组长、副台长。主持完成国家二类基本地磁台建设，获国家地震局科技进步奖。1987年任省局综合震情动态室主任，主持省局综合预报、测震，承担省局无线通信台网建设项目和总体设计。1993年起任省局无线通信台台长，主持电台业务技术工作，解决了一系列技术难题，两次被评为省级先进工作者。在全国交流、发表20多篇报告、论文，获国家级和部级科技进步奖多项。

硕士生导师、教授
李公健

1937年7月出生，1951年考入省立开中，1954年考入河大附高。1961年毕业于

·386·

▲ 《百年开高》内文

古》《中国青铜器全集·夏商（1）》等11部专著；发表有《郑州商城的考古学研究》《河南文物考古工作五十年》等考古发掘报告、学术论文百余篇。曾被评为文化部优秀专家和全国文博系统先进个人。

《百年开高1902—2002》（《百年开高》编委会编，中国档案出版社，2002年）

1953—1956年，笔者在开封河南大学附属高级中学（今开封高中）就读。这在当时是河南全省排名最靠前的一流学校，也是河南历史最悠久的中学。学校创建于清末光绪二十八年即1902年，初名河南大学堂，后又改名为河南省高等学堂。1913年，改称为河南省立第一中学。而在清末光绪三十年即1904年，又成立了开封中学堂，到1913年改称为河南省立第二中学。其间这两所中学分分合合，1935年又分别改称为河南省立开封高级中学和开封初级中学。1952年，两校合并更名为河南省立第一中学，不再招生初中班。1953年，又改名为河南大学附属高级中学。1956年暑期，再改名为河南省立开封第一高级中学。1985年恢复开封高中的校名。2002年，在开封高中百年校庆到来的时候，学校举行了盛大的庆典，还出版了一批诸如《百年开高》《开封高中百年校庆纪念画册》《开封高中教师学生名录》《开封高中校友通讯录》等具有重要史料价值的专业书籍。总结开封高中建校一百年来的历史经验，增强教工、校友对学校的感情，挖掘百年

开高的光荣传统，展示历届校友在各条战线和不同的工作岗位所取得的成就及对国家做出的重大贡献，激励一代代开高人为母校的发展和国家的强盛而努力奋斗；同时，使开封高中在改革开放的新形势下，更坚定地贯彻党的教育方针，坚持教育为社会主义事业服务，与社会实践相结合，探索教育发展规律，进行教育创新，面向现代化，面向世界，面向未来，培养更多适应新世纪我国经济、文化和社会发展需要的各类人才。

其中《开封高中》一书，分校史篇、传统篇、师长篇、校友篇、情怀篇和旧照片集六大部分。分别概述了开封高中建校过程、优良传统、历届领导和著名教师，还有部分校友毕业后在自己的工作岗位上所取得的成果和业绩等。在校友篇著名专家、知名人士部分的第386页，刊登了笔者的简历和学术成就。其内容是：

考古学家、研究员杨育彬，1937年10月出生，1953年至1956年在校学习。1961年毕业于北京大学历史系。长期从事文物考古工作，曾任河南省文物局副局长、河南省文物考古研究所所长、《华夏考古》主编，现任河南省文物考古研究所研究员、国家社科“十五”规划考古学科组成员、夏商周断代工程“商前期年代学研究”课题组副组长、中国社会科学院古代文明研究中心专家委员会委员、国家文物局田野考古领队培训班考核委员、河南大学历史文化学院客座教授、中国考古学会理事、中国殷商文化学会理事、河南省文物考古学会副会长兼秘书长。先后参加或主持过山西侯马晋国铸铜遗址、三门峡汉唐墓地、新郑郑韩故城、郑州商城、黄河小浪底水库和焦作府城等地的考古发掘。多年来一直致力于夏商文化研究和其他考古学研究，出版考古专著10部，发表学术论文130余篇。

《未名湖畔的友情——北大历史系1961届（1956级）同学纪念册》（“纪念册编辑组”编辑，2006年）

我们北大历史系1961届（1956级）毕业生，同窗五载，结下深厚的友谊。从20世纪80年代以来，我们有过多次久别重逢的聚会。每次聚会人数多少不等，通常在六成至七成左右。“聚散苦匆匆”，每当聚会结束时，同学们总是感到时间太短，交流不够。特别是许多未能前来的远方同学，更希望了解别后同窗走过的历程。为此，聚会筹备组决定编印这本纪念册，以期增进相互了解，加深同学友谊，有利于和谐社会之构建。自北大毕业后，同学境遇各不相同，有的还很坎坷，但都没有辜负母校和恩师的培养，都为社会作出了贡献。纪念册包括三项内容：一是全年级的资料，包括系主任翦伯赞先生在场的61届毕业合影照片、恩师题词、多次聚会照片等；二是每人占一页的同学个人资料，包括照片、简历及随笔短文（含诗歌）等，以及与同学各个时期合影的老照片；三是全年级按地区编排的同学通讯录。纪念册征稿得到全年级同学的响应和支持。不少同学视撰稿是向母校和恩师一次汇报，甚至将其作为一生的总结或精神之寄托。纪念册按中国古代史班、中国近代史班、世界史班、考古班和提前安排工作的同学五部分的顺序排列；各班之内则依姓氏笔画为序。巴金先生说过：“友情和亲情是人生道路上的两盏明灯。”同学们在这两盏明灯的照耀下，生活得更加充实幸福。

纪念册的第98页，是属于笔者的版面，内容是个人简介和燕园回忆两部分，摘抄如下：

“个人简介” 杨育彬（1937.10—） 我是吉林长春人。1961年毕业于北大历史系考古专业，分配到河南从事文物考古工作。曾任省博物馆考古部副主任、省文物局副局长、省文物考古研究所所长、《华夏考古》主编。现为研究员、国家有突出贡献专家、文化部优秀专家、中国考古学会理事、中国殷商文化学会理事、国家社科基金考古学科评审组成员、省文物考古学会副会长兼秘书长和河南大学历史文化学院客座教授。参加或主持过山西侯马晋都、新郑郑韩故城、三门峡汉唐墓地、郑州商城、平顶山应国墓地、黄河小浪底库区和焦作府城遗址等项考古发掘。出版专著11部，发表文章150余篇，数次获省社科优秀成果一等奖及省“五个一工程”奖，评为全国文博系统先进个人。

“燕园回忆” 我于1956年8月迈进燕园校门，开始了长达五年的激情岁月！住第一体育馆，住第四阅览室，住8斋；文史楼上课，大图书馆借书，期末世界史抽题口试，国庆节天安门前游行，十三陵水库劳动；周口店、华县、怀柔和大同实习。老师们辛勤教诲，铺就了学生人生之路。北大务实进取的学风，未名湖秀丽的景色，终生难

▲ 《未名湖畔的友情》封面

杨育彬(1937.10—)

我是吉林长春人。1961年毕业于北大历史系考古专业，分配到河南从事文物考古工作。曾任省博物馆考古部副主任、省文物局副局长、省文物考古研究所所长、《华夏考古》主编。现为研究员、国家有突出贡献专家、文化部优秀专家、中国考古学会理事、中国殷商文化学会理事、国家社科基金考古学科评审组成员、中国社会科学院古代文明研究中心专家委员会委员、省文物考古学会副会长兼秘书长、河南大学历史文化学院客座教授。参加或主持过山西侯马晋都、新郑郑韩故城、郑州商城、平顶山应国墓地、黄河小浪底库区、焦作府城遗址等项考古发掘。出版专著11部，发表文章150余篇。数次获省社科优秀成果一等奖及省“五个一工程”奖，评为全国文博系统先进个人。

燕园回忆

我于56年8月迈进燕园校门，开始了长达五年的激情岁月！住体育馆，住第四阅览室，住8斋；文史楼上课，大图书馆借书，期末世界史抽题口试；国庆节天安门前游行，十三陵水库劳动；周口店、华县、怀柔和大同实习。老师们辛勤教诲，铺就了学生人生之路。北大务实进取的学风，未名湖秀丽的景色，终生难忘。五年同窗的友情，可圈可点，直至今日还亲如兄弟姐妹。记得住在36楼时，每室门上都有一个信封写上同屋6个人的名字。我们室的信封系本人撰文，写的是：他日相呼喜相逢，六双眼睛笑脸迎，铜山南麓陈传金，海河旁边华向荣，古都汴梁杨育彬，芮城小县李晓东，北京牛街马希桂，河北武安郝本性。如今，小陈已经作古，愿留下的5位和全班同窗都能长命百岁，万事如意！

1996年5月，杨育彬等考古班同学在赛克勒博物馆门前与邹衡老师合影

98

▲ 《未名湖畔的友情》内文（一）笔者简介

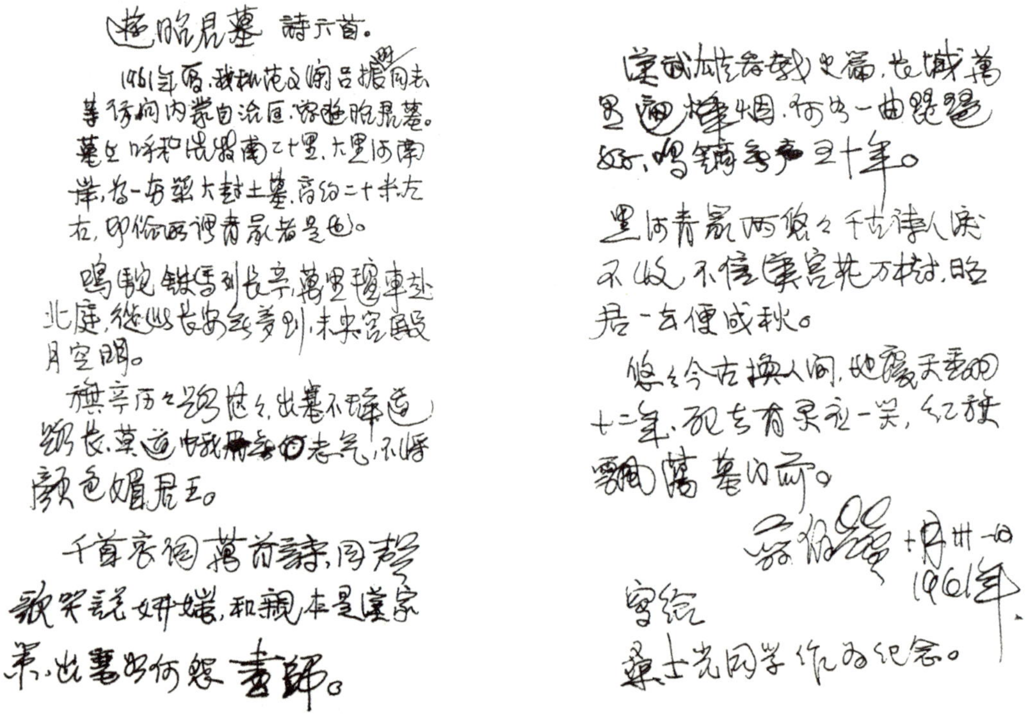
游昭君墓 诗六首。

1961年夏，我和范文澜、吕振羽同志等访问内蒙自治区，曾游昭君墓。墓在呼和浩特南二十里，大黑河南岸，为一夯筑大封土墓，高约二十米左右，即俗所谓青冢者是也。

鸣鞭铁马别长亭，万里轻车赴北庭，从此长安无梦到，未央宫殿月空明。

旗亭历历路悠悠，出塞不辞道路长，莫道娥眉无志气，不将颜色媚君王。

千首哀词万首诗，同声歌哭说婵娟，和亲本是汉家策，出塞为何[illegible]归。

汉武雄图载史篇，长城万里遍烽烟，何如一曲琵琶好，鸣镝无声五十年。

黑河青冢两悠悠，千古诗人写不休，不信汉宫花万树，昭君一去便成秋。

悠悠今古换人间，地覆天翻十二年，泉下有灵应一笑，红旗飘荡塞门前。

翦伯赞 十月廿一日 1961年

写给
桑士光同学作为纪念。

▲《未名湖畔的友情》内文（二）翦伯赞诗六首《游昭君墓》

忘。五年同窗的友情，可圈可点，直至今日还亲如兄弟姐妹。记得住在36楼时，每室门上都有一个信封，写上同屋6个人的名字。我们室的信封系由本人撰文，写的是：“他日相呼喜相逢，六双眼睛笑脸迎，铜山南麓陈传金，海河旁边华向荣，古都汴梁杨育彬，芮城小县李晓东，北京牛街马希桂，河北武安郝本性。”如今，小陈已经作古，愿留下的5位和全班同窗都能长命百岁，万事如意。

还要一书的是，在纪念册的前几页有恩师翦伯赞、周一良、田余庆、张芝联、荣天琳、宿白诸先生的题词，其中系主任翦伯赞先生亲笔赠给我们同年级中国近现代史班桑士光同学他所撰写的《游昭君墓》诗六首，殊为难得，讲述的是西汉王朝与匈奴和亲的历史故事。翦老作为名满海内外的史学大师，在家里接待一位历史系的普通毕业学生，并亲笔抄写下这六首诗相赠，令人感动，成就了一段佳话。今传抄之与读者共享。

《游昭君墓》诗六首1961年夏，我和范文澜、吕振羽同志等访问内蒙古自治区，曾游昭君墓。墓在呼和浩特南二十里，大黑河南岸，为一夯筑大封土墓，高约二十米，即俗称所谓青冢者是也。

鸣驼铁马到长亭，万里毡车赴北庭，从此长安无梦到，未央宫殿月空明。
旗亭历历路茫茫，出塞不辞道路长，莫道娥眉无志气，不将颜色媚君王。
千首哀词万首诗，同声歌哭说妍媸，和亲本是汉家策，出塞为何怨画师。
汉武雄图载史篇，长城万里遍烽烟，何如一曲琵琶好，鸣镝无声五十年。
黑河青冢两悠悠，千古诗人泪不收，不信汉宫花万树，昭君一去便成秋。
悠悠今古换人间，地覆天翻十二年，死去有灵应一笑，红旗飘荡墓门前。

翦伯赞　十月卅一日　1961年

写给桑士光同学作为纪念

《中国当代文博专家志》（中国文物学会　彭卿云主编，文物出版社，2009年）

古老的中国，有着五千年的文明史，其地上地下文物之丰富，为全世界所赞叹。中华人民共和国成立之后，一大批优秀的文博专业人员，热爱事业，忠于职守，善于学习，精通业务，吃苦耐劳，无私奉献，在文物保护、考古发掘、陈列展览和科学研究等诸多方面，取得了举世瞩目的成就。在庆祝新中国成立六十华诞之时，经国家文物局批准，中国文物学会（彭卿云主编）的《中国当代文博专家志》一书，2009年6月由文物出版社出版。入编专家4163人，包括全国文博系统现今健在的副高级专业技术职称以上

▲《中国当代文博专家志》封面

杨文胜〔Yang Wensheng〕男，汉族，1968年生，河南郑州人，先后就读于洛阳大学、南开大学、日本奈良县丝绸之路学研究中心、日本京都大学，历史学博士，河南省文物考古研究所副研究馆员。

曾参加多项田野考古发掘及后期室内整理研究工作，致力于中国先秦史、商周考古学及日本青铜研究。在《中原文物》、《华夏考古》、《中州学刊》、《考古与文物》、《史学月刊》、《安金槐先生纪念文集》、《华夏文明的形成与发展》、日本《中国考古学》、《中国古代文明研究与学术史——纪念李学勤教授伉俪七十寿庆纪念》等刊物和文集上，先后发表《诗经中的先秦车马制度》、《新郑李家楼出土青铜器研究》、《青铜纹饰上的先秦观念演变》、《郑国青铜器与楚国青铜器之比较研究》、《郏县太仆乡出土青铜器研究》、《春秋时代"礼崩乐坏"了吗》、《先秦文献中所见青铜礼乐器制度》、《日本弥生青铜文化研究①：日本弥生青铜文化与中国青铜文化的比较研究》、《青銅器からみた輝県琉璃閣甲乙墓の位置づけ》（日文）、《从"一点""一线"看西周随葬青铜礼乐器制度》等20余篇专业论文。

通讯地址：河南省郑州市陇海北三街9号

邮编：450000

杨育彬〔Yang Yubin〕男，汉族，1937年生，吉林长春人，北京大学历史系考古专业毕业，历任河南省文物考古研究所研究室副主任、副所长、所长、研究馆员，《华夏考古》主编，兼任国家文物局田野考古领队培训班考核委员、河南省文物局考古专家组成员、中国考古学会理事、中国殷商文化学会理事、河南省文物考古学会副会长兼秘书长、国家哲学社会科学研究考古学科规划组（学科评审组）成员、国家夏商周断代工程"商前期年代学研究"课题组副组长、河南大学历史文化学院客座教授、中国社会科学院古代文明研究中心专家委员会委员、文化部优秀专家。曾任河南省文物局副局长，享受国务院特殊津贴。

致力于夏商考古和中国古代文明起源等研究。曾先后参加或主持山西侯马晋都铸铜遗址、新郑郑韩故城遗址、上蔡宋墓、三门峡汉唐墓地、焦枝铁路南阳段、郑州商城遗址、黄河小浪底水库、平顶山应国墓地、焦作府城遗址等的考古发掘；负责主持河南省第四次全省文物普查。编著出版《河南出土商周青铜器》（一）、《郑州商城初探》、《河南考古》、《中国文物地图集·河南分册》、《中国青铜器全集·夏商（一）》、《20世纪河南考古发现与研究》等11部专著；在《考古》、《苏秉琦与当代中国考古学》、《中原文物》、《青铜文化研究》（二）等刊物上，先后发表《河南考古的世纪回顾与前瞻》、《试论河南境内大汶口文化和屈家岭文化》、《^{14}C年代框架与三代考古学文化》、《河南出土夏商青铜器研究》等150余篇论文。

通讯地址：河南省郑州市陇海北三街9号

邮编：450000

杨肇清〔Yang Zhaoqing〕男，汉族，1939年5月生，四川广安人，四川大学历史系考古专业毕业，历任河南省文物考古研究所副所长、书记、所长兼书记，研究馆员。系中国建筑学会建筑史分会学术委员、河南大学历史系客座教授、河南省科技史学会理事长、河南省文物考古学会常务理事、河南省文物局专家组成员、《华夏考古》主编。曾先后在洛阳市博物馆、河南省文化局文物工作队、河南省博物馆等单位工作。

致力于新石器时代考古研究。曾先后主持或参加淅川黄楝树、下王岗、上蔡十里铺、汤阴白营、新密莪沟、郑州西山、灵宝北阳平等遗址的发掘工作；出版《淅川下王岗》（合著，获河南省社科优秀论著一等奖）、《河南考古四十年》（合著，获河南省社科优秀论著二等奖）、《20世纪河南考古发现与

▲《中国当代文博专家志》内文

的专家；还包括从事文物工作30年以上对文物事业有特殊贡献或自学成才，身怀绝技而未获得专业技术职称的老文物工作者、老匠师等；从事文物博物馆工作10年以上，曾获得国家、省部级劳动模范、先进工作者或受到特别嘉奖的文博工作者等。《中国当代文博专家志》无疑是我国当代文博专业队伍和文博事业发展实况资料的大积累，是文博专业人员相互学习、相互借鉴、相互交流的大平台。通过《中国当代文博专家志》，既可以纵观我国当今文博专业队伍的全貌，也可以细察每位专家学者的专长学识，从而起到取长从善、见贤思齐的激励、奋发作用。书中第806页刊有笔者的简历和学术成就，抄录如下：

杨育彬［Yang Yubin］男，汉族，1937年生，吉林长春人，北京大学历史系考古专业毕业。历任河南省文物考古研究所研究室副主任、副所长、所长、研究馆员，《华夏考古》主编，兼任国家文物局田野考古领队培训班考核委员、河南省文物局专家组成员、中国考古学会理事、中国殷商文化学会理事、河南省文物考古学会副会长兼秘书长、国家哲学社会科学研究考古学科规划组（学科评审组）成员、国家夏商周断代工程“商前期年代学研究”课题组副组长、河南大学历史文化学院客座教授、中国社会科学院古代文明研究中心专家委员会委员、文化部优秀专家。曾任河南省文物局副局长，享受国务院特殊政府津贴。

致力于夏商考古和中国古代文明起源等研究。曾先后参加或主持山西侯马晋国铸铜遗址、新郑郑韩故城、上蔡宋墓、三门峡汉唐墓地、焦枝铁路南阳段、郑州商城遗址、黄河小浪底水库、平顶山应国墓地、焦作府城遗址等的考古发掘；负责主持河南省第四次全省文物普查。编著出版《河南出土商周青铜器（一）》《郑州商城初探》《河南考古》《中国文物地图集·河南分册》《中国青铜器全集·夏商（1）》《20世纪河南考古发现与研究》等11部专著；在《考

河南省文物志·第二编 管理

石窟寺》(文物出版社，1963年)、《河南出土商周青铜器》(一)(文物出版社，1981年)、《中国石窟·巩县石窟寺》中文版(文物出版社，1981年)、《中国石窟·巩县石窟寺》日文版(文物出版社、(日)平凡社，1981年)、《信阳楚墓》(文物出版社，1986年)、《中国玉器全集》(三)(河北美术出版社，1993年)、《中国玉器全集》(三)(台北锦秀出版有限公司，1994年)、《华夏玉器》第五辑、第六辑，英文版(美国芝加哥艺术出版社，1995年)、《说汉唐间百戏中的象舞》(《文物》1982年9期)。

【郝本性】

男，1936年出生于辽宁省海城市。1961年毕业于北京大学历史系考古专业，1965年考古专业研究生毕业。1968年进入河南省文物考古研究所工作。历任研究室主任、所长、《华夏考古》主编，研究馆员，享受国务院颁发的政府特殊津贴。兼任河南大学客座教授，河南省文物局考古专家组副组长。长期从事考古发掘和研究工作，主持过郑韩故城、温县东周盟誓遗址等地的发掘工作。1992年以后，连续九年参加国家文物局组织的全国馆藏一级文物确认专家组到各省市进行文物鉴定。并撰写专著多部、考古报告、论文数十篇。研究领域主要为商周考古学和青铜器、古文字学研究。主要代表作：《中国青铜器全集·东周(1)》(文物出版社，1996年)、《新中国出土墓志河南卷·壹》(文物出版社，1994年)、《关于周代使用银币的探索》、《中国钱币论文集》第一集(中国金融出版社，1985年)、《试论郑州出土商代人头骨饮器》(《华夏考古》1992年2期)、《新郑出土战国铜兵器部分铭文考释》(《古文字研究》，中华书局，1992年)、《玉琮用途考》、《南中国及邻近地区古文化研究》(香港中文大学出版社，1992年)、《濮阳仰韶文化蚌图小议》(《中原文物》1996年1期)、《凝固在陶制品上的动态美——舞蹈纹彩陶盆与汉画像砖画法的比较》(《中原文物》1996年增刊)、《三晋文化与马》、《汾河湾》(山西高校联合出版社，1996年)、《论贾湖出土龟甲契刻符号为原始文字》、《舞阳贾湖》(科学出版社，1999年)。

【杨育彬】

男，1937年10月出生，吉林省长春市人。1961年毕业于北京大学历史系考古专业，同年分配到河南省文化局文物工作队工作。1979年曾担任考古部副主任。1983年任河南省文物局副局长。1987年任河南省文物考古研究所副所长、所长、《华夏考古》主编，研究馆员。为国家有突出贡献专家，享受国务院颁发的政府特殊津贴，文化部优秀专家，全国文博系统先进个人。兼任国家文物局田野考古领队培训班考核委员、河南省文物局考古专家组成员、中国考古学会理事、中国殷商文化学会理事、河南省文物考古学会副会长兼秘书长、国家哲学社会科学研究考古学科规划组(学科评审组)成员、国家夏商周断代工程“商前期年代学研究”课题组副组长、河南大学历史文化学院客座教授、中国社会科学院古代文明研究中心专家委员会委员。先后参加或主持过山西侯马晋都铸铜遗址、新郑郑韩故城遗址、上蔡宋墓、三门峡汉唐墓地、焦枝铁路南阳段、郑州商城遗址、平顶山应国墓地、黄河小浪底水库、焦作府城遗址等项的考古发掘，并负责河南第四次全省文物普查。编写出版11部专著，发表130余篇文章。研究领域主要为夏商考古学和中国古代文明起源研究。主要代表作：《郑州商城初探》、《河南考古》、《中国文物地图集·河南分册》、《中国青铜器全集·夏商（1）》、《20世纪河南考古发现与研究》、《河南考古探索》等。其简历被收录到美国传记中心（The American Biographical Institute）出版的1996年《世界5000人士名录》(Five Thousand Personalities Of The World）和1997年《国际知名人士辞典》(The International Directory Of Distinguished Leadership)。

【杨肇清】

男，于1939年4月生，四川广安人。1964年8月毕业于四川大学历史系考古专业。同年8月分配到河南省文化局文物工作队工作（后改名为省文物考古研究所）。曾任河南省博物馆副馆长，省文物考古研究所副所长、所长兼书记，中共河南省文化厅直属机关纪委委员、副书记，河南省科技史学会理事，省文物专家组成员，兼河南大学历史系文博专业教授等职。1992年评为文博系列研究馆员，1999年9月退休。主要从事田野考古研究工作。曾参加或主持淅川黄楝树、下王岗、密县莪沟北岗、上蔡十里铺、濮阳西水坡、郑州西山等十余处的发掘工作。1993至1996年在郑州西山参加国家文物局举办的考古领队学习班的工

858

▲《河南省文物志》介绍笔者内文

古》《苏秉琦与当代中国考古学》《中原文物》《青铜文化研究（二）》等书刊上，先后发表《河南考古的世纪回顾与前瞻》《试论河南境内大汶口文化和屈家岭文化》《碳14年代框架与三代考古学文化》《河南出土夏商青铜器研究》等150余篇论文。通信地址：河南省郑州市陇海北三街9号，邮编450000。

此外，令人高兴的是，我爱人孙广清，作为河南博物院的研究馆员，其简历和学术成就也同时录入《中国当代文博专家志》一书中。

《河南省文物志》（河南省文物局编，文物出版社，2009年）

在全国文物工作中，文物大省河南无疑占有十分重要的地位，许多重大的考古发现在我国历史研究中具有里程碑的意义。经过多年的努力，河南省文物局编辑出版了《河南省文物志》，洋洋洒洒数百万言，还有几千张照片，忠实记录了河南文物保存现状，真实反映了波澜壮阔的中原文明发展进程。全书包括遗存［旧石器文化遗存、古聚落遗址、古城址、古作坊遗址、古墓葬、古建筑、古石刻石窟、近现代史迹、其他遗存、历史文化名城（镇）、文物藏品］；管理［法规、机构、人物］；工作［考古发掘工作、文物保护维修工作、陈列展览、文物安全保卫工作、科研、报刊、著述］；附录［1899—2006年大事记、社会团体、全国重点文物保护单位（河南部分）、考古发掘项目登记表、文物维修项目登记表、陈列展览项目登记表］。其中“人物”部分刊登了13位自民国以来已故的河南文物考古学大家的长篇传记和当下健在的河南72位文博单位研究员的简历及学术成就。这是对以往工作的表彰和肯定，也展现了文物大省河南文博队伍阵容整齐、专业齐备、成果丰硕的面貌。下面摘录第858页笔者的简介和学术成就：

［杨育彬］男，1937年10月出生，吉林省长春市人。1961年毕业于北京大学历史系考古专业，同年分配到河南省文化局文物工作队工作。1979年曾担任考古部副主任，1983年任河南省文物局副局长。1987年任河南省文物考古研究所副所长、所长，《华夏考古》主编，研究馆员。国家有突出贡献专家，享受国务院颁发的政府特殊津贴，文化部优秀专家，全国文博系统先进个人。兼任国家文物局田野考古领队培训班考核委员、河南省文物局考古专家组成员、中国考古学会理事、中国殷商文化学会理事、河南省文物考古学会副会长兼秘书长、国家哲学社会科学研究考古学科规划组（学科评审组）成员、国家夏商周断代工程“商前期年代学研究”课题组副组长、河南大学历史文化学院客座教授、中国社会科学院古代文明研究中心专家委员会委员。先后参加或主持过山西侯马晋都铸铜遗址、新郑郑韩故城遗址、上蔡宋墓、三门峡汉唐墓地、焦枝铁路南阳段、郑州商城遗址、平顶山应国墓地、黄河小浪底水库和焦作府城遗址等项的考古发掘，并负责河南省第四次全省文物普查，编写出版11部专著，发表150余篇文章。研究领域主要为夏商考古学和中国古代文明起源研究。主要代表作《郑州商城初探》《河南考古》《中国文物地图集·河南分册》《中国青铜器全集·夏商（1）》《20世纪河南

考古发现与研究》《河南考古探索》等。

《岁月记忆——河南省文物考古研究所60年历程》（河南省文物考古研究所编，大象出版社，2012年）

2012年为河南省文物考古研究所建所60年，全所举行了盛大的庆祝活动，并出版了《岁月记忆——河南省文物考古研究所60年历程》《岁月如歌——一个甲子的回忆》《考古河南——河南省文物考古研究所获全国十大考古新发现》三部大书和一批大型考古发掘报告。旨在展示并向全社会汇报河南省文物考古研究所建所60年来的重大考古发现和科学研究的丰硕成果。笔者参与了《岁月记忆》和《岁月如歌》两部大书的编辑和撰稿工作。《岁月记忆》一书包括简史、现状、个人简历、调出人员名录、学术交流、课题项目、出版专著、获奖科研成果、大事记、后记等篇目。在“个人简历”部分的第33页有介绍笔者的简历和学术成就的条目，摘抄如下：

杨育彬　男，汉族，1937年10月出生，祖籍吉林省长春市。1961年毕业于北京大学历史系考古专业，同年分配到河南省文化局文物工作队工作，历任考古部副主任、第一研究室副主任兼郑州文物考古工作站站长。1983年调到河南省文物局任副局长。1987年

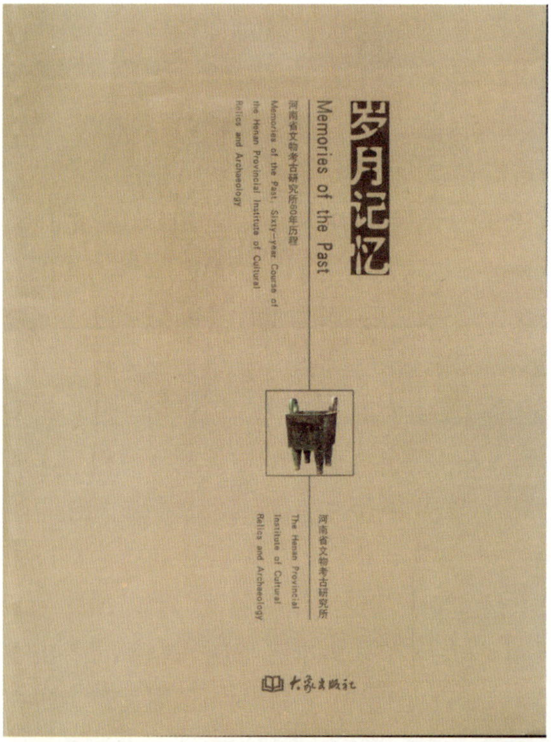

▲《岁月记忆——河南省文物考古研究所60年历程》封面

个人简历

杨育彬

男，汉族。1937年10月出生，祖籍吉林省长春市。

1961年毕业于北京大学历史系考古专业，同年分配到河南省文化局文物工作队工作，历任考古部副主任、第一研究室副主任兼郑州文物考古工作站站长。1983年调到河南省文物局任副局长。1987年又调回河南省文物考古研究所，历任副所长、所长、《华夏考古》主编、研究馆员。兼任国家文物局田野考古领队培训班考核委员、河南省文物局考古专家组成员、中国考古学会理事、中国殷商文化学会理事、河南省文物考古学会副会长兼秘书长、全国哲学社会科学规划考古学科组（学科评审组）成员、河南大学历史文化学院兼职教授、中国社会科学院古代文明研究中心专家委员会委员。被评为国家有突出贡献专家、文化部优秀专家、全国文博系统先进个人，享受国务院颁发的政府特殊津贴。其简历被收录到美国传记中心（The American Biographical Institute）出版的1996年《世界5000人士名录》（Five Thousand Personalities of the World）和1997年《国际知名人士词典》（The International Directory of Distinguished Leadership）。

先后参加或主持过山西侯马晋都新田铸铜遗址、新郑郑韩故城遗址、上蔡宋墓、三门峡汉唐墓地、郑州商城遗址等处的考古发掘，并组织领导了1984年~1987年河南第二次全国文物大普查。还担任黄河小浪底水库联合考古队队长、平顶山应国墓地和焦作府城村商代城址发掘的田野考古领队，对这些大型考古项目进行规划、协调和现场业务指导。其中平顶山应国墓地被评为1996年度全国十大考古新发现，焦作府城村商代城址被评为1999年度全国十大考古新发现。

参加了国家夏商周断代工程的研究工作和河南省《中原文化大典·文物典》、《河南省文物志》的编纂工作。曾出版独著或合著《郑州商城初探》、《河南考古》、《中国文物地图集·河南分册》、《中国青铜器全集·夏商（1）》、《20世纪河南考古发现与研究》、《河南考古探索》、《河南考古研究》等学术专著16部。其中获河南省社会科学优秀成果最高荣誉奖1项、一等奖2项、二等奖3项、三等奖2项，河南省五个一工程奖1项，河南省优秀图书一等奖1项，全国优秀图书一等奖1项，全国地图出版系统优秀奖1项。发表了独著或合写的《郑州商代城遗址发掘报告》、《℃年代框架与三代考古学文化》、《河南考古的世纪回顾与前瞻》、《改革开放三十年的河南考古》、《郑州商城的考古学研究》、《关于中国古代文明起源与发展的几个问题》等考古发掘报告、简报、研究论文和其他文章200余篇。

033

▲《岁月记忆——河南省文物考古研究所60年历程》内文

又调回河南省文物考古研究所，历任副所长、所长，《华夏考古》主编，研究馆员。兼任国家文物局田野考古领队培训班考核委员、河南省文物局考古专家组成员、中国考古学会理事、中国殷商文化学会理事、河南省文物考古学会副会长兼秘书长、全国哲学社会科学规划考古学科组（学科评审组）成员、河南大学历史文化学院兼职教授、中国社会科学院古代文明研究中心专家委员会委员。被评为国家有突出贡献专家、文化部优秀专家、全国文博系统先进个人，享受国务院颁发的政府特殊津贴。其简历被收录到美国传记中心出版的1996年《世界5000人士名录》和1997年《国际知名人士辞典》。

先后参加或主持过山西侯马晋都新田铸铜遗址、新郑郑韩故城遗址、上蔡宋墓、三门峡汉唐墓地和郑州商城遗址等处的考古发掘，并组织领导了1984—1987年河南省第二次全国文物大普查。还担任黄河小浪底水库联合考古队队长、平顶山应国墓地和焦作府城村商代城址发掘的田野考古领队，对这些大型考古项目进行规划、协调和现场业务指导。其中平顶山应国墓地被评为1996年度全国十大考古新发现，焦作府城村商代城址被评为1999年度全国十大考古新发现。

参加了国家夏商周断代工程的研究工作和河南省《中原文化大典·文物典》《河南省文物志》的编纂工作。曾出版独著或合著《郑州商城初探》《河南考古》《中国文物地图集·河南分册》《中国青铜器全集·夏商（1）》《20世纪河南考古发现与研究》《河南考古探索》《河南考古研究》等学术专著16部。其中获河南省社会科学优秀成果最高荣誉奖1项、一等奖2项、二等奖3项、三等奖2项，河南省五个一工程奖1项，河南省优秀图书奖一等奖1项，全国优秀图书一等奖1项，全国地图出版系统优秀成果奖1项。发表了独著或合写的《郑州商代城遗址发掘报告》《碳14年代框架与三代考古学文化》《河南考古的世纪回顾与前瞻》《改革开放三十年的河南考古》《郑州商城的考古学研究》《关于中国古代文明起源与发展的几个问题》等考古报告、简报、研究论文和其他文章200余篇。

《20世纪中国知名科学家学术成就概览·考古学卷》（《20世纪中国知名科学家学术成就概览·考古学卷》编委会编，科学出版社，2015年）

2013年2月、河南省文物考古研究所及笔者本人收到中国社会科学院考古研究所以《20世纪中国知名科学家学术成就概览·考古学卷》编委会的名义，寄来内容相同的信，提及我们河南省文物考古研究所包括笔者在内的3位学者入选总计118人的20世纪中国著名考古学家名录。他们中绝大多数是20世纪30—50年代开始参加考古工作的，为中国考古学的发展做出了积极贡献，要为他们学术成就立传。读者可以通过《20世纪中国知名科学家学术成就概览·考古学卷》一书，从一个侧面了解20世纪中国考古学的发展历程，彰显老一辈考古学家为此取得的卓越成就。这次入选主要是对文物大省河南这块考古热土的眷顾。这对笔者是很高的荣誉，也是极大的鼓舞和鞭策。该书分为第一分册

◀《20世纪中国知名科学家学术成就概览·考古学卷》封面

和第二分册，两大册总计160余万字。书前有总主编钱伟长先生为《20世纪中国知名科学家学术成就概览》系列丛书撰写的《总序》，还有《考古学卷》主编王巍先生撰写的《前言》。全书介绍了118位入选20世纪中国知名考古学家的长篇学术成就传文。其中第二分册第495—505页为中国科学院大学人文学院科技史与科技考古系教授、博士生导师宋国定先生撰写的笔者学术成就传文。传文的前面有一段笔者的简介，抄录如下：

杨育彬（1937—），吉林长春人。考古学家，中国一些重大考古发现的参与者，中国古代文明起源、中国夏商考古学、中国河南考古学的研究者。1961年毕业于北京大学历史系考古专业，其后被国家分配到河南从事文物考古工作至今。1983年担任河南省文物局副局长、国家文物局田野考古领队培训班考核委员；1992年担任河南省文物考古研究所所长、《华夏考古》主编、研究员，被聘为河南大学历史文化学院教授；1993年被

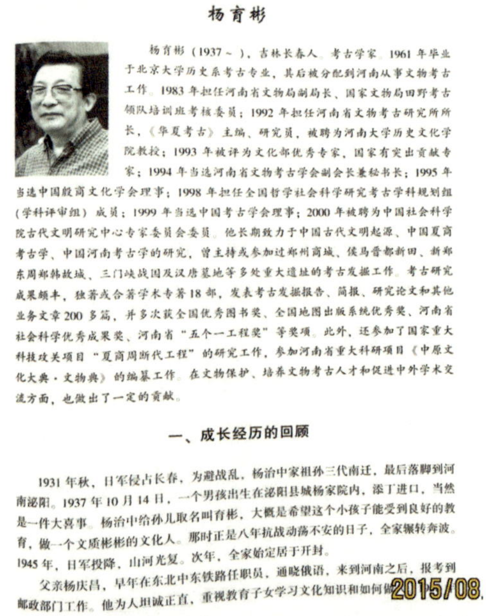
杨育彬

杨育彬（1937～），吉林长春人。考古学家。1961年毕业于北京大学历史系考古专业，其后被分配到河南从事文物考古工作。1983年担任河南省文物局副局长、国家文物局田野考古领队培训班考核委员；1992年担任河南省文物考古研究所所长，《华夏考古》主编、研究员，被聘为河南大学历史文化学院教授；1993年被评为文化部优秀专家，国家有突出贡献专家；1994年当选河南省文物考古学会副会长兼秘书长；1995年当选中国殷商文化学会理事；1998年担任全国哲学社会科学研究考古学科规划组（学科评审组）成员；1999年当选中国考古学会理事；2000年被聘为中国社会科学院古代文明研究中心专家委员会委员。他长期致力于中国古代文明起源、中国夏商考古学、中国河南考古学的研究，曾主持或参加过郑州商城、侯马晋都新田、新郑东周郑韩故城、三门峡战国及汉唐墓地等多处重大遗址的考古发掘工作。考古研究成果颇丰，独著或合著学术专著18部，发表考古发掘报告、简报、研究论文和其他业务文章200多篇，并多次获全国优秀图书奖、全国地图出版系统优秀奖、河南省社会科学优秀成果奖、河南省“五个一工程奖”等奖项。此外，还参加了国家重大科技攻关项目“夏商周断代工程”的研究工作，参加河南省重大科研项目《中原文化大典·文物典》的编纂工作。在文物保护、培养文物考古人才和促进中外学术交流方面，也做出了一定的贡献。

一、成长经历的回顾

1931年秋，日军侵占长春，为避战乱，杨治中家祖孙三代南迁，最后落脚到河
南泌阳。1937年10月14日，一个男孩出生在泌阳县城杨家院内，添丁进口，当然
是一件大喜事。杨治中给孙儿取名叫育彬，大概是希望这个小孩子能受到良好的教
育，做一个文质彬彬的文化人。那时正是八年抗战动荡不安的日子，全家辗转奔波。
1945年，日军投降，山河光复。次年，全家始定居于开封。
父亲杨庆昌，早年在东北中东铁路任职员，通晓俄语，来到河南之后，报考到
邮政部门工作。他为人坦诚正直，重视教育子女学习文化知识和如何做

2015/08

▲《20世纪中国知名科学家学术成就概览·考古学卷》内文

评为文化部优秀专家、国家有突出贡献专家，享受国务院颁发的政府特殊津贴；1994年当选河南省文物考古学会副会长兼秘书长；1995年当选中国殷商文化学会理事；1998年担任全国哲学社会科学研究考古学科规划组（学科评审组）成员，并被国家文物局授于全国文物博物馆系统先进个人的荣誉称号；1999年当选中国考古学会理事；2000年被聘为中国社会科学院古代文明研究中心专家委员会委员。主持或参加过郑州商城、侯马东周晋都新田、新郑东周郑韩故城、三门峡战国及汉唐墓地、平顶山应国墓地、焦作府城村商代城址等处遗址的考古发掘工作。考古研究成果颇丰，独著或合著出版学术专著18部、发表考古发掘报告、简报、研究论文和其他业务文章200多篇，曾多次获奖。全国优秀图书奖有之，全国地图系统优秀成果奖有之，河南省社会科学优秀成果奖有之，河南省五个一工程奖有之。此外还参加了国家重大科技攻关项目“夏商周断代工程”的研究工作，参加河南省重大科研项目《中原文化大典·文物典》的编纂工作。在文物保护、培养文物考古人才和促进中外学术交流方面，也做出了一定的贡献。

河南文物局主办的《河南文物工作》2015年第3期上，明歌撰写的《植根于中原沃土——记入选《20世纪中国知名科学家学术成就概览·考古学卷》的四位河南考古学家》

依据2013年2月《概览》考古学卷编委会通知的入选专家名单，他们是河南省文物考古研究所（今更名为河南省文物考古研究院）安金槐、杨育彬、郝本性，洛阳文物考古研究院蒋若是。这是河南文物考古界的光荣。其中安金槐先生，是郑州商城的发现者和研究者，是河南文博战线的一面旗帜，被誉为“新中国河南考古第一人”。蒋若是先生，是经典考古大报告《洛阳烧沟汉墓》的主持编写者，是全国知名考古学家与古钱币研究专家。郝本性先生，国家文物鉴定委员会委员，温县盟书的发掘者，全国知名的文物考古、青铜器与古文字学家。而对笔者的介绍除简历之外，还着重提到：“他积极进行中国古代文明起源与发展的研究，运用丰富的考古发掘资料，论述了中国古代文明起源与发展的漫长历程，构筑了环环相扣、传承明显的阶段性标识，总结出连续性、完整性和开放性等三大特点。他努力进行中国夏商周考古学研究，支持龙山文化晚期为

▲ 《河南文物工作》2015年3期封面

早期夏文化的观点，坚持偃师商城为汤都西亳、郑州商城为仲丁都隞的学说，在夏商周青铜器和玉器研究上，均很有建树。他在中国河南考古学研究上也硕果累累，既有专题研究，又有综合系统研究，涉及河南的古遗址、古城址、古墓葬及青铜器、玉器、陶瓷器、石刻和古建筑等。通过考古实践和资料积累，他在这些研究领域中，既有所学习，有所坚持，更有所创新，有所发展……”

综上所述，除了在一些报纸和刊物上的对笔者访谈录、笔谈录之外，在十多种志书、辞典等上面，有了对笔者的简历和学术成就的介绍，虽然有一点重复，但随着时间的推移，内容都有一些差别和增加。其中有职务的升迁，职称的晋升，学术成果的积累，独著或合著的学术专著由6部增加到10部、11部、16部、18部；考古报告和研究论文，由60多篇增加到百余篇、130余篇、150余篇到200余篇；荣誉称号和学术成果获奖数量也在增加。几十年的考古生涯，一步一个脚印，一直走到了今天。我看到了别人和社会如何在夸我，“奋斗有我，为梦发声”，感到了满足和自豪，心中满怀感恩之情，谢谢大家啦！

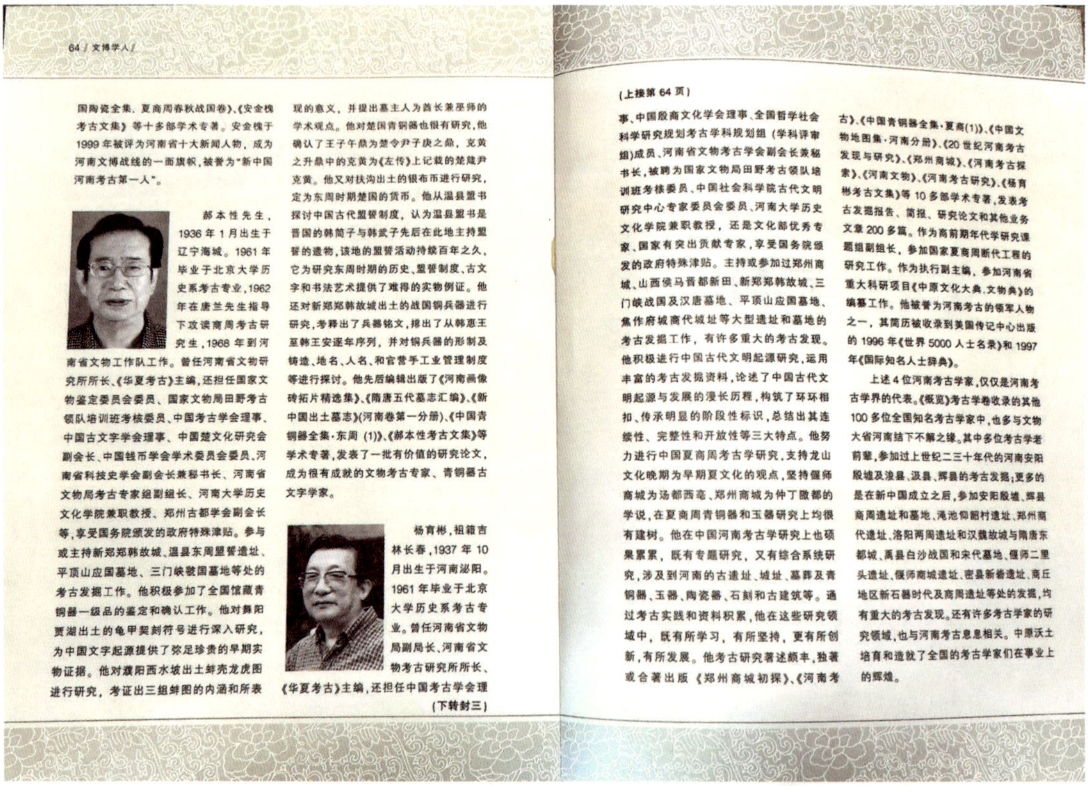
64 / 文博学人 /

国陶瓷全集．夏商周春秋战国卷》、《安金槐考古文集》等十多部学术专著。安金槐于1999年被评为河南省十大新闻人物，成为河南文博战线的一面旗帜，被誉为“新中国河南考古第一人”。

郝本性先生，1936年1月出生于辽宁海城。1961年毕业于北京大学历史系考古专业，1962年在唐兰先生指导下攻读商周考古研究生，1968年到河南省文物工作队工作。曾任河南省文物研究所所长、《华夏考古》主编，还担任国家文物鉴定委员会委员、国家文物局田野考古领队培训班考核委员、中国考古学会理事、中国古文字学会理事、中国楚文化研究会副会长、中国钱币学会学术委员会委员、河南省科技史学会副会长兼秘书长、河南省文物局考古专家组副组长、河南大学历史文化学院兼职教授、郑州古都学会副会长等，享受国务院颁发的政府特殊津贴。参与或主持新郑郑韩故城、温县东周盟誓遗址、平顶山应国墓地、三门峡虢国墓地等处的考古发掘工作。他积极参加了全国馆藏青铜器一级品的鉴定和确认工作。他对舞阳贾湖出土的龟甲契刻符号进行深入研究，为中国文字起源提供了弥足珍贵的早期实物证据。他对濮阳西水坡出土蚌壳龙虎图进行研究，考证出三组蚌图的内涵和所表现的意义，并提出墓主人为酋长兼巫师的学术观点。他对楚国青铜器也很有研究，他确认了王子午鼎为楚令尹子庚之鼎，克黄之升鼎中的克黄为《左传》上记载的楚箴尹克黄。他又对扶沟出土的银布币进行研究，定为东周时期楚国的货币。他从温县盟书探讨中国古代盟誓制度，认为温县盟书是晋国的韩简子与韩武子先后在此地主持盟誓的遗物，该地的盟誓活动持续百年之久，它为研究东周时期的历史、盟誓制度、古文字和书法艺术提供了难得的实物例证。他还对新郑郑韩故城出土的战国铜兵器进行研究，考释出了兵器铭文，排出了从韩惠王至韩王安逐年序列，并对铜兵器的形制及铸造、地名、人名、和官营手工业管理制度等进行探讨。他先后编辑出版了《河南画像砖拓片精选集》、《隋唐五代墓志汇编》、《新中国出土墓志》(河南卷第一分册)、《中国青铜器全集·东周 (1)》、《郝本性考古文集》等学术专著，发表了一批有价值的研究论文，成为很有成就的文物考古专家、青铜器古文字学家。

杨育彬，祖籍吉林长春，1937年10月出生于河南泌阳。1961年毕业于北京大学历史系考古专业。曾任河南省文物局副局长、河南省文物考古研究所所长、《华夏考古》主编，还担任中国考古学会理

(下转封三)

(上接第64页)

事、中国殷商文化学会理事、全国哲学社会科学研究规划考古学科规划组 (学科评审组)成员、河南省文物考古学会副会长兼秘书长，被聘为国家文物局田野考古领队培训班考核委员、中国社会科学院古代文明研究中心专家委员会委员、河南大学历史文化学院兼职教授，还是文化部优秀专家、国家有突出贡献专家，享受国务院颁发的政府特殊津贴。主持或参加过郑州商城、山西侯马晋都新田、新郑郑韩故城、三门峡战国及汉唐墓地、平顶山应国墓地、焦作府城商代城址等大型遗址和墓地的考古发掘工作，有许多重大的考古发现。他积极进行中国古代文明起源研究，运用丰富的考古发掘资料，论述了中国古代文明起源与发展的漫长历程，构筑了环环相扣、传承明显的阶段性标识，总结出其连续性、完整性和开放性等三大特点。他努力进行中国夏商周考古学研究，支持龙山文化晚期为早期夏文化的观点，坚持偃师商城为汤都西亳、郑州商城为仲丁隞都的学说，在夏商周青铜器和玉器研究上均很有建树。他在中国河南考古学研究上也硕果累累，既有专题研究，又有综合系统研究，涉及到河南的古遗址、城址、墓葬及青铜器、玉器、陶瓷器、石刻和古建筑等。通过考古实践和资料积累，他在这些研究领域中，既有所学习，有所坚持，更有所创新，有所发展。他考古研究著述颇丰，独著或合著出版《郑州商城初探》、《河南考古》、《中国青铜器全集·夏商(1)》、《中国文物地图集·河南分册》、《20世纪河南考古发现与研究》、《郑州商城》、《河南考古探索》、《河南文物》、《河南考古研究》、《杨育彬考古文集》等10多部学术专著，发表考古发掘报告、简报、研究论文和其他业务文章200多篇。作为商前期年代学研究课题组副组长，参加国家夏商周断代工程的研究工作。作为执行副主编，参加河南省重大科研项目《中原文化大典.文物典》的编纂工作。他被誉为河南考古的领军人物之一，其简历被收录到美国传记中心出版的1996年《世界5000人士名录》和1997年《国际知名人士辞典》。

上述4位河南考古学家，仅仅是河南考古学界的代表。《概览》考古学卷收录的其他100多位全国知名考古学家中，也多与文物大省河南结下不解之缘。其中多位考古学老前辈，参加过上世纪二三十年代的河南安阳殷墟及浚县、汲县、辉县的考古发掘；更多的是在新中国成立之后，参加安阳殷墟、辉县商周遗址和墓地、渑池仰韶村遗址、郑州商代遗址、洛阳两周遗址和汉魏故城与隋唐东都城、禹县白沙战国和宋代墓地、偃师二里头遗址、偃师商城遗址、密县新砦遗址、商丘地区新石器时代及商周遗址等处的发掘，均有重大的考古发现。还有许多考古学家的研究领域，也与河南考古息息相关。中原沃土培育和造就了全国的考古学家们在事业上的辉煌。

▲《河南文物工作》2015年3期内文

学者寄语——为《大众考古》题词

《大众考古》是我国第一份面向社会大众尤其是大中专院校青年学生的以考古、文物兼及文化遗产、博物馆、文物收藏和文化历史等内容为主题的科普和文化类月刊。该刊由南京大学文化与自然遗产研究所主持编辑。该刊的宗旨是让考古及文物、博物馆、文化遗产、古建筑和古人类等诸多方面的知识与新发现，走到校园，走入大众，走进社会，走向海内外。诠释和认知中华文化及文明的创造与发展历程，了解其在人类文化及文明中的影响和作用，助力全社会去实践“传承文明，开拓创新”。

《大众考古》内容非常丰富，既有卷首语、名家寄语、考古资讯、考古快照、考古百议和考古信息集锦等精辟的短栏目，又有重大发现、万物求源、考古人语、考古人传奇、公共考古、考古科技、发现之旅、遗产万象和业余考古学家等专题栏目，以优美的文字和精美的图片，展示国内外的重大考古发现，还介绍重大科技考古项目，一些考古学家的经历，以及历史人物背后故事。图文并茂，受到学术界和社会上的欢迎。其中名家寄语专栏，请一些国内知名考古学家书写考古感言，栏内有每位考古学家的照片、简介和亲笔题词，题词写下了对考古发现的解读，对考古工作的热爱，对《大众考古》的点评和厚望。

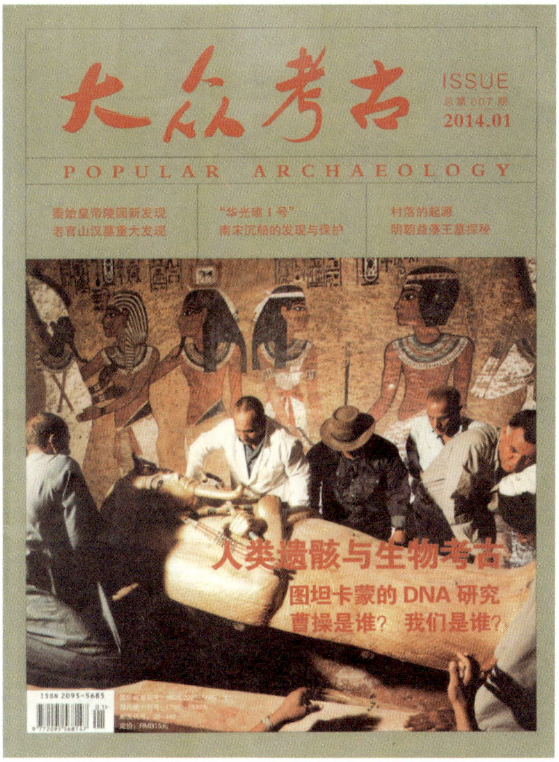

▲ 《大众考古》2014年1期封面

2014年1期《大众考古》的名家寄语栏目发表了麦英豪、郝本性、夏正楷和笔者4位考古学者的照片、简介和亲笔题词。

麦英豪先生的简介是：广州市文物管委员会副主任、广州博物馆名誉馆长，广州地区现代田野考古发掘和研究的主要开拓者。主持和参加过广州象岗南越王墓、秦代造船工场遗址、南越国宫署遗址等700多处岭南重要遗址的考古发掘工作。主编和著有《广州汉墓》《广州西村古窑遗址》《西汉南越王墓》《穗港汉墓出土文物》《汉代的番禺》《广州秦汉考古举要》等。麦英豪先生的题词是："贵刊每期一大亮点，中外并存，视野广阔，内容丰富，在《文物》《考古》中别创生面。可喜，可贺！"麦英豪先生入选中国20世纪知名考古学家名录，1963年下半年，国家文物局举行山西侯马考古大会战，国内十多个省市的几十位考古专业人员参加，共同发掘山西侯马东周晋都新田的铸铜作坊遗址，麦英豪先生和笔者也参加其中。老麦业务功底深厚，平易近人，谈吐幽默，没有一点学长的架子。聊天中他会讲述广东的风物、客家人的故事，甚至他与黎金同志谈恋爱的点滴。还教过我几句广东话中的土语，我只记得一句："拉起来掰（意即伍毛柒分）！"还讲过一些民间谚语，如："屎蘸大关刀，闻（文）不得，舞（武）不得！"……年底发掘结束，各地考古人返乡，山西省考古研究所举行欢送告别会，会场墙上张贴着由笔者撰文和麦英豪先生书丹的大红纸感谢信，颇引来一些点赞的口碑。

郝本性先生的简介是：河南省文物考古研究院研究员，曾任河南省文物考古研究所所长、河南省文物局考古专家组副组长、中国考古学会理事、中国古文字学会理事、《华夏考古》主编。主持过温县东周盟誓遗址、新郑郑韩故城等重要遗址的考古发掘工作。代表著作有《郝本性考古文集》，主编有《中国青铜器全集·东周（1）》《新中国出土墓志（河南一）》《隋唐五代墓志汇编（河南卷）》等。郝本性先生的题词是："考古发现并不神秘，而是一种才能的体现。考古研究化腐朽为神奇，精确判断遗存的价值，展示先民创造足迹，振奋民族精神。大众考古能提高文物鉴赏品格与热爱历史、科学、艺术的志趣。"郝本性先生也入选中国20世纪知名考古学家名录，是笔者在北京大学历史系考古专业学习时的同班好友，在青铜器和古文字研究上造诣尤深。

夏正楷先生的简介是：北京大学城市与环境学院教授，曾任北京大学城市与环境学系主任、中国第四纪委员会常委、重庆三峡库区文物保护专家组成员等职。主要从事古代人类生存环境和华夏文明起源的环境背景研究。代表著作有《环境考古学——理论与实践》《第四纪环境学》以及《豫西——晋南地区华夏文明起源形成过程的环境背景研究》《青海喇家遗址史前灾难事件》等论文。夏正楷先生是中国考古学泰斗夏鼐先生的公子，是中国古代环境考古学的权威。夏正楷先生的题词是一首诗：

聚天地日月灵气，
创人类文明伟绩。
借现代科技手段，
探远古文化奥秘。
辟大众考古园地，
传天人合一真谛。

名家寄语

麦英豪 广州市文物管理委员会副主任、广州博物馆名誉馆长，广州地区现代田野考古发掘和研究的主要开拓者。主持和参加过广州象岗南越王墓、秦代造船工场遗址、南越国宫署遗址等700多处岭南重要遗址的考古发掘工作。主编和著有《广州汉墓》、《广州西村古窑遗址》、《西汉南越王墓》、《穗港汉墓出土文物》、《汉代的番禺——广州秦汉考古举要》等。

杨育彬 河南省文物考古研究院研究员，曾任河南省文物局副局长、河南省文物考古研究所所长。主持或参加过郑州商城、侯马晋都新田、新郑郑韩故城、三门峡战国及汉唐墓地等多处遗址的考古发掘工作。主编和著有《郑州商城初探》、《河南考古》、《中国青铜器全集·夏商(1)》、《20世纪河南考古发现与研究》、《河南考古探索》、《河南文物》、《河南考古研究》、《杨育彬考古文集》等。

考古工作者要和全社会共同努力，打造出人民大众的考古学。用生动的文字，精美的图片，不断介绍考古新成果。让人们在看到一个现代化新中国的同时，也看到一个光辉灿烂的古代中国。为《大众考古》贺岁！

杨育彬 2014年元旦

考古发现并不神秘，而是一种才能的体现。考古研究化腐朽为神奇，精确判断遗存的价值，展示先民创业足迹，振奋民族精神。大众考古能提高文物鉴赏品格与热爱历史、科学、艺术的志趣。

郝本性 2013.12.10

郝本性 河南省文物考古研究院研究员，曾任河南省文物考古研究所所长、河南省考古专家组副组长、中国考古学会理事、中国古文字学会理事、《华夏考古》主编。主持过温县东周盟誓遗址、新郑郑韩故城等重要遗址的考古发掘工作。代表性著作有《郝本性考古文集》，主编有《中国青铜器全集·东周(1)》、《新中国出土墓志(河南一)》、《隋唐五代墓志汇编(河南卷)》等。

聚天地日月灵气，
创人类文明伟绩。
借现代科技手段，
探远古文化奥秘。
辟大众考古园地，
传天人合一真谛。
夏正楷

夏正楷 北京大学城市与环境学院教授，曾任北京大学城市与环境学系主任、中国第四纪委员会常委、重庆三峡库区文物保护专家组成员等职。主要从事古代人类生存环境和华夏文明起源的环境背景研究。代表著作有《环境考古学——理论与实践》、《第四纪环境学》以及《豫西—晋南地区华夏文明起源形成过程的环境背景研究》、《青海喇家遗址史前灾难事件》等论文。

▲《大众考古》2014年1期内文

对笔者的简介是：河南省文物考古研究院研究员，曾任河南省文物局副局长、河南省文物考古研究所所长。主持或参加过郑州商城、侯马晋都新田、新郑郑韩故城、三门峡战国及汉唐墓地等多处遗址的考古发掘工作。主编和著有《郑州商城初深》《河南考古》《中国青铜器全集·夏商（1）》《20世纪河南考古发现与研究》《河南考古探索》《河南文物》《河南考古研究》《杨育彬考古文集》等。笔者的题词是：“考古工作者要和全社会共同努力，打造出人民大众的考古学。用生动的文字，精美的图片，不断介绍考古新成果。让人们在看到一个现代化新中国的同时，也看到一个光辉灿烂的古代中国。为《大众考古》贺岁！”

上述四位考古学者的题词，也代表了文物考古界对《大众考古》今天的点赞和对未来的期望。这也是我这位老考古人在可圈可点半个多世纪考古生涯中，留下的一个美好的记忆！

师恩重如山——永远的怀念 永远的先生

从小学到中学，又从中学到大学，许许多多的老师们，辛辛苦苦教我们这些学生。我上小学三年级到六年级是在开封女子师范附属小学，印象中的小学老师对学生很是关心爱护，教学也非常敬业，至今还记得几位老师：马凤璋老师（教导主任、额头正中长一痣），朱景月老师（教劳作课，后改名为朱敬业，升任校领导），吴绪任老师（胖胖的，总是满脸笑容，后调至河南大学附属高中教世界史课），单亚男老师（教美术课），徐钦州老师（教语文课，五年级时的班主任），王秀荣老师（教语文课，六年级时的班主任）……老师谆谆教诲，恩深似海，引导我们一步步走向成长。

上初中是在开封二中，老师中有周筱沛老师（校长、教育家，经常做形势报告，后调任河南省博物馆和省妇联领导），李一民老师（校长，对学生学习要求十分严格），朱中华老师（教导主任，能记住很多学生的名字），宋怀玉老师（教语文课，一年级时的班主任），康耀文老师（教社会科学课，二年级时的班主任），汪仲陶老师（教世界史课，三年级时的班主任），方绍程老师（教代数课），党寿轩老师（教物理课），郅堂声老师（教化学课），于芝溪老师（教植物课），潘士恩老师（教动物课），王希曾老师（教俄语课），王季老师（教美术课），焦振华老师（教音乐课），张冠武老师和马基铭老师（教体育课，马老师还是河南省男排队员，参加过中南大区运动会）……老师们对学生是知识的传播者，思想的教育者，生活的引路人。

上高中是在河南大学附属高中，早已是百年老校了。老师中有王仲平老师（校长，很注意抓学生的学习和思想教育），车光训老师（校长，办学成绩卓著），高中老师（教我们三年语文课，也担任了三年的班主任），高振之老师（教导主任，教代数课），常亚清老师（教几何课），韩静轩老师（教三角课），陈子正老师、魏仁泰老师、高云召老师（教物理课），翟树理老师、李天心老师（教化学课），吴绪任老师（教世界历史课），郝守勤老师（教俄语课），胡启福老师（教政治课），孟宪和老师（教达尔文主义基础和生物课），白新亭老师（教体育课）……三年高中学习生活，可圈可点。老师们辛勤教育，铺就了学生们的人生之路。

到了北京大学学考古，系里名师云集，可谓群星灿烂。张政烺、周一良、邓广铭、齐思和、苏秉琦、阎文儒、宿白、商鸿逵、田余庆、张芝联、胡仲达、吕遵谔、安志敏、邹衡、李仰松、高明等先生，为我们讲过历史和考古的基础课与专业课；夏鼐、徐旭生、郭宝钧、胡厚宣、林耀华、吴汝康、周明镇、金维诺等先生讲授专题课；翦伯赞、裴文中、贾兰坡、侯仁之等先生做过学术报告……先生睿语，旁征博引，用知识的雨露，滋润着学生们的心田。北大务实进取的学风，燕园未名湖畔的景色，让我终生难忘。

随着时光的流逝，学生们已从青年男女变成了满头华发，小学的、中学的、大学的许多老师们，也逐渐离开我们而远去。师恩重如山，成了我们永远的怀念！其中上课离我们最近的是北大考古专业的老师们，如苏秉琦师、宿白师，怀念他们，感恩他们，也就是怀念和感恩小学的、中学的和大学的其他老师们。

苏秉琦师

1952年，苏秉琦先生从中国科学院考古研究所只身来到北大创建考古专业，中国考古学的教学体系得以创立，苏先生成了新中国考古学的主要奠基人之一，也是中国考古学发展的领航人，开创了考古学的“中国学派”。许多青年学子，投入苏秉琦先生和其他老师的门下，在未名湖畔学习考古，可谓桃李满天下。

1997年6月30日，我们敬爱的苏秉琦师走完了他88岁的人生历程，这是中国考古学界的重大损失。悲痛之余，笔者代表河南省文物考古研究所和河南省文物考古学会，分别发出唁电，沉痛悼念苏秉琦先生不幸病逝。

唁电之一：惊悉苏秉琦先生不幸病逝，我们全所深感悲痛。先生是考古学界的泰斗、一代宗师，对我国考古事业的开创与发展，尤其是对我国近代考古学理论的探索、考古学文化谱系的研究、考古报告编写完善化的追求、对考古干部队伍的培养和对各地考古工作的指导方面，都做出了极大的贡献，因而博得广大文物考古工作者的尊敬和爱戴。先生在河南亲自参加洛阳中州路等处的考古发掘，并对郑州二里岗、登封王城岗、禹州瓦店等遗址的考古发掘，给予很大的关怀和指导。即使在“文化大革命”下放时期，他还在信阳进行考古调查。先生的工作精神，犹如日月经天，江河行地，永垂不朽！请先生家属节哀。

河南省文物考古研究所所长　杨育彬　1997年7月3日

唁电之二：惊悉中国考古学会理事长苏秉琦先生不幸病逝，我们深感悲痛。先生是著名的考古老前辈，为我国的考古事业做出了不可磨灭的贡献。先生学识渊博，治学严谨，坚持正义，光明磊落，平易近人，堪称良师益友，得到考古学界的普遍尊敬和爱戴。其工作精神令人永远不忘。请转达我们对先生家属的慰问。

河南省文物考古学会　杨育彬　1997年7月3日

1997年9月27日，“苏秉琦先生回归大自然仪式”在河北省秦皇岛市至辽宁省绥中县之间的海域举行。笔者与苏师母和其他师友一道与苏先生告别，亲手把先生的骨灰和花瓣洒进渤海湾，先生在大海中获得永生。

1999年10月，是苏秉琦师诞辰90周年。由宿白先生主编的《苏秉琦与当代中国考古学》一书出版，共收录51篇学术论文，总量超过百万字，内容包括苏秉琦学术思想研究，考古学文化区系研究，区系理论指导下的专题研究，中国古代文明起源研究四大部分。笔者所写《试论河南境内大汶口文化与屈家岭文化——纪念苏秉琦师诞辰九十周年》一文也收录在该书之中，学生谨以此文告慰恩师的在天之灵。

如前所述，苏秉琦先生在一生的考古活动中，为我国考古事业的开拓与发展，对考古学理论的探索及实践，对考古学谱系的建立与研究，对考古人才的教育和培养，都作出了杰出的贡献。在中原大地从事文物考古工作的我们，尤其感受到他对河南的文物考古事业特别关心，倾注了大量的心血，给予很多的指导、支持和帮助。

1952—1955年，由文化部社会文化事业管理局、中国科学院考古研究所和北京大学历史系考古专业，先后举办了被戏称为“老黄埔”的四届全国考古工作人员训练班。都是在北大上课之后，再到河南郑州或洛阳进行考古发掘实习。苏秉琦先生担任教务处主任，负责训练班的各项工作。还亲自为学员们授课，讲“秦汉考古”和“陕西宝鸡斗鸡台考古发掘”，为国家培养了一大批考古业务人才。学员们结业后，绝大多数都成了全国各省、市、自治区文物考古部门的领导和业务骨干。

1954年，苏秉琦先生主持洛阳中州路的考古发掘和整理，他把洛阳中州路的东周墓按其陶器组合，分为鬲、盆、罐组，鼎、豆、罐组，鼎、豆、壶组，鼎、盒、壶组四大类；再对每一种器物，进行类型学分型分式研究，然后在四大类组合之内排列每种典型器物型式的发展序列，找出其相互之间的替代和交错关系，细分为前后七期；又按照墓葬的形式分为大、中、小三型。按照与陶器的共存关系，还把不易看出演变规律的和已定其年代的玉器、铜剑、铜镞、铜带钩、铁刀

▲ 王冶秋（左二）和苏秉琦（左三）考察郑州商代遗址

等互相参照，分出相应的期别。再通过各期之间变化的比较，发现三、四期之间，亦即春秋、战国之间，是发生重大变革的阶段。这样就把年代学考察上升到分析社会关系变化的高度，成为考古类型学发展的一个里程碑，对全国其他古代遗址、墓葬的发掘和整理，产生了相当大的影响。

20世纪50年代中期，苏先生曾陪同国家文物局王冶秋副局长或单独自己先后两次来河南指导郑州商代遗址的考古发掘工作。他提出无论在发掘现场，还是在室内整理过程中，除应注意地层关系外，还应注意不同地层中和墓葬内出土遗物的特征，尤其是陶器质地、制法、形态和纹饰的变化等，这对于遗址和墓葬的分期是至关重要的。在郑州二里岗遗址的发掘和报告整理过程中，除根据地层叠压关系和灰坑的早晚打破关系外，还根据不同地层和灰坑中出土的陶器进行分类排队，然后把二里岗遗址分为下层和上层两大期。其中最早是通过陶鬲的不同特征来区分下层和上层的，在此基础上，又把下层和上层的甗、斝、豆、爵、大口尊、瓮、小口尊、簋、盆等陶器区分开。实践证明，苏先生一贯倡导考古发掘和资料整理编写报告的方法，是非常科学的，具有普遍的指导意义。

1964年，苏先生在北京大学考古专业专题讲座上讲了“关于仰韶文化的若干问题”。除了涉及仰韶文化半坡类型外，还更多地讲述了仰韶文化庙底沟类型。同时对于仰韶文化的年代、分期、社会发展阶段、分布和分区、同其他原始文化的关系等，均作了深刻的论述。其中特别提到中原地区仰韶文化前期在与周围原始文化的相互影响中，始终居于主导地位。而在仰韶文化后期，除对西方的马家窑文化的影响仍占主导地位外，东方的大汶口文化和南方的屈家岭文化则对中原地区有强烈影响。这反映了我国民族文化关系的重大变化。在讲稿中，苏先生引用了不少河南的考古资料。

特别令人感动的是，在“文化大革命”中下放到河南信阳“五七”干校期间，在非常困难的环境条件下，苏先生还念念不忘我国的考古事业，以“业余考古者”的身分，进行了一些田野考古调查。先后发现了息县范庄遗址、米围子遗址、姜黄庄遗址和信阳朱庄遗址、黑铃铛遗址、周庄遗址，遗址内涵分别包括仰韶文化、大汶口文化、屈家岭文化和殷商文化，并有比较明显的地方特点。这为了解豫南淮河流域考古学文化编年提供了重要线索。长期以来，在中国考

▲ 1970年苏秉琦（中）在河南息县考古调查

古学的研究中，把中国腹地的新石器时代文化分为黄河流域和长江流域两大系统，而把介于黄河与长江之间独立入海的淮河流域一分为二，淮河以北的黄淮地区归入黄河流域，淮河以南的江淮地区归入长江流域。通过在信阳“五七”干校的考古调查，苏先生认为:“淮河流域的古文化的渊源、特征及其发展道路诸多问题……在中国考古学当中确实具有不可低估的重要性。”苏先生又指出：“徐夷、淮夷在我国古代历史上起过重要作用。如果把山东西南一角、河南的东北一块、安徽的淮北一块与江苏的北部连在一起，这个地区出土的新石器时代遗存确有特色，这可能与徐夷、淮夷有关。有人说‘江淮河济，谓之四渎’，不能把黄河流域、长江流域的范围扩大到淮河流域来，很可能在这个地区存在着一个或多个重要的原始文化。”

1983年春，苏先生来河南郑州参加中国考古学会第四次年会，会后抽出三天时间到登封王城岗遗址和禹州瓦店遗址进行现场考察和指导。他深入观察出土的不同陶器器类，并详细分析了鼎、罐、斝等器物的谱系、分型分式及演变轨迹。他特别告诫大家，在进行遗址的分期时，不要忽略对考古学文化内涵的分析；而进行考古学文化分析时，又要注意到它的运动、变化特点和规律。这对我们认识王城岗和瓦店遗址发现的意义、文化类型的研究和分期，以及考古资料的整理和报告的编写，都是十分重要的。

▼ 我们56级考古班毕业照（前排左起李仰松、俞伟超、宿白、苏秉琦、阎文儒，后排左三作者）

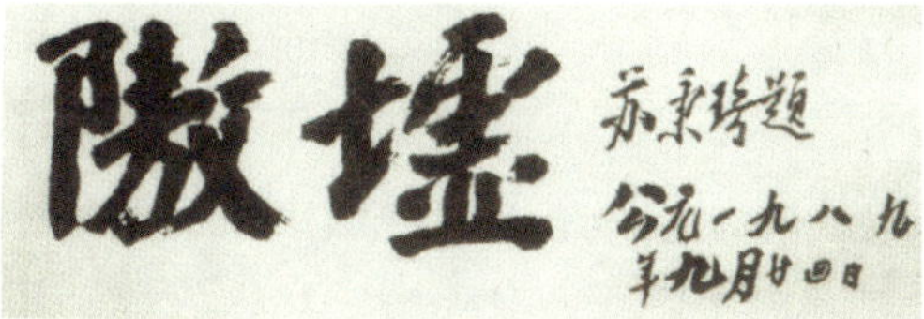

▲ 苏秉琦为隞墟题字

▲ 郑州隞墟门匾

1986年，苏先生为《论仰韶文化》一书写序，题目是《纪念仰韶村遗址发现65周年》。该书是1985年11月5—10日，在河南渑池召开纪念仰韶村遗址发现65周年学术讨论会论文集。苏先生在序言中首先阐明了仰韶文化发展的历史背景和重大学术意义，其次又分析了仰韶文化区系类型的基本轮廓和基本特征。宝鸡、陕县间为中心，东支以大河村、王湾为代表，西支以大地湾为代表，三者连为一个整体。最后还探索了仰韶文化的源流和社会性质。这对中国考古学研究，尤其是对河南考古学研究都是非常重要的。

▼ 福建考古汇报会（前排左三起张忠培、俞伟超、苏秉琦、黄景略，三排右一作者）

1989年9月，安金槐先生到北京开会，会间到苏先生家汇报郑州商城遗址保护情况，并说明由河南省旅游局拨款，要在郑州城东路商城东城墙发掘的一条探沟（CET7）处，修建城墙剖面的保护房，也可开放让人参观，加大文物保护宣传。想请苏先生题几个字，制作成匾额。苏先生听后对这样保护和宣传郑州商城也很赞成，同意题几个字。写什么字呢？安先生提出来写“郑州商城”或“郑州商都”或“隞都映辉”，苏先生提着笔沉思片刻说：“什么映辉不映辉的，就写‘隞墟’吧！”说完大笔一挥，“隞墟”二字就这样诞生了。当时学术界对郑州商城是仲丁之“隞”还是商汤之“亳”已争论多年，苏先生题写“隞墟”也表明了他自己的看法。其后，就制成了“隞墟”匾额，悬挂在东城墙剖面保护房院子的大门上。看起来非常醒目，往来行人有称赞字写得好的，也有随手拍照的，还有人不认识这个隞字，进了院里询问的，在隞墟负责的王润杰老书记就向他们介绍一番，隞墟成了郑州商城的一个名片。

苏秉琦先生长期担任北京大学历史系考古教研室主任，各省市都有他的学生，他对河南考古人才的培养，也起到了无可替代的作用。据匡瑜先生回忆，在1977年郑州大学历史系考古专业建立之初，苏先生就十分坦诚地指出：地处中原的郑州大学举办考古专业，有着天时地利的优势，关键是坚持一条什么样的专业办学方向，以及通过什么样的途径来保证沿着这个方向去培养专业人才。近代考古学不同于我国以往的金石学，它

▼ 1985年山西晋文化会（前排坐者左起邹衡、谢辰生、苏秉琦、张政烺、沈竹，后排左起王鸿玲、祁慧芬、黄景略、张彦煌、吴振禄、王克林、作者、郝本性、孔哲生、林小安、刘观民、李伯谦、陶正刚）

▲ 学生见先生（前苏秉琦，后左起李伯谦、作者、郝本性）

▲ 1994年山西开会（右起黄景略、吴振禄、张万钟、苏秉琦、王克林、作者、高玮）

是建立在科学的田野考古发掘基础之上发展起来的。因此，郑大考古专业必须走近代考古学的发展道路，要围绕这个核心来组织教学内容。在对学生的培养方面，不仅要有基本的理论知识，而且要抓好田野教学实习，通过这个环节，培养学生的田野考古基本技能。这个技能不单单是会发掘，还必须是一个综合性的训练，应该是近代考古学全部过程的一个完整概念。遵照苏先生十分精辟的指导意见，40余年来，郑州大学考古专业送走了一批又一批本科毕业生、硕士研究生和博士研究生，为中原地区和全国培养了许多合格的考古专门人才。

回忆到这里，我又不禁回想起20世纪50年代后期，苏秉琦师在北大文史楼东头阶梯教室给我们上秦汉考古课的情景；想起1961年毕业时与老师的合影照；回想起60年代初，苏秉琦师向许顺湛先生问及郑杰祥和我两个学生在河南文物工作队工作的情况，答曰：“北大毕竟是北大”；回想起1983年，笔者调到省文物局时，苏先生谆谆告之：搞文物管理和文物保护工作，专业不能丢；回想起20世纪80—90年代，参加多次全国考古工作汇报会，苏先生对全国考古工作所做的总结性发言；回想起1985年和1994年，两次在山西召开的全国晋文化学术研讨会，苏先生都做了主旨学术报告；回想起1992年3月3日，到苏秉琦先生家中汇报我们文研所的工作时，先生要求一个省所要出成果、出人才，要注意发扬团队精神；回想起1994年2月28日，在北京紫竹院公园偶遇苏先生和苏师母，与苏先生坐在长椅上促膝谈心，从生活到工作，从学校到社会，漫无边际，遐想

▲ 苏先生与全班同学在中国历史博物馆（后排右三作者）

▲ 在苏秉琦先生家

▲ 北京紫竹院公园巧遇苏先生

联翩，温馨从容，充满了浓浓的师生之情。在学生的心中，永远怀念苏先生！

宿白师

2018年2月1日，宿白师以96岁的高龄仙逝，噩耗传来，全国文物考古界无不陷入悲痛和思念之中。先生的离去，标志着中国考古学又一颗巨星陨落，一个时代的结束。听到消息的当天，我就在河南省文物考古研究院的“河南考古网站”上，写了一篇《宿白先生与河南考古》一文，以寄托对宿白师的无尽缅怀。现将全文录在下面：

惊悉中国考古学泰斗宿白先生今晨驾鹤西去，我们河南省文物考古研究院全体员工感到十分悲痛。中国失去了一位享誉海内外的考古学大家，这是中国考古学界难以弥补的重大损失！

宿白先生是北京大学考古专业资深教授、考古学系首位系主任、博士生导师，一生从事考古学的教学研究工作。在中国佛教考古学、历史时期考古学、建筑考古学、雕版印刷和版本目录学诸多领域内，成就卓著。宿白先生与我们河南考古也结下了不解之缘。

20世纪50年代初，宿白先生为配合治淮工程，在河南许昌地区进行考古调查，记录了不少古代建筑、民居、碑刻和遗址及文物，拍了不少照片，绘制了许多斗拱、梁架及石构件的线图，发表了《从禹县到白沙》的考古调查报告，留下了丰富的地上、地下文物资料。

宿白先生还参加了禹县白沙水库的考古发掘，其中包括3座北宋仿木构建筑的雕砖壁画墓。在资料整理和考古报告编写中，他以深厚的古文献功底，在充分占有资料的基础上，对墓室结构特点和墓内壁画内容进行详细考证，书中大量的附注，涉及人物、史实、名物、典制、地理等诸多方面，内容极为丰富。《白沙宋墓》考古报告于1957年出版，进入新世纪之后，又曾再版，成为中国考古学报告的经典之作，在学术界影响深远。

宿白先生是中国佛教考古学的开创者，除了两次实地调查大量西藏佛教遗迹之外，还多次到大同云冈、甘肃敦煌进行调查，也对河南洛阳龙门石窟进行踏察研究。为后者写出了《洛阳地区北朝石窟的初步考察》等力作，收录在《中国石窟寺研究》等巨著之中。

宿白先生对古代洛阳研究也达到了极高的境界，所发表的《北魏洛阳城和北邙陵墓——鲜卑遗迹辑录之三》《隋唐长安城和洛阳城》等论文，也成了研究洛阳王都和北邙皇陵的必读经典。

宿白先生在北京大学考古专业执教一生，在河南省文物局、河南博物院、河南文物考古研究院、河南省古代建筑保护研究院，以及郑州、洛阳、安阳、焦作等地的文物考古机构，在郑州大学、河南大学等高校，均有他的学生身影。无论是行政领导还是专家教授，宿白先生的弟子们都在为河南的文物考古事业，默默地工作着。

宿白先生非常关心河南文物考古工作，他曾为《北宋皇陵》一书写序，其中特别关注巩义宋陵的文物保护工作。又曾为《洛阳汉墓壁画》写序，彰显这部书的优长和价值。1983年，中国考古学会第四次年会在郑州召开，宿白先生到会，并对郑州商城考古工作给予指导。1997年，《华夏考古》创刊十周年，宿白先生题词："华夏儿女多奇志，考古田野谱新篇。"2001年，《中原文物》出版百期，宿白先生题词："研究历史，展示辉煌。"2001年，宿白先生还专程到河南省文物考古研究所视察，指导工作。

宿白先生以96岁高龄离我们而去，还是让大家情难自禁！其道德文章，赫赫而昭；桃李之蹊，末学仰颂。让我们沿着先生的脚印，奋勇向前！

杨育彬2018年2月1日于河南省文物考古研究院

其后，脑海中一直在回忆和怀念宿白师几十年来对学生的严格又亲切的教诲，对河南文物考古工作的热情支持，对中国考古学发展的巨大贡献。从1952年到1955年，举办的先后四届全国考古工作人员训练班，作为教务处副主任的宿白先生参与了全过程，是负责各项具体工作最忙碌的老师，要安排课程，要请授课老师，要安排教学参观，要安排考古发掘实习，还要亲自讲课……以1952年8月初到11月底的第一届考古工作人员训练班为例：全班学员77人，来自北京和全国各地，河南有蒋若是、杨宝顺、黄明兰、裴明相、安金槐5人。在北海团城（文化部社会文化事业管理局办公地）举行了开学典礼，郭沫若、丁西林、沈雁冰、郑振铎、夏鼐、向达、唐兰、梁思成、陈万里、赵万里、韩寿萱、裴文中、罗福颐、王振铎、郭宝钧、苏秉琦等领导和专家教授到会，这是中国考古界和考古学史上的一件盛事。开学之后开始上课，其中有梁思成先生讲"中国古建筑通论"，唐兰先生讲"商周考古——青铜器"，陈万里先生讲"历代瓷器"，向达先生讲"西域考古"，赵万里先生讲"善本书籍的鉴定和保护"，傅振伦先生讲"博物馆藏品保藏制度和方法"，郭宝钧先生讲"田野商周考古——殷墟发掘"，黄文弼先生讲"新疆考古"，张衍、徐邦达先生讲"书画鉴定"，王振铎先生讲"科技考古——记里鼓车、指南车和张衡候风地动仪的构造和复原"，夏鼐先生讲"埃及考古"，裴文中、贾兰坡先生讲"旧石器考古和北京猿人的发现"，苏秉琦先生讲"秦汉考古——陕西宝鸡斗鸡台考古发掘"，宿白先生讲"魏晋南北朝石窟造像"，此外还请李文信先生讲“东北地区的细石器、辽阳汉墓”，请南京博物院曾昭燏院长讲“山东沂南汉墓、南唐二陵”。真是名家开课，课课成篇，篇篇精彩。课堂学习结束之后，学员们开始了田野教学和考古发掘实习。先到北京周口店北京猿人发现地参观，贾兰坡先生现场给学生上课。又到山西大同参观上下华严寺和明初代王府的九龙壁，宿白先生在这里给学员们上古代建筑课；还参观了大同云冈石窟，宿白先生现场讲授石窟寺艺术课。接着学员们又到河南洛阳龙门石窟，宿白先生指导大家将其与山西云冈石窟进行对比研究；又在洛阳开展田野调查、钻探与墓葬发掘的考古实习和资料整理。最后，又到郑州二里岗商代遗址进行考古发掘实习，并对发掘出的陶片进行分期排队和整理，完成了教学和实习的训练全过程。学员收获满满。其后，又连续办了三届全国考古工作人员培训班，总计培养了292位学员，其中河南有16人参加。这是一大批国家急需的考古专业人才，在配合国家大规模经济建设中，进行调查、钻探和考古发掘，保护了大量的古遗址、古墓葬、古建筑和难以计数的各类珍贵文物。其中宿白先生功不可没。

▼ 宿先生带领全班同学参观故宫（后排左六宿先生，前排右四作者）

在学校里教授学生，宿白师更是倾尽心力。先生开创了历史时期考古学学科体系，在北大教我们魏晋南北朝至宋元考古课，在学生面前展现了一幅幅历代王朝的王都、城址、手工业、宗教、社会生活的历史画卷。先生以考古资料为本，结合文献、舆图，复原了多座秦汉以后的古代城市。指出汉魏洛阳城在我国城市发展史上，表现了都城设计规划从先秦城市向隋唐城市的转变；重点分析了隋唐宋元时期城市的形制、布局和等级制度，还诠释了隋唐长安城和洛阳城源起于北魏洛阳城的方形里坊制度，对中亚地区城市和日本一些京城布局的重要影响；以及开封宋都废除了里坊的坊墙，变成开放式的街市，促进了社会经济的大发展。先生将手工业遗存置于考古学体系之中，他特别关注工艺技术的发展和交流，创建了陶瓷等考古教学体系，开展了系统、持续的田野工作，将物质文化研究上升到探索手工业发展史及经济史的新高度。先生确立墓葬考古的新模式，对魏晋南北朝隋唐墓葬进行全面的分区分期，从墓葬形制、随葬品组合等方面入手，结合出土文物和传世文献，系统研究了中古时期的墓葬制度，开阔了古代社会研究

▼ 古建筑实习在大同华严寺（前排中宿先生，五排左一作者）

▲ 云岗大佛前（中排左五阎文儒先生，后排右七宿先生，前排蹲者右五作者）

▼ 全系毕业照（部分）（二排右三宿先生，三排右五作者）

的视野。先生教我们古代建筑课，最早把古代建筑纳入考古学领域，把考古学的理论方法，用于古代建筑的调查和研究。他带我们进故宫参观，讲解明清建筑；到中国历史博物馆参观，对照馆内展出的山西应县佛宫寺释迦塔（俗称应县木塔）模型讲解辽代建筑；又带我们去山西大同参观考察上华严寺和下华严寺的大雄宝殿、薄迦教藏殿，善化寺的山门、大雄宝殿、普贤阁、三圣殿等辽金建筑，并逐一讲解建筑布局、建筑特点、建筑结构、建筑风格、时代特征及梁架、斗拱等，还讲述了殿内辽金塑像的艺术特点，最后又领大家参观明初代王府前的九龙壁，真是十分壮观。宿白先生还带着同学们在大同市区多条街道走了走，讲解自清代晚期到民国年间大同的布局、街道建筑的特征、商铺外观的不同标识……现场教学，现场提问，现场考试，让同学们收获多多。先生创立了佛教考古，这在中国考古学里是一门相对较冷的专业。他对佛教寺院和石窟寺倾力尤多。先生选择典型石窟寺进行勘探记录，建立了中国佛教石窟寺的时空框架，开启了佛教考古的新纪元。他曾辅导学生到山西大同云冈石窟、甘肃敦煌石窟、河南洛阳龙门石窟等处进行实习，最终有杨泓、马世长、樊锦诗、温玉成等多位同学，得到老师的真传，成为海内外佛教考古的名家。宿白先生博古通今，学贯中西，熟谙古代文献，功底深厚，上学期间，同学们有问题请教先生，无论是地上、地下、遗址、墓葬、碑刻、石窟、衙署、寺庙、古书、字画……都会一一圆满回答。大家对老师极为佩服，私下里议论先生真是一部无所不知的“百科全书”。学生毕业时真对老师有所依恋。宿白先生是杰出的考古学教育家，无论是在全国四届的考古工作人员训练班培养考古人才，还是在北大考古专业或考古学系培养本科生、硕士生、博士生，以及苏联、越南、日本、韩国、美国、德国等许多国家的留学生，真是名副其实的桃李满天下。前些年，笔者在工作中与海外学者接触较多的日本学者管谷文则和冈村秀典，都出自宿白先生的门下。1997年6月，笔者出访韩国，在京畿道的湖岩美术馆会见辛勇旻馆长，他也曾留学北大，师从宿白先生学习考古，话语间成了校友，彼此亲近了很多。宿白师平时教学要求严格，一丝不苟，对学生犹如严父；但生活中平易近人、温和亲近，对学生如同慈母。他时而到我们学生宿舍，与同学们学业中问题的谈论，以及生活里趣事的聊天。有一次先生见到我冬天上体育课时在未名湖上学滑冰的照片，还称赞说：杨育彬不简单！

宿白先生与河南考古关系密切，关心备至。他多次在河南参加了考古调查与发掘；多次带领学生到河南进行考古实习；在他的学术著作里很多都与河南息息相关：诸如1957年9月著名的《白沙宋墓》（2002年4月再版），1978年6月《隋唐长安城和洛阳城》，1978年7月《北魏洛阳城和北邙陵墓——鲜卑遗迹辑录之三》，1991年3月《洛阳地区北朝石窟的初步考察》，1992年3月《北宋汴梁雕版印刷考略》等。这些都是深层次考古学研究的经典之作，彰显了一位考古大家的功力和风范。其中特别令人关注和感动的是，宿白先生所作的1996年10月《〈洛阳汉墓壁画〉序》和1997年8月《〈北宋皇陵〉读后（代序）》。

汉代是我国封建社会巩固和发展的时期，也是奠定和形成中华民族传统文化主体和独特风格的关键阶段。西汉初，刘邦定都洛阳四个月后迁都长安，但洛阳作为河南郡的治所，在全国一直居于“陪都”的地位。东汉初，刘秀定都洛阳，从此洛阳作为东汉政治、经济、文化中心，长达196年之久。这时的洛阳，不仅宫阙壮丽，街市繁华，而且还是古“丝绸之路”东端的起点。这里四方学士云集，名师大儒荟萃，一直是达官贵人聚居之地和富商大贾活动之所。当时北邙上下，伊洛之滨，高冢累累，其中也包括较多的两汉壁画墓。这些绘有琳琅满目彩色壁画汉墓的发现，使人们对两汉绘画艺术的了解为之耳目一新。它不仅展示了两汉墓葬建筑艺术的演化规律和建造技巧，还勾勒出汉代墓室壁画艺术发展的脉络和特点，广泛深刻地揭示了汉代人们的思想、情感、意趣、观念。那些古拙朴厚的笔法和深沉雄大的意蕴，再现了我国封建社会早期的精神文明和无名艺术家的天才智慧。宿白先生为《洛阳汉墓壁画》作序，全文如下。

> 欣闻黄明兰、郭引强两同志合作编写的《洛阳汉墓壁画》即将出版，写此短文，以为序。
>
> 我与黄明兰同志是1952年在全国第一届考古工作人员训练班认识的，以后他去河南洛阳从事文物考古数十年，其间我曾多次带学生去洛阳实习，屡有接触。他勤奋好学，工作和研究都取得了显著成绩，尤对汉魏南北朝考古用力最勤，出版了《西汉画像砖》《北魏孝子石棺》《北魏世俗线刻画》等论著。他注重实地调查，写出了如《北魏景陵位置的确定和静陵位置的推测》等数十篇有价值的论文，受到学术界的好评。郭引强同志是北京大学历史系考古专业1977届毕业生，他在洛阳从事考古工作也已多年，成果卓著。
>
> 洛阳是我国建都年代最早、朝代最多、时间累计最长的著名古都，由于具有数千年古代文化积淀，使邙山上下、伊洛之滨孕育出华夏文明瑰宝。新中国建国后近五十年来，随着社会主义经济建设，洛阳发掘了数以万计的历代古墓葬，今择其中保存较好的十二座汉墓壁画编辑成书（包括一座解放前发现的空心砖壁画墓），这本身无疑就是很重要的贡献。
>
> 洛阳汉墓壁画时代之早、数量之多、艺术之高为国内所罕见。作者就产生这些壁画墓的时代背景、绘画内容、历史渊源、艺术风格等都作了较为详尽的论述，具有较高学术和美术价值。
>
> 中国绘画艺术源远流长，两汉画坛群星璀璨，然其真迹大都荡然无存，要想研究当时的绘画艺术，只能依赖于地下的考古发现。汉墓壁画以它所充满动感的结构，灿烂辉煌的色彩，流畅奔放的笔触和虚构夸张的手法，呈现出一幅

幅引人入胜的画面。这些作品不仅是宝贵的艺术遗产，也是研究两汉社会历史的重要资料。两汉墓室壁画，作为人类艺术的宝贵财富而放射出灿烂的光辉，是中国乃至世界美术史中的重要篇章。这些壁画发掘之后，由于自然和人为的原因，有的已不复存在，更加显出这本书的重要价值。

宿白　1995年12月

北宋王朝农业生产大发展，手工业和城市经济大繁荣，科学文化大进步，中外贸易往来大兴盛，是我国封建社会发展的鼎盛时期。《东京梦华录》文字的记述，《清明上河图》画中的描绘，让人们看到北宋帝都之壮丽，市肆的繁华，千载之下，仍令人心驰神往。在中国封建社会里，帝王陵寝是礼仪典章制度的重要组成部分，代表着丧葬礼仪中的最高等级，不仅能够反映出当时的社会风尚和丧葬习俗，而且还是每个朝代物质文化兴盛衰落的标志。北宋皇陵位于河南巩义嵩山北麓与洛河间的丘陵和平原上，陵区面积约156平方千米。北宋9位皇帝除徽、钦二帝为金所虏囚死漠北之外，其他7位皇帝及被追尊为宣祖的赵宏殷（赵匡胤之父）均葬于此，世称7帝8陵。另有祔葬的皇后陵21座，皇室宗亲墓144座，名将勋臣墓8座。帝陵陵园均坐北朝南，中间筑有高大的陵台，陵台下是安放灵柩的地宫。陵台四周筑有神墙，四角各有角楼，四面神墙正中设有神门，南神门外为长长的神道，神道两侧对称排列石雕仪仗，自南至北依次为望柱、象及驯象人、瑞禽、角端、仗马及控马官、虎、羊、客使、武将、文臣等共60件。皇后陵园与此相近但规模较小。帝陵石雕现有407件，皇后陵石雕现有336件，祔葬墓石雕现有69件，总计812件。宋陵神道石雕是我国现存唯一一组宋代大型石雕群，造型浑厚，形象多样，结构严谨，线刻、浮雕、圆雕无不俱备，是极为难得的雕刻艺术珍品。《北宋皇陵》一书，将过去对巩义宋陵的考古调查、全面的测绘、永定陵上宫的试掘、元德李后陵地宫的清理、宋陵碑志与生肖石像的收集、北宋皇陵的寺院遗存、北宋皇陵陵邑及相关遗迹，一一写入书中。并附有北宋皇陵碑刻录文和明清时期的御制祭文，还有大量的图版、线图和石刻拓本，可以说是一部资料丰富翔实、考证有据的考古调查大报告与学术专著。该书1995年列入全国社会科学基金支持项目。1996年5月，笔者还在河南省文物考古研究所所长任上，赴京开会后到家看望宿白先生，并汇报所里业务工作情况，谈及孙新民同志主笔的《北宋皇陵》书稿已经完成，想请老师审阅。宿先生当场答应了。6月份，孙新民和我所的宋国定同志一起携带书稿送到宿白先生家，宿白先生还介绍孙新民到北大图书馆查阅了河南没有的宋版《地理新书》等重要历史文献。老先生冒着酷暑反复审阅了书稿，给予许多有益的指导，并亲笔写了序言。书序全文如下：

《北宋皇陵》是一部较全面记录河南省巩义市宋陵遗迹的考古调查报告。自1992年夏迄1995年秋，河南省文物考古研究所“在国家文物局和河南省文物局大力支持下，对东西长约13、南北宽约12千米，总面积达156平方千米”的北宋陵区，进行了较细致的普查工作。普查首先明确了宋陵分四个区域的总体设计；其次考虑了每个陵园的内涵（包括上宫、皇后陵、下宫、陪葬墓）和记录各种遗迹的现存情况与采集的有关各种遗物；之后，永定陵上宫和元德李后陵地宫的清理，陵区内所出碑志、生肖石刻的记录，陵区特建的佛寺的分布与清理，以及和陵区有关的其他遗迹的调查，都立有专章，或考述现况或汇辑文字；最后附有现存建筑台基尺寸表、现存石雕统计及尺寸表、史料中记载的陪葬墓统计表和陵墓碑志录文。在报告的结语中，河南同志结合大量文献记录讨论了陵园选址与建制的特点、石雕名称与分期、地宫结构的三个阶段、陪葬墓的分区与等级等问题。洋洋洒洒，都五十余万言，客观描述细致，主次探索清晰，并辅有大量插图、图版，洵是近年罕见的较有分量的大型考古调查报告。

较全面详细的调查报告，不仅完成了重点文物的档案记录，并为研究者提供了宋陵的第一手资料，更重要的是给如何系统的科学的对宋陵进行保护维修，做了最基础的工作。近年许多地区为了开辟旅游景点，对历代陵墓大都注意了维护工程，而开始的基础工作却不一定都有充分的准备。河南同志在维护宋陵的前期，做好宋陵的普查工作，并将结果公布于世的做法，是很值得重视的。河南刊印《北宋皇陵》并不掩饰宋陵现况破坏的严重，这种求实精神更是值得学习的。据《北宋皇陵》的记录，破坏情况大体有三种：

一、平整土地的破坏　其例如宋宣祖“永安陵上宫仅存陵台及神道石雕像4件，由于近年平整土地……（陵台）下部四周被削成陡壁……今陵台周围经平整土地后所形成的田埂……该陵前原立有东西两行石雕像，60年代后期才遭破坏”；宋太祖永昌陵上宫“由于近年平整土地，陵园地貌发生很大变化”；宋英宗永厚陵“由于近年平整上地，地貌发生了较大变化”；宋神宗永裕陵上宫“西乳台的东、西和北面，因平整土地被挖低2米”；“东乳台东北部建有工厂，北壁因取土被挖掉一部分”；永裕陵向皇后陵“东北角阙基址周围被平整土地时挖削，现余一个方形土台……”。

二、修建公路的破坏　其例如永安陵尹皇后陵“巩西公路从陵园内西侧穿过……陵台的东、西两面被削成直壁……（东、南、西）三面神墙皆被夷为平地”；永厚陵“1995年夏季，巩义市人民政府在市区扩修人民路西段，横穿永厚陵下宫遗址北部，将下宫遗址严重破坏”。

三、最严重的是巩义市区向陵区内发展的破坏　其例如宋仁宗永昭陵“位于巩义市区，陵区周围已建有不少高楼、工厂和居民住房，严重影响（实际应是破坏）了陵园风貌”，“下宫遗址……北边界被近年建房取土破坏”；宋英宗永厚陵“由于该陵地处巩义市区，神道石雕像东侧建有巩义市气象站。高皇后陵以北也被一些企事业单位占去……”。

北宋陵区破坏严重的如实记录的刊布，给各级有关领导认真考虑具体的最佳维修计划，提供了极大的方便。《北宋皇陵》在这方面的现实意义也是不容忽视的。此外，《北宋皇陵》透露了让人们担心的信息：“为彻底改变文物保护的被动局面，1995年6月，由巩义市人民政府投资，将永昭陵区及其重点保护范围内约568亩土地征为国有，经国家文物局批准的永昭陵抢救保护工程方案也已付诸实施，预计二至三年内按照原状保护复原的永昭陵上宫，将以新的雄姿展现在世人面前。”已实施的“抢救保护工程方案”的内容如何？“将以新的雄姿展现在世人面前”的“按原状保护复原的永昭陵上宫”，将是何等形象？亡羊补牢，“羊”已有损，衷心祝愿“补牢”工程切勿出现新的差错。

以上介绍的宿白先生为《洛阳汉墓壁画》和《北宋皇陵》两部有关河南文物考古专著所写的书序，是他在阅读书稿之后，用画龙点睛的方式，彰显出每一部书的优点和价

▼ 入学30年师生合影（前排左三起田余庆、宿白、邓广铭、苏秉琦、周一良，三排右五作者）

▶ 师生相会聚餐（右三宿先生，右五李仰松，左一作者）

值，给予肯定和推荐，使之臻于完美并得到升华。也反映了宿白先生对河南文物考古工作的认可和对文物保护工作的殷切期望。

1956—1961年，在北大考古专业学习的日子里，我们学生一直跟随着老师聆听教诲。毕业之后步入社会，还在内心时时怀念先生，盼望着有时间再相会。只要有机会到北京出差，总要抽空去学校看望老师，汇报一下学生工作的情况，并带去给先生的问候。1986年是我们入学北大30周年，5月初全年级同学回到母校，就像当年上课一样，老师们和同学们在文史楼一楼东头阶梯大教室相聚，共同回忆在北大学习时难忘的经历。1988年5月，是北大90年校庆的日子，同学们又从四面八方回到学校，在师生座谈中大家激情回忆过去，热情展望未来，大家都深切地感受到我们伟大的祖国正走在改革开放的康庄大道上。生长在今天的中国人，对幸福、对生活充满了自信！师生们中午在学校餐厅里聚餐，大家举杯感谢师恩，为母校明天更大的发展祝福。1996年5月，是我们入学40周年，同学们又都回到学校与老师相见。老师中有年逾90的邓广铭先生，还有周一良、荣天琳、宿白、田余庆、吕遵谔、邹衡、吴荣曾、张寄谦、李仰松、高明、朱龙华等多位老师。老师们年事已高，同学们不少也是白发苍苍，大家相互问候和祝福，仿佛又回到了1956年。同学们又举行了一场十分温馨的谢师会，师生之情，同窗之谊，溢于言表。中午师生们又在一起聚餐，吃了一次团圆饭。1998年5月，北京大学迎来百年校庆，从京师大学堂到北京大学，走过了完整的世纪之路。这也是师生们在燕园欢聚的节日。北京大学辉煌的一百年，支撑了国家1912年结束数千年的封建帝制，建立了民

▲ 北大考古专业50年暨宿先生80华诞同班同学相聚（左一作者）

国政权；又支撑了1949年推翻旧政权，建立了中华人民共和国。这是两次翻天覆地改朝换代的大变革。师生们相信在下一个中国变为全世界领头羊的一百年中，北大将会铸就更大的历史辉煌。2002年5月，北大考古系举办考古专业50年暨宿白先生80华诞庆典，各个年级考古班的同学都相聚在北大赛克勒博物馆后面的考古系大院内。红旗招展，乐声震天，师生们在一起共同回顾考古专业50年走过的光辉历程，并向健在的全国考古学一代宗师宿白先生表示敬意。2012年4月，北京大学考古文博学院在学校大礼堂举办中国考古学与世界考古学学术报告会暨北京大学考古90年考古专业60年庆典。适逢宿白先生90华诞，因人多劳累先生没有到会。过了一个月后，笔者到蓝旗营家中看望宿白师，先生身体健康，谈笑风生，令人欣慰。

笔者参加工作之后，除了多次回到学校聚会外，还是有很多机会见到宿白师的。1981年12月，中国考古学会第三次年会在浙江杭州举行，年会的中心议题是“中国东南沿海地区的新石器时代文化”和“中国古代的青瓷和青瓷窑址”；1983年5月，中国考古学会第四次年会在河南郑州召开，年会的中心议题是“商文化研究与夏文化探索”和“中国各地的青铜文化”；1999年11月，中国考古学会第十次年会在四川成都召开，年会的中心议题是“西南地区和三峡地区的考古学问题”；2008年10月，在北京召开了中国考古学会第五届会员代表大会暨第十一次年会。年会的中心议题是“改革开放30年来

▲ 宿白先生80华诞

▲ 北大又见宿先生

▲ 宿先生90华诞

的中国考古学”。笔者作为中国考古学会会员和中国考古学会理事参加了上述会议，有机会聆听宿白先生的学术报告和开幕词，受益匪浅。2016年5月，笔者参加了在河南郑州举行的首届中国考古学大会，宿白先生因年事已高没有到会。但会上给先生颁发了中国考古学会终身成就奖（由宿白先生的博士生、北大考古文博学院杭侃院长代领）。

在20世纪80—90年代，国家文物局一年或两年一度召开全国考古工作汇报会，宿白先生经常在会上作指导性的发言；他还多次在考古学术研讨会上致辞或做学术报告，学生见到老师总是喜相逢。尤其是1991年10月，在山东召开纪念城子崖遗址发掘60周年国际学术讨论会，宿白先生代表中国考古学会在会上致辞，而我们北大1956级考古班有11位同学到会，几占全班同学半数之多，与宿白先生、严文明先生在参观城子崖遗址时合影，记录了那难忘的瞬间。

此外，笔者作为国家哲学社会科学研究考古学科规划组（学科评审组）成员，1997—2012年，参加了三次全国哲学社会科学规划工作会议，参与制定“十五”期间、“十一五”期间和“十二五”期间考古学科的发

▲ 广东开会参观中山先生故居（右起徐恒彬、作者、宿先生、李晓东）

▼ 参观山东城子崖遗址（二排左二宿先生、左三严文明先生，三排右二作者）

展规划；还参加了每年一度的全国哲学社会科学规划考古学科组社科基金项目评审会，讨论和评审考古学科组每年的社科基金项目。笔者先后与宿白、徐苹芳、王仲殊、石兴邦、蒋赞初、张长寿、严文明、张忠培等多位老师和知名考古学家，还有邹厚本、李伯谦、何介钧、林沄、韩伟、陈振裕、刘庆柱、张柏、陈星灿、袁靖等多位同窗好友，共同在一起开会。宿白和徐苹芳先生对考古学科"课题指南"的指导，老师们的殷切话语，同窗们的睿智发言，也使我收获多多。宿白先生与学生们确实是情长谊深，听温玉成同学说，多年来，每逢新年到来的时候，马世长、温玉成和其他在京的一些同学们，都会相约到先生家聚会，向老师恭贺新春。从20世纪80年代开始，笔者每年都会给宿先生寄一张贺卡，写一些吉祥语句，祝老人家健康长寿！近些年不太流行贺年片了，就在新年前夕给老师发一封挂号信，汇报学生的情况，为先生贺岁。

在学生心目中的宿白先生，是一位"纯净的学者"！是一位"永远的师者"！是一位"至善的智者"！犹如北京大学考古文博学院为悼念宿白先生在《中国文物报》上发表《永远的先生：沉痛悼念宿白先生》一文中所写的："先生的生命中早已与考古学连为一体，他将他的全部精力奉献给了中国考古事业。他对中华文明和传统文化怀有深沉的景仰和挚爱，持有语言难以表达的亲情和关切。他将全部的知识和智慧留给了后来者。他尽了一个学者之所能，报效了他的祖国。他是一座永远的灯塔，指引后学前行的方向。此人只应天上有，从此世间无先生。"

▼ 全国社科基金评审会（考古学科组）（左五宿白、左二作者）

老同学印象——与樊锦诗交往琐记

樊锦诗，敦煌研究院名誉院长，敦煌石窟的守护者、研究者，半个多世纪扎根大漠，在非常艰苦的条件下，倾全力为保护、研究和利用敦煌石窟，贡献出了自己的青春年华。被誉为“敦煌的女儿”，荣获全国三八红旗手、全国先进工作者、全国优秀共产党员、2005年度感动中国年度人物、100位新中国成立以来感动中国人物等荣誉称号。2018年12月，在庆祝改革开放40周年大会上，被党中央、国务院授予改革先锋称号。

她潜心敦煌石窟考古研究，出版了《敦煌石窟》、多卷本的《敦煌石窟全集》第一卷——《莫高窟第266—275窟考古报告》、《中国壁画全集·敦煌（3）北周卷》、《解读敦煌》、《安西榆林窟》等多部考古学专著；完成了敦煌莫高窟北朝、隋、唐前期和中期洞窟的分期断代。改革开放以来，樊锦诗坚持改革创新，带领团队致力世界文化遗产保护传承，积极开展文物国际交流合作，引进先进保护理念和保护技术，构建“数字敦煌”，开创了敦煌莫高窟开放管理新模式，有效地缓解文物保护与旅游开放的矛盾。在全国率先开展文物保护专项法规和保护规划建设，探索形成石窟科学保护的理论与方法，为世界文化遗产敦煌莫高窟文物和大遗址保护、传承与利用作出突出贡献。

2018年12月27日，中共国家文物局党组作出了在全国文物系统开展向“改革先锋”樊锦诗同志学习活动的决定。决定指出：“樊锦诗同志是改革开放中涌现出的优秀党员干部的先进典型，是文物系统广大干部职工学习的榜样。向樊锦诗同志学习，要学习她立场信念坚定、对党忠诚的政治品格；学习她爱岗敬业、埋头苦干的工作作风；学习她矢志改革、开拓进取的创新精神；学习她求真务实、孜孜不倦的治学态度；学习她淡泊名利、无私奉献的高尚情操。”

2019年8月，习近平总书记在甘肃考察，在敦煌研究院察看珍藏文物和学术成果展示，了解了文物保护和研究、弘扬优秀历史文化情况，樊锦诗在场介绍情况，这是她第五次见到习总书记了。在2019年9月17日，在新中国成立70周年前夕，习近平主席签署主席令，依据十三届全国人大常委会关于授予国家勋章和国家荣誉称号的决定，授予42人国家勋章、国家荣誉称号。其中，樊锦诗获得“文物保护杰出贡献者”国家荣誉称号，这是全国文物考古博物馆界的光荣。

2019年10月12日，在国家文物局刘玉珠局长的主持下，国家文物局在中国国家博物馆举办“莫高精神”宣讲报告会，樊锦诗同志做了“莫高精神”专题报告。樊锦诗从“守一不移”“担当使命”“探索进取”“留住根脉”四个方面深情讲述，感人至深，催人奋进。樊锦诗说，一代又一代“莫高人”薪火相传“坚守大漠、甘于奉献、勇于担当、开拓进取”的“莫高精神”，在文物保护、传承、研究、弘扬敦煌文化艺术等方面取得了成绩，获得了荣誉。这是属于敦煌研究院不断奋斗的几代人的，更是属于我国默默坚守奉献的所有文物工作者的。荣誉体现了党和国家对文物工作的重视和关心。新时代向我们提出了更高的要求，我们要不忘过去，把握现在，面向未来，不忘初心，牢记使命，为中华文化的繁荣，为中华民族的伟大复兴作出更大的贡献。刘玉珠局长强调：“莫高精神”是广大文博工作者的共同精神财富，是做好新时代文物工作生生不息的精神源泉和持久动力。我们要深入开展向樊锦诗同志学习行动，大力践行“莫高精神”，学习“莫高人”信念坚定、为民服务、对党忠诚的政治品格；扎根一线、爱岗敬业、择一事而终一生的家国情怀；求真务实、敢于作为、使命在肩的担当勇气；改革奋进、矢志不移、锐意进取的创新精神，艰苦奋斗，忘我工作，不负人民；将“莫高精神”融入文物保护利用改革实践，争做新时代中华文化的继承者、创新者、传播者。

20世纪50年代，全国高等院校设立考古专业的很少，也只有两三家。北京大学历史系考古专业每年只招一个班，学生人数也不多，所以在学校时对上几届和下几届的考古班同学，都较为认识和熟悉。我是1956年入学的，樊锦诗他们班是1958年入学的，在学校就有一些交往。1959年3—7月，在辅导老师李仰松先生和白瑢基先生带领下，我们56级考古班与樊锦诗他们58级考古班一同到陕西华县柳枝镇泉护村和元君庙进行田野考古发掘实习。这里南靠秦岭，北临渭水，属于有名的八百里秦川之地，是一处面积很大的新石器时代仰韶文化遗址和墓地。在这里发掘出厚厚的仰韶文化堆积层，还有房基、灰坑、陶窑和大量排列有序的墓葬，出土了一大批陶器、石器、骨器和蚌器等遗物，特别是一些完整的或能复原的图案精美的彩陶器，更加引人注目。实习发掘结束后，我们两个班兴高采烈游华山。这次为期近5个月的考古实习，提高了大家田野考古发掘技术水平和资料整理进行科学研究的能力。与此同时，也加深了我们两个考古班之间的交往，甚至我们班两位男同学与他们班两位女同学，在实习中由相识到相知，由相知到相爱，最终在大学毕业后分别结为秦晋之好，成就了一段佳话。

1960年2月初，我们班和樊锦诗他们班，以及59级考古班，在北京市文物工作队郭仁先生指导下，到北京远郊怀柔县发掘战国墓和汉墓，这也是一次不可多得的考古专题实习。一切都要自己动手，既有专业实践，又是劳动锻炼，系里要求我们实习考古与劳动双丰收。当时虽然住在所谓的怀柔饭店里，但主副食都很匮乏，在生活条件相当困难的情况下，我们一直坚持到考古发掘结束。墓葬均在很厚的冻土层下，零下十多度的低温，我们干得还是热火朝天。发掘结束后，我们还在附近的一座大庙里，为当地群众举办了出土文物展览。

1962年下半年，是樊锦诗他们58级考古班在大学里最后一个学年，分头到全国各地一些文物考古单位进行毕业实习，这是他们在考古专业学习中非常重要的一环。樊锦诗、马世长、段鹏琦、谢德根4位同学到甘肃敦煌石窟实习，而彭金章、杨宝成、梁志成、张新生4位同学，则到我们河南省文化局文物工作队实习，他们在贾峨先生的指导下，分别整理淅川下集新石器时代遗址和郑州洛达庙夏商遗址的考古发掘资料。我和我们同班的郑杰祥同学，在空闲之余，与这4位实习同学交谈，回忆在燕园的生活，回忆在陕西华县泉护村和北京怀柔的考古发掘，研讨他们所整理遗址的专业资料。老同学在

▼ 陕西华县泉护村考古工地（四排左一樊锦诗，二排左四作者，一排左四彭金章）

河南重逢，非常亲切。其中彭金章同学毕业后分到武汉大学，与樊锦诗结为贤伉俪，成就了一对模范夫妻。

1984年10月，全国首次商史研讨会在安阳举行。这是由北京、河南及安阳市的学术单位、高等院校和文物部门联合发起召开的。笔者作为发起单位之一河南省文物局的代表出席会议，共有100多位专家学者参加。大会的主题是探讨新发现的偃师商城之年代和性质，也有对甲骨文商代史研究方面的讨论。彭金章先生也到会并就偃师商城的发现

▲ 华山南天门（二排右二樊锦诗，南天门上左二作者）
▼ 华山西峰（前排左三樊锦诗，二排左一作者）

▲ 河南省文物工作队院内（左起彭金章、张新生、郑杰祥、杨宝成、作者、梁志成）

和相关学术问题做了发言。其研究论文《试论河南偃师商城》收录在会后出版的《全国商史学术讨论会论文集》中。开会时笔者向彭金章问及樊锦诗的近况，大家都很高兴。

1985年4月，中国社会科学院世界宗教研究所和河南洛阳龙门保管所，在洛阳龙门石窟召开魏晋南北朝佛教史和佛教艺术史学术研讨会。不少佛教考古和石窟寺艺术研究的专家学者到会，笔者代表河南省文物局出席。大家对魏晋南北朝时期佛教发展的因果和情况，对中国化的佛教艺术进行研讨，又对龙门石窟的保护利用问题提出许多建议。樊锦诗、马世长、温玉成等许多老同学在会上相见，回忆往昔的岁月，思绪万千！

1991年9月，国家文物局在西宁召开《中国文物地图集》编制工作汇报会，笔者与河南省文物局司治平、河南省文物考古研究所张玉石、郑州市文物工作队李二

▲ 1991年作者在敦煌石窟

▲ 北京怀柔考古发掘（二排右二樊锦诗，一排右一作者）

▲ 洛阳龙门开会（二排左四樊锦诗，一排左三作者）

楷出席开会。会后，我们搭乘西藏文管会返程的越野车去敦煌考察。翻越雄浑壮观的祁连山，夜宿甘肃高台县城，那里是当年西路军全军覆没的惨烈战场。次日汽车过嘉峪关小停，沿古丝绸之路西行，在让人荡气回肠的唐代边塞诗歌中既有“大漠孤烟直，长河落日圆”的雄奇景观，又有烽火狼烟的战争场面，“劝君更尽一杯酒，西出阳关无故人”。我们似乎又看到了古丝绸之路上行色匆匆的使者和驼铃声声的商队。到了敦煌，故人相见，老同学樊锦诗热情接待，一是叙旧和问候；二是参观，带领我们看了一些不对外开放的特窟。

2003年，我的大儿子向明有机会去了敦煌，在敦煌研究院拜会了和蔼可亲的樊锦诗院长。他们一老一小两个人，促膝谈心近一个小时，这既是对一位热爱历史的晚辈一番教诲，也是对老同学的一种尊重。向明回来之后，对樊锦诗阿姨佩服得五体投地，遂成了她的一位忠实的粉丝！

▲ *2003年大儿子杨向明在敦煌与樊院长合影*

2009年10月，文化部全国文化信息资源建设管理中心，在浙江杭州萧山举办文化共享杯——全国文化信息资源共享工程知识与智能竞赛。向明与河南省图书馆两位同志参加，并获得优秀选手奖。在复赛第三场抢答题部分，主持人现场提问：“她扎根戈壁沙漠40多年，潜心于敦煌石窟的考古研究，为敦煌莫高窟这一人类宝贵的文化资源保护和利用做出了杰出贡献，被誉为‘敦煌的女儿’，请问她是谁？”话音刚落，台上的四川代表队杨曦抢先回答：“樊锦诗！”主持人宣布：“回答正确，加10分！”这引起了台下向明的激情回忆与强烈共鸣。

2010年1月，文化部全国文化信息资源建设管理中心举行全国文化信息资源共享工程宣传学习“双百”人物有奖征文活动。向明写了《樊锦诗——用生命的华彩守望敦煌》一文，参加征文活动。该文以饱满的热情，赞誉2005年度感动中国年度人物、100位新中国成立以来感动中国人物樊锦诗平凡而又伟大的守望敦煌莫高窟的感人事迹。该文在参选征文中被排列在最前面，荣获唯一的一个一等奖。在本篇回忆续录的最后，附上向明的获奖征文，以此表示对樊锦诗的敬意，也是对向明的点赞。

2012年4月，北京大学考古文博学院，在学校大礼堂举办中国考古学与世界考古学学术报告会暨北京大学考古90年考古专业60年庆典，这真是中国考古学界的盛大节日！

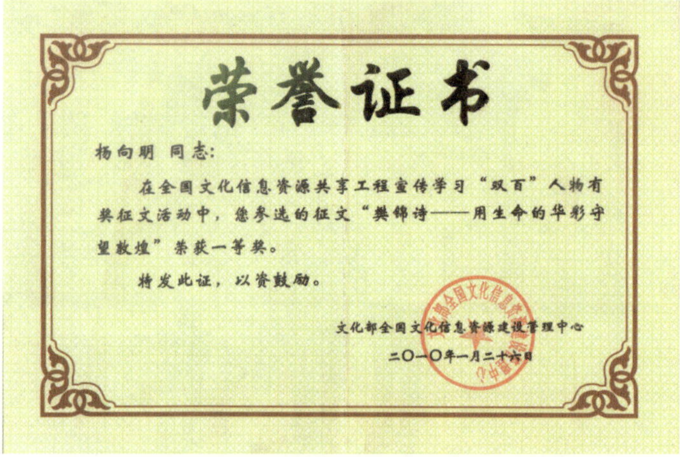
荣誉证书

杨向明 同志:

在全国文化信息资源共享工程宣传学习“双百”人物有奖征文活动中，您参选的征文“樊锦诗——用生命的华彩守望敦煌”荣获一等奖。

特发此证，以资鼓励。

文化部全国文化信息资源建设管理中心

二〇一〇年一月二十六日

▲ 2010年向明撰写《樊锦涛——用生命的华彩守望敦煌》获文化部全国文化信息资源建设管理中心征文一等奖

▲ 向明赴上海领奖

▲ 参加北大考古90年考古专业60年庆典（右起樊锦诗、刘一曼、作者）

在北京的老师和同学们，在祖国各地的同学们，在海外的校友们，从四面八方齐聚一堂，共同回忆1922年北大有了考古机构，1952年北大创建了考古专业，为祖国培育了大批考古人才。国内外的知名考古学家们，也来到了北大，站在中国考古学与世界考古学学术报告会的讲坛上，讲述中国考古学在世界考古学中的学术地位，讲述中国考古学的产生与发展，讲述中国考古学和世界考古学一个个科学研究的前沿课题……笔者作为一个北大考古专业的毕业学生，作为一个在文物考古战线上工作50多年的老兵，深深地为母校感到自豪。这是一次难得的考古专业师生们的全家福、大团圆，很多老师们，比我们班级高的师哥师姐们，比我们班级低的师弟师妹们，大家亲切地相会在一起，笔者又见到了远道而来的樊锦诗他们，共同回忆起昔日的年华和友情，真感觉到了温馨又从容!

2013年6月，笔者和老伴报名参加组团“寻梦西部神奇之旅”。坐火车出游山西、宁夏、青海、新疆、甘肃，足迹踏遍了四分之一的中国。旅游专列从新疆返程到了甘肃柳园火车站，再转大巴到了敦煌石窟。有朋自远方来，不亦乐乎！樊锦诗院长和老伴彭金章先生（他早些年已由武汉大学调至敦煌研究院考古研究所任所长），极为热情地接待我俩，两家老同学相见，高兴非常，在他们家里相坐聊天，还来了一次家庭聚餐。陪同看了一些洞窟，悠悠敦煌，神秘而苍凉，这是人间的瑰宝；又看了鸣沙山和月牙泉，茫茫黄沙，满湾碧水，那是大自然的奇观。这次远方同窗相聚，一直留在记忆深处，犹如在昨天！

▲ 2013年两家相聚莫高窟（右起彭金章、作者、樊锦诗、孙广清）

2015年5月，向明有机会再次到敦煌莫高窟，造访樊锦诗院长，带去了笔者的问候和写的两本书，樊锦诗很高兴与向明交谈，还与笔者通了电话，也送了几本专著给了向明带回来。这体现了北大老同学、两家考古者、两代人的交往！

▲ 在食堂用餐

2017年7月30日我正在北戴河的时候，突然在网上看到一则考古学家彭金章病逝的消息，真让我目瞪口呆，不敢相信，看了几遍，一时间感到非常难过，长坐之后，向樊锦诗传达了我的震惊和悲痛，她也回复感谢老同学的安慰。斯人远去，岁月留痕。往昔的年华，往日的友情，一下子涌上心头。我想起了1959年3—7月我们两个班在陕西华县和1960年2月在北京怀柔共同考古发掘的日子；想起了在学校时学生食堂多次召集历史系各班生活委员开会的情景（我和彭金章都是各自班的生活委员）；想起了1962年彭金

▲ 在樊锦诗家中

▲ 2015年向明又见樊院长（一）

▲ 2015年向明又见樊院长（二）

章和他们班的三位同学到我们河南省文物工作队进行毕业实习，在整理考古资料之余，大家在一起畅谈往事的欢乐；想起了1989年10月，在安阳与彭金章一同参加全国首次商史研讨会的相遇；又想起了2013年6月，我和老伴到敦煌去彭金章、樊锦诗家里做客的温馨；更想起了彭金章在武汉大学创办考古专业的艰辛和成就；又想起了彭金章在敦煌主持莫高窟北区石窟的考古发掘，完成了《敦煌莫高窟北区石窟》百多万字的考古大报告；还主编了很有影响的《莫高窟北区考古论文集》……金章，我的朋友，愿你一路走好！

继艺术和学术大家敦煌掌门人常书鸿、段文杰之后，薪火相传，樊锦诗同样执著，守护着敦煌莫高窟这方艺术圣地，创造了属于她自己也是属于时代的光辉业绩，成为文物战线学习的一面旗帜。这是以樊锦诗同志为代表的莫高窟人的光荣，也是全国文物考古界的光荣。如今，年事已高的樊锦诗改任敦煌研究院名誉院长。她主编的多卷本《敦煌石窟全集》——第一卷《莫高窟第266—275窟考古报告》，综合了考古、美术、宗教、测绘、计算机、摄影、化学等多学科领域研究成果和技术，出版后获得海内外学者的高度称赞。在香港的国学大师饶宗颐先生评价为“既真且确，精致绝伦”；英国伦敦大学名誉教授韦陀先生称此考古报告“从未有过的资料系统完整的科学性”。今天，樊锦诗正在带领她的团队全力编纂《敦煌石窟全集》第二卷考古报告。此卷涉及的洞窟结构复杂，塑像和壁画数量多，研究难度大，工作量远远大于第一卷。对此，樊锦诗说：“再难我们也要坚持做下去，把报告做出来。”多卷本的《敦煌石窟全集》考古报告，是一个庞大、艰巨、持续的工程，可能需要超过一代人的努力才能最后完成。关于樊锦诗，关于敦煌，《中国文物报》记者张伟写过：“莫高窟需要一代代人守护。风沙，磨断敦煌古道，掩埋古城荒凉。历史，淘洗风流人物，湮灭狼烟寂寥。大漠的寂寥与大爱的倾注，叠加而成敦煌辉煌。执著坚守，挚爱弘扬，温情与敬意，让遗产有了温度，如同冬日暖阳。锦瑟华年去，莫高永留诗。向先生致敬！”

2019年4月10日，《人民日报》发表樊锦诗所写的《厮守，一眼千年》，这是庆祝中华人民共和国成立70周年“我与新中国”的一篇征文。文中写道：“敦，大地之意；煌，繁盛也。……我很喜欢中唐第一百五十八窟的卧佛，每当心里有苦闷与烦恼时，都忍不住想走进这个洞窟，瞬间忘却许多烦恼。有时候，甚至觉得敦煌已经成为我的生命了。我脑海里常想着季羡林先生的诗：‘我真想长期留在这里，永远留在这里。真好像在茫茫的人世间奔波了六十多年，才最后找到了一个归宿。’我还想说，新中国成立七十年来，一代又一代有志于中华优秀传统文化艺术的年轻人，面对极其艰苦的物质生活，面对苍茫戈壁的寂寞，披星戴月，前赴后继，这是文物工作者保护和传承中华优秀传统文化的使命。而我也与我的前辈、同仁们一样，仍愿与这一眼千年的美‘厮守’下去。”这道出了这位“敦煌的女儿”和一代又一代文物考古人的心声。

附 《樊锦诗——用生命的华彩守望敦煌》

杨向明

2009年10月24日，浙江杭州萧山，“文化共享杯全国文化信息资源共享工程知识与技能竞赛”复赛第三场抢答题部分正在如火如荼进行，当现场主持人提问：“她扎根戈壁沙漠40多年，潜心于敦煌石窟的考古研究，为敦煌莫高窟这一人类宝贵的文化资源保护和利用做出了杰出贡献，被誉为‘敦煌的女儿’，请问她是谁？”话音刚落，后来夺取本届冠军的年轻四川代表队员杨曦应声回答：“樊锦诗！”主持人宣布：“回答正确，加10分！”

此时坐在台下的我心里陡然一动，“樊锦诗”！一个熟悉而又亲切的名字，我家与这位“2005年度感动中国年度人物”“100位新中国成立以来感动中国人物”当选者结下过不解之缘。身为敦煌研究院院长的樊锦诗是我父亲原河南省文物考古研究所所长杨育彬当年在北京大学历史系考古专业学习时不同届的同学。六年前我第一次踏上敦煌莫高窟这片神奇的土地，有幸见到樊院长，并聆听她娓娓道来用生命的华彩守望敦煌的激情，从近距离感触这位“敦煌的女儿”的风采。在大西北的荒漠里，敦煌莫高窟已经有

1600多年的历史，作为全国重点文物保护单位和联合国世界文化遗产，这里美轮美奂的石窟艺术与极其丰富的古代文献记载着中华文化曾有过的无与伦比的璀璨与辉煌。

在2005年度感动中国年度人物颁奖词中，是这样描写这位莫高窟的“女守护神”的：“她守护国宝40多年，从青春少女到满头华发。她有愧于家庭，有愧于孩子，也怠慢了自己，但却用40多年的守望告诉世人，她无愧于敦煌！季羡林先生说，她为敦煌牺牲了一辈子。前有常书鸿，后有樊锦诗。而她说：我做梦都会梦见敦煌；醒过来还是敦煌。有时候，我跟大家开玩笑，我说，如果我死了，让我留一句话，我就留这么一句：我为敦煌尽力了！”

她就是樊锦诗，一个有传奇色彩的人物，一个卓有声望的敦煌研究学者，在近半个世纪的岁月里，戈壁大漠的风沙，已将西部的粗犷、豁达糅进这位年逾七旬的杭州女性的内心。她曾经说过：“我老说一种魅力，一个极大的吸引力在吸引你。愿意留下，死心塌地地留下，现在就上升到一种责任、一种使命，保护不好真是千古罪人。”为保护敦煌这块神奇的地方，她倾心倾力于此几乎一生，她爱说的一句话就是：“我早已习惯了大西北，爱上了莫高窟，把研究石窟、保护石窟当成了终生的事业。”她身形瘦小但不文弱，个性鲜明。六年前与她短暂的接触，就令人感觉到几重身份给她的烙印：学者的执拗、率真、严谨；行政工作的琐屑磨砺出的耐性和院长的威严、不讲情面；野外工作性质给予女性身心的洗礼。

对樊锦诗而言，把敦煌的一切不留遗憾地传下去，也许正是支撑她不管多么艰难都要走下去的信念。有人说，不见大漠，不知天地之广阔；不见胡杨，不知生命之辉煌。在我看来，樊锦诗就是一株守望敦煌的胡杨。

茫茫大漠里，从春到冬，从青春年华到满头银发，樊锦诗潜心于石窟考古研究工作，她运用考古类型学的方法，结合洞窟中的供养人题记、碑铭和敦煌文献，先后撰写了《莫高窟北朝洞窟分期》《莫高窟隋代洞窟分期》《莫高窟唐代前期洞窟分期》等一批研究论文，完成了敦煌莫高窟北朝、隋及唐代前期的分期断代，揭示了各个时期洞窟发展演变的规律和时代特征。这些学术成果为敦煌石窟的各项研究奠定了坚实的基础，得到了学术界的认可。她撰写的《敦煌石窟研究百年回顾与展望》，是对20世纪敦煌石窟研究的总结和思考。由她主编的26卷大型丛书《敦煌石窟全集》考古报告，已由香港商务印书馆出版了第1卷，这是一项需要许多人文科学和自然科学多学科联手攻关艰巨而持续的大工程，将是对百年敦煌集中而又全面的大展示。她发起并组织起草的《甘肃省敦煌莫高窟保护条例》，为莫高窟文化遗产保护提供了具体的法律保障。她主持制定的《莫高窟保护总体规划（2005—2025年）》，明确了敦煌莫高窟未来20年保护、研究、利用和管理的分项规划目标。提出了将其建成世界级的遗址博物馆、文化遗产地、敦煌石窟研究信息资料中心、石窟壁画保护研究中心的发展总目标。

作为全国文物考古界的杰出代表，樊锦诗面对莫高窟保护与利用的世界性难题，始终保持旺盛的创新激情和创造活力。地处戈壁的敦煌研究院拥有从事文物保护的6位博士，她引领这些人才，在6年时间里摸索出一套壁画典型病害的修护措施，不仅把修复过程中对壁画的损伤降到最低程度，且使根治壁画病害成为现实。以此为标志，中国的文物保护进入科学而又规范的保护阶段，而敦煌研究院也有了与世界发达国家文物保护机构平等对话的权利。日本著名敦煌学家池田温教授感慨地说："我们必须承认，敦煌研究院已成为现今世界上当之无愧的敦煌学研究中心！"

樊锦诗只有一个心愿："莫高窟被列入世界文化遗产名录，这是一种承诺，就要保护它，使它永续发展；作为守护者，我们的责任就是要把它真实完整地保存给子孙后代。"她把文物保护与合理利用紧密结合起来，在充分调查研究的基础上，提出了"莫高窟治沙工程""数字敦煌馆工程"等13项文物保护与利用工程，为新世纪敦煌文物的保护与利用构筑了宏伟蓝图。不进入洞窟同样能欣赏精美的壁画、彩塑，感受令人心醉的敦煌文化，这就是"数字敦煌"的魅力。从20世纪80年代起，樊锦诗就坚持走国际化合作之路。在联合国教科文组织等有关人士的帮助下，敦煌研究院先后与日本东京国际文化研究所、美国梅隆基金会，以及澳大利亚、英国的文物保护和研究机构合作，在莫高窟环境与风沙治理、莫高窟壁画颜料分析、壁画病虫害治理、壁画数字化等方面，取得了一系列研究成果。1994年"国际敦煌项目"启动，发起单位有法国国家图书馆、大英图书馆、俄罗斯科学院东方研究所和中国国家图书馆等。该项目主要目标是："建立一个虚拟的敦煌藏经洞，让全世界的研究人员能够从电脑上免费得到这些分散在世界各地的文物资料。"1998年敦煌研究院与美国梅隆基金会、美国西北大学合作开展"数字化敦煌壁画合作研究"启动。2004年，经过详细规划和论证，敦煌研究院向国家有关部门递交了《敦煌莫高窟保护利用设施》项目申请报告。按照该报告规划，敦煌研究院计划筹建数字、保护、展示三大综合中心，将数字技术全方位引入敦煌文物的保护、研究与利用。

对于她几十年扎根大漠，倾全力保护、研究与利用敦煌石窟所做出的杰出贡献，国家与人民不会忘记，中共十三大代表、全国政协委员、全国优秀共产党员、全国先进工作者、全国三八红旗手等荣誉称号纷至沓来，面对荣誉，樊锦诗平静如水，她说："我觉得我很平凡，我今年71岁了，对个人生命而言很长，但对历史来说是很短的一个瞬间。我也不能说我真的做好了一件事情，从历史辩证法来看，当时觉得做好的事情，以后未必能经得起历史的检验。我只能说我做了一件有意义的事情。"

李长春同志在出席"双百"人物座谈会讲话中指出："任何时代、任何历史时期，国家的富强、民族的进步、人民的幸福，都需要一大批先进人物勇敢地担当起时代赋予的重任，成为群众的榜样、社会的楷模、时代的先锋、民族的脊梁。"沧海横流，方显英雄本色；艰难困苦，砥砺精神品格。从樊锦诗院长等“双百”模范人物所体现出来的淡泊名利、无私奉献的高尚情操，是激励我们从事文化共享工程工作服务基层、奉献社会的有力道德支撑。淡泊名利，才能做到志存高远；无私奉献，才能升华人生价值。通过这一段时间不断学习与交流，我们深深为英雄模范人物的事迹所打动，深深为英雄模范的思想所感染，深深为英雄模范的精神所折服。双百人物都用自己的实际行动诠释了艰苦奋斗、敢于胜利的伟大精神，谱写了不怕困难、勇往直前的壮丽篇章。

结合我们日常所从事的文化共享工程服务工作，中央领导评价它：“是公共文化体系的基础工程，是政府提供公共服务的重要手段，是实现广大人民群众基本文化权益的重要途径，是改善城乡基层文化服务的创新工程。”其实质就是“用先进技术传播优秀文化”。我们为所从事的工作感到无上光荣，为能成为这个团队的一员分外珍惜。就像敦煌研究院利用“数字敦煌”等现代化创新技术向世人展示莫高窟那样，我们文化共享工程通过IPTV机顶盒、数字电视、卫星网等途径，传播文化资源服务基层群众。我们学习“双百”人物就是要像他们那样，牢记全心全意为人民服务的根本宗旨，不断追求无私奉献的崇高境界，把国家和民族利益置于个人利益之上，把个人的发展融入党和国家事业发展之中，在平凡的岗位上兢兢业业，干一行、爱一行、钻一行，在服务人民、奉献社会的过程中实现人生的价值。“服务立馆、文化办馆、科研兴馆、人才强馆”是我们今后努力的方向。

从杭州萧山到祁连敦煌，从河南龙门石窟到甘肃莫高窟，我与樊锦诗院长进行了一次时空对话。樊锦诗的故乡在杭州，全国文化共享工程知识与技能大赛也在此举办，我也有幸荣获本届大赛优秀选手奖，这不能不说是一种巧合！大赛虽已圆满收官，而参与此次竞赛的选手更像一粒粒种子撒向全国，怀抱着学习“双百”英雄模范人物爱岗敬业、刻苦钻研的干劲，薪火相传。

但愿有机会再到敦煌，在静静的夜空下听她讲述用生命守望敦煌的华彩乐章！

峥嵘岁月——老照片里话春秋

今天的河南省文物考古研究院，最初来自1952年6月成立的河南省人民政府文化事业管理局文物工作队，又称为河南省文化局文物工作队，简称为河南文物工作队。成立之初，全队仅有20余人，下设田野工作组、革命文物组、图书组和行政办公室，承担全省范围内的革命文物与地上、地下历史文物的调查、保护、修葺、发掘和整理研究工作。至今已经过去了67个春秋，几乎与建国70年的共和国同龄。下面通过一些历史的老照片，来回忆河南文物工作队的峥嵘岁月。

20世纪50年代初，河南文物工作队的工作人员，都颁发了一枚圆形证章，证章全文称“河南省人民政府文化事业管理局文物工作队”。这大约是因为工作需要，方便进出位于开封省府前街的河南省人民政府机关大院，也是平时显示工作人员的单位、工作性质，更是表明每位工作人员所承担的责任。这枚圆形证章是由河南文物工作队的元老之一廖永民先生保存下来的。廖先生1944年在濮阳抗日筑先师范学校毕业后就参加了八路军，在抗日前线转战华北冀鲁豫一带，先后参加过解放滑县、长垣的战斗。日本投降后，又参加了华北解放与淮海战役。1948年由部队转业地方工作，1954年分配到河南文物工作队，参加郑州商代遗址考古发掘。1957年被打成“右派分子”，送到豫北内黄县白条河农场劳教三年，摘掉“右派分子”帽子后，又到濮阳县新华书店工作。在此期间，他一直在家乡搞文物调查，先后发现古遗址17处、古墓葬3处、唐宋碑刻3通。1963年与北京大学李仰松先生一起调查并试掘濮阳戚城遗址。1976年编写《濮阳文物志》。“右派分子”问题得到改正后，调入郑州市博物馆，并参加郑州大河村遗址发掘。1988年被评为副研究员，华丽转身为离休老干部，仍然笔耕不辍。出版多部考古学术专著，发表近百篇研究论文。可谓“辛勤耕耘半世纪，累累硕果收桑榆”。

▲ 当年“河南省人民政府文化事业管理局文物工作队”证章

中华人民共和国成立之后，配合国家大规模的经济建设，1950年在郑州二里岗发现了早于安阳殷墟的商代遗址，1955年又发现闻名中外的郑州商城。河南文物工作队成了考古发掘中最活跃的力量。当时文化部文物局王冶秋副局长，非常关心郑州商代遗址的

▶ 王冶秋视察郑州商城

▲ 裴文中考察郑州商城

▲ 冯友兰参观郑州考古工地

◀ 郑州考古工地吃午餐

考古发掘工作，曾多次到郑州商代遗址考古工地进行视察，并帮助解决工作中和生活上遇到的困难。负责国家文化部、中国科学院和北京大学联合举办的第一到第四届全国考古人员训练班的裴文中先生，也到郑州商代遗址考古工地指导工作。当时考古发掘条件十分艰苦，为节约时间，都是炊事员把饭桶抬到工地进行午餐，工作情绪非常高涨。

1955年，北京大学著名教授、哲学界大师冯友兰先生，也曾到郑州二里岗商代考古工地进行考察，冯先生是河南人，回到故乡看考古，兴致很高。工地发掘人员也深受鼓舞。说起冯友兰先生，我又想起一个小插曲，1956年9月的一个星期天，我刚考上北大历史系，为办学生证、借书证，就到学校东北小校门外一个很小的照相馆内洗照片。见到一位老先生，一袭长髯，神采奕奕，也要洗什么证件上的照片，营业员问他洗光纸的还是洗布纹纸的，老先生答曰：证件上用，节约一点，光纸便宜就洗光纸吧！一口河南话，犹如遇到故乡人。老先生走后，营业员告诉我，他就是大名鼎鼎的冯友兰教授。先生说话的乡音和仙风道骨的模样，就一直深深印在脑海里。

1959年7月，史学界泰斗郭沫若先生来河南考察了郑州商城考古发掘工地出土的文物，称赞不已，还亲自为河南省文化局文物工作队题诗：《颂郑州》，诗中赞曰：“郑

▶ 郭沫若为河南省文物工作队题诗《颂郑州》

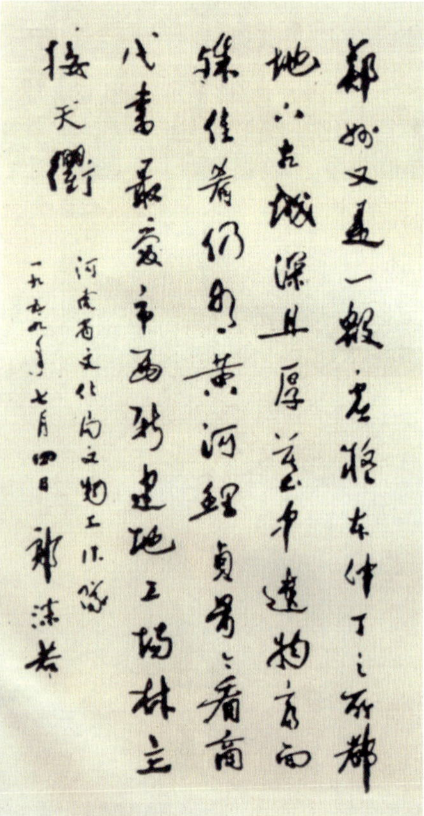

▲ 郭沫若考察郑州出土文物

州又是一般墟，疑本仲丁之所都！”这无疑是对郑州商代考古的肯定和褒奖，甚至还表明郑州商城可能就是商王仲丁所迁之隞都。

1958年9月，河南文物工作队分配来一批高中毕业的女学生，并在10月成立了以革命英烈刘胡兰名字命名的女子考古队，队长为王绍英，副队长是梁荣和陈焕玉，队员有李淑珍、罗桃香、要宝彦、张秀英、张淑麟、苗凤莲、蒋英芬，辅导老师是赵青云，田野发掘技术指导王治国。刘胡兰小队全体同志制订出红专规划，要在较短的时间内学完中国通史、考古学基础知识及有关文物考古专业理论书籍等，以便迅速投入到田野考古实践中去。从1958年11月到1959年6月，刘胡兰小队发掘了南召二郎岗遗址、郑州上街遗址、偃师灰嘴遗址。1959年6月到12月，为探索夏文化，刘胡兰小队在偃师、开封、夏邑、永城、巩县、渑池、登封、济源等数十个县市进行考古调查，并参加了偃师二里头遗址的发掘。1960年春，又发掘了巩县小訾殿遗址和稍柴遗址。同年4—6月，还发掘了济源庙街遗址和渑池鹿寺遗址。1961年年底，将上述多个遗址发掘出土的从河南龙山文化晚期到商代早期约600件文物，依次排列，并结合文献建立了夏文化陈列室，这在全国考古界也是一个创举。刘胡兰小队先后撰写出《河南南召二郎岗新石器时代遗址》《郑州上街商代遗址发掘报告》《河南偃师灰嘴遗址发掘报告》《河南巩县稍柴遗址发掘报告》《河南渑池鹿寺遗址发掘简报》等多篇考古发掘报告、简报，分别在《文物参考资料》《考古》《华夏考古》等学术刊物上发表。直到1965年，由于工作需要，刘胡兰小队成员分别调任单位内的图书、资料、文物保管及财务工作。刘胡兰小队曾荣获河南省文化系统“五四”青年先进集体称号，又被省妇联命名为省“三八”红旗手先进集体的光荣称号。

▶ 河南省文物工作队刘胡兰小队（前排左起丁伯泉、许顺湛、安金槐、王治国，中排左起赵青云、陈焕玉、要宝彦、蒋英芬、李淑珍，后排左起王绍英、罗桃香、苗凤莲、梁荣）

在刘胡兰小队成立的同时，单位把工作在田野考古第一线的男青年们，也组建成立了黄继光小队。以游清汉为队长，汤文兴为副队长，队员有贺官保、郭建邦、王新云、靳世信、白相聚等多位同志，他们多有实践经验，可以独立进行考古工作。1958—1963年，黄继光小队主要以“长江流域规划办公室河南考古分队”的名义，在南阳地区的丹江库区周围进行考古调查，在那里分布有从新石器时代到各个历史时期的重要文物古迹，包括有仰韶文化、屈家岭文化、龙山文化、二里头文化、商周文化及楚文化的遗址和墓地。他们先后发掘了淅川县下集遗址、埠口遗址、马镫遗址、李官桥遗址和唐河县茅草寺遗址，并调查了多处春秋时期楚文化贵族墓地。这为日后丹江库区春秋楚墓的发掘提供了条件，也为国家南水北调水利工程文物保护打下基础。

河南登封位于嵩山南麓，是中国古代文明的发祥地之一，传说中的尧、舜、禹时期，登封就是这些部落联盟首领们的活动舞台，中国历史上第一个奴隶制王朝夏在这里诞生。据文献记载，“禹都阳城”也建在登封。1977年上半年，安金槐先生主持发掘了登封告成镇王城岗遗址，在这里发现了一处距今4000余年的河南龙山文化晚期城址。当年11月，国家文化部文物局就在登封召开王城岗遗址发掘现场会，专家们认为这是探索早期夏文化的里程碑，甚至与“禹都阳城”联系起来。开会期间，著名考古学家夏鼐先生等亲自考察王城岗遗址考古发掘工地。在发掘过程中，河南龙山文化晚期灰坑发现青铜器残片，更为早期夏文化增添佐证。

1970年精简机构，河南文物工作队与河南省博物馆合并，承担的工作任务未变。1981年2月，又与河南省博物馆分开，成立河南省文物研究所，负责全省地下古文化遗

◀ 河南省文物工作队黄继光小队部分队员在淅川下集考古工地（前排左起汤文兴、郭建邦、王新云、靳世信，后排左起贺官保、白相聚、佚名、游清汉）

▲ 考察登封王城岗考古工地（前排左起夏鼐、孙作云、安金槐，后排商志醰）

▲ 登封王城岗考古工地（左起李先登、安金槐、贾洲杰、李京华）

址和古墓葬的调查保护、考古发掘与科学研究工作。原承担的革命文物调查保护和整理研究工作，改由河南省博物馆负责。原承担的古代建筑、石窟、石刻的保护、修葺、整理研究工作，改由新成立的河南省古代建筑保护研究所负责。乘着改革开放的春风，大家意气风发，斗志昂扬，大步向前，郑州商城的考古发掘取得长足的进展。1982年，在顺河路黄河医院和北二七路均发现商代随葬铜器墓，继在杜岭街发掘商代青铜器窖藏坑之后，又在向阳回族食品厂发掘出商代青铜器窖藏坑，出土大型铜方鼎和铜圆鼎，成为商代考古的一个亮点。

1983年春节来临之际，河南文物研究所全体职工，在单位院内拍了一张极为难得、空前绝后的全家福，留下了无比珍贵的历史瞬间。如今36年过去，再看看这张照片，真可谓是思绪万千。照片里的人们都已离休或退休，其中三分之一已驾鹤西去，消失在历史的苍茫之中。我不由想起了一些古今大家所写的不朽诗词。想起了毛主席所写的《水调歌头·游泳》：“子在川上曰：逝者如斯夫！”想起了明代大诗人杨慎所写的《临江仙·滚滚长江东逝水》：“滚滚长江东逝水，浪花淘尽英雄，是非成败转头空，青山依旧在，几度夕阳红。”又想起了唐代大诗人崔颢所写的《七律·黄鹤楼》：“昔人已乘黄鹤去，此地空余黄鹤楼，黄鹤一去不复返，白云千载空悠悠。”还想起了唐代大诗人李商隐所写的《五律·晚晴》：“天意怜幽草，人间重晚晴。”……有道是“天道酬勤，地道酬善，人道酬诚”，河南省文物工作队的同志们，把自己的青春年华，都献给了祖国的文物考古事业，历史应该记住他们。人生的自然规律谁也不能违反，我们终将都要老去，但薪火相传，祖国的文物考古事业永远年轻。

1983年，文化部文物局为了提高全国各省、市、自治区70年代以来新调进文博部门高、初中毕业职工的业务知识，曾在长沙、郑州、扬州等多地开设了不同类型的文物干部训练班。其中委托河南省文物研究所筹办文化部文物局郑州文物干部训练班（后更名为文化部文物局郑州培训中心），当年6月1日举行开学典礼，文化部文物局、河南省文化厅、河南省文物局相关领导均到场祝贺。在近10年内，先后面向全国招收三期文物干部训练班（每期4到6个月）、一届2年制考古大专班、一届2年半制文博中专班、两期古代钱币训练班（每期3个半月）、一期考古绘图训练班（学习4个月），为国家培养305位各类文博专业人才。

自20世纪80年代以来，许多著名的专家学者，或是领导兼学者，如钱伟长、宋健、夏鼐、宿白、安志敏、张光直、谢辰生、张忠培等先生，来我们河南省文物考古研究所

▼ 1983年春节河南省文物研究所全家福（前排右三作者）

及发掘工地考察、参观、指导工作。一方面促进了我们未来的文物保护、考古发掘和科学研究工作，另一方面也是对以往我们文物考古工作的认可和支持。

中华人民共和国成立之后，迎来了中国考古学的黄金时代，我们配合大规模的经济建设，以及为解决某些学术问题，进行了一系列的考古发掘，获得了许多重要考古发现及重大学术突破。有许多考古项目入选“中国20世纪100项考古大发现”；1990年至今，又有更多考古项目入选年度“全国十大考古新发现”。这成了河南考古里程碑上最耀眼的刻度。

在2002年我们建所50周年的时候，全所已出版了各类考古发掘报告、各类资料性研究专著和图录、各类学术专著和论文集约77部，又十年过去了，在2012年建所60周年的时候，各类考古大报告、资料性研究专著和图录、各类学术专著和论文集约160余部，大大小小，薄薄厚厚，说是硕果累累也不过分。而1987年创办、国内外发行的《华夏考

▲ 文化部文物局首届郑州文物干部训练班开学（前排左四作者）

◀ 郑州文博中专91级毕业典礼（主席台左起王润杰、安金槐、常俭传、作者）

古》，是河南唯一的考古学专刊，至今已发行130多期，获得中国期刊方阵双效期刊、中国人文社会科学核心期刊、全国中文核心期刊的荣誉称号，近年，《华夏考古》由季刊改版为双月刊，已成为反映河南文物考古的历史长卷，又是了解古代河南的必据经典，更是宣传河南乃至中国古代文明不可或缺的窗口。

改革开放以来，我们还积极开展与国外、境外进行学术交流与合作。单位的面貌，也在发生巨大的变化，河南省文物考古研究所被河南省人事厅、河南省文物管理局评为河南省文物系统先进集体，被国家人事部和国家文化部评为全国文化先进集体。2012年，河南省文物考古研究所更名为河南省文物考古研究院，正如唐代大诗人李白在《行路难》一诗中所写的：“长风破浪会有时，直挂云帆济沧海”，一个文物工作更加辉煌的时代到来了。

▲ 张光直先生访问河南省文物研究所（左起安金槐、张光直、张文军、方燕明）

▲ 宿白先生考察河南省文物考古研究所（左起孙新民、秦文生、宿先生、秦曙光、张志清）

▲ 宋健考察郑州出土文物（前排左起安金槐、李长春、张文彬、宋健、作者）

▼ 钱伟长（二排左四）考察郑州小双桥考古工地（二排右五作者）

▲ 黄景略（中）考察平顶山应国墓地出土文物

▲ 陈全国副省长（前左一）考察郑州商城工地（右一作者）

▶ 张忠培（前左一）考察三门峡庙底沟考古工地

▶ 三位全国政协委员视察河南省文物考古研究所标本室（右起谢辰生、安家瑶，左一王铁成）

▶ 考察淅川下寺楚墓出土铜禁（右起宿白、王仲殊、夏鼐、郝本性、安志敏、陈滋德）

▲ 内黄三杨庄发掘出汉代房屋瓦顶遗存

▲ 安阳固岸东魏墓出土围屏石榻

◀ 河南省文物考古研究所出版部分学术专著

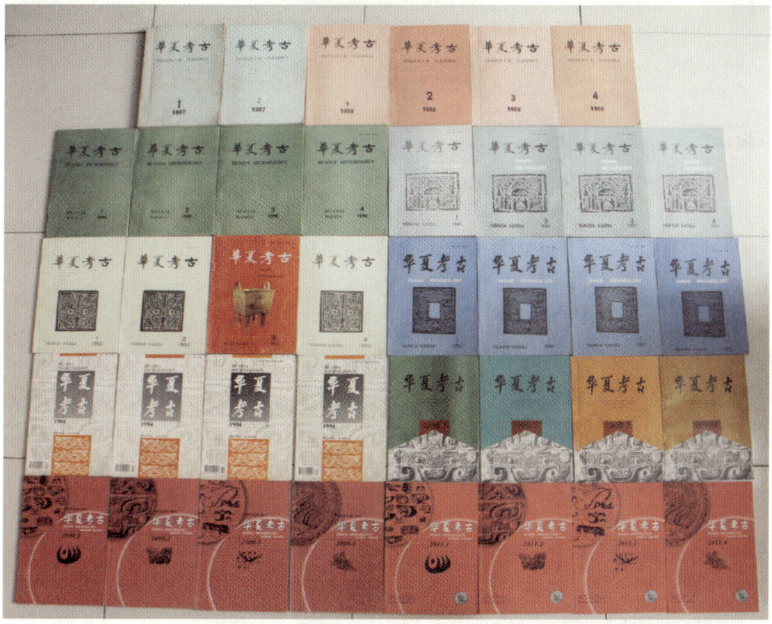

◀ 河南省文物考古研究所出版部分《华夏考古》

◀ 赴台湾大学参加海峡两岸古玉学会议（前排右四作者）

◀ 中法联合发掘南阳龚营遗址

◀ 河南省文物考古研究所获河南省文物系统先进集体（孙新民所长领奖牌）

◀ 河南省文物考古研究所获国家文化部和人事部全国文化先进集体（作者领奖牌）

▲ 河南省文物考古研究所建所40周年庆典大会在单位院内召开

▲ 河南省文物考古研究所建所50周年庆典大会在河南省人民会堂召开

不忘初心——红色旅游散记

人生的两大快事，一是阅读，即“读万卷书”，这是重要的知识源泉，从读书中了解社会，了解世界，读出一个更好的自己，每每见到一部好书，往往很快就进入角色，手不释卷，人在书中神游，其乐无穷；二是旅游，即“行万里路”，扩大见闻，增长阅历，陶冶情操，快乐身心，一次次出行，走遍祖国大地的山山水水，甚至还迈出国门，徜徉在异国他乡，看一看在书本上、报刊内、电视中、广播里描绘的大千世界，真是开阔胸怀，见贤思齐，见美思效，乐此不疲。尤其是一些红色旅游，更加吸引着自己。一遍遍的追寻，一次次的扣问，我们从哪里来？又要到哪里去？我们伟大的中国共产党，拥有解放全人类的博大胸怀，如何从最初的几十个人星火燎原发展到今天九千多万党员；从小小的根据地红遍全国，夺取了几千年来一直是先后由奴隶主、封建大地主和帝国主义者掌握控制的旧政权。我们一路从井冈山走来，从瑞金走来，从两万五千里长征路上走来，从延安走来，从西柏坡走来……今年是新中国成立70周年、中国人民已经从站起来到富起来再进入到强起来的社会主义新时代，开始了攀登人类社会金字塔顶端的新长征。

好多年前，由于工作的需要，曾到远方开会或出差，去了上海“一大”旧址、南昌“八一起义”旧址、遵义会议旧址、韶山毛泽东同志故居……受过许多革命传统的教育和震撼心灵的洗礼。退休之后，特别是近几年来，作为一位老考古人，在文物考古研究上继续作出贡献的同时，有了更多的时间能够与家人在一起，参与红色旅游，瞻仰革命圣地，不忘初心，牢记使命，砥砺前行。

上　井　冈

2017年春节，大儿子向明驾车开始了新的红色旅游。车向南行，奔赴革命摇篮井冈山。巍巍井冈，位于湖南、江西交界罗霄山脉的中段，记得在上初中时唱过关于井冈山的歌曲，前两句就是：“罗霄山脉的中段，有一带雄伟的高山……”进入井冈山，真是山高谷深，丛林茂密，大自然赐予的一片绿海，人们心中一方红色的土地。先到了井冈山区的中心茨坪，这里已经建成了城市的规模。参观了井冈山革命博物馆，开启了那艰苦难忘的激情岁月。博物馆以大量的图片、实物、人物雕塑……展现了中国革命初创时期那段辉煌的历史，尤其是墙壁上大幅毛泽东同志手迹《西江月·井冈山》，大气磅

◀ 来到井冈山

◀ 参观井冈山革命博物馆

◀ 瞻仰井冈山革命烈士陵园

▶ 井冈山黄洋界朱德题名墙

礴，震人心弦。还瞻仰了井冈山革命烈士陵园。

我们又去茨坪西北17千米的黄洋界，这里峰峦叠嶂，地势险峻，当天起了大雾，显得更为神秘，红军在此设有哨口，扼守红区的北大门。山顶上保留有哨口工事、红军营房等革命遗迹，还见到了当年黄洋界保卫战红军使用的一门迫击炮。这里立有黄洋界保卫战胜利纪念碑，碑前稍远处的大理石屏风墙，上有朱德书写的“黄洋界”三个金色大字，另一面镌刻有毛泽东的《西江月·井冈山》。此情此景不由让人背诵这首不朽的诗篇：

山下旌旗在望，山头鼓角相闻。
敌军围困万千重，我自岿然不动。
早已森严壁垒，更加众志成城。
黄洋界上炮声隆，报道敌军宵遁。

◀ 参观龙江书院

我们又驱车到了宁冈龙市，那里有龙江书院，1928年4月，朱德和毛泽东率军会师，在这里相见，成为红军发展史上一个重要的里程碑。龙江书院还是红军第一期军官教导队的校址，遂成为我军军政院校的摇篮。龙市广场上还建立朱德、毛泽东会师雕像纪念碑，定格了那光辉历史的瞬间。

井冈山革命根据地的伟大实践，产生了坚定的信念，实事求是、依靠群众、艰苦奋斗、敢于胜利的井冈山精神，开启了其后中国革命胜利的先河。中国革命的胜利不能忘井冈山的斗争，不能没有井冈山的斗争。

▲ 井冈山朱德、毛泽东会师纪念碑

走 瑞 金

从井冈山出来一路东南行，就来到共和国的摇篮红都瑞金。我们先参观了城郊不远的叶坪革命旧址群，这里有第一次全国苏维埃代表大会旧址，那是在1931年11月7日召开的，通过了《宪法大纲》《劳动法》《土地法》及各项经济政策等重要决议，宣告中华苏维埃共和国成立，选举毛泽东同志为主席。“毛主席”这个称呼也就是由此开始的。这里还有中华苏维埃共和国中央邮政局旧址、国家银行旧址、中央印刷厂旧址等，印象更深的是红军烈士纪念塔，由五角星的塔座和炮弹形的塔身组成，通高13米，塔身正面有“红军烈士纪念塔”五个大字，塔座周围有毛泽东、朱德、周恩来、博古的题词。

还有红军检阅台，为1931年第一次全国苏维埃代表大会检阅红军而建。原为竹木结构，1933年改建为砖木结构，毛泽东、朱德等多次在这里检阅红军。大阅兵是提士气、振军威、振国威的最佳方式，当年苏德战争莫斯科保卫战十月革命大阅兵，苏联红军荷枪实弹走过红场后，直接奔赴前线；还有1949年10月1日到2019年建国70周年天安门广场的国庆大阅兵，都载入了不朽的史册。

◀ 瞻仰瑞金红军烈士纪念塔

◀ 瑞金红军检阅台

◀ 瑞金中华苏维埃共和国临时中央政府大礼堂

瑞金沙洲坝红井（一）

瑞金沙洲坝红井（二）

后来，中央政府等一批单位由叶坪迁往瑞金郊区的沙洲坝，这里有中央革命军事委员会旧址、中央的一些部门机关旧址，修建了中央政府大礼堂，在此召开了第二次全国苏维埃代表大会。令人难忘的是在小学课本上就记载的“红井”，那是当年毛主席为解决沙洲坝村群众吃水难而挖的一口水井，现在井旁一块石碑上镌刻着“吃水不忘打井人，时刻想念毛主席”。我们还喝了几口井水，真有些清洌甘甜。不禁让人想起了当年革命为人民，鱼水情深；如今生活更幸福，永感党恩……

延 安 行

2017年国庆节，大儿子向明驾车奔赴革命圣地延安。从1937年1月到1949年3月，延安一直是中共中央所在地，是中国革命的指导中心和领导中国人民进行抗日战争和解放战争的总后方。党中央在延安的十三年间，这里经历了抗日战争、解放战争和整风运动、大生产运动和中共七大等一系列影响和改变中国历史进程的重大事件。特别是以毛泽东等老一辈革命家亲手培育的自力更生、艰苦奋斗、实事求是、全心全意为人民服务的延安精神，更是中华民族精神宝库中的珍贵财富，已经成为全国人民团结一致进行社会主义现代化建设的重要精神支柱。

到了延安，很远就遥遥望见宝塔山，从修好的登山路上拾级而上，一直走到塔前。

这是一座八角九层楼阁式砖塔，古称嘉岭山塔，俗称延安宝塔。始建于唐大历年间，距今已有1200多年的历史了，宋代重建，金、明两代修葺。通高44米，底边长4.6米，底层南北两面辟门，分别额题“俯视红尘”“高超碧落”；南门内筑塔室，北门内设砖梯供登临。其南、北塔门形式与北宋开封繁塔塔门如出一辙。塔身二层以上交错辟券窗，层间叠涩出檐，檐下隐作仿木构阑额、椽头等。塔顶平砖攒尖，塔刹已毁，刹杆尚存。塔旁有明崇祯元年（1628年）大铁钟1口，20世纪三四十年代中共中央驻延安时，曾用它报时、报警，宝塔已成为现代史上延安的象征。延安宝塔周围有各省种的一株松树，树旁还立有一块标着省名的石碑，我们找到了河南省种的松树。站在宝塔山上远望延河大桥，还有高楼林立的街道，一座生机勃勃的社会主义新城。

▲ 延安宝塔

我们参观了延安革命纪念馆。该馆创建于1950年，设在延安南关街，范围很小，展出从大革命到解放战争时期的内容；1956年迁到城内凤凰山麓，到了1963年，展出内容着重反映以党中央和毛主席在陕北十三年间指导全国革命的重大活动；1973年又迁到王家坪另建新馆，规模扩大，内容丰富，展出从西北革命根据地的创建，到解放战争时期党中央转战陕北的光辉历程；2006—2009年，又在原地上建成今天的延安革命纪念馆。馆前广场中央立有高16米的毛主席铜像，纪念馆依山傍水，和谐统一，成为延安具有标志性的文化建筑。纪念馆陈列分为红军长征的落脚点、抗日战争的政治指导中心、新民主主义的模范试验区、延安精神的发祥地、毛泽东思想在全党指导地位的确立和夺

▲ 宝塔山上国庆展五星红旗

▲ 参观延安革命纪念馆

取全国胜利的出发点六大部分。通过大量的珍贵文物、历史照片和绘画、雕塑及场景复原、多媒体演示等现代化手段，再现了中国革命历史里程碑上最耀眼的刻度，充分体现了思想性、艺术性和观赏性的统一。尤其是我们走在馆内复原的市场沟一条街上，各类商铺，声情并茂，各色人等，栩栩如生。使观众融入当年延安人民的生活之中，使每个人的思想在这里得到升华。

我们参观了杨家岭旧址，位于延安城西北2.5千米处，原名武家坡，相传这里曾是姓武的人家居住地，明代一位姓杨的尚书死后葬于此处，更名为杨家陵，中共中央进驻延安后又改名为杨家岭。这里有著名的中央大礼堂，1945年4月23日到6月11日，中共七大在这里召开，毛泽东在大会上做了《论联合政府》的政治报告；刘少奇做了《关于修改党章的报告》；朱德做了《论解放区战场》的军事报告；周恩来做了《论统一战线》的报告；任弼时做了《关于党的历史问题》的报告；大会通过了新的党章；党章明确规定马克思列宁主义理论和中国革命实践相结合的毛泽东思想是中国共产党的指导思想。大会选举了以毛泽东为首的中央委员会。大会闭幕时，毛泽东致了以《愚公移山》为题的闭幕词。会场恢复原样的布置，我们在会场内坐一坐，又来回走一走，思绪难平。杨家岭还有中

▲ 延安杨家岭革命旧址

▶ 延安中央大礼堂

▲ 延安中共“七大”会场

共中央办公厅旧址，著名的“延安文艺座谈会”就在这里召开，毛泽东在会上号召：“中国革命的文学艺术家，有出息的文学艺术家，必须到群众中去，必须长期地无条件地全心全意地到工农兵群众中去，到火热的斗争中去，到唯一的最广大最丰富的源泉中去。”这里还有毛泽东、刘少奇、周恩来、朱德等人的旧居，都是土窑洞。在毛泽东旧居前的院子里，摆有一张小石桌和四块小石凳，这就是当年毛泽东与美国记者安娜·路易斯·斯特朗谈话的地方，毛泽东提出了“一切反动派都是纸老虎”的英明论断。

枣园旧址位于延安西北8千米处，是中共中央书记处所在地。园内林木茂盛，树种繁多，有梨树、枣树、银杏、刺柏、杨柳、洋槐、皂角和杏树等，其中枣树最多，枣园这个名字由此而来。这里有中共中央书记处小礼堂，有毛泽东、刘少奇、周恩来、朱德、任弼时、张闻天、彭德怀等人的旧居，还有“为人民服务”讲话台。讲话台是一方简陋的土台子，1944年9月，中央警卫团战士张思德同志因烧木炭窑坍塌而牺牲，中共中央直属机关在这里为张思德举行了隆重的追悼大会，中央警卫团人员、中直机关干部和附近群众1000多人参加。毛泽东作了《为人民服务》的讲演。从此，“为人民服务”不仅传遍了海内外，也成为中国共产党立党为公，勤政为民的座右铭。

▲ 延安枣园朱德旧居

▲ 延安南泥湾大生产临时展览

南泥湾，位于延安城东南45千米处，抗日战争时期进入相持阶段之后，国民党反动派对我抗日根据地发动了大规模的军事包围和经济封锁，再加上连年自然灾害的侵袭和大量非生产人员的增加，使得边区的军民缺衣、少食、没油、无纸……经济生活遇到了前所未有的困难。党中央和毛主席号召自己动手，丰衣足食，开展轰轰烈烈的生产自救运动。八路军三五九旅驻防在南泥湾，指战员们一手拿枪，一手拿锄，既保卫了党中央和边区南线的安全，又利用这里的自然条件进行屯田垦荒，渡过难关。数年之中，把一个杂草丛生、荆棘遍野、人迹稀少、野兽出没的荒凉之地，变成了像歌中所唱的“到处是庄稼，遍地是牛羊”的陕北好江南。在南泥湾我们所到之处，都是公路相通的丰衣足食农村景象。南泥湾保存有三五九旅旅部旧址、南泥湾垦区政府旧址、中央管理局干部休养所暨八路军炮兵学校旧址，还有抗日阵亡将士纪念碑和九龙泉烈士纪念碑。我们还参观了南泥湾大生产运动展览室，一件件实物，一张张图片和一些复原的场景，向人们再现了当年艰苦的岁月和大丰收动人的画面。就像展览“结束语”所写的：“岁月有情，精神永存，半个多世纪前，三五九旅将士用镢头和钢枪演奏了悲壮的赞歌，仍在南

▲ 瞻仰陕北黄龙县瓦子街战役烈士纪念碑

泥湾上空回荡；用生命和鲜血泼洒的英雄史诗，仍然在祖国的大地上传颂。作为延安精神的重要组成部分，南泥湾精神永远是激励中华民族腾飞的强大精神动力。”

告别延安，车向南行，路过陕西黄龙县的瓦子街，车停了下来。这里距宜川县城很近，这里发生了解放战争时西北战场的瓦子街战役，1948年2月，在彭德怀的指挥下，在此设伏全歼国民党整编二十九军军部、二十七师、九十师近3万人。此役改变了西北战场的力量对比，为解放大西北奠定了基础。瓦子街战役遗址位于瓦子街乡的峪谷地带，南北长约10千米，东西宽约8千米，河谷窄处仅150余米，残存有战壕、掩体工事、防空窑洞等遗迹。在瓦子街村东有瓦子街战役烈士陵园，并建有纪念碑1座。下为方形碑座，四面各有八级台阶，表示为1948年；碑体为两个断面，表示为2月；碑身高28米，意指28日。碑身正面镌刻有王震同志的题词“瓦子街战役烈士纪念碑”。村中建有瓦子街战役纪念馆，纪念馆内用照片、实物、图表等，展现瓦子街战役的惨烈进程。英勇的中国人民解放军战士们，用鲜血和生命创建了辉煌的历史，迈向即将到来的新中国诞生。在细雨中，我们向瓦子街烈士纪念碑三鞠躬，向烈士们不朽的业绩致敬，他们永远活在老百姓的心中。

车又向东，进入山西到了武乡县，我们参观了这里的两处八路军总司令部旧址。其一是砖壁村旧址，1939年7月至1945年5月，八路军总司令部曾三次进驻武乡县蟠龙镇砖壁村。其中1939年10月至1940年6月，一度迁至距此不太远的韩北乡王家峪村，后又迁

▲ 山西武乡县王家峪村八路军总司令部旧址

▲ 山西武乡县砖壁村八路军总司令部旧址

回；1940年11月，又迁至辽县（今左权县）的武军寺。1942年5月反“扫荡”后，再次迁回砖壁村。砖壁村八路军总司令部旧址由一个农家窑楼院和玉皇庙、佛爷庙、奶奶庙、李家祠堂等相连的古建群组成，包括总司令部的各个部门和朱德、彭德怀、左权旧居，还展出历史照片和大量文物。其二是王家峪村旧址。旧址主体建筑为东、中、西并列的三组农家院落，有朱德、彭德怀、刘少奇、左权、刘伯承、邓小平、陈赓、陈锡联旧居，还有参谋处、秘书处、值班室等旧址。在此期间，总部领导人接待了柯棣华印度援华医疗队，与国民党97军军长朱怀冰进行了谈判，先后指挥了磁县、武乡、涉县、林县战役和白（燕）晋（城）铁路的北线破击战及反顽战斗。这里还有一处纪念馆，也用历史照片、图表和实物，向人们展示了抗日战争时期八路军艰苦卓绝的战斗岁月。

日出西柏坡

2019年春节，大儿子向明开车看了河北正定古代建筑之后，直奔平山西柏坡，这里是1948年5月到1949年3月中共中央的所在地。在西柏坡党中央公布了《中国土地法大纲》，指挥了辽沈、淮海、平津三大战役，召开了具有重大历史意义的七届二中全会……西柏坡时期是中国革命伟大的转折时期，不仅领导和夺取了全国解放战争的胜利，而且为实现党的工作重心从农村到城市、从战争到建设的转变打下了思想、理论和实践的基础，为从新民主主义向社会主义过渡开辟了通途，为新中国的诞生奠定了最后的基石。由此，也铸就了中国革命伟大的西柏坡精神，这是中国革命井冈山精神和延安精神的延续和发展。

我们参观了西柏坡纪念馆。前广场上有毛泽东、刘少奇、周恩来、朱德、任弼时五大书记的铜像，神采奕奕，让人肃然起敬。铜像前的黄红花丛组成十一个大字：“**西柏坡　新中国从这里走来！**”让人震撼。纪念馆分上下两层，阶梯式的四合院，四周走廊环绕，顺山势建造而成。馆内陈列大量的照片、实物、画图、雕塑……集声、光、电现代化设施于一体，集中反映了西柏坡时期伟大的革命进程、历史地位和深远影响。

我们又来到西柏坡中共中央旧址，里面有毛泽东、朱德、刘少奇、周恩来、任弼时、董必武等人的旧居，还有七届二中全会旧址。1949年3月5—13日，七届二中全会在一处职工食堂的大房子内召开的，会场正面悬挂着毛泽东、朱德的画像和党旗，场内摆着一排排简陋的木长椅。毛泽东同志在会上做了题为《一中全会以来形势和任务》的报告，提出了促进革命迅速胜利和取得胜利的各项方针；规定了党在中华人民共和国成立之后政治、经济、外交方面应采取的基本政策，以及使中国由农业国转变为工业国，由新民主主义转变为社会主义的总任务和主要途径；提出了“夺取全国胜利只是万里长征走完了第一步”的警示；特别谆谆告诫全党：“要务必使同志们继续地保持谦虚、谨慎、不骄、不躁的作风；务必使同志们继续地保持艰苦奋斗的作风。”这是中国共产党留给全国人民永远不朽的精神财富。

在西柏坡，我们受到革命光荣传统的深刻教育，得到精神上、思想上庄严的洗礼。

▲ 河北平山县西柏坡革命旧址

▲ 西柏坡纪念馆

◀ 西柏坡中共中央旧址

◀ 西柏坡中共七届二中全会旧址

◀ 西柏坡中共七届二中全会会场

心中的歌——《走进考古》回忆录的口碑

2017年10月，在河南省文物考古研究院的支持下，《走进考古》回忆录由科学出版社出版了，这是笔者所在的单位正式出版的第一部回忆录。从童年、中学、大学、参加工作、退休之后一直写到今天，洋洋洒洒几十万言，并有很多张照片，可谓图文并茂。其中很大一部分与文物考古有关，可以作为河南文物考古事业发展历史的见证，有一定的史料价值和可读性。同学、同事、朋友和许多未曾相识的人们，看过《走进考古》之后，还真有一些较好的反映。现在流行"互联网写作"，很时尚、很快捷，日常有所见、所思、所感都可随时写出来，对一些书评也是如此，不用纸质候时发表，可立即传播出去，很受人们的欢迎。对于《走进考古》一书的评论和介绍，在互联网上见到过几篇，这既是信息上和知识的传递，也是对作者的支持和鼓励。今选择3篇收在回忆续录里，作为《走进考古》的回声。

新书推荐《走进考古——杨育彬回忆录》（河南考古网 原创：吴小玲 2018年01月31日）

出版寄语

2012年河南省文物考古研究所建所60周年，我们为离退休的9位研究员出版了他们的个人考古文集，这9部考古文集组成了"河南文物考古研究丛书"。今年为了让老一辈学者的无私奉献、严谨治学和艰苦奋斗的精神薪火相传，对过去的历史应该有所记录，有所发扬，我院组织这些老同志撰写回忆录，以作为"河南文物考古研究丛书"

▲ 河南考古网《走进考古》一书"出版寄语"

的继续，这也是对河南文物考古工作的又一奉献。相信会对每位读者尤其是青年学人有所裨益。

作者简介

杨育彬，男，1961年北京大学历史系考古专业毕业进入河南省文物工作队工作，1994—1998年任河南省文物考古研究所所长，1999年底退休。先后主持或参加了郑州商城、侯马晋都新田、新郑郑韩故城、上蔡宋代雕砖壁画墓、三门峡战国及汉唐墓地、平顶山应国墓地、焦作府城村商代城址、黄河小浪底水库区等多项考古发掘工作。出版学术专著20余部，并参编《中国文物地图集·河南分册》。其学术成就传文收录在《20世纪中国知名科学家学术成就概览·考古学卷》中。

推荐理由

杨育彬先生五十余年的考古生涯中，见证了河南考古事业在艰苦的岁月中起步，一步一个脚印发展到今天的过程。作为考古队伍中的一位老兵，先生虽已逾古稀之年，仍退而不休，笔耕不辍，用回忆录的形式记录下自己的成长经历，是河南考古史上珍贵的资料。前辈考古人严谨的治学态度、艰苦奋斗的精神、对考古工作的执著和热爱，都值得我们学习和发扬。希望这些宝贵的精神财富，能够在今天的考古工作中薪火相传，并得以发扬光大。

精彩节选

岁月忆　最忆是童年

杨育彬先生原籍吉林长春，出生在河南泌阳县，九一八事变后，长辈们不愿为日本人做事，太爷太奶、爷爷奶奶和父亲母亲举家大迁徙，从白山黑水的东北，南迁到淮河之滨的泌阳，后又辗转到方城和南阳。1947年，全家从临汝迁到河南省会开封，经历了一段动荡难忘的童年。南阳县城内的一条小街老箭道，是先生住过的家。县城西郊卧龙岗有武侯祠，有明清建筑群和历代碑刻400余通，是先生幼时在爷爷带领下参观过的地方。

中学铺就人生路

杨先生1950年8月从开封女师附小毕业，考入了开封二中。在初中是班上学习委员和语文课代表，但对历史课却情有独钟。小时候喜欢看武侠小说，更多的是看一些中国历史类书籍。“初中三年级时的班主任是教世界史的汪仲陶老师，每每一上课，就在黑板上画一幅古代欧洲的地图来，也包括北非和西亚的一些地方。讲古罗马和古希腊，讲斯巴达克斯，讲迦太基……都引人入胜。这些约与中国的汉代历史相对应，似乎在一个初中学生的脑海里，西方的古罗马帝国与东方的大汉王朝隔空相对话。”“当时开封二中有一座大屋顶式的礼堂，学校开大会、听报告和一些文艺演出都在这里举行。记得一次深秋的下午，在礼堂听什么报告时，坐在礼堂墙边隔窗能见到外面屋檐上的瓦头和阳光下随风摇曳的枯草，望着这些我有点走神，像是走进古代的大漠边关，想起‘秦时明月汉时关’的情景，又想起唐代诗人王昌龄所写《从军行》中‘青海长云暗雪山，孤城遥望玉门关’的诗句，把自己与历史拉得很近，甚至融入在一起。”1953年7月杨先生初中毕业，考入当时全省排名最靠前的河南大学附属高级中学，杨先生还是班上的学习委员和语文课代表，对历史课仍然很痴迷。“六年的中学生活，可圈可点。老师们辛勤的教育，铺就了学生们的人生之路。1956年初的高中最后一个寒假，我曾到秋三三班王鸿年同学家作客。他的姐姐王鸿玲1954年考上北大历史系，正在考古专业学习。谈起北大老师知识之渊博，学校燕园环境之优美，祖国历史之悠久，考古发现之神秘，令我心驰神往。加之自己钟爱历史，于是到北大学考古，成了我当年高考的悠悠梦想！1956年7月，在河南大学教学楼参加高考，8月被北大历史系录取，圆了我人生道路上的一个梦。”

未名湖畔学考古

北大历史系名师云集，一些老师上基础课，一些老师上专业课，一些老师讲专题课，还有一些老师搞学术报告讲座。考古学强调理论联系实际，除上课外，又组织学生参观周口店中国猿人化石出土地点，还多次参观北京故宫博物院的文物和中国历史博物馆的陈列。把学到的知识与出土文物联系起来，增加理解和记忆，提高专业水平。“1957年11月，北京明十三陵定陵的地宫刚打开不久，张政烺先生就带着我们考古班同学和一些历史班同学到现场进行参观实习。高大的隧道，精美的石刻，万历皇帝及两位皇后的棺椁，展现了四百多年前无与伦比的地下宫殿。大家还参观了永乐皇帝长陵宏伟的地上建筑，尤其是楠木大柱的祾恩殿，更让人惊叹。了解了明十三陵的布局。明太祖朱元璋是农民起义推翻元朝而登上大位的，最后演变成同样贪婪的封建大地主阶级政权，甚至有过之而无不及。”考古发掘实习是考古专业学生特别重要的学习内容，1958年8月到10月、1959年3月到7月、1960年2月到3月，杨先生所在的1956级考古班，在老师的带领下进行三次田野考古发掘实习，分别到北京周口店进行旧石器时代考古发掘，到陕西华县进行新石器时代考古发掘，以及到北京怀柔进行战国时期墓葬的考古发掘。为日后的田野考古发掘和考古资料整理，打下了基础。在大学里学生进行科研活动也是专业学习不可或缺的内容，杨先生他们考古班1958年编写了《旧石器时代考古学讲义》，1958年到1959年编写了《北京文物志》，这对学生是很大的锻炼。“当编写《北京文物志》的工作启动并有了一些眉目之后，党支部让我这个通讯员给《光明日报》写了一篇反映此项工作的稿子，以扩大宣传和影响。1959年1月11日，《光明日报》刊登了这篇稿子，并给加改了一个《众人拾柴火焰高 集体编书快又好》的标题，还给寄来了几元稿费，让我颇为得意”。

回顾历史　传承经典

1961年9月，杨先生经过5年学习从学校毕业了，国家分配到河南省文化局文物工作队。“植根于中原沃土之中，能在文物大省河南从事文物考古工作是十分幸运的。河南考古是中国考古学的缩影，是中国考古学发展里程碑上最耀眼的刻度之一，通过考古可以谱写出一部形象的古代社会发展史，让人们在创造和享受现代中国幸福生活的同时，也看到一个光辉灿烂的古代中国”。杨先生参加过河南全省碑刻调查，参加过许多县市的水利工程和筑路工程的文物调查，参加和领导了河南的第二次全国文物大普查，参加过山西侯马晋都新田的考古大会战，主持或参加过河南多处大型考古发掘项目；多次参加过中国古代文明起源学术研讨会，参加过夏商文化学术研讨会，参加过晋文化学术研讨会，参加过多次中外文化和学术交流活动；撰写了一批研究论文和学术专著，有些已获得省部级社科优秀成果奖。“半个多世纪以来，我不怕苦，不怕累，不避寒暑，栉风沐雨，足迹走遍河南一百多个县市，汗水洒满中原大地，日复一日，年复一年，为祖国的文物考古事业贡献出自己的青春年华。这里面有许多喜悦，也有不少泪水，尝遍了人世间的酸甜苦辣，作为一个知识分子，始终有一个努力为祖国健康工作五十年的信念和承诺，能够做到胸怀大度，从容淡定，无怨无悔。”

满目青山夕照明

1999年，年满62岁的杨育彬先生退休了，但对一位老考古人来说，实际上还是忙于考古工作与科学研究。他继续参加了全国社科基金项目考古学科组的评审工作，继续参与国家夏商周断代工程的后续研究工作，参加河南省《中原文化大典·文物典》的编纂工作，参加《河南省文物志》撰稿、审稿工作，参加《中国地域文化通览·河南卷》的编辑、撰稿工作；此外，还独著或合著出版了多部考古研究专著，有一些还获得河南省社会科学优秀成果奖；还参加了一些省内外的学术研讨会，并在河南省文物考古研究院“道德讲堂”开了第一讲。在2013年2月，杨先生终于修成正果，入选总计118人的“20世纪中国著名考古学家”名录。其长篇学术成就传文刊登在《20世纪中国知名科学家学术成就概览·考古学卷》中。再回首，田野考古工作着实辛苦，有时一人出差前往，既和古墓、古遗址相伴，又与灰坑、陶片为邻，形单影只，显得十分孤独。但在考古工地上与先辈们对话，既有几分敬畏，更有几分自豪！杨育彬先生这一代考古人，继承老一辈的传统和精神，数十年如一日，顶烈日，战严寒，风餐露宿，呕心沥血，一直秉承着坚持工作第一的信念，同样为中国的考古事业默默地作出贡献。很值得今天的年轻人学习和发扬光大。

探索夏文化的里程碑——一个考古学家的回忆　（赛博古网）

1977年上半年，在登封告成王城岗遗址，发现一座河南龙山文化晚期（王湾三期文化）东西并列的城址，按其所在的地理方位，考古发现的遗迹遗物，结合文献记载及其附近东周阳城的存在，遂与“禹都阳城”联系起来。这引起了学术界的极大关注，后续的考古发现表明，这是探索早期夏文化的重大突破。主持王城岗遗址发掘的河南省博物馆安金槐先生，想召开一次20人左右的小型登封告成遗址发掘现场会，得到国家文物局和中国社会科学院考古研究所的支持，并被要求规模要稍扩大一些至30多人。可能是学术界遭受“文化大革命”被压抑得太久了，到会的竟有全国32个文博单位和高等院校共110位代表，这是“文化大革命”结束之后一次重要的学术盛会，实属不易。中国社会科学院考古研究所夏鼐所长和国家文物局文物处陈滋德处长分别主持会议，并在开幕式上做了重要讲话。

笔者有幸参加了这次盛会，并作为资料组的成员编写会议简报和会议纪要。会后，我以“余波”的署名写了一篇《国家文物局在登封召开告成遗址发掘现场会》的会议报道和评述，发表在《河南文博通讯》（今《中原文物》前身）1978年第1期上。当时写会议报道似乎还不让署上作者的真实姓名，署名“余波”则有两个含义，一是笔者当时工作单位是河南省博物馆，采用了“豫博”的谐音；二是笔者觉得关于夏代的学术争论一定是长期的，将会成为会后连续不断的余波。文章的会议报道中介绍了开会的缘由，会议的经过和专家们发言讨论的盛况。还介绍了河南省博物馆和中国历史博物馆联手在登封告成王城岗遗址获得的重大考古发现……到会代表一致认为：我国对夏文化的研究工作还仅仅是开始，今后必须加强考古发掘和科学研究，还有大量的工作要做。这种学术座谈会，今后还应多开，交流经验，交换意见，互相帮助，搞好协作，把夏文化的研

▶ 登封石淙河会饮台（一）（前排右四作者）

▲ 登封石淙河会饮台（二）（前排右二作者）

究工作向前推进一步。会议结束后，大会工作人员参观了登封告成武则天石淙河会饮旧址，两张黑白照片道谢了工作人员的辛苦。国家文物局召开的河南登封告成遗址发掘现场会，已经过去近40年了，这是一次自始至终没有出版论文集的夏文化研讨会，但会议上各家观点却被反复征引。后续的考古发掘和科学研究表明，这次会议在探索夏文化中具有里程碑的意义。这是第一次在夏文化的探索中明确提出早期夏文化的课题；第一次提出河南龙山文化晚期属于早期夏文化的范畴；第一次把考古资料与历史文献相结合找到了“禹都阳城”之线索。文献中所见夏代积年主要有两说：一是471年，《太平御览》卷八二引《竹书纪年》：“自禹至桀十七世，有王与无王用岁四百七十一年。”二是431年，《易纬·稽览图》：“禹四百三十一年。”（“禹”指整个夏代）这是殷历家的说法。另有《世经》：“禹……天下号曰夏后氏，继世十七王，四百三十二岁。”与前者仅有一年之差，可能是传抄致误。而471年和431年的差距，很可能是前者包括太康失国、后羿代复、少康复国的那段历史。学术界一般采用较早的文献记载为准，即整个夏代为471年。若整个夏代仅限于二里头文化一至四期，据最新的^{14}C测年，二里头文化年代上限不早于公元前1750年。这样二里头文化一至四期总计仅有200多年，而紧随其后的郑州二里岗文化是商代前期文化，这在学术界已无异议。因此，二里头文化一至四期绝不是夏文化的全部，早期夏文化就只能向前追溯到河南龙山文化晚期。再者，近年来在登封王城岗又发掘出一座龙山文化晚期的大城址，总面积达34.8万平方米。大城又把原来的王城岗小城围在城内东北部，这就更可能是“禹都阳城”了。

（本文由孙莉、蔡鸿博摘编自杨育彬：《走进考古——杨育彬回忆录》之《探索夏文化的里程碑》。内容略有删节、调整）

走进考古（仁仁阅网）

今天我们聊一本儿关于考古的书。要说考古的魅力，这三言两语肯定说不清楚，举一件最近发生的事儿。汉朝和北方匈奴打得很厉害，谁把匈奴彻底打跑了呢？东汉的窦宪。公元89年，车骑将军窦宪率三路大军大战匈奴，一仗打完，匈奴远远逃往漠北，延续数百年的汉匈战争终于结束了。得胜之后，窦宪在燕然山上祭天，文豪班固写了《封燕然山铭》，刻在燕然山崖上，彰显汉朝天威。班固还是《后汉书》的作者，他把《封燕然山铭》收进了《后汉书·窦宪传》里，流传后世。“燕然勒石”的典故就是从这里来的，看，我们把几百年的宿敌彻底打败，还在燕然山上刻石纪念，不由得不让人激动自豪。后世的文人一到边塞，遥想当年卓越的战功，禁不住文思泉涌。王维、李白、范仲淹的诗词里都有包含“燕然”的名句。时间久了，窦宪刻石的燕然山渐渐消失在历史中，没人知道它在哪儿了。慢慢也有不怀好意的人说了，这个“燕然勒石”是假的，没有的事儿，是当年的人塑造的战争神话。事实胜于雄辩。2017年7月底，中国内蒙古大学和蒙古国成吉思汗大学的考古学家们在今天蒙古国的杭爱山，发现了当年班固撰文的摩崖石刻，上面的碑文符合《后汉书》的记录，一个字不缺。铁证如山，现今的杭爱山就是古称的燕然山。这处石刻在考古学上极有价值，证明“燕然勒石”确实是真。看到那块两千年前的石碑，我想每个中国人都会生起一种穿越历史的力量感和神圣感。考古确实常常给我们带来撼人心魂的感动，但你有没有好奇过考古工作者是怎样开展工作的？他们怎么寻找古人留下来的痕迹，又怎么断定一件东西背后的历史意义呢?我们今天聊的这本书《走进考古》，作者叫杨育彬，是一位资深的考古学专家。下面我们就跟着作者的脚步，让他带我们走进第一线的考古现场。1965年11月中旬，河南省上蔡县文化馆给省文化局拍去一封电报，说在县城城郊的农田里，发现了一座砖室古墓，请人去发掘清理，领导派了作者去调查这件事情。作者到现场发现，墓顶已经塌陷了，墓里面还积了很多水，他和县文化馆的同志一起抽干积水，仔细清理这座墓葬。这座墓最引人注目的是雕砖壁画，其中一幅壁画展现的是清洗布帛的场景，一口大盆搁在架子上，右边

▲ 上蔡宋墓出土大观通宝

站着一个男人，双手拿一匹布帛正准备放进盆里，左边站一个妇人，头发高高盘起，双手在盆子里忙活着，分明是在和男人一起洗布呢。另一幅壁画尤为精妙，画的是一个女子紧紧怀抱一个孩子，孩子使劲儿往前看，对面是一个梳妆台，放着圆圆的一面铜镜，妙处在哪儿呢？这铜镜上竟然还能看出来小孩儿的脸，也就是说，工匠把镜子里的图影，都雕出来了，非常有意思。看了这许多东西，怎么断定这座墓葬的年代呢？单看这些壁画，它们的形制、风格，和不远处禹县的白沙宋墓比较相似，因此，有可能是一座宋代墓葬。不过，这当然是粗糙的推测，还需要进一步验证。很重要的发现来了，工作人员发掘出土了一方砚台，是陶制的，底部工工整整地刻有三个大字“李伴叔”。作者想起来《文物》杂志一年前刊发过一方宋代陶砚的照片，和这个很相似，几乎可以肯定这座墓是宋代的了。接下来的发现印证了这个观点，墓内还出土了45枚铜钱，铜钱上刻有“大观通宝”四个大字，熟知宋朝历史的人马上就能推断出“大观”是宋徽宗的年号，墓葬里有“大观通宝”的铜钱，可不就是宋代的嘛！事实的确如此，这座墓最后断定的年代是北宋晚期，墓主人名讳为李伴叔。虽然这不是什么王公贵胄的大墓，出土的文物相对有限，但不能忽略了它的考古价值。尤其是那些壁画能让现在的人们了解到，北宋晚期的人穿什么衣服，用什么工具。比如小孩照镜子那幅壁画，梳妆台上不是有面镜子吗，人家这面镜子不是直接搁在桌子上的，下面还有十字腿作为支撑，这有什么作用呢？那就是可以调整高度，方便当时的人使用镜子。这种十字腿或者说十字架，在其他宋代墓葬里十分罕见，可以说是非常重要的考古发现了。

这次上蔡之行，除了考古发掘，作者还讲述了他一路上的经历，非常有意思，我们也能借机了解到1965年的考古工作者是在什么条件下进行考古工作的。作者从郑州去上蔡，先坐火车到了西平，然后再转长途汽车去上蔡。没想到在西平买汽车票的时候犯了难，排了半天队结果说没票了，他急中生智掏出工作证和上县文化馆的电报，售票员看了好一会儿，喊了一句：“考古挖墓的优先！”才卖给作者一张票。作者拿了票，就跑出车站，因为实在饿得不行了，在小饭馆里拿4两粮票和4角钱，买了一份炒面，匆匆就吃完上了汽车。那时候出差要先到会计那里领出差费，一般不会很富裕。不像现在自己先拿钱，出差回来再报销。而且作者这次还遇到了特殊情况，一下子让出差经费捉襟见肘了。一是墓里有积水，动用抽水机抽水，花了一点钱；二是在湿凉的墓里工作，受了风寒，看病又花了一点钱。这样算下来，除了买返程的车票，只剩下1角2分钱，炒面肯定吃不成了，在县文化馆带了两个馒头，到西平车站买了1角钱的丸子汤，最后2分钱在火车上买了一杯开水。等到了郑州，步行回单位，口袋里已是空空如也！

这是20世纪60年代的故事，现在我们把目光投向20年之后，到了80年代，作者在考古领域已经小有建树，主持发掘了不少大型的考古项目。1986年，在河南省平顶山市郊的滍阳岭，考古人员发现一批古墓。多年以前，当地老百姓在这里取土烧砖，就挖出过一些青铜器，根据青铜器上的铭文，专家们推断这里可能是西周时期应国的贵族墓地。应国是一个商周时期的古老封国，商代的应国是在殷商的都城附近，位于黄河以北。西周初的应国是故地重封，周武王之子封于此。周昭王的时候，应国迁到了今天的平顶山一带，春秋战国时期，应国在楚国、韩国、魏国几个大国之间几度易手，最终被秦国所灭。后来这儿成了秦相范雎的领地，所以范雎被称为应侯。正式发掘之后，考古学家在这里发现了什么呢？首先发现了几座应国国君的墓葬，出土了众多的青铜器和其他文物。比如著名的柞伯簋，这是一件双耳带圈足外形类似奖杯的青铜器，器内有74个字的铭文，这74个字记录了这件柞伯簋的来历。柞为国名，为周公之子的封国，地在河南延津县境内。柞伯是第一代胙国国君的嫡长子，亦即胙国的太子。在周天子举办的一次射箭比赛上，柞（胙）伯表现优异，射了十箭，无一脱靶，周天子因此给了他十块青铜，作为奖励。柞（胙）伯呢，把这十块青铜铸成这件用来祭祀祖先周公的宝簋，也就是考古发现的柞伯簋。听到这儿可能有人奇怪了，这柞伯簋明明是人家胙国的东西，怎么跑到应国的墓葬里头了呢？哎！这就是考古有意思的地方。如前述，胙国是周公之子的封国，应国是周武王之子的封国，两个封国相距不远，关系相当好，柞伯簋很有可能是胙国送给应国的，最后成了应国国君的随葬品。这也给史书上记载的两国友好关系提供了一个实物例证。这正是考古迷人之处，如果这件文物是在别的地方发现，或者已经被盗了去，就解读不出这层关系了。一件文物出现在哪里？在什么地方被发现，有时候比这件文物本身更加重要。这片山岭上的墓地，以应国墓为主，历经西周、春秋、战国、两汉，其后才逐渐废弃，在考古学家眼中，这不仅仅是一块墓地，他们要从这里出发，把过往的那些时代，尽可能还原到世人面前。

▲ 平顶山应国墓地出土柞伯簋

（本期图书为《走进考古——杨育彬回忆录》，科学出版社出版发行。本文作者和编辑：郭志伟，主编：昆石，主播：小马哥）

考古人生——2019年《河南日报》采访录

前些时，《河南日报》记者温小娟同志对笔者进行了采访。2019年是新中国成立70周年大庆日，在国庆节即将到来前夕8月9日的时间节点上，《河南日报》以《考古人生》为题发表了这篇采访录，大河网也同样予以转发。这是对笔者的一项褒奖，也是一次保护文物的宣传，又是献给祖国母亲生日的一束鲜花。我们文物考古工作者，有情怀，有理想，有担当，最后归结为“不忘初心，牢记使命”。对我们来说，保护好祖国文物就是我们的初心；如何做好文物保护，如何做好考古发掘，如何做好科学研究，就是国家赋予我们使命。70年来，我们在艰苦的条件下，努力工作。从文物考古的角度，为增强文化自信和中华文化的凝聚力，贡献出了自己的力量。在这里我很愿意介绍这篇《考古人生》，与读者共享。

精彩周末/人物·时空 | 10

考古人生

老兵的思念

葡萄园里“新农人”

卓茂以德化民

▲《河南日报》刊登采访笔者文章《考古人生》

考 古 人 生

戴着一副半框眼镜，说一口标准的普通话，脸色红润，精神矍铄……看状态，杨育彬先生完全不似八旬老人。

炎炎夏日，在河南博物院家属院里，谈及自己59年的河南文物考古生涯，杨育彬先生言语间露出无限深情："河南考古是中国考古学的缩影。能在河南从事文物考古，我深感荣幸。"

未名湖畔求学路

"九一八"事变后，祖籍吉林长春的杨育彬先生，举家从白山黑水间南迁到黄河之滨的中原。从小学到高中，随着父亲工作调动，杨育彬先生也在唐河、临汝、开封等地，辗转求学。"在河大附高上学时，听同学在北大学考古的姐姐描述过北大老师知识之渊博，学校燕园环境之优美，考古发现之神秘，让酷爱历史的我着了迷。到北大学考古就是我当年高考的梦想。"

1956年8月，杨育彬先生梦想成真，被北大历史系录取了。

忆往昔，峥嵘岁月稠。在燕园求学的日子，聆听张政烺、郭宝钧、徐旭生、夏鼐、苏秉琦、宿白、邹衡等众多如雷贯耳的大家亲自授课，他们旁征博引的精彩讲述，让杨育彬先生眼界大开。同时，丰富多彩的考古实习生活，更指引着同学们将理论与实践相结合，不断提高专业水平。

1961年秋天，杨育彬先生毕业时，同学们提出了"为祖国健康地工作五十年"的豪迈誓言。"这是中华儿女对祖国母亲的感恩与承诺，我可以自豪地说，我做到了！"杨先生如是说。

考古天地显身手

带着对未来美好的憧憬，1961年10月，杨育彬先生进入河南省文物工作队。第二年，杨先生便接到参加全省碑刻调查的重要工作，这是河南省文物工作队当年的中心任务，也是全国第一次文物普查的延续。那一年，从初春到盛夏，从仲秋到严冬，他的足迹踏遍了南阳、许昌、平顶山等10多个县市。

"碑刻大多分布在荒郊野外。那时的交通不便，饥一顿饱一顿更是生活常态。"杨先生说。他常常独自奔走在人迹罕见的深山老林之间，徘徊在古庙衙署祠堂之中，摩挲着碑刻与历史时空对话。“有时候也会感到孤独，那一年8月上旬的晚上，我独自坐在宝丰香山寺大殿外的石碑上，真正感悟到了戴望舒诗歌里的‘寂寞’：‘我夜坐听风，昼眠听雨，悟得月如何缺，天如何老。’”

正是缘于对历史的敬畏和对考古的热爱，杨育彬先生也从不觉得这段日子的苦。“那一年，我有11个多月在外奔波，往往刚回到单位汇报完情况，领导就会问何时再出发？当年的敬业精神至今想起来连我自己都很感动。”杨育彬笑着说。“通过调查，我们全面掌握了当时全省的碑刻遗存资料。在今天看来，这些资料弥足珍贵，因为许多碑刻在20世纪六七十年代曾遭到人为和自然的破坏而不复存在。”杨育彬的话语中既有欣慰，更有无奈和遗憾。

1963年3月，杨先生单枪匹马到偃师进行考古调查，先后发现了南蔡庄遗址、宫家窑遗址、夏后寺遗址等3处重要遗址，并为此撰写了一篇《河南偃师仰韶及商代遗址》的考古调查简报，发表在《考古》1964年第3期上，这是他考古生涯中第一次把考古调查收获变成铅字，这篇文章也被中国社会科学院考古研究所录入了夏文化考古资料编目中。

这只是杨育彬先生考古生涯中的“小荷才露尖尖角”。接下来的几年，他先后参加了郑韩故城文物钻探和发掘、三门峡多座工厂基建工程的抢救性发掘、清理上蔡砖雕壁画墓等重大考古项目，并参加了国家文物局组织的山西侯马晋国都城新田考古大会战。在考古实践中，他顶烈日、战严寒，不畏艰辛迅速成长，在一次次出色表现中迎来更多的考古机会。

提及闻名中外的郑州商城遗址考古发掘，杨育彬先生是绕不开的人物。1972—1983年，他先参加后主持了郑州商城遗址的持续考古发掘。在此期间，不断涌现的考古新发现，层出不穷，让大家搞清楚了商代城墙的形制和建筑结构；东里路、城北路、顺河路十多座大型房址和几十处夯土台基的发现，展现了宫殿区的所在和布局；顺河路、北二七路的铜器墓，杜岭街和东南城角外侧青铜器窖藏坑的发掘，出土了大批青铜器和其他珍贵文物，把一座早于安阳殷墟的商代前期王都面貌，逐步清晰地勾勒了出来……

踏遍青山人未老

1983年，杨育彬先生被任命为河南省文物局副局长。对于升迁他却并没有太多的喜悦，更多的是感到对考古发掘工作的留恋和肩上责任的重大，而且他的内心也始终丢不下田野考古和科学研究。近五年时间之内，在完成全省文物管理和文物保护本职工作之后，几经申请，省文化厅最终同意把他调回省文物研究所继续搞专业考古工作。其后，他担任省文物考古研究所所长和《华夏考古》主编。1992—1999年间，杨育彬先生先后主持了黄河小浪底水利枢纽工程区、平顶山应国墓地和焦作府城村商代城址的考古发掘工作。其中的平顶山应国墓地出土了大量精美的青铜器、玉器，不少青铜器上铸有铭文。这些考古发现对研究西周至春秋的礼制和建立文献记载语焉不详的应国考古学编年具有重大学术意义，被评为1996年的全国十大考古新发现之一；焦作府城村商代古城的发掘，被评为1999年的全国十大考古新发现。

几十年来，杨先生的足迹踏遍了中原大地100多个县市的山山水水，数十年如一日地奋战在田野考古第一线。同时，他运用丰富的考古发掘资料在中国古代文明起源、中国夏商周考古学、中国河南考古学等领域的研究颇有建树，出版了20余部学术专著。他关于河南考古学的研究成果，既有专题研究，又有断代研究，涉及河南的古遗址、古城址、古墓葬和青铜器、玉器、瓷器、石刻和古建筑等方方面面，让人们在看到一个欣欣向荣、经济腾飞、现代化河南的同时，一个光辉灿烂的古代河南也跃然纸上。

2013年，他与被誉为“新中国河南考古第一人”安金槐、文物考古与古文字专家郝本性、全国知名古钱币研究专家蒋若是等先生，一并入选“20世纪中国知名考古学家”名录，这是河南文物考古界的光荣。

一生挚爱考古，学术著作等身的杨育彬先生，1999年退休之后，仍保持“时不我待”的激情，除了参加学术研讨会并经常到考古工地转转外，还会坐下来写写考古学论文甚至是研究专著。近年来，他编著的《河南考古探索》《河南文物》《河南考古研究》等十几部学术专著，成为了反映河南考古学的历史长卷和必据之经典。

在他的书房里，几面墙边的书架，摆满了数千册图书。每天他仍然笔耕不辍，会起早贪黑地用汉王笔一字一字地在电脑上打出一些文字，目前他正在撰写《考古人生——杨育彬回忆续录》，还计划编写一部大部头的《郑州商城考古学研究》。他说：“有生之年，我还会为河南的文物考古工作再作一些贡献。”

光耀中华——建国 70 年一个普通家庭的岁月回眸

从1949年10月1日毛主席在天安门前升起第一面五星红旗，到今天2019年10月1日整整过了70年。70年风雨兼程，70年沧海横流，在中国共产党的领导下，我们的祖国发生了翻天覆地的大变化。中国人民战胜了一个又一个艰难险阻，创造了一个又一个彪炳史册的人间奇迹，中华民族完成了从站起来到富起来再到强起来历史性的大跨越。今天的中国已发展成为世界第二大经济体，成为全球工业第一大国，制造业第一大国；农业粮食生产先后迈过了11个千亿斤台阶，成功解决了近14亿人的吃饭问题；高速铁路、高速公路四通八达；港珠澳大桥成为世界之最；嫦娥四号实现世界首次月球背面软着陆；蛟龙号载人潜水器最大下潜深度达到7062米，中国海底载人科学研究和资源勘探能力达到国际领先水平；世界第一颗量子科学实验卫星墨子号升空；世界最大的500米口径球面射电望远镜（FAST）落成；北斗导航系统惊艳世界；5G技术引领全球；东风—41固体洲际弹道导弹震慑世界……这让每一个中国人感到自信和骄傲。

2019年国庆节那天上午，在电视里看到了建国70周年天安门前的大阅兵和群众游行，心情无比激动，无数刻骨铭心的回忆一齐涌上了心头。

我记起了1950年10月1日国庆1周年时，我们初中生参加的群众游行。大家行进在河南开封的街道上，在明媚的阳光下，人们打着红黄紫绿的彩色小旗，欢呼雀跃，个个充满喜悦；入夜学校又组织了火炬游行，同学们用玉米秆包裹着蓖麻籽捆扎火把，点燃之后，刹那间照亮了街道，映红了人们的笑脸……

我回忆起1956年10月1日国庆7周年时的游行。那时候刚上大学一年级，参加天安门前国庆游行是当年大家都盼望的事情，我们都穿着洗得干干净净的衣服，手里拿着用红色的、绿色的蜡光纸和其他彩纸做成的美丽而又庄重的美人蕉花束，可惜天公不作美，遇到了下大雨。北大的学生队伍每排40人，幸运地走在最靠近天安门的第一路，可以看到站在天安门城楼上的毛主席脱帽向游行群众挥手致意，我们欢呼雀跃，一股幸福的暖流把雨水和冰冷都抛在脑后，只有一个念头，我见到毛主席了……

更难忘是1959年10月1日建国10周年大庆，学校抽调我们班上几位年轻的男同学，参加北京市国庆游行的仪仗队，要求我们穿白上衣、蓝裤子、黑皮鞋，我和郑杰祥、李伯谦、何介钧等高中毕业生的皮鞋都是借班上任常泰、李家和、顾敦信、马希桂等调干生的。为此，8—9月，我们先在学校练习队列，拔慢步，走正步，每天下午两个小时，着实很辛苦；后来又在9月的几个周六晚至周日凌晨，都到天安门广场彩排两次。仪仗队的前面是阅兵式，解放军也在排练，有陆海空三军多个方阵，大炮和坦克轰轰隆隆震人心弦。其间还放过一次焰火。国庆节那天晴空万里，上午10点，在《东方红》乐曲声中毛主席健步登上天安门。阅兵式后，我们仪仗队高举红旗整齐地走过天安门前，其中还有3分钟的正步走，这可是整整近两个月的操练啊！能在北京参加国庆10周年游行仪仗队，真令人感到幸福和自豪。

70年的变化太大了，1949年，我还在开封女师附小上小学五年级，其后在开封二中上初中，又到河大附高上高中，1956年8月，走进北京大学的校园，学习历史和考古，1961年10月，毕业分配到河南省文化局文物工作队，一直从事文物考古工作，即使在退休之后，业务工作也没有丢，70年间终于修成正果，由一个小学生成长为小有名气的考古学家。在这里，我怀着个饮水思源的感恩之情，感谢祖国母亲的培养，感谢老师们的教诲，感谢中国共产党全心全意为人民服务的恩泽……

在这70年中，尤其是改革开放之后，人民的生活可以用日新月异来形容，我作为一个普通的老百姓，从各个侧面感受尤深。比如吃饭，1953年国家实行粮食统购统销，老百姓的生活还很正常，粗茶淡饭总还可以填饱肚子。从1960年开始的困难年光，由学校到工作岗位之后，经常去田野调查和考古发掘，粮食定量不足，饿肚子成了常态，出差在外带粮票是必需的。亲友之间的往来，也少多了，招待客人一顿饭就要计划计划。在家里大人把窝头或馒头也要高高挂起，孩子放学之后只能望篮兴叹，盼望早点吃饭。到了80年代中期之后，面貌大改观，真正展现了“农业为基础”，粮票逐渐取消，人们的粮袋子、菜篮子、油瓶子、果盘子供应大有改善，老百姓的餐桌开始丰富起来，也可以到饭店饕餮一番。到如今想吃什么就吃什么，想到哪个饭店就到哪个饭店去，朋友作客，同学聚会，家人年夜饭，老人生日餐……天天都像过年。偶尔再见到当年五花八门全国通用或地方上的粮票，真是感慨万千。

再如穿衣，当初凭每人每年的定量布票，家里人调剂倒也过得去。困难那几年就不一样了，每人每年布票定量不及2尺，老百姓都过着缝缝补补的日子。1963年7月30日成家的时候，因为没有布票，既没做新的被褥，也没添新的衣服，我甚至还借了一条化纤裤子，条件虽然简陋，但还是恩恩爱爱过日子，温馨又从容。后来就不一样了，想穿什么衣服就买什么衣服，想铺盖什么被褥就买什么被褥，大人节约惯了，温暖干净就行，孩子们打扮得漂漂亮亮的，他们结婚的时候，也着实风光了一番。

我在上小学、中学的时候，全家住在狭小拥挤的房子里，冬天厨灶也移在室内，便于取暖。没有电灯照明，晚上一个带罩子的煤油灯放在方桌正中间，我们兄弟姐妹就坐

▲ 除夕全家年夜饭

▲ 春节全家福

在桌子四边写作业、温习功课。1961年10月参加工作后，与一位同事共同住在不及10平方米的屋子里，两张单人床、两张两斗桌和两把凳子占得满满的，当时实行寝办合一，既是宿舍又是办公地点。结婚之后单位给了6平方米的一块小屋子，一住多年。后来单位与河南省博物馆合并，有了孩子之后，分到了一处楼上顶层的小房子，有了小的电视机和电风扇。80年代又迁到一处小三居内，住房有了改善。20世纪末住上了三室两厅的大房间，南北通透明亮，有厨房、卫生间，有暖气和天然气，换上了35英寸的彩电，最近又换成了65英寸的液晶大彩电。在郑州和北京工作的两个孩子，都有了自己的大房子，宽敞的客厅，齐备的家具和电器，透出幸福满满的生活。用现在的词来说，那真叫一个爽！

俗话说儿行千里母担忧，儿子在外面上学或工作，父母总会有所牵挂，通讯联系是必不可少的，除书信之外，长途通话也时而有之。多年前那叫一个难，家里没有电话，去邮电局要排号，费了不少周折。家里装上了座机，就不用上邮电局了，但有时也不是很顺畅。80年代中期，小儿子在北京北方交通大学念书，学校只是在宿舍楼值班室有电话，那只能在约定的时间给他打电话，但如果有人占线那就费事了。90年代小儿子的工作单位派他常驻香港，通讯更麻烦了，就靠一个传文字的BB机联系，有时口音不对，常出一些差错。如今早已进入手机时代了，我和老伴都用上了华为4G智能手机，打电话，发微信，看新闻，查资料，真是方便极了。与此相联系的还有电脑，用汉王笔打字，在电脑里查文献和其他资料，连文字卡片也不用做了，写文章，撰专著，也比过去快多了。

1956年，我到北京上大学，坐火车要十多个小时。参加工作之后，去考古工地发掘，搞文物调查，外出开会，坐火车或长途汽车，买票就比较难。如今高铁火车、高速路大巴满地跑，两个半小时可到北京。两个儿子都买了私家车，出入方便。市内公交车、地铁对老人还免费乘坐，真是前所未有。过去在单位和考古工地，接待过多批国外的文物考古专家参观访问，很羡慕他们能来中国自由行。改革开放之后，自己也曾几次到国外进行学术交流。进入新世纪以来，我们更能走出国门，高高兴兴看世界。我和老伴在大儿子的陪伴下，先后去过六大洲的30多个国家，参观了不少博物馆、古代建筑和南非的好望角、南美的火地岛、埃及的金字塔……领略域外异国风情，从南美寄回家的几张明信片，也成了珍贵的文物；在国内也漫步大中原、大华北、大西北、大东北、大西南、大东南、台湾宝岛……感受祖国山川壮美。特别是瞻仰革命圣地旧址，井冈山、瑞金、遵义、延安、西柏坡……漫漫革命长征路，步步印在我心中。

我们家里九口人，我和老伴、两个儿子、两个儿媳，在不同的岗位上工作，都有研究员或高级工程师、高级会计师、高级经济师的学术、技术职称，一个孙女和一对双胞胎孙子，分别在大学或中学学习，长慈幼睦，和和美美，其乐融融。从一个老百姓及其

▲ 游览埃及金字塔

▲ 阿根廷火地岛世界最南端地理标志牌

家庭的变化，可以看到建国70年中国人民的幸福生活。

家是最小国，国是千万家，国家走向繁荣昌盛的背后，是亿万人民命运的改变，生活的变迁。回眸波澜壮阔的建国70年，我感到幸福，感到自豪，感到满足，感到作一个中国人的底气和光荣，人们正在为实现两个一百年的奋斗目标而努力！展望未来，在中国共产党的领导下，中国人民以梦想为岸，以团结作帆，以奋斗为桨，乘浩荡东风，破万里巨浪，光耀中华，迎接承载民族复兴梦下一个更加辉煌的70年！

◀ 寄自南美洲阿根廷的明信片（一）：阿根廷火地岛乌斯怀亚港

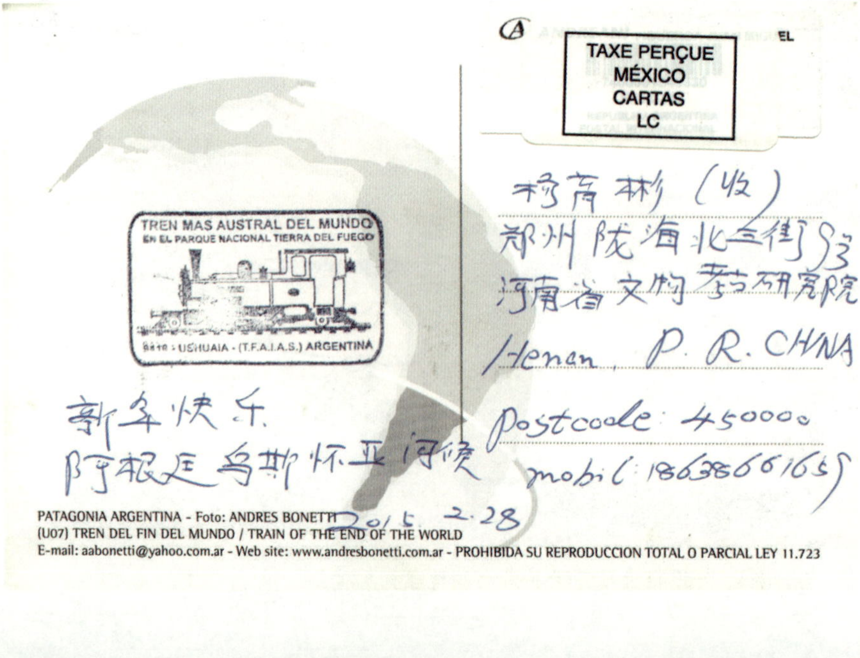

◀ 寄自南美洲阿根廷的明信片（二）：左阿根廷邮戳，右墨西哥邮戳。从乌斯怀亚到郑州18000公里，取道墨西哥44天后收到

附录　杨育彬其他活动照片

◀ 郑州开会同班6人参观河南省博物馆老馆（左起李先登、作者、郝本性、张学海、李晓东、郑杰祥）

◀ 参观河南博物院

◀ 同班5人参观洛阳古墓博物馆（左起作者、李家和、齐心、朱非素、何介钧）

◄ 洛阳偃师二里头夏都遗址博物馆开馆

◄ 参观偃师商城博物馆

◄ 参观开封博物馆

◀ 参观平顶山博物馆

◀ 参观宝丰汝窑博物馆

◀ 参观河南新安千唐志斋石刻馆（左起司治平、陈平、作者）

◄ 参观新郑博物馆（右为郑杰祥）

◄ 参观淅川县博物馆

◄ 参观湖北省博物馆（左为陈振裕）

▲ 参观辛亥革命武昌起义纪念馆

▲ 参观宜昌博物馆

▲ 参观湖南博物馆马王堆汉墓文物展

▲ 访问湖南省文物考古研究所

▲ 参观常德博物馆（左起李家和、作者、汤池、孙广清）

▲ 参观桂林博物馆（左起郝本性、作者、朱非素、李伯谦、齐心、张学海）

▲ 参观广州博物馆

▲ 参观深圳博物馆

► 参观中国历史博物馆“中国文物事业五十年”展览

◀ 参观中国国家博物馆《复兴之路》展览

◀ 全班同学参观首都博物馆（左二作者）

◀ 参观北京石刻艺术馆（左为汤池）

▲ 全班同学参观北京平谷上宅文物陈列馆（右四作者）

▼ 全年级部分同学齐聚十三陵水库展览馆（最后排右七作者）

◀ 参观上海博物馆

◀ 参观内蒙古清将军衙署博物院

◀ 参观山东聊城中国运河文化博物馆

◀ 参观山西博物院

◀ 参观承德双塔山博物馆避暑山庄肇建300周年展览

◀ 参观刘公岛甲午海战纪念馆

参观安徽亳州博物馆

参观南昌起义纪念馆

参观南昌起义指挥部旧址

◄ 瞻仰江西共青城胡耀邦墓

◄ 参观安徽安庆陈独秀纪念馆

◄ 安庆陈独秀墓前《新青年》杂志雕刻

◀ 参观徐州博物馆

◀ 参观南京原国立中央博物院旧址

◀ 参观无锡中国吴文化博物馆

◄ 参观黑龙江省博物馆

◄ 访问黑龙江省文物考古研究所

◄ 参观黑龙江省金上京博物馆（右为王巍）

◀ 参观清沈阳故宫

◀ 参观“九·一八”历史博物馆

◀ 访问四川省文物考古研究所

参观陕西历史博物馆

参观陕西秦兵马俑博物馆

参观新疆博物馆

◄ 参观四川考古所三星堆遗址工作站（左为赵殿增）

◄ 参观四川三星堆博物馆

◄ 参观重庆市博物馆

▲ 访问四川大学

▲ 参观遵义会议纪念馆（左为司治平）

我们党从这里走来（一）：参观上海中共一大会址

我们党从这里走来（二）：参观嘉兴南湖红船中共一大会址

参观南湖革命纪念馆

◀ 参观厦门郑成功纪念馆

◀ 参观福建马江海战纪念馆（左起杨焕成、作者）

◀ 走访三亚图书馆

参观台北中山纪念馆

参观台湾花莲县石雕博物馆

参观台湾中台禅寺博物馆

◀ 参观台湾恒春古城

◀ 参观香港历史博物馆

◀ 参观香港艺术馆

▲ 河南西峡恐龙蛋考古发掘现场（前右一作者）

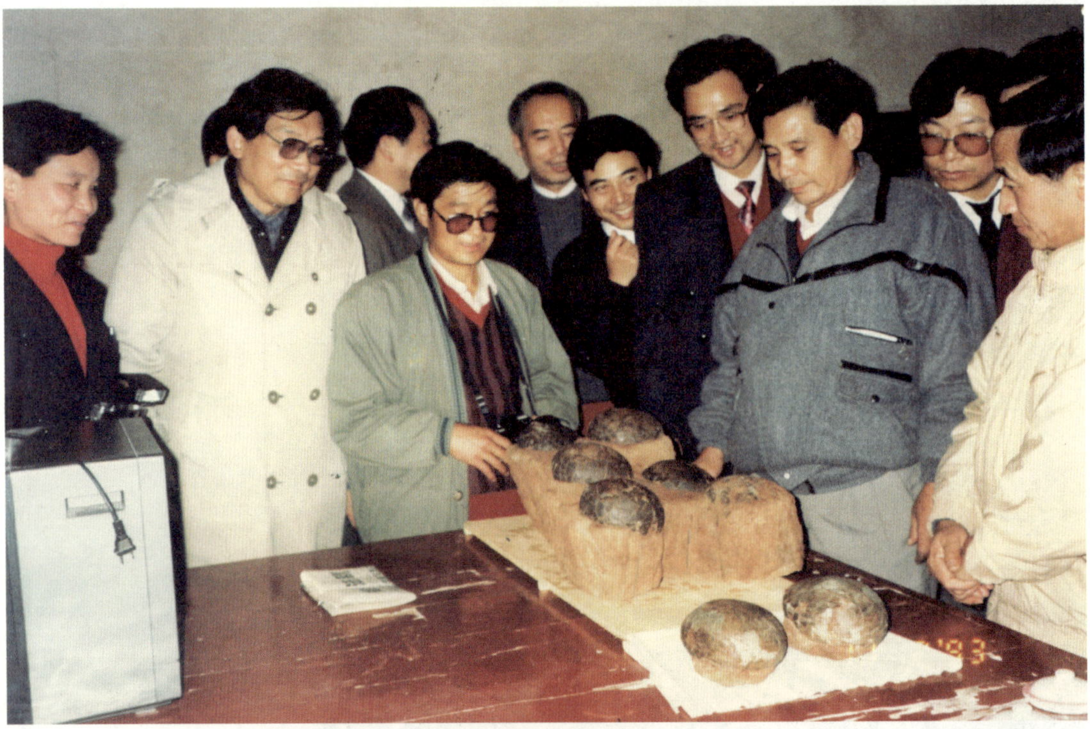

▲ 河南西峡出土恐龙蛋化石（右三张世英，左二作者）

▲ 灵宝西坡遗址仰韶文化大房基发掘现场

▲ 现场考察郑州小双桥商代祭祀遗址（右起郝本性、作者、曹桂岑、安金槐）

◀ 河南社旗田野调查（右二作者）

◀ 南阳考古调查（右为魏仁华）

◀ 河南沁阳考古调查（左一作者、右一曹桂岑）

◀ 河南新密新砦遗址调查

◀ 考察山东城子崖遗址（左起李家和、作者、何介钧、李先登）

◀ 山东开会同班同学考察齐国古墓（左起朱非素、齐心、李家和、王恩田、郑杰祥、何介钧、作者）

参观曲阜鲁国故城遗址
（左为贺官保）

参观徐州龟山汉墓

站在商丘殷微子墓前

◀ 考察陕西霍去病墓（左起史俐敏、吴梦麟、作者、叶学明）

◀ 考察吉林集安丸都山城

◀ 吉林集安开会考察将军坟（右为李晓东）

▲ 考察黑龙江金上京遗址（前排左五黄景略，后排左六作者）

▲ 参观山西横北周墓（左起朱华、作者、黄景略、楼宇栋、谢辰生、梁子明、陶正刚）

◀ 瞻仰杭州岳飞墓

◀ 考察浙江绍兴大禹陵

◀ 考察四川前蜀王建墓

考察四川三星堆遗址

考察黑龙江渤海国上京龙泉府遗址

考察新疆交河故城

◀ 参观北京明皇城东安门遗址

◀ 考察重庆大足石刻（左为张学海）

◀ 参观福建泉州老君石雕像（左起郝本性、作者、张学海）

▲ 参观山西云冈大佛

▲ 参观山西五台佛光寺

▲ 参观佛光寺唐代大殿

遥望西安唐代大雁塔

参观扬州唐代大明寺

参观四川峨眉山报国寺
（左为张学海）

◀ 参观河北正定广惠寺华塔

◀ 参观正定古城墙

◀ 参观正定隆兴寺（右为彭适凡）

▲ 参观保定清直隶总督部院

▲ 参观苏州五代云岩寺塔

▲ 参观无锡惠山明代龙光塔

◀ 参观福州涌泉寺（左作者、右郭旃）

◀ 参观四川松潘松州古城

◀ 参观桂林古南门

▲ 参观甘肃嘉峪关外

▲ 参观河南商丘明代古城（左起作者、李先登）

▲ 参观开封山陕会馆（左为蒋若是）

▲ 考察开封宋代繁塔（左二作者）

▼ 考察三门峡金代宝轮寺舍利塔（左七作者）

▼ 考察开封宋代祐国寺塔（铁塔）（右三作者）

◀ 参观南阳武侯祠（左起作者、朱亮、安金槐、李德方）

◀ 编写《河南省文物志》调查淅川荆紫关（左起张晓军、任常中、作者、王治品）

◀ 参观开封朱仙镇岳庙

◀ 参观北京恭王府（左起徐自强、李伯谦、作者）

◀ 参观卢沟桥

◀ 参观北京香山双清别墅

参观长沙爱晚亭

参加河南周口关帝庙建庙350周年纪念会

参加全国社科基金考古学科组评审会同班3人（左起李伯谦、作者、何介钧）

在《中国青铜器全集》编委会上发言（左起张长寿、杨锡璋、作者、陶正刚）

参加夏商周断代工程专家组会（左起王世民、作者、张培瑜）

北京大学考古90年考古专业60年庆典及学术会议报到（前排左起王恩田、徐光冀、杜廼松、作者）

◀ 参观北京大学图书馆拓片展（左起孙广清、作者、郝本性、徐自强、单霁翔、马希桂、徐恒彬、朱非素、吴梦麟、郑杰祥）

◀ 北京大学考古专业60年聚餐（左起孙广清、作者、徐自强、李伯谦、张学海、朱非素）

◀ 在北京钓鱼台参加中国黄河文化研究会成立大会

◀ 参加安阳学术会议（左起作者、郝本性、李伯谦）

◀ 参加安阳学术会议（左起王宇信、杨锡璋、齐文心、作者）

◀ 信阳鸡公山开会（左起郝亚山、任常中、作者、汪秀峰）

◀ 西宁开会塔尔寺见活佛（左起李二楷、司治平、活佛、作者、张玉石）

◀ 在东北三所一校哈尔滨学术会上发言

◀ 在南昌殷商文明国际学术研讨会发言

▲ 桂林开会同学相聚（左起朱非素、张学海、郝本性、作者、李伯谦）

▲ 商丘开会参观阏伯台（左起高天麟、张长寿、作者）

▲ 参加三门峡黄河文化会（左起作者、安金槐、李学勤、张家泰）

▲ 参加山东龙山文化会（左起韩榕、李先登、张学海、齐心、朱非素、作者、李伯谦、李晓东、郑杰祥）

◀ 参加长沙学术会（左起朱非素、张学海、汤池、作者、李家和、何介钧）

◀ 参加山西侯马学术会（左起作者、王克林、李伯谦、劳伯敏）

◀ 参加河南省文物工作会议（左起司治平、作者、杨焕成、傅玉林、张家泰、武志远）

◀ 参观文物展览（左一作者、左二尤翰青、左四杨守礼、左五欧潭生）

◀ 参加郑州文物会（右起杨宝顺、韩绍诗、作者）

◀ 在甲骨文与商代文明国际学术研讨会上发言

参加龙门石窟研究与保护会

参加郑州文物工作会（左起作者、张文军、赵会军）

登封考古学术会作者与武志远（右）编写简报

▲ 参加安阳科学发掘70周年纪念会（左起秦文生、李伯谦、杨志军、作者）

▲ 纪念郑州商代遗址发现60周年座谈会（左二作者）

◀ 参加安阳学术会（左起罗琨、郝本性、作者）

◀ 参加殷墟发掘90周年会（左起李伯谦、郝本性、作者）

◀ 参加郑州商城文物保护会（右为李伯谦）

◀ 参加郑州商城遗址博物院陈展大纲讨论会（左起郝本性、李伯谦、作者）

◀ 参加第二届中国考古郑州论坛（左起郝本性、李伯谦、作者）

◀ 参加郑州夏文化研究与传播学术会（左起郝本性、李伯谦、作者）

▲ 参加全国社科基金考古学科组评审会（左起冯浩章、张柏、严文明、徐苹芳、张忠培、作者、邹厚本、李伯谦、林沄、韩伟）

▲ 参加北京汉学研究国际会议（前左起田广金、何介钧、张学海、郭大顺，后左起李水城、作者、陈振裕）

◀ 参加偃师二里头发掘60周年学术会（左起刘忠伏、李伯谦、作者）

◀ 在晋文化考古学术会上发言

◀ 参加纪念甲骨文发现100周年国际学术研讨会（左起作者、曹定云）

◀ 商志醰先生（左）访问河南省文物考古研究所

▲ 山东开会老同学相聚（左起齐心、王恩田、作者）

▲ 夏商周断代工程三战友聚会（右起周年昌、作者、韩榕）

▲ 钱伟长（左四）参观郑州出土文物（左三作者）

▲ 参观登封出土文物（前排左起张文彬、宋健夫人、宋健、安金槐、李学勤、张世英，后排左起李伯谦、任式楠、作者、杨焕成）

▲ 北京开会（左起叶学明、作者、赵世纲、吴振禄、高崇文）

▲ 广西学术会同班相聚（左起郝本性、李伯谦、朱非素、齐心、作者、张学海）

▲ 山西侯马开会考察金墓（最后排右一作者）

▲ 北京大学建校120周年见老同学孟凡人（右）

▲ 北京大学建校120周年作者（右）与李伯谦（中）等人

◀ 2016年河南省直文博老同志座谈会发言（左起郭太松、任常中、作者、巩永祥）

◀ 扬州看望老同学（左起李伯谦、顾敦信、顾大嫂、孙广清、作者）

◀ 广州看望老同学（左起孙广清、作者、徐恒彬、徐大嫂）

◀ 北京看望高中同班同学、历史学家张弓（左起作者、孙广请、张弓爱人、张弓）

◀ 春节济南看望老同学（左起作者、张学海、张家大嫂、孙广清）

◀ 举杯共祝美好生活

◀ 国庆南昌看望老同学（左起孙广清、作者、李家和、李家大嫂）

◀ 举杯共祝身体健康

◀ 武汉看望初中同年级、高中同班、大学同校的老同学（左起郭正伟、作者、孙广清、郭正伟爱人）

◄ 在武汉小区门口（右起作者、郭正伟、向明）

◄ 北京看望老同学（左为马希桂）

◄ 北京大学百年校庆时与高中同班、大学同年级的王兴（右）合影

◀ 参观内蒙古大学

◀ 在内蒙古大学看望大一时住上下铺的依克明安·林沉教授（左）

◀ 与大学同班的朱非素在漓江

与大学同班的叶桂生在十三陵水库

同班同学家庭聚会（左起徐自强、李伯谦、吴梦麟、汤池、作者、任常泰、李晓东、马希桂）

与大学同班的何介钧参加桂林文化部表彰会

▲ 高中同班同学在北京聚会（左起王兴、张弓、作者、段树森、鞠伟生、朱金明）

▲ 大学同班同学在郑州相聚（左起郑杰祥、作者、郝本性、李伯谦）

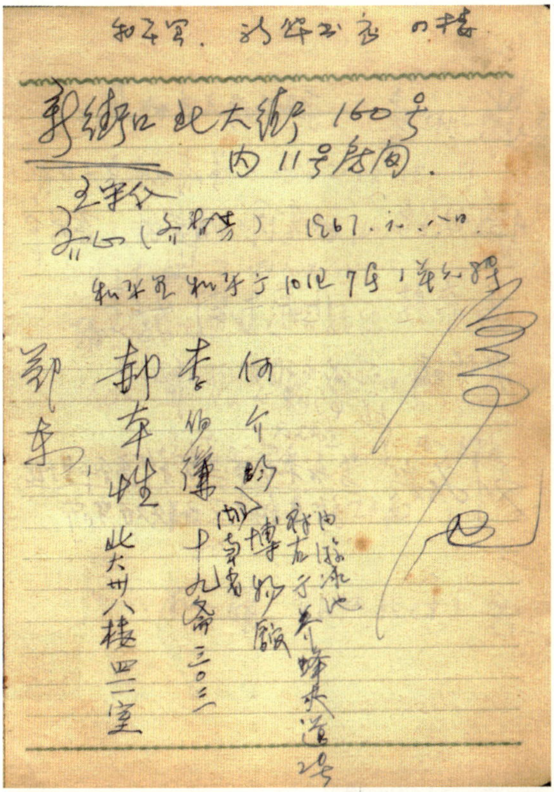
新街口北大街160号
内11号房间.
郝本性
北大卅八楼四一室
何介钧
湖南省博物馆

◀ 1967年初大学同班同学相会在北京（一）：没有照片，只留下本子上的签名，弥足珍贵

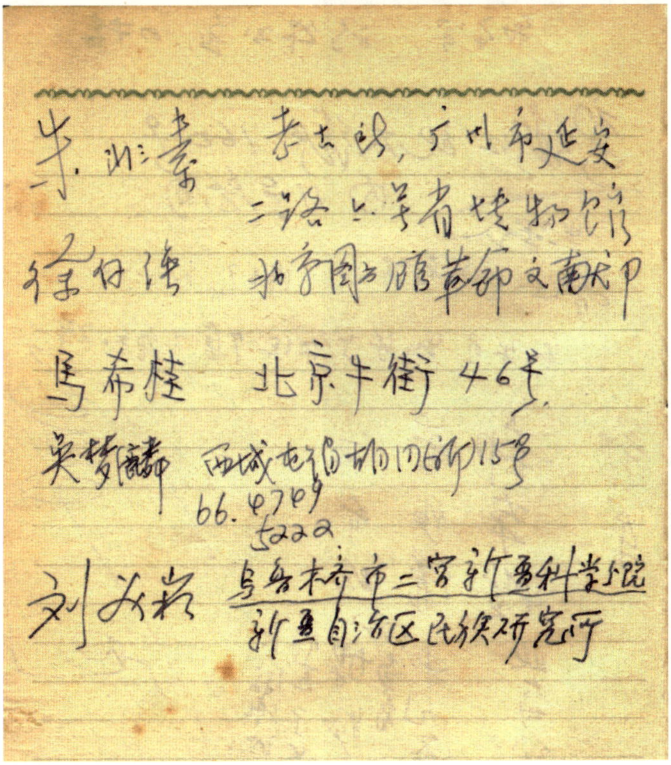
广州市延安二路
北京图书馆善本部
馬希桂　北京牛街46号
66.4769
乌鲁木齐市
新疆自治区民族研究所

◀ 1967年初大学同班同学相会在北京（二）：没有照片，只留下本子上的签名，弥足珍贵

全家瞻仰南京中山陵

瞻仰韶山毛主席故居

瞻仰花明楼刘少奇同志故居

参观中共中央庐山会议旧址

在南京梅园新村周总理铜像前

在深圳邓小平像前

参观十三陵水库纪念碑

参观山西大寨

在家讨论《考古人生》书稿

后　记

河南地处大中原的腹地，寒来暑往，沧桑更迭，旧石器时代，南来北往，东传西播，都要经过中原沃野，留下了上百万年人类活动的轨迹；而许昌灵井古人类头盖骨化石的发现，更找到了东亚地区早期现代人的祖先，意义非常。新石器时代，河南成为华夏文明的源头，新密李家沟文化遗址的发掘，开启了1万年前小聚落的窗口；这里又是裴李岗文化和仰韶文化的故乡，东方大汶口文化与南方屈家岭文化在河南相遇，大开放、大动荡的龙山文化，在河南得到大发展，这些构成了中国古代文明连绵延续从未中断的基石。夏商周时期，河南成为三代文明的核心，登封王城岗、偃师二里头、偃师商城、郑州商城、安阳殷墟等夏商王都的发掘，在全国独领风骚；从春秋战国到汉魏隋唐五代，河南仍处于全国的中枢地位；直到北宋在开封建都，还展现了中原古文明最后的辉煌。历史对河南如此厚爱，留下了极为丰富的遗迹和遗物，遂成为文物考古工作者的福地。责任重大，使命光荣！

河南是中国近现代考古学的发源地，20世纪二三十年代渑池仰韶村遗址和安阳殷墟等地的考古发掘，永远载入了史册。中华人民共和国成立之后，更是迎来了考古学的黄金时代，考古大发现层出不穷，奠定了河南文物大省的历史地位。

2012年，是河南省文物考古研究所建所60周年，我们出版了《岁月记忆——河南省文物考古研究所60年历程》《考古河南——河南省文物考古研究所获全国十大考古新发现》《岁月如歌——一个甲子的回忆》3部书，还出版了一批考古发掘大报告；与此同时，又为9位离退休的研究员分别出版了他们个人的考古文集，这9部考古文集组成了一套“河南文物考古研究丛书”。考古文集的作者都是毕生从事文物考古工作的老同志，从最初的河南省文物工作队到今天的河南省文物考古研究院，年复一年，日复一日，他们把自己的青春年华，贡献给了河南的文物考古事业。书中的文章是他们学术活动的概括，又是思想智慧和科学研究的总结，凝聚了他们对河南文物考古的深度思考，也代表了河南文物考古一个时代的最高水平。

2013年，他们中间的几位入选了20世纪中国知名考古学家名录，其学术成就长篇传文收录在《20世纪中国知名科学家学术成就概览·考古学卷》一书中，这是河南考古界的光荣。这些老考古人的成长经历、考古生涯、科研成果、突出贡献、道德操守……都成了河南文物考古事业发展的宝贵见证，也是河南考古学史难得的鲜活资料，他们为年轻人树立了榜样。要让老一辈学者的无私奉献、治学态度和艰苦奋斗的精神薪火相传，对过去的历史应该有所记录，有所发扬，为此，河南省文物考古研究院组织这些老同志撰写回忆录，以作为“河南文物考古研究丛书”的继续，这也是对河南文物考古工作的又一个贡献。相信会对每位读者，尤其是青年学人有所裨益。

作为在河南已经工作了近60年的老考古人杨育彬先生，2017年撰写了一本《走进考古》的回忆录，由科学出版社出版后，在文物考古界和社会上反映良好。今天他仍然笔耕不辍，又编写了一本《考古人生》回忆续录，作为庆祝中华人民共和国成立70周年的一份献礼，为河南文物考古工作继续增砖添瓦，这种精神值得点赞！

河南省文物考古研究院

2019年10月